Manual de Direito Internacional Fiscal

Manual de Direito Internacional Fiscal

2019 • Reimpressão

Rita Calçada Pires
Doutora em Direito Público, especialidade
em Direito Económico e Financeiro
Professora da Faculdade de Direito da Universidade NOVA de Lisboa

MANUAL DE DIREITO
INTERNACIONAL FISCAL
AUTORA
Rita Calçada Pires
EDITOR
EDIÇÕES ALMEDINA, S.A.
Rua Fernandes Tomás, nºs 76-80
3000-167 Coimbra
Tel.: 239 851 904 · Fax: 239 851 901
www.almedina.net · editora@almedina.net
DESIGN DE CAPA
FBA.
PRÉ-IMPRESSÃO
João Jegundo
IMPRESSÃO E ACABAMENTO
ACD Print, S.A.
Abril, 2019
DEPÓSITO LEGAL
439409/18

Os dados e as opiniões inseridos na presente publicação são da exclusiva responsabilidade do(s) seu(s) autor(es).
Toda a reprodução desta obra, por fotocópia ou outro qualquer processo, sem prévia autorização escrita do Editor, é ilícita e passível de procedimento judicial contra o infrator.

 GRUPOALMEDINA

BIBLIOTECA NACIONAL DE PORTUGAL – CATALOGAÇÃO NA PUBLICAÇÃO

PIRES, Rita Calçada, 1979-

Manual de direito internacional fiscal. – (Manuais universitários)
ISBN 978-972-40-7456-6

CDU   341

The most important question is Why
All the answers belong to What
And every real interest pertains to How
FREDERICK CASTLE

Ricardo, por acreditares ser possível e pelo tempo que nos retiro

*Doce Francisca, porque ouviste e sentiste
parte deste livro mesmo antes de teres nascido*

Mãe, obrigada por seres porto de abrigo

*Pai, sigo as tuas pisadas,
obrigada pelo que me ensinaste e me ensinas,
É tanto e muito mais do que palavras...*

PALAVRAS INICIAIS

Estudar Direito Internacional Fiscal em português não é tarefa fácil. Não existe muito material que, de uma forma completa e sistematizada, apresente a moderna realidade internacional fiscal. A questão da dupla tributação, a magna temática do ponto de vista clássico, não se assume já como a única preocupação de um olhar que procura conhecer o lado internacional da tributação. Crescentemente, as temáticas da fraude, da evasão e do planeamento fiscais assumem importância e autonomia; a realidade digital impõe um repensar das regras clássicas, tanto quanto as práticas fiscais privilegiadas e o apoio ao desenvolvimento através da tributação julgo deverem ser alvo de um olhar mais atento.

Numa tentativa humilde, em forma de esquisso, mas ainda assim séria, apresento os esboços do que pretendo, ao longo dos próximos anos, ir apurando e transformando. Não aguardei mais maturação, em primeiro lugar, por ter a consciência da necessidade de os meus alunos terem uma base alargada de trabalho, mas igualmente porque cresce em mim a consciência de que as construções científicas nunca são verdadeiras obras finais, antes trabalhos em permanente evolução, fruto de continuado estudo, objecto de reflexão e (re)evolução na apreensão e na ordenação das realidades, bem como no modelo da sua exposição.

Por ser um *Manual* segue o programa que lecciono na unidade curricular de Direito Internacional Fiscal na Faculdade de Direito da Universidade NOVA de Lisboa. É um programa que tem como objectivo geral envolver os alunos no universo da tributação internacional, pressupondo o estudo prévio do Direito Fiscal nacional, propondo a apreensão do fundamental sobre os princípios e as regras que constituem o Direito Internacional Fiscal contemporâneo. Precisamente por este carácter alargado o programa assume como objectivos específicos a abordagem de cinco questões fundamentais:

1. Identificar as situações de dupla tributação, conhecendo a forma de as prevenir, atenuar ou eliminar, com base quer nas convenções quer na lei nacional;
2. Conhecer as figuras da fraude e da evasão fiscais internacionais e as formas de as combater, bem como a realidade do planeamento fiscal internacional;
3. Apreender as respostas internacionalmente construídas para as situações de práticas fiscais prejudiciais, relacionando-as com a harmonização fiscal;
4. No âmbito das novas tecnologias, designadamente no domínio do comércio electrónico, saber quais os problemas fiscais internacionais colocados e potenciais vias de resposta;
5. Reflectir sobre a questão do apoio ao desenvolvimento no âmbito internacional fiscal, através do auxílio ao investimento privado.

É precisamente neste quadro que surge o presente *Manual* e através do qual se explica a sua abordagem e a sua estruturação. Obviamente não deixa de ser uma visão pessoal do universo da tributação internacional, ainda que com a sempre preocupação de um olhar objectivo e sistematizador da realidade.

Releva ainda efectuar um aprimoramento conceptual. Assume-se ser diferente referir *Direito Internacional Fiscal* ou *Direito Fiscal Internacional*. Ao referir-se Direito Internacional Fiscal está-se a centrar o olhar nas regras e nos comandos internacionais que procuram resolver os efeitos bloqueadores da plurilocalização fiscal e seus desenvolvimentos. Diferente a menção ao Direito Fiscal Internacional, pois aí o olhar estará a ser dirigido às regras fiscais nacionais sobre fenómenos internacionais. O presente *Manual* tem como objectivo central explorar o fenómeno internacional, apenas recorrendo, secundariamente, às respostas nacionais ao fenómeno internacional.

Espero que as presentes linhas possam auxiliar os alunos, no seu inevitável caminho individual de construção de conhecimento, a compreenderem a realidade da tributação internacional, fornecendo-lhes as ferramentas necessárias para articularem os conceitos e desenvolverem capacidade de raciocínio na dinâmica internacional fiscal. E que igualmente o facto de terem acesso a um elemento de apoio, em português, que incorpore as várias dinâmicas, de modo global e unitário, possa fazê-los ultrapassar a barreira da dificuldade de congregação de elementos de estudo. E com sorte, estes apontamentos podem ser companheiros de um descobrir de um caminho de especialização profissional que os preencha enquanto indivíduos.

Boas leituras!

Lisboa, Março de 2018

Rita Calçada Pires

LISTA DE SIGLAS MAIS UTILIZADAS

ADT	–	Acordo para evitar e eliminar a dupla tributação
B2B	–	Business-to-Business
B2C	–	Business-to-consumer
BEPS	–	Base Erosian Profit Shifting OECD Project
CFC	–	Controled Foreign Company
CLEN	–	Capital and Labour Export Neutrality
CLIN	–	Capital and Labour Import Neutrality
COM	–	Comunicação da Comissão Europeia
EE	–	Estabelecimento Estável
FMI	–	Fundo Monetário Internacional
MCCCIS	–	Matéria Colectável Comum Consolidada do Imposto de Sociedades
MC-OCDE	–	Modelo de Convenção Fiscal sobre o Rendimento e o Património da Organização para a Cooperação e Desenvolvimento Económicos
OCDE	–	Organização para a Cooperação e Desenvolvimento Económicos
OMC	–	Organização Mundial de Comércio
ONU	–	Organização das Nações Unidas
PD	–	País Desenvolvido
PFA	–	Planeamento Fiscal Agressivo
PVD	–	País em Vias de Desenvolvimento
TFUE	–	Tratado de Funcionamento da União Europeia
TIC	–	Tecnologias de Informação e Conhecimento
TJUE	–	Tribunal de Justiça da União Europeia
UE	–	União Europeia
ZFM	–	Zona Franca da Madeira, com designação de Centro Internacional de Negócios da Madeira

Capítulo I
Direito Internacional Fiscal

1. A plurilocalização como berço do Direito Internacional Fiscal
1.1. Aproximação ao universo do Direito Internacional Fiscal

Estudar Direito Internacional Fiscal significa estudar os problemas fiscais que as situações internacionais suscitam. Ao utilizar-se o conceito de situação internacional está-se a invocar as situações da vida que se encontram e se desenvolvem em mais do que uma jurisdição fiscal. Ou seja, o Direito Internacional Fiscal tem a sua génese no facto de as pessoas, singulares ou colectivas, das actividades por estas desenvolvidas e dos factos que integram a sua esfera jurídica não estarem já contidos numa única jurisdição, mas antes poderem encontrar-se plurilocalizados.

A plurilocalização significa tanto a presença de conexão com dois territórios como pode significar, igualmente, conexão com vários territórios fiscais. A existência de uma conexão dependerá de os elementos relevantes, do ponto de vista fiscal, estarem presentes em mais do que uma jurisdição.[1]

Em face da conexão plural aquilo que o Direito Internacional Fiscal pretende é dar resposta ao *quem* vai tributar e ser tributado e ao *quê* vai ser tributado. Significando tal determinar, nomeadamente, quem tem o poder de tributar e como se pode garantir que o ordenamento fiscal, que detém esse poder, arrecadará a tributação que lhe é devida.

Compreende-se, assim, que o ponto de partida para a existência do Direito Internacional Fiscal é o da soberania fiscal e a sua relação com a

---

[1] Sobre os elementos de conexão conferir, neste capítulo, o ponto II sobre a residência e a fonte no âmbito do Direito Internacional Fiscal.

mobilidade dos agentes económicos e sua intervenção económica e financeira em mais do que um território. O Direito Internacional Fiscal é necessário a partir do momento em que os contribuintes e as suas bases de tributação não se apresentam estáticas e ligadas apenas a uma jurisdição fiscal, mas antes actuam em vários ordenamentos jurídicos, criando nesses ordenamentos uma conexão com o seu território que faz despertar o poder de tributar segundo as suas regras internas. Em face da plurilocalização, o Direito Internacional Fiscal almeja, não apenas uma remissão para norma competente, como no Direito Internacional Privado, mas antes procura regular a forma como a distribuição do poder tributário deve ser efectuada.

O Direito Internacional Fiscal assume a necessidade de intervenção, seja esta uma intervenção unilateral por parte de um dos Estados, seja esta uma acção integrada num acordo bilateral ou multilateral, pois é esta acção que permite garantir o cumprimento dos seus objectivos nucleares:

- Em primeiro lugar, o Direito Internacional Fiscal tem necessariamente como seu objectivo garantir a eliminação de barreiras ao investimento e à mobilidade dos factores de produção que possam existir por razões tributárias, visando assegurar a competitividade e a neutralidade fiscais possíveis;
- Em segundo lugar, o Direito Internacional Fiscal serve o propósito de promover a justiça, dando cumprimento internacional àquilo que, internamente, já o imposto é impelido a cumprir – a redistribuição. Esta ideia de redistribuição como corolário da justiça nos objectivos do Direito Internacional Fiscal evidencia-se como realidade ao se atender existir uma preocupação internacional crescente no equilíbrio equitativo entre os Estados, de acordo com um princípio da equidade entre nações, sendo fundamental assegurar a participação na repartição das receitas geradas internacionalmente;
- Em terceiro lugar, o Direito Internacional Fiscal promove a garantia da não-discriminação. A título de exemplo, veja-se o tratamento fiscal concedido a residentes e a não residentes, sobretudo no âmbito da União Europeia. No caso português, o princípio da não discriminação deu azo à introdução de regra específica no Código do Imposto sobre o Rendimento das Pessoas Singulares, por forma a prever que, no caso de se estar perante um não-residente que obtenha mais de 90% dos seus rendimentos no território português, esse não-residente tem a possibilidade de ser tributado como os residentes,

beneficiando, designadamente, do seu quadro de deduções pessoais. Igualmente a questão da justiça surge invocada quando contemporaneamente se tem verificado uma aposta crescente no combate aos fenómenos de dupla não tributação que não apenas retiram receita fiscal necessária ao funcionamento dos Estados, não apenas perturbam a competitividade legitima dos sistemas fiscais, como criam distorções na equidade entre os contribuintes que não são desejadas.

Estes objectivos cimeiros são norteados também pela necessidade de os Estados almejarem garantir a arrecadação de receitas. Os Estados carecem da receita fiscal para permitir a sua despesa, mais ainda quanto se vislumbra serem as receitas dos impostos as receitas orçamentadas mais significativas para os cofres dos Estados.

Pela invocação destes objectivos se identifica a importância do Direito Internacional Fiscal. Num universo globalizado onde se verifica um aumento crescente da prática de actividades transfronteiriças com criação de bases de tributação deslocalizadas e plurilocalizadas, é fundamental que, a bem do interesse dos Estados, mas igualmente a bem do interesse dos contribuintes, que o quadro da tributação internacional exista e seja desenvolvido de modo a resolver os problemas actuais e a minimizar o impacto nefasto que a plurilocalização pode provocar se inexistir uma acção sobre si. Não se esqueça que o poder fiscal está associado tradicionalmente apenas a um território e a necessidade de interagir com diversos territórios coloca desafios vários que têm de ser integrados e tratados.

Contudo, o facto de o Direito Internacional Fiscal ser uma realidade de assumida importância, tal não significa que se possa afirmar a existência de um sistema fiscal internacional, no verdadeiro sentido de sistema fiscal como conjunto ordenado, coordenado e integrado de impostos com vista a fins específicos. O facto é que não existem impostos internacionais/globais[2], tal como não existe uma organização internacional tributária paralela com poderes de criação, imposição e gestão dos impostos e das receitas por esses gerada. O que o Direito Internacional tem é um quadro de acções de Organizações Internacionais e acções conjuntas de várias jurisdições que, entre si, e normalmente

---

[2] Caso que se afigura único pode ser o do imposto sobre a produção devido à Autoridade Internacional dos Fundos Marinhos, no quadro da Convenção de Montego Bay, previsto no Anexo III dessa Convenção, no artigo 13º, nº 4, a).

por acordo, tentam resolver os desafios suscitados para a tributação pela pluri-localização. Ainda assim, atenda-se que se vai detectando algumas vozes que, nos fora internacionais e na doutrina, propugnam a necessidade de se criar uma Organização Tributária Internacional que, ao nível global, influenciasse e supervisionasse as medidas fiscais e os seus conteúdos com impacto transnacional, sendo tal uma necessidade para que a eficácia do Direito Internacional Fiscal pudesse ser maior. E um exemplo pode igualmente ser dado a propósito da defesa da criação de verdadeiros impostos internacionais. Fala-se na criação de um imposto sobre as transacções financeiras transnacionais, tal como se fala na criação de um imposto internacional sobre bilhetes de avião para financiamento da ONU. A seguir-se este caminho, iniciar-se-ia o percurso em direcção a um direito global fiscal.

Aspecto adicional que importa relevar ainda, passa por identificar o alargamento dos actores que condicionam o actual Direito Internacional Fiscal. Se é certo serem as organizações internacionais o núcleo do desenvolvimento do Direito Internacional Fiscal, designadamente a OCDE, a ONU e a UE, o certo é crescentemente os consultores fiscais, explorando a rede normativa comparada, assumirem especial papel na forma como o Direito Internacional Fiscal reage e se reconstrói perante a erosão das bases de tributação e a deslocalização dos rendimentos. Veja-se o recente caso da implementação das regras de informação, por parte dos intermediários fiscais, quanto aos esquemas de planeamento fiscal agressivo desenhados ou promovidos junto dos clientes[3]. Tal demonstra o reconhecimento pelos sujeitos do Direito Internacional Fiscal da influência que os actores externos têm no resultado fiscal obtido e que pretende ser garantido pelo normativo internacional fiscal.

Paralelamente, interessante será ainda notar a gradual força que a sociedade civil e as organizações internacionais desenvolvem quanto à activação de uma *Fair Share* no cumprimento do dever de pagar imposto. Sobretudo quanto às multinacionais, recorrentemente acusadas de pagamento reduzido de impostos em face dos lucros efectivamente obtidos. A exigência de cumprimento da *Fair Share* alia-se ao movimento internacional de moralização fiscal e coloca em evidência o risco reputacional dos contribuintes que não atendam à efectiva capacidade contributiva.[4]

---

[3] Decisão do ECOFIN, de 13 de Março de 2018.
[4] Demonstrando a força do risco reputacional tome-se como exemplo o caso do Starbucks UK em 2012. Nesse ano veio a público que, apesar do valor elevado de lucros obtidos

1.2. Breve incursão no impacto da globalização na tributação

Escrevi que o ponto de partida para a existência do Direito Internacional Fiscal é o da soberania fiscal e a sua relação com a mobilidade dos agentes económicos e sua intervenção económica e financeira em mais do que um território.[5] Com um exercício de transposição, reflexão e articulação das realidades envolvidas, podem apontar-se cinco dos elementos caracterizadores da globalização como sendo os elementos nucleares que influenciam o Direito Fiscal, quer nacional quer internacional, no mundo global:

- a tecnologia;
- os novos actores do poder nacional e internacional;
- a mobilidade;
- a interdependência, e
- o enfraquecimento do poder público.

Através destes cinco elementos, claramente nascidos do movimento da globalização, ou por ele intensificados, veremos que as estruturas dos sistemas fiscais, bem como a organização do próprio tributo e da relação entre o Fisco e o contribuinte, transformam-se.

ENZWEILER[6] apresenta um conjunto de novos desafios para a fiscalidade, derivados da globalização, que são, para este autor brasileiro, os primeiros a justificar as alterações nos sistemas fiscais. A supressão da base territorial do tributo e a inadequação da estrutura fiscal em face das novas formas de riqueza derivadas do crescimento da economia informal e da criação e crescimento dos paraísos fiscais, são apontados como elementos altamente condicionadores. Aliados a estes últimos, a não adaptação da

---

no Reino Unido, a cadeia de cafés escasso valor impositivo tinha pago. Em face do elevado movimento contestatário pelo público/consumidores e organizações especializadas, houve o compromisso público da empresa em como nos dois anos seguintes faria pagamentos adicionais de imposto, ainda que sem lucros garantidos e independentemente dos esquemas fiscais utilizados. Cfr. e.g.http://money.cnn.com/2012/12/06/news/companies/starbucks-uk--taxes/index.html; http://www.bbc.com/news/uk-20650945; https://www.forbes.com/sites/timworstall/2012/12/16/if-starbucks-makes-losses-in-the-uk-then-why-the-demand-it-pays--profit-taxes/ (consultados em 15 de Março de 2018).

[5] O subsequente texto é retirado da obra Rita Calçada Pires, *Tributação internacional do rendimento empresarial gerado através do comércio electrónico. Desvendar mitos e construir realidades*. Almedina, Fevereiro de 2011. Contudo, procede-se a actualização do referenciado a propósito do MC-OCDE, dada actualização, em 2017, deste e dos seus comentários.

[6] Romano José Enzweiler, *Os desafios de tributar na era da globalização*, pág. 116 e ss.

fiscalidade à mundialização dos mercados financeiros, designadamente em face dos novos meios electrónicos e das novas figuras negociais, em conjugação com as novas preocupações e as novas funções dos tributos (e.g., a defesa do meio ambiente, o desenvolvimento sustentável), representam, para o autor, os grandes desafios à fiscalidade.

A meu ver, estes factores, apresentados pelo autor brasileiro, sugerem precisamente, o reflexo dos cinco elementos antes enunciados como sendo os elementos caracterizadores da globalização que influenciam a fiscalidade. Em qualquer dos desafios suscitados vislumbra-se a mobilidade, a interdependência, a tecnologia e o enfraquecimento do poder público, com a correspondente partilha do espaço do poder e dos interesses com outros novos actores da cena nacional e internacional.

Porque há mobilidade e novas tecnologias, a base territorial do tributo é fortemente afectada. A mundialização dos mercados financeiros bem como as novas tecnologias e regras de organização sugerem a interdependência entre os vários campos de actuação humana, incluindo o fiscal, sendo que a incapacidade da estrutura fiscal em face das novas formas de produzir riqueza e de a gerir desvenda que o poder público não actua isoladamente nos círculos do poder, antes é um dos vários poderes existentes, tendo de conviver com esses diversos novos tipos de influência que assumem, de igual forma, as rédeas das actuações e do impacto destas.

Porém, os elementos apontados apenas expõem que a mobilidade, a interdependência, a tecnologia, os novos actores do poder nacional e internacional, e o enfraquecimento do poder público são elementos efectivamente decorrentes da globalização, mas não manifestam, em minha opinião, o verdadeiro resultado do impacto da globalização na fiscalidade.

Quanto a esse impacto da globalização na fiscalidade, há quem defenda[7] produzir a globalização um esgotamento dos modelos de tributação. Todavia, não sou adepta de conduzir o diagnóstico a um extremo, afirmando o esgotamento dos modelos de tributação. Defendo, antes, que as transformações operadas na sociedade, na economia, na política e em todos os outros campos de actuação humana sugerem uma forte desarticulação entre os sistemas fiscais tradicionalmente construídos e a realidade global. Defendo que a globalização produziu, na esfera do Direito Fiscal, nacional e internacional, uma inadequação e um desajustamento dos sistemas.

---

[7] Everardo de Almeida Maciel, *La adecuación de los sistemas tributarios a la globalización*, pág. 91

1.2.1. A fragmentação da soberania fiscal e o fenómeno de limitação da mesma

Porque o Estado não é já o único foco de poder na cena nacional e internacional, porque as suas decisões estão condicionadas pela presença de outros focos de poder e porque o próprio Estado autolimita o seu poder, compreende-se o enfraquecimento do poder fiscal do Estado.

A fragmentação da soberania fiscal surge, em grande medida, pela crescente existência de compromissos assumidos internacionalmente. Os compromissos bilaterais e multilaterais são factor de autolimitação do poder por parte das administrações fiscais. Exemplo disso são os Acordos para Evitar ou Eliminar a Dupla Tributação que surgem como símbolo dessa limitação, pois condicionam os direitos fiscais, geram obrigações e reestruturam actuações para a Administração Fiscal.[8]

---

[8] Fruto do aumento da mobilidade e da rede de investimentos, de deslocalizações, quer de capital quer do trabalho, a dupla tributação jurídica internacional surge como uma realidade que dificulta a livre circulação e a liberdade de estabelecimento internacionais, assim como abre portas a conflitos entre as várias Administrações Fiscais para determinar quem tem o poder de tributar, no caso de não se desejar perpetuar uma dupla tributação.
Os Acordos para Evitar e/ou Eliminar a Dupla Tributação (ADT) surgem como "convenções destinadas a evitar ou a eliminar as duplas tributações [sendo] uma forma de produção jurídica entre sujeitos de direito internacional, agindo nesta qualidade, no domínio das duplas tributações, um modo de resolver os problemas derivados desta categoria das plúrimas imposições, de disciplinar esse fenómeno, o único meio de lutar eficazmente contra ele ou, com maior precisão, o meio de lutar mais eficazmente do que as normas unilaterais. [...] A finalidade das convenções destinadas a prevenir ou eliminar as duplas tributações ou os seus efeitos é fundamentalmente, e por definição, essa prevenção ou eliminação" (Manuel Pires, *Da dupla tributação jurídica internacional sobre o rendimento*, pág. 418). Para alcançar tal finalidade os Estados estabelecem limites ao seu direito fiscal interno, pois apenas dessa forma surge a possibilidade de contrariar a existência de concorrência de leis e daí de dupla tributação. Com os ADT distribui-se a competência fiscal pelos Estados Contratantes da convenção, o que significa "uma delimitação dos poderes de tributação. Mercê delas, titula-se o exercício da competência, em virtude delas, opera-se uma delimitação de poderes, nada se concedendo, nada se atribuindo, reconhecendo-se ou não, apenas o poder de tributação, com ou sem limitações." (*Idem*, pág. 419). É o que a doutrina apelida de função negativa/efeito negativo dos tratados (Alberto Xavier, *Direito Tributário Internacional*, pág. 121 e ss), i.e., os ADT não atribuem novos poderes de tributação, apenas distribuem, entre os Estados Contratantes, as competências tributárias, ora reconhecendo, em alguns casos, ora limitando, em outros. Por aqui se verifica que, ao celebrar um ADT, a soberania fiscal passará por ser limitada pelo fluxo de obrigações derivadas e de cedências no poder de tributar. Como é óbvio, regra geral, na estrutura global de um ADT, as limitações estarão equilibradas com os reconhecimentos de poder tributário. Porém, o facto de existir um compromisso internacional onde se admite que

A par destes compromissos internacionais, a necessidade de interoperabilidade e interacção entre as várias soberanias nacionais condiciona, igualmente, a soberania fiscal. Atender ao que se passa nas restantes jurisdições fiscais, qual o impacto que as actuações de outras jurisdições fiscais têm no próprio sistema fiscal e na fiscalidade internacional, são preocupações que surgem, prioritariamente, da potencialidade, cada vez mais real e presente, da existência de concorrência fiscal agressiva, bem como do fenómeno do mimetismo fiscal. Porém, para esta necessidade de interoperabilidade e interacção entre as várias soberanias fiscais, contribui também, em muito, a consciencialização da imperiosidade da concertação de medidas entre administrações fiscais, uma vez que medidas isoladas já não vingam num mundo marcado pela multiplicidade. As presentes preocupações reforçam a interdependência entre os sistemas fiscais, característica tão típica da globalização, tal como enfatizam o facto de a soberania fiscal não se assumir já com plenos poderes, tendo antes de se adaptar e aceitar a influência de outros patamares de poder e decisão.

A existência de novos níveis de poder nacional e internacional corrobora ainda mais o processo de fragmentação da soberania fiscal. Nacionalmente o Estado não tem um poder tributário absoluto, devendo, em alguns casos, limitá-lo ou até mesmo prescindir dele, é facto mais do que relevante para apoiar que os compromissos internacionalmente assumidos limitam a soberania fiscal. E, mais especificamente, autolimitam-na. Ainda em relação aos ADT, não resulta estranho confirmar que a sua crescente utilização surge como fenómeno paralelo com a crescente internacionalização das relações mundiais. Como ALBERTO XAVIER aponta (*Idem*, pág. 99), "é relativamente recente o movimento no sentido da celebração de tratados sobre a dupla tributação; e o facto não é de estranhar se se atender ao predomínio durante muito tempo exercido pelas forças imobiliárias da riqueza e à menor intensidade das relações económicas internacionais, o que determinava uma reduzida frequência de casos em que a mesma manifestação de riqueza se encontrava submetida a mais do que um ordenamento tributário." Com a evolução dos tempos, principalmente depois da Primeira e da Segunda Grandes Guerras Mundiais, intensifica-se a celebração destes acordos internacionais, que atinge o seu ponto de maior desenvolvimento com " a corrente de investimentos internacionais para um e outro lado do Atlântico e o movimento de integração económica europeia, no quadro de uma política mundial de liberalização do comércio, conduziram à aceleração do fenómeno, impulsionado pela Câmara de Comércio Internacional, e deram origem à criação do Comité Fiscal da OCDE (a que sucedeu o Comité de Assuntos Fiscais), a quem se deve a elaboração das *Draft Conventions* [...]." (*Idem*, pág. 96). Resultado deste movimento globalizador e do impacto que os fenómenos plurilocalizados têm nas esferas jurídicas, os ADT procuram proteger o contribuinte, atrair investimento, impedindo a discriminação e propiciando a harmonização de critérios de tributação, tal como tentam combater a evasão e a fraude fiscais (Manuel Pires, *idem*, pág. 420 e 421).

observa-se, um pouco por toda a parte, a atribuição de poderes tributários fora dos parâmetros centrais, com consequências quanto à implementação de processos de descentralização. Tal circunstância certamente influencia o processo aqui descrito. Com o mesmo impacto, ainda que com maior profundidade, os novos níveis de poder criados internacionalmente assumem a dianteira da fileira dos factos limitadores da soberania fiscal. O factor da integração económica e as obrigações decorrentes desta integração, nomeadamente no que toca ao controlo das contas públicas (controlo do deficit público) e nas transformações implicadas nas estruturas fiscais daqueles que aderem[9], resultam, inevitavelmente, num condicionamento da liberdade de organizar e gerir efectivamente o sistema fiscal. Com os fenómenos de integração aparenta-se a permanência de uma soberania fiscal, sendo que a verdade é estar fortemente enfraquecida a soberania fiscal que sobeja.[10]

O enfraquecimento é ainda aumentado com a presença dos novos actores – Mercado e Plataformas Civis. A disputa por parte dos interesses e dos meios apenas pode condenar mais ainda a soberania fiscal do Estado. Tanto mais também, quando se observa, na actual sociedade, a presença de um Estado esquizofrénico, marcado pela tripla face do Estado-Mínimo, do Estado-Estratega e do Estado-Social, cada uma das personalidades com interesses diferenciados e muitas vezes incompatíveis. A selectividade de funções e as maiores necessidades sociais opõem a suposta menor necessidade de tributação com a necessidade real de maior tributação. E se colocarmos estes mesmos problemas no quadro dos países em vias de desenvolvimento, então, com as exigências verdadeiramente limitadoras das entidades mundiais de apoio ao desenvolvimento – Fundo Monetário Internacional (FMI) e Banco Mundial (BM) –, o agravamento renova-se e duplica-se.

No mundo globalizado não é fácil para o Estado manter a sua soberania fiscal e, mesmo na parcela que mantém, afigura-se extremamente difícil

---

[9] Veja-se o caso da União Europeia e as exigências orçamentais de contenção derivadas do Pacto de Estabilidade e Crescimento, assim como a harmonização da imposição indirecta – o Imposto sobre o Valor Acrescentado (IVA) e os impostos especiais sobre o consumo –, a uniformização da tributação aduaneira – a Pauta Aduaneira Comum –, bem como a crescente pressão exercida sobre a tributação directa, nomeadamente, através da influência da jurisprudência do Tribunal de Justiça das Comunidades, e mediante directivas.

[10] Cfr. Claudio Sacchetto, *Member States tax sovereignty: between the principle of subsidiarity and the necessity of supranational coordination*, pág. 799 a 812.

não a ver esvaziar-se com a influência e a pressão dos factores que a envolvem e a limitam: todos os compromissos internacionais e nacionais, toda a interacção necessária entre os vários sistemas fiscais resultantes das economias abertas e globalizadas, e todos os novos níveis de poder que surgem dentro, paralelamente e acima do Estado.

A fragmentação da soberania fiscal e a sua limitação afectam QUEM tem efectivamente o poder de tributar e COMO conseguir efectivamente tributar, pois a figura activa da relação jurídica fiscal torna-se profundamente fragilizada.

Apresentado um quadro de fragmentação da soberania fiscal, em paralelo com a limitação desta mesma, estranho é verificar que, com a globalização, observou-se, e continua a observar-se, um aumento da necessidade e da importância das receitas fiscais no quadro das receitas públicas. A estranheza da verificação deriva do facto de cada vez mais ser audível a defesa de um Estado-Mínimo. Não falo de um Estado liberal oitocentista, antes de um Estado moderno que gradualmente se vai desresponsabilizando e diminuindo o alcance das suas funções estatais para deixar margem de manobra lata para os particulares. Com o fenómeno da globalização, o Estado perde o papel de exclusiva intervenção e influenciação, o Estado partilha o seu espaço com novos actores económicos e sociais, bem como vê o seu livre poder de decisão espartilhado.[11] Se tal ficou retratado atrás, e no espaço público se fala de uma crise do Estado, a consequência natural desse fenómeno seria, a meu ver, um desprendimento de algumas funções, uma maior especialização, factos que resultariam numa maior responsabilização do poder económico e do poder da sociedade civil. Porém, ainda que o poder destes novos intervenientes surja com um crescente grau de importância e de influência, a realidade não tem demonstrado que o Estado se demite das suas funções, nem que deixa mais espaço livre para os que o rodeiam. Os discursos de um Estado-Mínimo adaptado ao Estado Social de Direito em que se vive no mundo desenvolvido, na prática, estão

---

[11] Inclusivamente, há quem defenda ser proveitoso o recurso a métodos privados de organização, como o *outsourcing*, para a execução de algumas funções que são melhor desempenhadas por outros que não o Estado directamente. Tal faria parte de uma estratégia de redução do esforço fiscal, dos custos de cumprimento e peso com as inspecções. Aqui seria necessário tornar central o debate sobre o que é ou não uma tarefa essencial do Estado que apenas por este pode ser desempenhada. L.G.M. Stevens, *Tailor-made legislation. The dutch exerience with reducing red tape*, pág. 856.

acompanhados por um maior enraizar do Estado Fiscal, um Estado que se alimenta, cada vez mais, de impostos e deles cada vez mais depende para a concretização das suas tarefas e das suas funções. Ainda que a realidade expressa pelo conceito de Estado Fiscal não seja uma novidade dos tempos da globalização[12], não pode deixar de ser notado que, com o impacto da globalização, o conceito de Estado-Fiscal expandiu-se, ao ponto de assumir níveis nunca antes alcançados. Os níveis de fiscalidade e os níveis de esforço fiscal são, hoje, elevados, pergunto-me se não teremos já atingido o limite máximo de tributação e se, com ele, não estaremos próximos de um nível de confiscação. É que "a crise do actual estado, diagnosticada e explicada sob as mais diversas teorias, passa sobretudo pela redefinição do papel e das funções do estado, não com a pretensão de o fazer regredir ao estado mínimo do liberalismo oitocentista, actualmente de todo inviável, mas para o compatibilizar com os princípios da liberdade dos indivíduos e da operacionalidade do sistema económico, procurando evitar que o estado fiscal se agigante ao ponto de não ser senão um invólucro de um estado em substância dono (absoluto) da economia e da sociedade pela via (pretensamente) fiscal." [13]

Pela existência de um Estado Fiscal, também se percebe o crescimento e a importância da parafiscalidade. Tal como o nível de tributação se eleva a quantitativos não antes reconhecidos, igualmente os tributos parafiscais, na época de desenvolvimento da globalização, se assumem como algo de extrema importância, como forma de colmatar as necessidades imperiosas de financiamento, fruto do crescente intervencionismo público económico e social.

Com a presença forte de um Estado Fiscal, afigura-se, também, pertinente admitir um alargamento do conceito de sistema fiscal. Um dos elementos caracterizadores da globalização é a interdisciplinaridade. Com isso pretende-se demonstrar que a divisão estanque entre qualquer realidade não é algo real, nem muito menos possível com um fenómeno de tão larga escala como é a globalização. Se tal é verdade e se o Estado se assume, cada vez mais, como um Estado dependente do imposto para o seu financiamento, não tendo o imposto apenas funções de estrita arrecadação de receitas, então, mergulhar o conceito de sistema fiscal em elementos nor-

---

[12] José Casalta Nabais, *O dever...*, pág. 191.
[13] José Casalta Nabais, *O dever de...*, pág. 202 e 203.

mativos, organizacionais, económicos e psicológicos assume-se como uma aposta coerente com a realidade que o envolve. Doutrina vem defender que o sistema fiscal não pode ser encarado apenas como um conjunto, mais ou menos coerente, de impostos, mas antes como um conjunto de impostos completamente submersos em vários campos de análise do facto fiscal – o campo normativo, o campo organizacional, o campo económico e o campo psicológico.[14] Trata-se de garantir que a visão do sistema fiscal seja uma visão adequada aos novos tempos e a todas as transformações que ocorrem, nomeadamente a complexidade e a interacção entre os vários elementos constitutivos da realidade que não é simples e unitária.

Em parte, este alargamento é também justificado pela presença de novas funções para o imposto. A arrecadação de receitas a principal tarefa do imposto, apelidada mesmo de função fiscal. Porém, a par desta, igualmente a existência das chamadas funções extrafiscais, aquelas que se ligam directamente ao imposto como instrumento da política económica e/ou social, são relevantes. Com a globalização, a extrafiscalidade agudiza-se, sendo o imposto cada vez mais um meio para alcançar outros fins que não a arrecadação de receitas, embora a sua função fiscal, em nome da forte presença de um Estado Fiscal, atinja também o seu auge de importância e de imperiosidade.

A extrafiscalidade justifica-se, em primeira análise, por haver espaços onde o mercado, bem como a equidade e a eficiência apresentam insuficiências e graves falhas. Mas não só. Também o incentivo da poupança ou do consumo, assim como a criação, modificação ou extinção de comportamentos individuais, são factores justificativos da extrafiscalidade.[15] Num espaço global, onde as falhas e insuficiências são elevadas, onde os hábitos e as opções nem sempre os adequados, onde os fenómenos económicos são alimento complexo do progresso e do desenvolvimento, porque o Estado tem ainda um importante papel, quiçá até crescente, em toda a organiza-

---

[14] Ao mencionar-se o campo normativo recorre-se à ideia de interacção entre os vários ramos de direito bem como a sua influência na feitura das normas fiscais e na compreensão dessas mesmas; apelar ao campo organizacional significa ter em conta o quadro organizativo político-administrativo em que o imposto é gerado e modificado; com o campo económico determina-se que o sistema fiscal seja visto como um sistema económico, derivado da profunda influência que este tem no património dos particulares; e, finalmente, o campo psicológico pretende ser revelador do porquê do impacto do imposto e das reacções frente a este. Pierre Beltrame e Lucien Mehl, *Techniques...*, pág. 74 e ss.

[15] Guilherme Waldemar D'Oliveira Martins, *A despesa...*, pág. 122.

ção estrutural da sociedade, o imposto com finalidade extrafiscal é elemento de actuação recorrente na prática pública. Tal verificação aumenta ainda mais a contradição há pouco enunciada, a propósito do aumento do Estado Fiscal. Em face de um aumento da necessidade e da importância das receitas fiscais no quadro das receitas públicas, o aumento da necessidade e da importância dos objectivos extrafiscais do imposto assume o resultado inverso ao pretendido, resultado inverso esse que ocorre em virtude do aumento das receitas tributárias. "O imposto ao serviço da economia carece [...] da função financeira, pois quanto mais eficaz sejam os seus próprios fins, menores serão as receitas arrecadadas para o erário público."[16]

Com o agora apresentado concluímos que a globalização, além de conduzir a uma fragmentação da soberania fiscal e uma limitação dessa mesma soberania, produz na fiscalidade profundas contradições. Essas contradições surgem como fruto da cumulação dos diferentes interesses, finalidades e necessidades presentes no seio do Estado, em especial, para o que aqui nos importa, no domínio fiscal. O facto de se produzir uma desvitalização da soberania fiscal é relevante. Mas também o é a presença, cada vez mais crescente, de um Estado que depende dos impostos para se financiar, sobreviver e conseguir actuar como garante da sociedade. Todavia, o aumento da extrafiscalidade, enquanto finalidade do imposto que se assume cada vez mais relevante, vem debilitar esta dependência do imposto como forma de financiamento, pois o seu objectivo não é o financiamento é precisamente a não obtenção de receitas, nomeadamente através de incentivos a não tributação, com o objectivo de influenciar os comportamentos e/ou suprir as falhas de mercado, de justiça e de equidade. A globalização produz uma teia complexa de ligações, geridas por forças e interesses muitas vezes opostos, que tornam a compreensão da fiscalidade tarefa árdua e, por vezes, impossível, além de transformarem todo o sistema fiscal em eco de complexidade em vez da simplicidade almejada.

1.2.2. A degradação das bases de tributação tradicionais e a consequente afectação (diminuição) da receita fiscal

Um outro factor que fundamenta a tese de que a globalização gera inadequação e desajustamento dos sistemas fiscais é precisamente a percepção de degradação das bases sobre as quais deverá incidir o tributo.

---

[16] Eusebio González, *La utilización de los instrumentos tributários para fines de política económica*, pág. 42.

Aquilo que tradicionalmente se convencionou como sendo o que gera a tributação[17] cada vez mais mingua, ocorrendo a redução das espécies tributárias e do montante sobre o qual o imposto deveria recair, bem como, em consequência, a limitação do quantitativo resultante da sujeição fiscal.

Ao se afirmar a degradação das bases de tributação significa que o QUE tributar surge afectado, assim como se afectam as realidades que efectivamente podem ser e são tributadas.[18]

---

[17] Ao longo da história da fiscalidade, em especial, ao longo das evoluções produzidas nos sistemas fiscais, a base do que era tributado foi igualmente variando. Se é verdade ser delimitável três tipos de base de tributação – o rendimento, o património e o despesa –, não menos verdade é ser verificável que, à medida que o tempo passa e as exigências sociais e económicas dos Estados se modificam, altera-se também o enfoque dado a cada uma das bases de tributação. Uma coisa é certa, os dados da evolução da história da humanidade e da função do Estado nesse desenrolar histórico, tanto das perspectivas económicas como das sociais, tiveram um profundo impacto na evolução dos impostos directos ou indirectos. Esta ideia vem igualmente sustentada por autores como Musgrave, Colm e Helzner que defendem a profunda influência das condições económicas, sociais e políticas na evolução dos sistemas fiscais (Manuel Pires, *Direito fiscal...*, pág. 323 e ss). "Assim, numa primeira fase, de baixo rendimento, com predomínio da agricultura, são fundamentais os impostos sobre a terra, fazendo-se apelo aos métodos de lançamento com carácter presuntivo e aos impostos em espécie. Os impostos de despesa inicialmente referem-se a certos produtos fabricados por grandes estabelecimentos, tornando-se difícil a tributação na fase do retalho, atenta o atomismo verificado nesse estádio. Por outro lado, a tributação sobre o rendimento inicialmente integrava impostos parcelares e não atendia ao rendimento global, o que tornava a progressividade não efectiva. Era impossível estabelecer-se um sistema de impostos interdependentes que induzisse o cumprimento por parte dos contribuintes, em virtude dos complexos impostos que envolve e a ausência de Administração que permitia as verificações necessárias, tendo ainda em atenção certa dificuldade no apoio judicial para aplicação de penalidades. Perante a evolução no sentido de os estabelecimentos se tornarem maiores e mais permanentes, a concentração neles do emprego e o declínio do sector agrícola face ao industrial, pôde ser alargado o âmbito de tributação indirecta, o imposto do rendimento torna-se manuseável e a tributação efectiva do rendimento das actividades económicas torna-se possível face à racionalização das actividades das empresas privadas e à melhoria das práticas contabilísticas. Torna-se ainda possível a administração de um imposto sobre o rendimento global e, face ao desenvolvimento económico, aumentam as bases de tributação." (Manuel Pires, *idem*, pág. 345 e 346). Mas tudo isto se passa antes de a globalização ser um fenómeno enraizado e dominante na sociedade. Com a chegada da globalização a realidade social, económica, política e tecnológica altera-se e dá espaço, como trato no corpo principal do texto, à degradação das bases de tributação e, mais uma vez, a uma transformação na forma como os sistemas fiscais se organizam e dão maior ou menor impacto ao rendimento, ao património e à despesa.

[18] Uma curiosa análise do problema foi feita por VITO TANZI (*Globalization, tecnhological developments, and the work of fiscal termites*, pág. 5 e ss). Para este reconhecido autor, os elementos

Na busca de quais as causas geradoras desta degradação das bases de tributação tradicionais encontra-se, em primeira linha, a mobilidade internacional. Com esta nova característica do mundo global abriu-se a possibilidade de migração do capital e do trabalho, com maior relevância para o mais qualificado – os dois elementos hodiernamente com maiores rendimentos – para países com níveis de tributação mais reduzidos ou até mesmo para zonas sem tributação. Com a mobilidade internacional abriu-se as portas a um fenómeno que podemos apelidar de *tax jurisdiction shopping*, onde o Estado vê grandes rendimentos saírem da esfera do seu poder tributário, diminuindo fortemente os níveis de receita gerada com a tributação, daí que alguns Estados tributem mais favoravelmente os rendimentos de capitais (tributação dual).

Como consequência e aproveitamento da mobilidade internacional, a concorrência fiscal prejudicial[19] surge igualmente como uma das grandes causadoras da degradação da base de tributação.[20] Porque o capital e o tra-

---

geradores de um impacto profundo nas receitas fiscais podem ser elencados naquilo a que TANZI apelida de térmitas fiscais. Segundo ele, oito são as térmitas fiscais que corroem e consomem as receitas e abalam os sistemas fiscais:
1. O comércio electrónico e as suas transacções;
2. O uso de dinheiro electrónico;
3. O comércio intra-empresas;
4. Os centros financeiros *offshore* (OFCs) e os paraísos fiscais;
5. Os instrumentos financeiros derivados e os *hedge funds*;
6. A incapacidade de tributar o capital financeiro;
7. A crescente deslocalização das actividades para fora do país de residência;
8. As compras no estrangeiro em locais de tributação privilegiada.
De todos estes elementos parece-me poder retirar-se que a sua presença nesta lista advém do facto de, destas térmitas, decorrerem dificuldades de identificação e, em última análise, anonimato, dificuldades de localização e a possibilidade de manipulação de informação fiscal para fins de fuga ao imposto. Estes elementos conduzem-nos àquilo sobre o que agora reflectimos.
[19] Agora também apelidada pela OCDE de práticas fiscais prejudicais, cfr. *The OECD's Project on harmful tax practices: The 2004 progress report*.
[20] A OCDE, no seu relatório sobre o tema da concorrência fiscal prejudicial, em 1998, – *Harmful tax competition. An emerging global issue*, pág. 17 –, defendeu que os paraísos fiscais e os regimes preferenciais assentam a sua prática fiscal numa taxa de imposto reduzida (ou até mesmo inexistente) sobre os rendimentos derivados das actividades com mobilidade, taxa de imposto essa que, quando comparada com as taxas de imposto presentes nos outros países, assume um valor significativamente mais baixo, o que tem potencialidade para provocar danos:
– distorcendo financeiramente o mercado e, indirectamente, os fluxos reais de investimento;
– ignorando ou desencorajando a integridade e a justiça das estruturas fiscais;
– desencorajando o cumprimento fiscal por parte de todos os contribuintes;

balho qualificado atingiram uma mobilidade extrema e um dos objectivos imediatos das administrações fiscais é arrecadar receitas, o aproveitamento de mecanismos de concorrência surge, progressivamente, nas actuações fiscais dos Estados, especialmente na determinação das suas linhas de política fiscal. Proporcionar condições fiscalmente mais favoráveis, oferecendo espaços fiscais incentivadores do investimento, tem sido uma das grandes armas das administrações fiscais na era global. Por estarmos integrados num mundo globalmente ligado e interdependente, qualquer actuação de uma parcela desse mundo interligado e interdependente tem impacto nas restantes partes do universo. Em termos fiscais, medidas concorrenciais agressivas para atrair mais capital, também trabalho qualificado, e obter maiores bases de tributação, podem ter impactos devastadores no mercado fiscal internacional, provocando profundas distorções, uma delas a diminuição dos níveis de tributação dos rendimentos de capitais e manutenção dos níveis de tributação dos rendimentos gerados pelo trabalho (tributação dual), bem como a tributação do rendimento dos bens imóveis e da despesa na forma tradicional. Devido a estes efeitos negativos para a economia e para a estrutura dos vários sistemas fiscais, os Estados, quer a nível nacional quer a nível internacional, têm procurado estabelecer limites a comportamentos agressivos, tentando gerar um espaço de boa convivência, justiça e integridade entre os vários sistemas fiscais. [21]

– remodelando o nível desejado de tributação, a conjugação dos impostos e os gastos públicos;
– causando mudanças indesejáveis na carga fiscal que se transfere para as bases de tributação não móveis, como o trabalho não qualificado, a propriedade e o consumo, e
– aumento de custos administrativos e de deveres de cumprimento para as Administrações Fiscais e para os contribuintes.

[21] Os paraísos fiscais e os regimes de tributação preferencial (também conhecidos por zonas de baixa tributação) assumem-se como os principais causadores de um ambiente fiscal concorrencial prejudicial. A OCDE reconheceu a dificuldade de apresentar uma definição objectiva de ambas as realidades, logo em 1987 (reconhecido em *Harmful tax competition. An emerging global issue*, pág. 22). Por tal, o processo de determinação do que é ou não um paraíso fiscal ou um regime de tributação preferencial, passa pelo apontamento de elementos-chave identificadores de cada um dos casos. Sobre este assunto cfr. capítulo relativo à concorrência fiscal prejudicial. Sobre estas matérias, cfr. ainda, de entre muitos e para além de obras de carácter geral, Rajiv Biswas, *International competition. Globalization and fiscal sovereignty*; Wolfgang Schön, *Tax competition in Europe*; Ben J. Kiekebeld, *Harmful tax competition in the european union*; Carlo Pinto, *Tax competition and E.U. law*.
Todavia, apesar de os paraísos fiscais e os regimes fiscais preferenciais ocuparem o centro da luta contra a concorrência fiscal prejudicial, não pode deixar de ser referido um novo fenó-

Se a mobilidade internacional e a concorrência fiscal prejudicial/práticas fiscais prejudiciais surgem como as causas geradoras da degradação das bases de tributação, o resultado dessa degradação produz um elenco considerável de efeitos negativos.

Numa primeira e incisiva análise vislumbra-se imediatamente que, com a diminuição da base de incidência, o resultado do imposto arrecadado diminui igualmente, ou seja, as receitas fiscais diminuem o seu montante, deixando os cofres do erário público menos cheios e em maiores dificuldades. Mas, a par da diminuição do montante do imposto arrecado, também a capacidade de cobrar os impostos é afectada[22], pois, se a soberania fiscal está profundamente enfraquecida e se os rendimentos a tributar vão desaparecendo ou deixam de ser conhecidos, a possibilidade de efectivamente arrecadar receita fiscal surge danificada. Em conjunto, os dois efeitos negativos mencionados criam a potencialidade de reacções defensivas por parte dos Estados e a consequente possibilidade de exageros que podem interferir gravemente na estabilidade dos sistemas fiscais e potencialmente gerar tensão entre a fiscalidade internacional e os acordos multilaterais de comércio e investimento.[23]

---

meno que vem sendo cada vez mais explorado pelos países que, à partida, por serem países desenvolvidos e preocupados com a luta contra as práticas fiscais prejudiciais, não deveriam fazê-lo. Falo dos nichos de baixa tributação. Espaços fiscalmente concorrenciais, muitas vezes prejudiciais, no interior de sistemas fiscais desenvolvidos e marcados por todos os valores e princípios que contrariam a concorrência fiscal prejudicial. IAN SPENCE *(Globalization of transnational business: the challenge for international tax policy*, pág. 144 e 145) revela: "But a relatively new feature is the development of low-tax 'niches' in high-tax countries. These are specifically designed to attract internationally mobile financial investment. The growth of these tax niches is an area of increasing concern to governments. Not just because of tax avoidance opportunities they present, but also because of their distorting effect on patterns of trade and investment. And the danger is that unless something is done to check the trend, an increasing number of countries will conclude that to preserve their inward investment base they need to compete in the tax niche market. This poses the long-term risk of a downward spiral of fiscal competition and large-scale erosion of national tax bases worldwide."

[22] Vito Tanzi, *Globalization, technological*..., pág. 3.
[23] IAN SPENCE *(Globalization of transnational business*... , pág. 144 e 145, respectivamente): "But the greater the scale of the perceived abuse, the greater the risk that, at the extreme, tax administrations somewhere in the world will over-react, or be pressed into over-reaction by domestic political pressures, and deviate from accepted international standards in doing so. Which brings with it the risk that unilateral action by governments will distort the flow of trade and investment, and ultimately generate political pressures in other countries for retaliation." [...] "Next, we need to note the potential tension between the international tax

Porém, as consequências desta redução das bases de tributação não são apenas as indicadas. Uma das mais profundas consequências prende-se com alterações significativas na estrutura e organização das receitas fiscais.[24]

Para as pessoas colectivas a base de tributação é extremamente móvel e permeável aos movimentos e fluxos da globalização. A deslocalização do capital com a abertura dos mercados financeiros e a chegada das novas tecnologias produz essa facilidade, tornando-a uma realidade presente e imediata. Mas também o fácil acesso aos múltiplos e complexos instrumentos de planeamento fiscal auxilia a redução dos montantes devidos por imposto, bem como das denominadas obrigações acessórias. Na verdade, a área do planeamento fiscal assume-se como uma área determinante para qualquer negócio e a sua utilização nos negócios globais e com elevado grau de mobilidade, altamente maximizada. Pode mesmo falar-se de uma actuação de planeamento fiscal agressivo e ostensivo no mercado global, mas que não é planeamento fiscal em sentido técnico, mas sim evasão. Instrumentos como a escolha de jurisdição aplicável (*treaty shopping*), como a escolha de regras de tratados aplicáveis (*rule shopping*), como os preços de transferência (*transfer pricing*), como a subcapitalização (*thin capitalization*) ou a não distribuição de lucros (razão das *CFCs*), são aproveitados para diminuir o montante do imposto pela compressão da base de incidência, tornando-a cada vez menor e cada vez mais homogénea. A par dos instrumentos que actuam sobre a base de tributação, acresce ainda a escolha de jurisdições fiscais com taxas de imposto mais competitivas ou de deduções amplas, visto o interesse incidir em que o quantitativo a pagar seja o menor possível, também através da escolha da taxa de imposto ou de deduções à colecta, ainda que as bases de tributação sejam iguais nas jurisdições em confronto.

No domínio da tributação do rendimento, verifica-se uma diminuição da tributação efectiva dos rendimentos das pessoas singulares que surgem

---

system and multilateral trade and investment agreements. The tensions surfaced with the recent attempts to sew up the Uruguay Round with the GATT and GATS agreements. The immediate issue is the Multilateral Agreement on Investment. These multilateral agreements have the same basic objectives as international tax policy – to remove artificial barriers to world trade and investment. Clearly trade and investment liberalization should not be frustrated by protectionist tax barriers. But the challenge is to achieve this without disrupting the operation of tax treaties and the rest of the international tax system."

[24] Everardo de Almeida Maciel, *La adecuación...*, pág. 88 e ss.

como trabalhadores do conhecimento/trabalhadores altamente qualificados, enquanto, paralelamente, se gera um aumento da carga fiscal suportada pelos trabalhadores menos qualificados e/ou com menor mobilidade. Os trabalhadores do conhecimento têm ao seu dispor aquele tipo de instrumentos de ajustamento da sua base de incidência ou outros mencionados. Normalmente, este tipo de trabalhadores altamente qualificados têm elevados rendimentos e, por isso, assumem muita importância para a Administração Fiscal. Porém, têm a seu favor a mobilidade internacional e o acesso aos instrumentos de planeamento fiscal, o que permite a diminuição da base de tributação ou de outros elementos que conduzem a um menor imposto, bem como, caso seja necessário, a deslocalização dessa mesmo base de tributação ou a deslocalização da própria pessoa, para outras jurisdições fiscalmente mais favoráveis.

Como aos restantes trabalhadores – os trabalhadores menos qualificados ou, pelo menos, sem a mobilidade dos anteriores – não estão agregadas as anteriores possibilidades de deslocalização ou até de planeamento fiscal efectivo, porque a sua base de tributação é fixa, conhecida e imóvel, a Administração Fiscal detém todas as condições para os tributar sem diminuição da base de incidência. Por tal, porque não há mobilidade, porque não há estratégias caras e sofisticadas de planeamento e porque não há anonimato, o aumento da carga fiscal acontece uma vez que toda a situação é compatível com as bases sobre as quais assentam os sistemas fiscais tradicionais. Desta forma, o rendimento gerado pelos trabalhadores menos qualificados e/ou com menor mobilidade são a via da Administração Fiscal para continuar a tributar o rendimento, a par, como se escreveu, do rendimento de bens imóveis e da despesa na sua forma tradicional.

Porque o Fisco vê a sua base de incidência, quanto ao rendimento, diminuir drasticamente e porque a carga fiscal suportada pelos trabalhadores menos qualificados e/ou com menor mobilidade tem limites inultrapassáveis, a solução possível tem sido apostar na tributação da despesa. Tributar a despesa surge como uma forma de compensação pela diminuição das receitas fiscais geradas pela redução das bases de tributação dos rendimentos ou por outras vias. Por isso, se tem visto um aumento do IVA e dos outros impostos sobre a despesa, bem como se tem observado interesse, por parte das administrações fiscais e das Organizações Internacionais competentes, no estudo e na busca de soluções de tributação pela via dos impostos indirectos. Contudo, a dita "galinha dos ovos de ouro" não é assim tão vigorosa e solucionista do problema da quebra de receitas ficais, abstraindo já da regressividade ínsita na tributação sobre a despesa. Com as novas tecnologias, em especial com o comércio electrónico, abrem-se portas à evasão, fraude e à redução também da tributação da despesa. Para tal, contribui a possibilidade de anonimato e o baixo custo por comparação com o comércio tradicional. E, no caso de estarmos perante contribuintes abastados, as compras no estrangeiro, em países com sistemas fiscais mais favorecedores para o consumo, assumem-se como outra oportunidade de diminuição do imposto. Uma vez mais, a carga fiscal acaba por assentar sobre os contribuintes que não têm mobilidade e que, mais uma vez, nas compras do dia-a-dia, têm de suportar a tributação por não haver forma de se alterar a realidade.

Recorrer à tributação do património, nomeadamente na sua vertente dos bens imóveis ou seu rendimento, é também uma das tendências geradas para combater a diminuição das receitas fiscais. Porque existe a vantagem de o bem ser imóvel, de não poder ser transferido, a base de tributação é palpável e permanente. Todavia, mesmo aqui a mobilidade e a capacidade de planeamento funcionam. Se o proprietário for um agente global, com a mobilidade acessória a essa condição, então, surge a possibilidade de se distorcer o mercado imóvel, pois, em vez da propriedade ser adquirida ou permanecer na esfera jurídica do contribuinte, transfere-se a propriedade e respectivo investimento para a esfera de uma outra entidade em jurisdição fiscalmente mais favorável, através de entidade nela situada. Mais uma vez, é sobre aquele que não goza de mobilidade e não é permeável à globalização que recai o aumento da carga fiscal.

Da vista global aqui traçada, duas conclusões podem ser retiradas:

a) Tanto na tributação do rendimento como na tributação da despesa e na tributação do património imóvel, são as bases de incidência de quem não tem forma de aproveitar a globalização que suportam o encargo, pois, se a permeabilidade à globalização existe, então a tributação pode ser objecto de evasão e mesmo de fraude e, desse modo, diminuída. Isto revela estarem os sistemas fiscais tradicionais construídos para uma realidade não global, estarem construídos para uma realidade de imutabilidade, de "fixidez" e de constância. Quando nenhuma dessas características se verifica, então os mecanismos fiscais deixam de eficazmente funcionar e atingir o seu objectivo: efectivamente tributar aquilo que deve ser tributado.

b) Estas transformações profundas na estrutura e na organização das receitas fiscais produzem um impacto de extrema negatividade nos sistemas fiscais: o aumento dos níveis de regressividade sobre aqueles que não têm oportunidades, meios ou/e qualificação para usufruir da mobilidade. A regressividade gera uma profunda injustiça no sistema fiscal, que é levada ao extremo quando falamos de equidade vertical, pois, dentro do mesmo tipo de tributação, a disparidade entre aqueles que não têm mobilidade e aqueles que a têm é abissal e geradora de um fosso injusto. Caso que tenderá a piorar se a inadequação e o desajustamento dos sistemas fiscais em face da globalização não forem, de uma vez por todas, assumidos e a necessidade da sua reestruturação forçadamente trabalhada.

Do agora concluído, desvenda-se um crescente conflito entre princípios orientadores do sistema fiscal. A conflitualidade justiça/racionalidade económica assume proporções negativas de elevado montante. A concretização da justiça fiscal é totalmente incompatível com esta nova organização da estrutura fiscal, difundida pela extrema mobilidade. A neutralidade fiscal é preferida em face da equidade nos sistemas fiscais actuais[25], porém, em face das práticas fiscais prejudiciais, dificilmente alguma neutralidade fiscal é efectivamente alcançada. No plano internacional, a luta entre a fonte e a residência agudiza-se, pois os interesses dos países exportadores líquidos de capital – os Estados da residência – apelam a uma prevalência do seu poder de tributar, em detrimento dos países importadores líquidos de capital – os Estados da fonte. E a juntar-se a todo este negro quadro de conflito de princípios de tributação e incapacidade de concretização desses mesmos princípios, surge a presença de uma pesada, extensa e complexa máquina fiscal, produtora de um impacto extremamente negativo na eficiência administrativa. Com a globalização e o impacto desta na Administração Fiscal, os custos administrativos e os custos de sujeição elevam-se a montantes extremos, dificultando, ainda mais, o equilíbrio entre os vários princípios orientadores.

E, se os princípios orientadores estão em pleno conflito, então, não é difícil vislumbrar uma afectação profunda das características dos sistemas fiscais, nomeadamente da coerência, bem como da distanciação da preten-

---

[25] Glória Teixeira, *A tributação do rendimento*, pág. 24.

dida simplicidade. No referente à coerência, com a percepção de desaires na obtenção de justiça fiscal, na incapacidade de promoção da racionalidade económica e nos impactos profundamente negativos na eficiência administrativa, compreende-se a presença de várias forças antagónicas, cada uma delas capaz de gerar abalos profundos na coerência do sistema fiscal. Já a simplicidade, transforma-se numa árdua busca. A complexidade mantém-se ou até se reforça. Mas não uma "simples complexidade", antes uma "complexa complexidade". Para tal, contribui, em grande medida, o peso excessivo assumido pela máquina fiscal, bem como a multiplicação da legislação fiscal, a sua constante alteração, e, naturalmente, a pressão exercida pelos *lobbies* económico-sociais, quer na feitura das leis fiscais, quer na sua implementação, quer ainda na sua interpretação, aplicação e adaptação.

Em consequência deste estado de coisas, a ideia de reforma fiscal como meio de solução foi crescendo ou intensificando-se. Sou mesmo tentada a dizer que o conceito de reforma fiscal se assume, hoje, como uma nova utopia fiscal, pois é encarada, sempre, como uma tábua de salvação. A reforma fiscal, com o constante recurso a essa ideia, bem como a visão quase mítica que assume, torna-se um processo em constante andamento e em constante execução, em permanente devir. Corro o risco de suscitar a questão de saber se não será um conceito esgotado, por não se ter visto uma real concretização deste nos últimos tempos. O que hoje se produz é uma adaptação, um enxerto de alterações, não uma transformação profunda e absoluta do sistema fiscal, ideias estas subjacentes ao próprio conceito de reforma. Ainda assim, o recurso à ideia de reforma fiscal surge como uma possibilidade, sempre em aberto, para a utópica resolução dos efectivos problemas. Porém, muitas vezes, o que faz falhar e mina, por completo, a possibilidade de resolução dos problemas é a falta de acordo entre os vários interesses, os vários objectivos e os vários princípios orientadores, presentes em cada momento da vida da fiscalidade. Por isto, parece ficar explicado que as chamadas reformas fiscais que se sucedem e se produzem provoquem, não a simplificação, mas antes a complexificação do sistema fiscal.

1.2.3. Profunda alteração na relação de forças na relação jurídica fiscal

Em resultado desta inadequação e desajustamento dos sistemas fiscais gera-se uma profunda alteração no confronto das forças presentes na relação jurídica fiscal. Chego a tal conclusão por uma breve análise da história do imposto em conjugação com os dados acabados de apresentar para justificar a inadequação e o desajustamento dos sistemas fiscais.

O imposto conhece o seu nascimento há muito tempo[26-27]. Já nas civilizações chinesa, mesopotâmica e egípcia existiam formas de contribuição que poderiam corresponder ao que hoje apelidamos de tributo[28], tal como na Grécia Antiga e na Roma Antiga as contribuições devidas para a organização pública, em grande parte dominadas por motivos militares, correspondiam já a um conceito de tributo, contribuindo para a sua evolução.[29] Se bem que o que nos importe mais para a construção da história e da estrutura do tributo actual seja a forma e o desenvolvimento que este assumiu a partir da Idade Média, não podemos deixar de notar resultar da natureza da organização humana o recurso ao imposto como forma de implementação de uma rede social de organização e de convivência, pela necessidade de uma base comum para investimentos nos interesses da comunidade.[30]

[26] "A origem do fenómeno tributário perde-se na noite dos tempos, de tal modo que não é possível delimitar um momento histórico e um local onde, com um mínimo de rigor, o seu aparecimento possa ser circunscrito. [...] Ainda assim, no quadro desta incontornável limitação (da qual, aliás, não é lícito abstrair), os elementos disponíveis permitem descortinar, em termos plausíveis, duas origens distintas para a fiscalidade: a religião e o saque." J. Albano Santos, *Teoria...*, pág. 13.

[27] Para uma história completa da figura do imposto, conferir a obra dupla de Gabriel Ardant, *Histoire de l'impôt*.

[28] Aliás, como afirma J. ALBANO SANTOS (*Teoria...*, pág. 24 e 25), "a despeito da origem do imposto que se possa considerar, a sua cobrança em termos regulares e duradouros exige, como primeiro requisito, a existência de uma base económica que propicie condições para o suportar. [...] Quer dizer, pois, que, na História da Civilização, a cobrança de impostos em moldes permanentes teve de ser precedida do conveniente desenvolvimento da produtividade económica, por forma a permitir às sociedades mais evoluídas a libertação do indispensável excedente. [...] [E] tanto quanto o conhecimento actual permite recuar no tempo, essa passagem teve lugar no vasto domínio que hoje se designa pela expressão cómoda de Próximo-Oriente: segundo ensina a História da Humanidade, é aí que se começam a desenvolver as duas fontes originais da Civilização Ocidental – as civilizações Mesopotâmica e Egípcia."

[29] Cfr. J. Albano Santos. *Teoria...*, pág. 29 a 62.

[30] MANUEL DE JUANO *(Los tributos en la protohistoria*, pág. 104), num trabalho de busca da génese e da evolução do imposto afirma, em conclusão: "De la naturaleza gregaria del hombre, parte su convivencia entre otros hombres. De la naturaleza primaria de la comunidad nómada, sigue la sedentaria y la formación de la familia. Del poder y fuerza del conductor de la tribu se pasa al principio de autoridad del 'leader'; de la sumisión, por el miedo o resignación, del vencido deriva el acatamiento de la norma de convivencia, y del poder físico del 'leader' surge el poder económico sobre el patrimonio de los hombres. Ello empieza con ofrendas y

No ciclo de evolução da figura do imposto mais próxima da que hoje existe, atendendo ao hiato temporal da Idade Média, verificamos a existência de três fases na evolução do tributo e da esfera de poder que ele envolve.

Numa primeira fase, decorrente desde o século IX ao século XIII, a organização social assentava no feudo, uma unidade fechada sobre si mesma, com aspiração de auto-suficiência, marcada pela vida em torno de muralhas protegidas por um senhor feudal que, em troca do que recebia por parte dos habitantes daquele feudo, garantia a sua segurança. Foi uma época marcada pelo arbítrio, onde os particulares, neste caso os senhores feudais e as autoridades por eles impostas, serviam-se do que cobravam como um elemento de opressão ou de favoritismo. A justiça fiscal não existia, uma vez que não se atendiam às diferenças sociais, nem se media a proporção da repartição das cargas fiscais. Nesta fase, os quantitativos impostos eram um símbolo de servidão, o que abriu portas à multiplicidade e à heterogeneidade de imposições.[31]-[32]

Quando, na Idade Moderna, se observa um robustecimento do poder monárquico dos Estados e, por consequência, os desenvolvimentos de uma unidade económica e política, bem como de um conceito de nacional, o poder de tributar reside no monarca, criando uma segunda fase de evolução para o imposto. Com estas modificações, os regimes tributários, em vez de dependerem dos senhores feudais e serem marcados pela heterogeneidade da vontade de cada um desses senhores, aproximam-se de uma unidade, mas de uma unidade que torna os regimes tributários fundados em critérios absolutistas de imposição que atendem mais à necessidade

---

entregas de bienes, seres, cosas, etc, hasta formar el rey los tesoros reales, plenos de trigo, de oro, y de cosas de valor, sin perjuicio de los servicios y trabajos, que dan origen a la 'corvé' cargas de trabajo como tributos (corvea). La ofrenda a veces es simbólica en las colonias, sal y té, América del Norte, metales preciosos, plumas, piedras, América Latina. La religión va supliendo el principio de la fuerza física, y el rey confunde en las monarquías absolutas, su propio patrimonio con el del Estado, pero se siente obligado a proteger a su grey, a su pueblo, al que domina pero en el fondo quiere. Así nace la obligación tributaria al amparo del derecho, que luego adquiere caracteres más acordes con los principios de Justicia, de equidad, de igualdad y de consideración a la capacidad económica que hoy son bases fundamentales en la tributación de la generalidad de los Estados civilizados."

[31] Manuel de Juano, *Los tributos en...*, pág. 190 e ss.
[32] J. ALBANO SANTOS (*Teoria...*, pág. 68 e ss), aponta como exemplos de tributos existentes na época: as banalidades, as corveias, a comedoria, o censo, as taxas judiciais e os direitos de circulação, tudo isto em paralelo com os impostos devidos à Igreja – a dízima.

de o monarca ter fundos à sua disposição, do que à capacidade contributiva de quem a eles estava obrigado.[33] Uma vez mais o arbítrio, agora do monarca, assume-se como a pedra de toque do imposto.

Estamos perante uma tributação dominada pelo arbítrio, assente numa relação de poder e força de quem impõe, sendo o imposto tomado como uma verdadeira limitação da propriedade para os contribuintes e uma fonte de riqueza para quem o recebia e que tantas vezes confundia a sua riqueza pessoal com o património do Estado que representava.

Com a chegada da Idade Contemporânea, em especial com a criação do Estado de Direito, o imposto passa a ser encarado de forma totalmente diferente.[34] Ainda que sendo uma imposição[35] – jamais o deixará de ser, em bom rigor –, toda a forma como é construído e desenvolvido altera-se. Nesta terceira fase, o imposto passa a ter uma íntima relação com o interesse colectivo, sendo por este que existe e para este que se aplica o resultado das contribuições. O arbítrio deixa de ser a base do imposto dando lugar à legalidade e à equidade. A relação jurídica surge e assume-se como o núcleo da construção dos sistemas fiscais e do relacionamento entre a Administração Fiscal e o contribuinte. E ainda que a relação jurídica fiscal tenha passado por diversos momentos de medição de forças, com a pro-

---

[33] Manuel de Juano, *Los tributos en...*, pág. 215 e ss.
[34] "A realização prática do pensamento liberal conduziu à formação, a partir do séc. XVII na Inglaterra e do séc. XVIII no continente europeu e na América, de um tipo de Estado moldado sobre os direitos individuais naturais (liberdade, segurança e propriedade), subordinado a normas jurídicas concebidas como expressão da razão, encarregado de definir e executar o Direito e de, por essa forma, delimitar reciprocamente e tutelar as esferas pessoais de acção, e organizado de maneira a evitar o arbítrio e o despotismo da autoridade." (Miguel Galvão Teles, *Estado de Direito*, *Polis*, pág. 1186). Com um novo tipo de Estado a nascer e a desenvolver-se, o fenómeno impositivo, como parte integrante do Direito que se gerava e crescia, igualmente acompanhou o percurso, rejeitando a arbitrariedade e assumindo a legalidade como a base de toda a sua existência e aplicação. A par do princípio da legalidade, ao longo dos tempos, e em paralelo ao desenvolvimento do Direito e do Estado de Direito em Estado Social, os princípios da igualdade, com a universalidade e a capacidade contributiva, bem como da tipicidade, da segurança, da proporcionalidade e da progressividade e do carácter de não confisco, foram-se assumindo como pilares fundamentais do direito fiscal, sendo deles indissociáveis. A par de todos estes princípios, o nascimento da relação jurídica tributária, como forma de relacionamento entre a Administração Fiscal e o contribuinte, é também uma marca de um diferente Estado e de um diferente Direito, ambos assentes na garantia dos direitos dos cidadãos.
[35] A denominação do tributo como imposto não é líquida. Nessa época, tentando apelar à cidadania e voluntariedade, chamava-se o tributo de contribuição.

gressiva legitimação da posição do contribuinte e das suas defesas contra a Administração – fala-se muito inicialmente da relação jurídica de poder –, a verdade é que a evolução conduziu à existência de uma relação assente em direitos, deveres e garantias de defesa presentes para ambos os intervenientes. Com esta fase e durante todo o seu desenvolvimento, o Estado, na face da Administração Fiscal, surge como o elemento predominantemente activo da relação jurídica fiscal, sendo o contribuinte a parte predominantemente passiva. Colabora para tal caracterização o próprio nome dado ao contribuinte na relação obrigacional, o de sujeito passivo.

Com a globalização e as novas tecnologias, parece-me criar-se, para o contribuinte, um ambiente de novas oportunidades capazes de equacionar a organização dos papéis dos intervenientes na relação jurídica fiscal. Gera-se um grande espaço para a fuga ao imposto, para a subversão das regras legais, para o aproveitamento discriminado destas consoante o interesse em jogo, bem como se geram espaços económicos e sociais onde o Estado não domina nem tem meios realmente eficazes para dominar.[36] Até à data, a Administração Fiscal confiou e incentivou o contribuinte a dar a conhecer os seus rendimentos, gerando uma dependência excessiva da ética e do cumprimento dos deveres do contribuinte. Por isso, a fiscalização está ainda numa fase de infância, plena de dificuldades no cum-

---

[36] Já no século XIX procurava-se enraizar as liberdades e os direitos conquistados com a construção do Estado de Direito, depois de centenas de anos absorvidos pela arbitrariedade e pela imposição desmesurada. Como ressalta J. ALBANO SANTOS (*Teoria...*, pág. 117), "as alterações experimentadas pela fiscalidade no século XIX não se confinaram ao plano dos princípios: também a técnica tributária sofreu alterações significativas, uma vez que os ideais em voga – *maxime*, o da liberdade – tornaram inaceitáveis algumas práticas fiscais até então seguidas, com destaque para a arbitrariedade e os métodos inquisitoriais a que, nalguns casos, os contribuintes eram sujeitos para apuramento da matéria colectável. Ora, as acrescidas exigências de rigor e objectividade na avaliação dos rendimentos e dos patrimónios que eram colocados pelos novos princípios acima referidos chocavam, tanto com um sublinhado respeito pelas liberdades individuais, como com a base económica existente que, a despeito da industrialização em curso, continuava a ser dominada pelo sector primário (levantando as tradicionais dificuldades ao fisco), com a agravante de, nos restantes sectores, florescer uma miríade de agentes económicos de pequena dimensão (e.g., artesãos, comerciantes, profissões liberais), de tratamento fiscal igualmente difícil.
Perante os valores em presença e as incompatibilidades que alguns deles denotavam entre si, o caminho seguido foi o de as Administrações Fiscais renunciarem, liminarmente, ao conhecimento directo da realidade a tributar, cingindo-se a apreendê-la através de estimativa baseada nas manifestações que dela emanam [...]."

primento das suas funções. Mas mais, até aqui, porque a globalização não tinha atingido as consequências actuais, derrubando a possibilidade de investigar *in loco* e conhecer, sem grandes dificuldades, quem é quem e o que é o quê, a Administração Fiscal continuou a desenvolver e a actuar, no seio da relação jurídica fiscal, com base nos mesmos pilares constitutivos do sistema fiscal clássico, não se preparando para o embate produzido pela globalização. Com a abertura do mundo, gera-se uma alteração profunda na medição das forças dentro da relação jurídica fiscal, pois quem passa a ter um papel verdadeiramente activo na relação, ou pelo menos é iniciado na sua caminhada em tal direcção, é o contribuinte, cada vez mais incumbido de actos que, pelo menos tendencialmente, caberiam à Administração Fiscal (privatização da gestão tributária). Esta afirmação decorre do facto de ser agora o contribuinte que começa a ter mais poder, pois tem a seu favor a mobilidade e, com essa mobilidade, a escolha de qual a relação jurídica fiscal de que deseja fazer parte. Já não é o Estado que, na prática, determina quem é o outro sujeito da relação, mas antes o contribuinte móvel que, depois da utilização dos mecanismos de planeamento e do exercício da sua mobilidade, se estabelece como parte de uma relação jurídica fiscal. Este factor é de uma novidade extrema, visto o contribuinte global abandonar a passividade de uma posição de receptor de deveres e obrigações protegidos por direitos e garantias, para aproveitar os direitos e as garantias em função da escolha do sistema fiscal que estabelecer as obrigações e os direitos mais adequados aos seus objectivos. Há uma verdadeira revolução na relação jurídica fiscal que passa, igualmente, a ser global, projectando todas as características de uma fiscalidade fruto da globalização.

Num ambiente de globalização com o impacto que este tem na fiscalidade, poder-se-ia pensar ser necessário a criação de uma nova ordem organizacional internacional. Com tal criação estar-se-ia a condenar a actual estrutura no seu todo, incitando a uma construção de base totalmente diferenciada. A minha posição não é essa. Parece-me que os princípios fundamentais orientadores da fiscalidade foram e continuam a ser perfeitamente adequados, o que encontramos é o seu não enquadramento, na fórmula tradicional em que foram gerados, em face das novidades da sociedade e da economia globais. Dessa inadaptação e não encaixe deriva a necessidade de adaptação, reformulação e correcta integração. Parece-me que a solução passa, não pela novidade total, mas antes pelas escolhas jurídicas e políticas acertadas, combinadas com a reestruturação dos quadros existentes face às novas realidades. Como é evidente, tal não significa uma "quase manutenção" do existente. Vimos os resultados negativos do seu embate num espaço globalizado, não custa perceber os custos extremamente negativos da sua manutenção *qua tale*. Significa antes a abertura para uma mudança de estratégia, para a alteração de mentalidades e, sobretudo, para a transformação em função das novas realidades, dos novos hábitos, dos novos objectivos e das novas necessidades.[37]

Na prática, é o que tem acontecido. As opções políticas são refeitas, as estruturas jurídicas reorganizadas. O fenómeno de adaptação à globalização, produzido no campo da fiscalidade, tem sido orientado por áreas prioritárias, sendo efectuado parcelarmente e de acordo com certas preocupações nucleares. Quais são essas áreas prioritárias de intervenção e essas preocupações nucleares?[38]-[39]

---

[37] IAN SPENCE (*Globalisation of...*, pág. 146) defende que a única via prática exequível é aproveitar o actual sistema internacional e adaptá-lo nos pormenores. Justifica o autor a sua posição com o facto de os *standards* internacionais desenvolvidos pela OCDE terem-se revelado suficientemente robustos, tal como a comunidade internacional ter revelado a capacidade de refinar, desenvolver e modernizar esses mesmos *standards* internacionais. A construção de uma nova ordem fiscal internacional seria completamente impraticável pela falta de consenso e de eficácia dos mecanismos de implementação. Por isso, o diálogo e a cooperação surgem como as únicas armas eficazes e eficientes neste processo de adaptação.

[38] Para IAN SPENCE (*Globalization of...*, pág. 146), as áreas prioritárias são: os preços de transferência e a concorrência fiscal; a tributação das transacções financeiras; a redução da carga de deveres de cumprimento na tributação internacional das empresas multinacionais; a persuasão dos países não-membros da OCDE de adoptarem os standards dessa organização e a aplicá-los consistentemente; e as implicações da tecnologia da informação para o tratamento fiscal de actividades de empresas internacionais. Curioso é não existir a preocupação central com o auxílio ao desenvolvimento através dos instrumentos fiscais. Pessoalmente parece-me ser este um tema de importância nuclear sob o qual muito haveria a dizer e a remodelar. Todavia, em regra, essa temática não surge distinguida pela doutrina e pela OCDE como uma preocupação central. Ainda assim, sobre o tema, cfr. e.g., María Amparo Grau Ruiz, *Taxes as a tool for development: improving social, economic and territorial cohesion*, pág. 449 a 464; OCDE, *Mesures fiscales pour encourager les investissements privés dans les pays en voi de development*; OCDE, *The role of taxation in sustainable development: a shared responsibility for developing and developed countries*; Markus Stefaner e Mario Züger, *Tax policy and development*

[39] Depois de ter apontado a existência de térmitas fiscais, VITO TANZI (*Globalization, technological...*, pág. 15 e ss) (cfr. nota 18 do presente estudo) aponta algumas soluções que, no seu entender, serão adequadas para exterminar essas térmitas fiscais. A primeira dessas medidas consubstancia-se na adopção de um modelo de tributação cedular, abandonando o modelo de

1.3. Áreas Prioritárias de Acção Fiscal com a Globalização

De uma análise global da fiscalidade internacional e das suas preocupações actuais, julgo ser consentâneo identificar sete áreas prioritárias onde a atenção tem recaído por parte do poder político, bem como por parte da doutrina.

1.3.1. Ganhar Competitividade Fiscal

A primeira dessas áreas prende-se com a necessidade actual de ganhar competitividade fiscal internacional. A realidade global não permite a ausência da competitividade fiscal no espaço internacional de mercados abertos. O elemento fiscal surge como um instrumento, talvez já dos poucos instrumentos ainda em disponibilidade para as soberanias nacionais, capaz de tornar o apelo ao investimento mais atractivo. Certamente não é o único, nem o central, mas desempenha ainda um importante papel na captação de investimentos e na dinamização da economia no quadro internacional. Por isso, os Estados vão procurando estabelecer estruturas fiscais apelativas ao investimento.

Uma das formas que tem vindo a assumir lugar de destaque passa pela diminuição das taxas de imposto. O caso irlandês, no seio da União Europeia, é um bom exemplo, tendo existido reacções negativas, por parte de alguns parceiros comunitários, no sentido de que, com uma redução tão drástica da taxa de imposto sobre sociedades (*bodies corporate*, em geral, entidades sujeitas ao imposto sobre sociedades – *corporate tax*), haveria a

tributação do rendimento global. Tal, para o autor, permitiria a descida das taxas dos impostos sobre as bases de tributação de rendimentos móveis. A segunda forma de extermínio seria o desenvolvimento de formas de monitorizar o comércio electrónico e o dinheiro electrónico, bem como a possibilidade de criação de novos impostos para este domínio. A par das soluções apontadas acresceria ainda a substituição do princípio da plena concorrência – *arm's length* – pela fórmula de fraccionamento de lucros – a *formula apportionment of profits* –, procurando com isso centrar a atenção na forma como se distribuiria o rendimento consolidado de empresas multinacionais pelas várias jurisdições fiscais, em vez de a preocupação nuclear estar nas transacções individualmente consideradas. Também a punição dos centros *offshore* e dos paraísos fiscais, a promoção de iniciativas multilaterais, bem como o privilegiar da troca ilimitada de informações fiscais surgiriam como importantes armas para exterminar as térmitas fiscais. A conclusão do conceituado autor assenta na defesa de uma maior confiança nos impostos sobre os rendimentos de factores imóveis – por terem menor tendência para serem afectados pelas térmitas fiscais – e no desenvolvimento de novas tecnologias fiscais, sendo certo que, para o autor, parece ser razoável assumir que os sistemas fiscais do futuro terão de ter uma estrutura diferente da actual e possivelmente terão níveis de tributação mais reduzidos do que os actuais.

implementação de um espaço de concorrência fiscal prejudicial. Houve, inclusivamente, alguma pressão política para o aumento da taxa de tributação do rendimento da actividade exercida pelas sociedades para patamares mais próximos da média comunitária. A Irlanda estabeleceu a taxa de 12,5 % para a tributação do rendimento das sociedades, enquanto a média europeia aproxima-se, actualmente, dos 25% (24.3% em 2016).

A par da diminuição das taxas de imposto, surge também a proclamação da taxa única ou, na linguagem internacional, da *flat rate*. Esta figura surge, muitas vezes, apresentada como a solução óptima para a implementação de uma ordem fiscal competitiva.[40] A máxima inerente ao conceito passa pela ideia de que a *flat rate* permite uma simplificação dos sistemas fiscais, aliada a uma consequente diminuição dos impostos, o que gera um aumento das quantias arrecadadas pelo Estado, ao contrário do que se poderia esperar.[41] Com a implementação desta medida, auxilia-se a criação de prosperidade – com o aumento do emprego e do capital disponível –, através da atracção de investimento.[42] Por estas benéficas consequências, a ideia de uma taxa única de imposto tem proliferado pelo ambiente internacional, existindo mesmo alguns países que a adoptaram e continuam a apostar na sua manutenção.

A adopção do sistema de taxa única de imposto pode ser aplicado apenas para a tributação do rendimento – e dentro desta, unicamente para a tributação de pessoas singulares ou conjuntamente para a tributação de pessoas colectivas – ou para a tributação da despesa, tal como pode com-

---

[40] "We must kill the tax monster, drive a stake through its heart to ensure it never rises again. We must replace it with fair and simple flat tax system. [...]. It will throw out today's federal income tax code. It will eliminate the confusion, anxiety, and discomfort that are part of the process of filling and paying our taxes. It will do away with the corruption and economic distortion produced by the current system. The flat tax will free America. It will liberate us, as individuals and as a society, from the tyranny of the federal tax code." Steve Forbes, *Flat tax revolution*, pág. 59 e 60. Sobre o tema, entre outros, Clifford G. Gaddy e William G. Gale, *Demythologizing the russian flat tax*; Daniel J. Mitchell, *Eastern europe's flat tax revolution*; David A. Weisbach, *Two cheers for flat tax*; Martin A. Sullivan, *Thinking flat, going global*; Trevor Johnson, *It's a flat world – or is it not?*; Brian H. Jenn, *Flat taxes: past, present and future*; André Bauer; Sebastian Schanz; Deborah Knirsch, *Flat-rate taxation based on cost-of-living expenditure in Switzerland after changing residence from Germany to Switzerland*; Daniel J. Mitchell, *The global flat tax revolution: lessons for policy makers*.
[41] Steve Forbes, *Flat Tax...*, pág. XX.
[42] Steve Forbes, *Flat Tax...*, pág. 89.

binar ambas.⁴³ O que é verificável e defendido pelos apoiantes da ideia é ser a *flat rate* um fenómeno de desbloqueio dos impasses nos sistemas fiscais, simplificador e capaz de tornar a fiscalidade mais competitiva. Na prática, os países que adoptaram e implementaram a taxa única de imposto têm granjeado vários investimentos externos e uma maior satisfação dos contribuintes com o sistema fiscal. No entanto, tem de se considerar não satisfazer os parâmetros de justiça e muitas vezes os resultados obtidos terem ou poderem ter sido resultado de outras circunstâncias, como sucedeu na Rússia.⁴⁴

1.3.2. Condenação da Concorrência Fiscal Prejudicial⁴⁵

Em estreita ligação com a primeira, encontramos a segunda área de intervenção: equilibrar a concorrência fiscal entre os Estados, condenando a concorrência fiscal prejudicial.

Contrariar as práticas fiscais prejudiciais surge como um ponto forte de trabalho das organizações internacionais. A União Europeia, com o seu Código de Conduta no domínio da fiscalidade das empresas, procura moderar o impacto das diferenças práticas de taxas de imposto, de benefícios e de incentivos concedidos de forma diferenciada pelos vários sistemas fiscais, apresentando as medidas fiscais dos seus Estados-Membros, consideradas potencialmente prejudiciais, bem como as medidas com aspectos nocivos, capazes de afectar fortemente a saúde da competitividade fiscal e a concretização dos objectivos comunitários. Também a OCDE tem desempenhado um importante trabalho de estudo, documentação e de tentativa de resolução prática do problema. Para a OCDE é clara a necessidade de contrariar a concorrência fiscal prejudicial, sendo mesmo uma das preocupações centrais de todo o trabalho desenvolvido pela organização, procurando o acordo com os países infractores e a aceitação por parte destes, e dos seus membros também, da necessidade de remoção das medidas cau-

---

⁴³ A aplicação prática tem verificado ser a opção mais comum uma *flat rate* na tributação do rendimento, existindo quem combine a taxa única de imposto tanto para o rendimento de pessoas individuais, como de pessoas colectivas, quem adopte a *flat rate*, mas com valores diferenciados, conforme se trate de pessoas colectivas ou de pessoas singulares e ainda quem tribute com a mesma taxa todo o rendimento e toda a despesa. Steve Forbes, *Flat Tax...*, pág. 89 e ss
⁴⁴ Clifford G. Gaddy e William G. Gale, *Demythologizing the...*
⁴⁵ Actualmente, e como já se escreveu, a expressão práticas prejudiciais vai sendo igualmente introduzida como símbolo da mesma realidade.

sadoras das distorções concorrenciais.[46] Para tal, em muito contribui a lista negra dos espaços fiscais envolvidos, tendo já permitido que a maioria dos Estados removessem as medidas condenadas e abraçassem os princípios proclamados pela organização internacional nesta matéria.

1.3.3. Combate à Fraude e à Evasão Fiscais

Uma das preocupações mais presentes nas discussões sobre fiscalidade internacional é o combate à fraude e à evasão fiscais, visto conduzirem à erosão da tributação ou ao deferimento do pagamento do imposto devido. A transparência fiscal surge como corolário fundamental dessa preocupação.

No seguimento da luta contra a concorrência fiscal prejudicial, o combate aos paraísos fiscais e aos regimes fiscais preferenciais é um dos pontos de extrema importância e insistência. Porém, não é o único plano da luta. A este associam-se, como atrás é implícito, as regras na tributação das sociedades, nomeadamente, no que se refere aos preços de transferência[47],

---

[46] "OECD member countries seek to establish standards that encourage an environment in which fair competition can take place. They do so in the tax area through promoting principles that are designed to enable each country to apply its own tax laws without the interference of practices that operate to undermine the fairness and integrity of each country's tax system. A basic element of this work is the pursuit of a level playing field among all countries and jurisdictions. The OECD does not seek to dictate to any country what its tax rate should be, or how its tax system should be structured. Through its work, the OECD endeavours to build support for fair competition so as to minimise tax induced distortions of financial and, indirectly, real investment flows, and to increase the confidence of taxpayers in the even-handed application of tax rules." *The OECD's project on harmful tax practices: The 2004 progress report*, pág. 4.

[47] De acordo com estudos estatísticos, 60% das transacções internacionais são efectuadas entre empresas pertencentes ao mesmo grupo de sociedades. (Sven-Olof Lodin, *International tax issues in a rapidly changing world*, pág. 4). Uma tão elevada percentagem demonstra a importância que a problemática dos preços de transferência tem para a fiscalidade internacional. "Os preços de transferência são os preços pelos quais uma empresa transfere bens corpóreos, activos incorpóreos ou presta serviços a empresas associadas" (OCDE, *Transfer pricing guidelines for multinational and enterprises and tax administrations*, P-3), e a sua importância existe tanto para os contribuintes como para as Administrações Fiscais, pois influenciam o valor do lucro que é efectivamente tributado. O problema gerado decorre do facto de, "uma vez que estão em causa diversas jurisdições fiscais [...], qualquer ajustamento de um preço de transferência num país implica a necessidade de um ajustamento correspondente num outro país. Contudo, se a outra jurisdição não estiver de acordo em operar um ajustamento correspondente, o grupo multinacional será tributado duplamente sobre essa parte dos seus lucros. A fim de minimizar o risco de uma dupla tributação deste tipo, é necessário alcançar um consenso a nível internacional quanto às formas de fixação dos preços de transferência nas operações internacionais." (*Idem*, p-3 e 4). A OCDE determina um conjunto de princípios

à subcapitalização (*thin capitalization*)⁴⁸, às sociedades estrangeiras controladas (*controlled foreign companies* – CFC'S)⁴⁹ e às operações fictícias ou em

a serem atendidos que, na sua ideia, são a via para evitar os conflitos entre os contribuintes e as Administrações Fiscais, procurando estabelecer formas amigáveis de solução ou, em última análise, recorrer a formas não judiciais, mas antes alternativas, de resolução de litígios.
O princípio da plena concorrência – *arm's length principle* – é a base de toda a tributação dos preços de transferência, sendo que a ele, ou para sua concretização, vários são os métodos possíveis de aplicar. (Para mais desenvolvimentos cfr. OCDE, nomeadamente, *Transfer pricing guidelines for multinational and enterprises and tax administration*).
Todavia, ainda que de boas intenções a organização internacional esteja, várias são as críticas que surgem em torno da construção. SVEN-OLOF LODIN (*International tax issues in a rapidly changing world*, pág. 4) afirma estar essa construção da OCDE repleta de complicações, pois as linhas gerais de orientação defendidas surgem apenas como mínimo, havendo a tendência para maiores exigências no domínio das regras nacionais, o que distorce mais e asfixia, uma vez que se privilegia as jurisdições fiscais mais agressivas. O mesmo autor aponta ainda a incapacidade de esta construção dar resposta aos novos sistemas de preços que se vão desenvolvendo, bem como ser cada vez mais uma tarefa de extrema complexidade encontrar o valor no mercado dos serviços e dos incorpóreos.

[48] A subcapitalização (*thin capitalization*) surge como um fenómeno de desnivelamento entre o capital de uma empresa e o risco associado à concretização do objecto social. É uma forma alternativa ao endividamento com recurso a capitais exteriores à empresa. A subcapitalização produz uma desproporção entre o capital escriturado e o objecto social. (Teodoro Cordón Ezquerro, *La subcapitalización: tratamiento jurídico-tributario y su compatibilidad con el principio de no discriminación*, pág. 495 e 496). Se se tratar de uma subcapitalização material, acontece que o capital necessário ao exercício da empresa não foi todo constituído, sendo, por tal, necessário recorrer a endividamento. Aqui, com a subcapitalização trata-se de uma forma de financiar as necessidades financeiras da empresa, através do recurso a capital mutuado pelos sócios dessa mesma empresa, tendo, na base do seu objectivo, a vantagem fiscal de os juros cobrados pelo sócio poderem ser contabilizados como custo, contribuindo para a diminuição do lucro tributável. Caso se trate de uma subcapitalização nominal, então, não se trata de falta de capital para o cumprimento do objecto social, antes a forma como tal capital é juridicamente tratado é que diverge, pois é tomado como mútuo por parte dos sócios (*Idem*, pág. 498). Pelo abuso que esta forma de actuação típica das sociedades de capitais com estrutura personalista e dos grupos de sociedades (*Idem*, pág. 496) teve, foram sendo criadas restrições no seu tratamento fiscal. A OCDE deixa a liberdade de os Estados escolherem um de dois sistemas: o sistema subjectivo – onde se compara o financiamento levado a cabo por sociedades interligadas com o financiamento que se teria obtido através de entidades independentes – e o sistema objectivo – perante o qual se determina uma percentagem fixa que surge como o limite de capital mutuado que pode ser considerado realmente mútuo, sendo os juros devidos relativos ao que estiver acima desse valor tomados não como juros, mas antes como lucros distribuídos (*Idem*, pág. 502 e ss). Para uma excursão sobre o regime português, cfr. Glória Teixeira, *Tributação do...*, pág. 129 e ss.
[49] O tratamento fiscal das sociedades estrangeiras controladas deriva da necessidade de contrariar a evasão fiscal a nível da tributação das sociedades ou das pessoas singulares. Através

termos anormais, de modo a serem criados custos inexistentes ou superiores aos suportados.

Este tipo de preocupações e medidas a elas associadas denunciam os cuidados internacionais com a evasão e mesmo o planeamento fiscal, actividade lícita, actividade, todavia, que, cada vez mais, começa a ser difícil de diferenciar da evasão fiscal.

1.3.4. Criação e reforço de medidas anti-abuso

Porque a imaginação humana é fértil, a utilização dos mecanismos fiscais disponíveis, e até mesmo das normas internacionais em tal matéria, dá azo a distorções dos objectivos e dos princípios que nortearam a sua implementação. Muitas vezes, em consequência de actuações de planeamento fiscal ou evasivo, a intenção das administrações fiscais é completamente sobreposta pelo interesse dos particulares, tal como as lacunas que a legislação fiscal apresenta – as designadas leis *Gruyére (tax shelters)* – são igualmente aproveitadas para favorecer a redução do imposto devido pelos particulares. À custa destas actuações, a fiscalidade internacional – tal como a interna – tem tentado implementar uma série de normas anti-abuso que travem os ensejos fiscais fraudulentos, evasivos e redutores, desenvolvidos pelos particulares.

O conceito de abuso dos tratados internacionais surge em consequência de uma utilização indevida das regras estabelecidas por esses tratados internacionais. Tal acontece quando um sujeito usufrui dos benefícios proveniente da aplicação do tratado, quando esse sujeito não era quem deveria beneficiar, pois o tratado não foi constituído para ser aplicado na sua situação.[50] Normalmente, a possibilidade de beneficiar é construída

---

dele pretende-se atingir a não permissão da não tributação de determinadas sociedades, ou mesmo pessoas singulares, que controlam outras sociedades e que, por esse controlo, podem comandar a distribuição de dividendos de forma a obter vantagens fiscais agressivas. O objectivo da legislação das CFC's é o de evitar que a transferência do capital gere um adiamento ou uma evasão da tributação no Estado da pessoa que transfere o capital. Para mais desenvolvimentos, OCDE, *Controlled foreign company legislation*; Rui Duarte Morais, *Imputação de lucros de sociedades não residentes sujeitas a um regime fiscal privilegiado*.

[50] É um conceito construído em 1987, por um grupo de *experts* dedicados à cooperação internacional para assuntos fiscais das Nações Unida. A OCDE tem produzido esforços para a construção de um sistema de normas anti-abuso, normalmente inserido nos ADT. José Manuel Almudí Cid e Fernando Serrano Antón, *Las medidas antiabuso en los convenios para evitar la doble imposición internacional*, pág. 559 e ss.

por um sujeito que não tem qualquer tipo de pertença aos Estados contratantes de uma convenção, através da criação de um intermediário – mormente uma sociedade – num desses Estados Contratantes. Através desse artifício consegue aproveitar os benefícios que, de outra forma, não veria impressos na sua esfera jurídica.

A reacção das administrações fiscais pode ser integrada em uma de duas categorias:

- introdução, como recomenda a OCDE, nos ADT de normas específicas anti-abuso;
- introdução de uma cláusula geral anti-abuso.

A segunda opção suscita problemas complexos, porém, já vem sendo cada vez mais presente nos vários ordenamentos nacionais, com o impacto internacional que daí advém[51], sendo a primeira opção a mais comum e a mais desenvolvida no campo do direito internacional fiscal.[52] Quanto a um possível inventário das medidas anti-abuso, pode-se elencar, de entre outras, as normas de combate ao *treaty* ou *rule shopping*, a cláusula do beneficiário efectivo, bem como o que se pode denominar genericamente a cláusula da limitação dos benefícios (*LOB*), assim como as normas do *subject to tax* e de concretização da residência. Todas estas são normas expressas nos comentários ao MC-OCDE e que têm sido introduzidas, pelos Estados, nos seus ADT.

---

[51] Para mais desenvolvimentos sobre a problemática, cfr., e.g. Pablo Chico de la Câmara e Pedro Herrera Molina, *Cláusulas generales antiabuso y fiscalidad internacional*; Gustavo Lopes Courinha, *A cláusula anti-abuso no direito tributário*. No caso português, existe o artigo 38º da Lei Geral Tributária (LGT), podendo afigurar-se admissível a extensão da sua aplicação no âmbito dos casos internacionais.

[52] Almudí Cid e Serrano Antón (*Las medidas antiabuso en...*, pág. 564) apresentam a seguinte classificação, segundo a finalidade das normas destinadas a combater o abuso das normas dos tratados fiscais internacionais:
1. Dirigidas a evitar a utilização abusiva dos ADT através de sociedades instrumentais:
a. cláusula de transparência;
b. cláusula de trânsito;
c. cláusula do beneficiário efectivo.
2. Dirigidas a expulsar do âmbito de aplicação dos ADT as entidades que são tributadas em regime de tributação privilegiado:
a. cláusula de exclusão;
b. cláusula de sujeição.
3. Outras cláusulas, em particular a figura do *Treaty Override*.

1.3.5. Importância da troca de informações e da assistência mútua[53]

Num universo fiscal onde a declaração é ainda muito acolhida e onde a capacidade de percepção da real situação do contribuinte, pela Administração Fiscal, é de extrema dificuldade e complexidade – em muito, devido ao aumento exponencial das operações transfronteiriças envolventes de várias jurisdições fiscais –, a cooperação internacional entre administrações fiscais é de elevada importância. Através da intercomunicação destas entidades, através do cruzamento de dados disponíveis, a liquidação e a arrecadação de impostos surgem facilitadas.

A colaboração entre as Administrações surge como uma resposta central da fiscalidade ao impacto provocado pela globalização.[54] Através da cooperação procura-se adaptar, ampliando, as informações disponíveis para a Administração Fiscal, sendo a contrapartida do alargamento de oportunidades evasivas e fraudulentas oferecidas pelas novas tecnologias e pela nova forma de organização global.

A troca de informações, bem como a assistência mútua à cobrança, surgem no corpo do MC-OCDE, nos seus artigos 26º e 27º, assumindo a posição de instrumentos auxiliadores da concretização efectiva do poder de tributar. Também na União Europeia existe a preocupação de impulsionar estes dois mecanismos, através de directivas e regulamentos[55].

Parece-me que a implementação de qualquer solução fiscal de adaptação, renovação ou regeneração dos sistemas fiscais e da ordem internacional fiscal, dependerá, sempre, e em última instância, da cooperação entre as várias administrações fiscais. Se os sujeitos se transformam em sujeitos internacionais, não balizados pelas fronteiras físicas, mas antes ilimitados pela ausência dessas mesmas, e se as administrações fiscais, ao invés, permanecem limitadas pelas jurisdições fiscais, continuadamente ligadas à limitação territorial, então, apenas com a cooperação das várias Adminis-

---

[53] Para uma aproximação à problemática cfr., designadamente, Pietro Adonnino, *Lo scambio di informazioni fra amministrazioni finanziarie*; Maria Dolores Bustamente Esquivias, *La colaboración entre administraciones tributarias: el intercambio de información*; Gerardo Pérez Rodilla, *La colaboración de las administraciones fiscales en el ámbito de la unión europea en la lucha contra la fraude fiscal*; Francisco Alfredo García Prats, *Asistencia mutua internacional en materia de recaudación tributaria*; Maria Margarida Cordeiro Mesquita, *Troca de informações e cooperação fiscal internacional*.

[54] No mesmo sentido, e.g., Christophe Heckly, *Fiscalité et...*, pág.19 e 20.

[55] Veja-se o analisado no capítulo infra da fraude, evasão e planeamento fiscais.

trações, e a partilha da informação e o auxílio da sua força no seu correspondente território, se poderá criar um espaço de possível paridade entre os agentes intervenientes numa relação fiscal internacional. Caso contrário, a desigualdade aumenta ainda mais, pois a Administração surge amputada no conhecimento da situação real, enquanto o contribuinte aproveita-se dessa amputação para desnivelar ainda mais a falta de capacidade da máquina administrativa fiscal. Por este enquadramento parece-me ficar explicada a importância dada pelos Estados e pela doutrina à troca de informações e da assistência mútua à cobrança.

1.3.6. A defesa de procedimentos alternativos na resolução de litígios

Decorrente da tentativa de implementação de uma boa relação entre as várias administrações fiscais, como forma de desenvolver a cooperação internacional, tão importante como ficou agora mencionado, compreende-se que uma consequência natural disso mesmo seja, em caso de conflito, a resolução dos litígios entre os Estados através de formas amigáveis, ao invés das formas judiciais e de outras formas agressivas. O procedimento amigável surge como forma de resolução de conflitos assente na negociação e nas mútuas cedências, privilegiando a resolução de acordo com os interesses de ambos os Estados em causa. Não deve ser visto como uma forma de renúncia de soberania fiscal[56]. O MC-OCDE, também ele acolhe a validade desta forma de resolução de litígios, incluindo-a no seu artigo 25º. Igualmente o procedimento arbitral pode ser outra via de resolução dos diferendos como foi acolhido no nº 5 do citado artigo 25º, a partir da versão de Julho de 2008.

Poder-se-á colocar a mesma questão de utilização de procedimentos de resolução de litígios amigáveis na relação das administrações fiscais com os obrigados tributários. Suscitar esta questão parece-me fazer sentido na

---

[56] Zvi Daniel Altman, *Dispute resolution under tax treaties*; Remo Dominici, *Le regole per la risoluzione dei conflitti in matéria di doppia imposizion internazionale*, pág. 921 e 922; Hugh J. Ault, *Current developments in procedures for the resolution of international tax disputes*, pág. 53 a 63; OCDE, *Improving the resolution of tax treaty disputes*; OCDE, *Improving the process for resolving international tax disputes*; Jeffrey Owens, *Resolving international tax disputes: The role of the OECD*; Ehab Farah, *The OECD proposal for mandatory arbitration in tax disputes: A solution in search of a problem*; Michael Lang e Mario Züger, *Settlement of disputes in tax treaty law*; Mario Züger, *Arbitration under tax treaties. Improving legal protection in international tax law*; Angeles Garcia Frias, *El arbitraje internacional*; Ramón Palacin Sotillos, *El procedimiento amistoso y el arbitraje como instrumentos para evitar la doble imposición interacional*.

sequência da transformação da relação jurídica fiscal, tal como ficou anteriormente retratada. Faz, certamente, parte da modificação da máquina fiscal numa máquina mais igualitária e mais consciente do paralelismo de poderes entre os agentes fiscais. Compreende-se esta posição em nome da crescente presença de uma preocupação em resolver os litígios fiscais por outras formas alternativas às judiciais, a maior parte das vezes, lentas e dispendiosas. Não é ainda uma matéria consensual, mas valerá a pena reflectir e ponderar as vantagens decorrentes da sua implementação.

1.3.7. Limitação da parafiscalidade

Uma última reacção parece-me ser ainda necessária referir. Como consequência do movimento que proclama o repensar a organização do Estado, questionando as suas funções e actividades, símbolo de uma busca da especialização naquilo que realmente releva, a parafiscalidade é contestada. Esta contestação decorre, em última análise, da reorganização financeira das intervenções económicas e sociais do Estado, tal como a presença de um Estado Fiscal cada vez mais forte, naturalmente influenciará a diminuição da presença activa de uma parafiscalidade forte e enraizada, criada para evitar o espartilho do referido princípio da legalidade.

2. Os princípios estruturantes do Direito Internacional Fiscal. Brevíssima referência e remissão[57]

No referente aos princípios de reconhecimento de competência fiscal internacional, o princípio personalista, o princípio da territorialidade pessoal e o princípio da territorialidade real são os princípios de comando.[58] A tributação internacional, no plano do reconhecimento/distribuição de competências tributárias, guia-se ou pela nacionalidade ou residência do contribuinte – princípio personalista ou, no último caso, o princípio da

---

[57] Grande parte do texto que se segue é reprodução da obra, Rita Calçada Pires *Tributação internacional do rendimento empresarial gerado através do comércio electrónico. Desvendar mitos e construir realidades*.

[58] Em termos de apresentação de princípios condutores na matéria pode distinguir-se entre a pertença política (*political allegiance*) e a pertença económica (*economic allegiance*). Ao apelar-se à pertença política estar-se-á a invocar a nacionalidade como o critério relevante. Já se a pertença económica for o elemento invocado, então ou se recorre ao seu elemento pessoal, personificado na residência, ou ao seu elemento real – local da produção do rendimento, local da situação do bem ou local da realização do acto. Por isto faço a distinção entre princípio personalista, princípio da territorialidade pessoal e princípio territorial real.

territorialidade pessoal – ou pela fonte do rendimento – princípio da territorialidade real. Não só a construção é doutrinária, mas é, principalmente, uma construção política presente nos instrumentos internacionais de tributação. Ao longo dos ditames do MC-OCDE, instrumento de extrema importância internacional, a distribuição do poder tributário dos Estados Contratantes é feita entre a residência e a fonte.

De acordo com o princípio da territorialidade pessoal, o Estado com poder para tributar é o Estado da residência do contribuinte. Tal significa que a tributação ocorre em função do sujeito passivo e não apenas em função do rendimento ou do património, o que, na prática, significa a tributação de todo o rendimento obtido pelo contribuinte ou de todo o património de que seja titular, independentemente de onde ocorreu a formação desse rendimento ou independentemente da respectiva localização do património. Tributa-se, na expressão comummente utilizada e no domínio do rendimento, o *World Wide Income (WWI)* – rendimento mundial.

Para o princípio personalista, representado pela nacionalidade, não é o Estado onde reside o contribuinte aquele que tem o poder de tributar, este poder é reconhecido ao Estado de nacionalidade do sujeito, significando que o total dos rendimentos obtidos ou do património existente, é tributado pelo Estado da nacionalidade, independentemente da residência, de onde foram obtidos os rendimentos ou da situação dos bens.

Em referência ao princípio da territorialidade real, o poder de tributar é reconhecido ao Estado onde os rendimentos tiveram origem ou os bens são situados, não havendo qualquer conexão entre a tributação e contribuinte em si mesmo considerado – seja pela sua nacionalidade ou pela sua residência. A jurisdição fiscal surge, aqui, intimamente ligada ao espaço territorial e a tudo o que nele se passar e gerar, bem como se situar.

Normalmente, o princípio da nacionalidade não é adoptado. Salvo algumas excepções, como os Estados Unidos da América, a normalidade internacional é a conjugação do princípio da territorialidade pessoal com o princípio da territorialidade real.[59]

---

[59] "En general, la práctica fiscal de los países se basa en una aplicación combinada de ambos criterios: tributación de los residentes por su renta mundial y de los no residentes por la renta doméstica. No obstante, puede afirmarse que el principio de territorialidad tiene preferencia respecto al de residencia, lo que determina que normalmente sea este último país al que corresponde la responsabilidad de corregir el problema de la doble imposición internacional. Resulta evidente que los países importadores de capital encontrarán ventajas en la aplicación

A segunda nota relevante no domínio da tributação internacional alinha-se no domínio dos princípios máximos orientadores da tributação. A realidade fiscal internacional assenta na coordenação de dois princípios fundamentais: a neutralidade fiscal e a equidade promovendo uma não discriminação. Por neutralidade fiscal internacional entende-se a sua não influência nas opções dos particulares. Pretende-se, acima de tudo, que as escolhas internacionais tenham por base valores reais de produtividade e de retorno de investimento, em vez de índices fiscais.[60] Este princípio está profundamente ligado à preocupação de racionalidade económica, presente no sistema fiscal tradicional.[61] A sua extrema importância no plano internacional advém da natural preocupação de não colocar entraves à abertura dos mercados, nem distorcer as escolhas dos particulares. A importância é visível também no princípio da equidade. Pois, internacionalmente, o tratamento justo e adequado entre aqueles que estão em situações comparáveis e o tratamento desigual dos desiguais na medida dessa desigualdade, quer no plano interpessoal, quer no plano das relações entre Estados, é uma necessidade básica para a existência de um espaço de interacção e coerência internacionais. O favoritismo, gerando iniquidade, é um dos sinais de arbitrariedade e a fiscalidade internacional, tal como a fiscalidade nacional, não assenta as suas raízes em tais parâmetros de acção.

3. Os elementos de conexão como a base do Direito Internacional Fiscal[62]

3.1. Elemento de conexão subjectivo: Residência

A análise do artigo 4º do MC-OCDE oferece-nos a resposta quanto à identificação e tratamento do elemento de conexão subjectivo. Trata-se da Residência. O seu critério diferencia-se conforme se esteja perante residência de um sujeito passivo individual ou perante um sujeito passivo colectivo.

---

del principio de la territorialidad, mientras que los países exportadores de capital obtendrán beneficios de la aplicación del principio personalista." Juan José Rubio Gurrero, *Los principios básicos de la fiscalidad internacional y la doble imposición internacional*, pág. 65.

[60] Juan José Rubio Gurrero, *Los principios...*, pág. 79.

[61] Cfr. o mencionado sobre a neutralidade no ponto seguinte sobre a tributação partilhada pelos dois elementos de conexão. Aí desenvolve-se o conteúdo do princípio da neutralidade fiscal do ponto de vista internacional.

[62] Texto que se segue é reprodução de parte do texto da obra, Rita Calçada Pires, *Tributação internacional do rendimento empresarial gerado através do comércio electrónico. Desvendar mitos e construir realidades,* mantendo-se as referências legislativas, ainda que com actualização do MC-OCDE.

3.1.1. Residência Individual

O artigo 4º, nº 1 do MC-OCDE determina que "para efeitos desta Convenção, a expressão «residente de um Estado contratante» significa qualquer pessoa que, por virtude da legislação desse Estado, está aí sujeita a imposto devido ao seu domicílio, à sua residência, ao local de direcção ou a qualquer outro critério de natureza similar, e aplica-se igualmente a esse Estado e bem assim às suas subdivisões políticas ou autarquias locais. [...]". Assim, cada ordenamento jurídico tem o poder de escolher os critérios determinantes para se verificar a residência. O poder primeiro é dos Estados, ainda que subsidiariamente, caso exista conflito das regras determinadoras, então seja utilizado a listagem hierárquica prevista no nº 2 do artigo 4º.

A título de exemplo, vejamos o conceito em alguns ordenamentos.

Em PORTUGAL a residência individual surge, no ano a que respeitam os rendimentos, quando se permaneceu em território nacional por mais de 183 dias, seguidos ou interpolados; quando, ainda que a permanência tenha sido inferior a 183 dias, se disponha, em 31 de Dezembro, de habitação em condições que façam supor a intenção de a manter e ocupar como residência habitual; quando, em 31 de Dezembro do ano correspondente, se seja tripulante de navios ou aeronaves e esteja ao serviço de entidades com residência, sede ou direcção efectiva em Portugal; quando se desempenhe no estrangeiro funções ou comissões de carácter público, ao serviço do Estado Português; e, bem assim, quando, sendo nacionais portugueses tenham-se deslocado para territórios de tributação privilegiada (artigo 16º, nº 1, e 6 do Código do Imposto sobre o Rendimento das Pessoas Singulares).

Para ESPANHA, um indivíduo é contribuinte, para efeitos do imposto sobre o rendimento das pessoas singulares, no caso de residir habitualmente em território espanhol ou, ainda que no estrangeiro mas sendo nacionais espanhóis, exerçam funções para o Estado espanhol. O conceito de residência habitual assenta ou no teste numérico dos dias em que se permaneceu no território (pelo menos 183 dias) ou no facto de, no país em causa, encontrar-se, directa ou indirectamente, o núcleo principal ou a base das suas actividades ou interesses económicos.[63]

Em ITÁLIA, os residentes individuais são aqueles que, na maior parte do período referente ao imposto, estão inscritos no registo ou têm o seu

---

[63] Artigo 8º a 10º da Ley 35/2006, de 28 de Novembro, I.R.P.F. y Otras Normas Tributarias

domicílio ou residência em território italiano.⁶⁴ Os conceitos citados encontram tratamento em outros normativos. Quanto ao primeiro critério, este prende-se com o número de dias passados em território italiano – pelo menos 183 dias⁶⁵ –, sendo este, como se viu, um teste comum a vários ordenamentos jurídicos. Já os conceitos de residência e de domicílio encontram-se no código civil italiano, sendo, respectivamente, o local onde a pessoa tem a sua morada habitual e o local onde o indivíduo estabeleceu a sede principal dos seus interesses.⁶⁶

No REINO UNIDO, a avaliação casuística é uma certeza. A residência individual surge, em primeira linha, da presença em território britânico de forma permanente ou por um período igual ou superior a três anos. Porém, em outros casos nasce também a residência. A permanência no Reino Unido seja, por ano, de 183 dias ou mais é um deles. Outro acontece quando das visitas regulares ao Reino Unido, num período de quatro anos, os dias em que se permanece durante esses quatro anos ascender a uma média de 91 dias, Neste último caso, a partir do quinto ano, o indivíduo é tratado como residente (Inland Revenue, Residents and non-residents. Liability to tax in the United Kingdom). Utiliza-se este documento dos serviços da administração fiscal britânica, pois a determinação da residência não é objecto dos Taxes Acts, mas antes de jurisprudência, e este documento oficial procura facilitar a sua sistematização, nele se escreve: "The terms 'residence' and 'ordinary residence' are not defined in the Taxes Acts. The guidelines to their meaning in this Chapter and in Chapters 2 (residence status of those leaving the UK) and 3 (those coming to the UK) are largely based on rulings of the Courts. This booklet sets out the main factors that are taken into account, but we can only make a decision on your residence status on the facts in your particular case."

Nos ESTADOS UNIDOS DA AMÉRICA, os contribuintes são divididos, não pelo critério central da residência, mas antes por serem ou não uma "United States Person". Uma "United States Person" é alguém que tem a cidadania ou a residência norte-america ou é uma sociedade doméstica. O critério da residência apenas tem impacto para a diferenciação indivi-

---

⁶⁴ Artigo 2º, nº 2 do Testo Unico delle Imposte sui Redditi.
⁶⁵ Circolare de 8 de Junho de 2004, n. 22/E e Circolare de 2 de Dezembro de 1997, n. 304/E, citadas por Giovanni Barbara e Anna Maria Faienza, *Guida pratica di diritto tributario internazionale: le imposte sui redditi nei rapporti com l'Estero*, pág. 1
⁶⁶ Giuseppe Marino, La residenza, pág. 211.

dual, não para o universo societário, pois neste último, ser uma sociedade doméstica ou estrangeira depende totalmente de formalidades que estão na esfera de poder do contribuinte – o critério do local de incorporação/registo (place of incorporation).

Caso os critérios coincidam e surja dupla residência, o artigo 4º, nº 2 do MC-OCDE determina que "... a situação será resolvida como segue:

   a) Será residente apenas no Estado em que tenha uma habitação permanente à sua disposição. Se tiver habitação permanente à sua disposição em ambos os Estados, será considerada residente apenas do Estado com o qual sejam mais estreitas as suas relações pessoais e económicas (centro de interesses vitais);
   b) Se o Estado em que tem o centro de interesses vitais não puder ser determinado ou se não tiver uma habitação permanente à sua disposição em nenhum dos Estados, será considerada residente apenas do Estado em que permanece habitualmente;
   c) Se permanecer habitualmente em ambos os Estados ou se não permanecer habitualmente em nenhum deles, será considerada residente apenas do Estado de que for nacional;
   d) Se for nacional de ambos os Estados ou não for nacional de nenhum deles, as autoridades competentes dos Estados contratantes resolverão o caso de comum acordo."

3.1.2. Residência Empresarial e a Direcção Efectiva

No referente às pessoas colectivas, o conceito relevante para o MC-OCDE é o da direcção efectiva. Em que consiste este critério? O texto do MC--OCDE nada indicia sobre o conceito desta figura, além do seu carácter substancial e essencial na vida empresarial. Até 2000, também nos comentários ao artigo em análise nada era mencionado. Por isso, a doutrina, as administrações fiscais e a jurisprudência nacionais foram tentando construir um edifício conceptual para essa figura. Em 2000, a OCDE introduziu o §24 ao comentário do artigo 4º, nº 3, procurando oferecer alguma orientação à discussão que se havia instalado sobre o conceito de direcção efectiva. No antigo § 24[67] dava-se a entender que o local da direcção

---

[67] Antigo §24 do comentário ao artigo 4º, nº 3 do MC-OCDE: "Em vista das considerações feitas, foi adoptado como critério de preferência relativamente a uma pessoa que não seja uma pessoa singular o critério da "direcção efectiva". A direcção efectiva é o local onde são tomadas,

efectiva é o lugar de cúpula, o local onde se produz a gestão estratégica[68]. Todavia, logo depois afirma-se não ser tal perspectiva exclusiva e muito menos limitadora de outras análises que devem ser efectuadas, pois todos os elementos (factos e circunstâncias) devem ser atendidos. A OCDE, com este comentário, abria as portas a uma investigação muito mais ampla. Do afirmado pela referida organização ressaltava a necessidade de uma avaliação casuística, uma análise dos factos presentes no caso concreto, permanecendo o conceito de gestão global, na sua especificidade, repleto de incompletudes e incertezas.

Em 2017, o artigo 4º, nº 3 é alterado no sentido de, em caso de dupla residência de pessoa colectiva, o diferendo ser resolvido através de mútuo acordo entre os Estados envolvidos, ainda que se deva, para tal, atender ao critério da direcção efectiva (§ 24.1. e §24.5. do Comentário). Porém, não se tem de atender apenas a esse. Podem os Estados atender a outros critérios, incluindo os meramente formais, pois a solução é desenhada caso a caso (§23 do Comentário). Se não for estabelecido acordo, então tal sujeito passivo não poderá usufruir de nenhum benefício provido pelo ADT, a não ser que expressamente reconhecido e acordado pelas autoridades dos Estados.

Por o conceito de direcção efectiva ainda constar da maioria dos ADT, releva trabalhar sobre este, buscando o seu sentido e amplitude.

VOGEL[69] defende dever o conceito de direcção efectiva ser interpretado de forma autónoma em face das legislações nacionais. Uma coisa será o recurso às normas nacionais para determinar a residência, outra descobrir o conceito de direcção efectiva para resolver duplas residências. Ao afirmar a sua natureza autónoma, o autor antevê imediatamente a complexidade da tarefa de definição do conceito, mas recusa, peremptoriamente, a adopção do critério do local do registo ou semelhante, como forma de contrariar a

---

na sua substância, as decisões chave tanto a nível de gestão como a nível comercial, necessárias à condução das actividades da entidade como um todo. Todas as circunstâncias e factos relevantes devem ser examinados para determinar o lugar da direcção efectiva. Uma entidade pode ter mais do que um lugar de direcção, mas pode ter apenas um lugar de direcção efectiva em qualquer tempo determinado." (tradução livre do comentário na versão de Julho de 2008).

[68] A nomenclatura gestão estratégica pode ser ainda apresentada como "administração principal ou prevalente" (esta última expressão utilizada por Francisco Sousa da Câmara, *A dupla residência das sociedades à luz das convenções de dupla tributação*, pág. 64 e 75).

[69] Klaus Vogel, *Double taxation conventions*, pág. 262 e ss.

incerteza e complexidade da tarefa de apreender o conceito de direcção efectiva. Vogel parece procurar o que está por detrás do espírito que conduziu à escolha deste critério para o MC-OCDE, para chegar à conclusão de que a gestão global é o objecto da procura, facto que se aproxima do conceito alemão *Ort der Geschäftsleitung* (local de direcção). A direcção efectiva implica uma análise factual, onde o decisivo não é o local onde as directivas de gestão têm efeito, mas onde elas são efectivamente tomadas, sendo que, caso haja uma impossibilidade de determinar esse local, então a residência do gestor máximo surge como último recurso, aplicando-se, em caso de uma nova dupla residência, os critérios acolhidos no artigo 4º, nº 2 do MC-OCDE.[70]

Sousa da Câmara vem afirmar que, na prática, será no ordenamento jurídico nacional, através de quem aplica um ADT, do inspector tributário, da empresa ou de um tribunal, que o que se entende por direcção efectiva surge[71]. Por isso, o autor, num exercício de análise das diferentes posições na doutrina e na jurisprudência comparada, identifica quais os índices principais e secundários que permitem localizar onde se encontra a direcção efectiva. Os principais índices apontados são[72]:

---

[70] "[...] the place of management of an enterprise is where the management's important policies are actually made. [...]. What is decisive is not the place where the management directives take effect but rather the place where they are given. According to consistent case law of the BFH [...], the centre of management activities of a company generally is the place at which the person authorized to represent the company carries on his business-managing activities [...]. A place from which a business is merely supervised would not qualify. If the commercial and the non-commercial side of a business are managed at different places, the location of commercial management will be controlling. If the place of effective management cannot be determined by application of these criteria, the top manager's residence will regularly determine the residence of the company [...]. Cases of dual residence must then be solved by applying to the manager the criteria in the order of precedence given in Art. 4 (2). Since – in cases of dual attachment under domestic law – Art. 4 (3) is designed to make possible a clear determination of residence, only one place is acceptable as the centre of top level management within the meaning of that rule [...]."Klaus Vogel, *Double taxation...*, pág. 262 e 263.
[71] "Na prática, a efectiva apreciação e avaliação do que se entende por "direcção efectiva" acaba por ser efectuada no seio de cada Estado que aplica a Convenção, pelo inspector tributário, pela empresa ou pelos tribunais em função de uma panóplia de elementos que, isoladamente por si, podem ser irrelevantes ou insuficientes." Francisco Sousa da Câmara, *A dupla residência das...*, pág. 73.
[72] Francisco Sousa da Câmara, *A dupla residência das...*, pág. 69 e ss.

- Onde são realizadas as reuniões do Conselho de Administração;
- Onde são tomadas as decisões mais importantes;
- Quem adopta as decisões mais importantes;
- Onde é adoptada a "política societária" e quem a determina;
- A existência de outros corpos sociais (e.g. conselhos consultivos) e com que tipo de poderes;
- Apuramento sobre se o Conselho de Administração recebe instruções de terceiros, residentes noutros Estados, para deliberar;
- Quem celebra os contratos societários, bem como determinar se estes contratos estão sujeitos a outras aprovações prévias ou ratificações posteriores, além das possíveis autorizações concedidas pela Assembleia Geral no âmbito normal de um controlo do Grupo;
- Onde são celebrados os demais contratos da Sociedade;
- Verificar a existência de contratos de administração celebrados por entes terceiros que não os administradores eleitos pela Assembleia Geral.

A par destes elementos fácticos de análise, o autor acrescenta ainda os critérios secundários sobre a administração da sociedade, como o local da residência dos administradores, o sítio onde se realiza a actividade económica e empresarial, tal como o local da residência do accionista único ou principal, bem como alerta para o dever de apreciação dos elementos societários e contabilísticos, em conformidade com o tipo de sociedade em causa[73].

Em face da construção doutrinal variada, a OCDE[74], em 2001, procura minorar o problema. Reconhece que, perante a ausência de uma definição específica de local de direcção efectiva, a influência exercida pelos conceitos paralelos utilizados no âmbito nacional surgem, em primeira linha, como a solução para preencher o conceito em questão. Os variados conteúdos do conceito de direcção efectiva utilizados no plano nacional são agrupados em duas grandes correntes: por um lado, aqueles que tomam a direcção efectiva como o local da gestão e controlo centrais (*Central Management and Control*)[75], e, por outro, aqueles que avançam para o local de

[73] Francisco Sousa da Câmara, *A dupla residência das...*, pág. 70 e ss.
[74] OCDE, *The impact of the communications revolution on the application of "place of effective management" as a tie-breaker rule*, pág. 5 e ss.
[75] Países como a Austrália, o Reino Unido e o Canadá contam-se entre aqueles que concedem ao conceito de gestão efectiva o paralelismo com a gestão e controlo centrais (*central management*

gestão (*Place of Management*)⁷⁶. A OCDE⁷⁷ procura criar uma massa suficientemente densa, composta por uma conjugação de ambos os conceitos. Defende esta organização, nesse documento, que o local da gestão efectiva será aquele onde são tomadas as decisões centrais e fundamentais de gestão e de aspectos comerciais. Integra-as, na generalidade, no local onde os directores se encontram e deliberam ou executam as deliberações com relação à gestão empresarial. Todavia, nesta determinação devem ainda ser considerados outros factos e factores relevantes como a localização do centro máximo de gestão, onde o negócio é efectivamente conduzido, factores legais tais como o lugar de registo ou o local do escritório, o local onde os accionistas controladores tomam as suas decisões comerciais e de gestão nucleares, bem como onde os directores residem. A OCDE reforça ainda ser mais relevante o local onde as decisões estratégicas são tomadas e onde os poderes são exercidos do que a identidade de quem as toma.

Este tipo de construção do conceito de local de gestão efectiva, por si só, introduz já algumas complexidades em face das formas descentralizadas e expansivas da organização empresarial⁷⁸. Com o comércio electrónico e as novas tecnologias adjacentes todo o ambiente sofre de uma ainda maior complexificação. De facto, em face da construção exposta, o

---

and control). A base do conceito vem de uma decisão jurisprudencial de 1906 – *De Beers Consolidated Gold Mines Ldt v Howe* – onde o tribunal estabeleceu que o local onde os directores se encontravam e exerciam o real controlo sobre a empresa era o local a ter em consideração ('A company resides ... where its real business is carried on ... and the real business is carried on where the central management and control actually abides'.). Esta decisão permaneceu, ao longo dos tempos, como aquela que verdadeiramente capta o conceito de direcção efectiva. Todavia, nem os sistemas anglo-saxónicos pertencentes à *Commonwealth* parecem conter uma certeza inabalável sobre a coincidência do local de direcção efectiva e o local onde os directores se encontram e exercem o poder de controlo, pois, exemplos existem em que o local onde os directores se encontravam não foi o local tomado pela jurisprudência como o local da gestão e controlo centrais (*central management and control*) (*North Australian Pastoral Co Ltd v FCT (1946) 71 CLR 623*). OCDE, *The impact of the communications revolution on...*, pág. 5 e 6.
⁷⁶ Alemanha, Holanda e Suiça assumem-se como exemplo. Nestes países há em comum a utilização da expressão local de gestão nos ordenamentos nacionais. Na Suiça distingue-se entre o local da direcção efectiva e o local da administração meramente administrativa ou do poder de decisão dos órgãos executivos da empresa. Na Alemanha, o local de gestão é tomado como o local onde se tomam as decisões mais importantes para a gestão empresarial – o centro máximo de gestão. OCDE, *The impact of the communications revolution on...*, pág. 6 e 7.
⁷⁷ OCDE, *The impact of the communications revolution on...*, pág. 7 e 8.
⁷⁸ Cfr. John Avery Jones, *Place of effective management as a residence tie-breaker*.

comércio electrónico vem enfatizar e maximizar a perda de vigor do critério da residência, na forma como este está tradicionalmente construído[79]. A própria OCDE o admite[80] e o consagrou na versão de Julho de 2008 do MC-OCDE, formulando uma possível nova redacção para o artigo 4º, nº 3[81], indicando como factores a considerar: o lugar das reuniões do Conselho de Administração ou órgão equivalente; o local onde os executivos de grau mais elevado exercem as suas actividades; o lugar onde o gestor corrente desempenha as suas funções; onde se situam as sedes; qual o país cujas leis governam o estatuto jurídico da pessoa colectiva; o local onde são conservados os registos contabilísticos; e se a determinação da residência num país, e não noutro, envolveria o risco do uso impróprio das disposições da Convenção, etc.[82]

Em 2017, a OCDE no §24.1 do Comentário ao artigo 4º do MC-OCDE, ainda que não referindo expressamente o conceito de direcção efectiva, já justificado, apresenta um conjunto de factores que se identificam com os

---

[79] "Does e-commerce have implications for taxation based on residence? The basic principles have not changed. The highest level of key commercial decisions is still a crucial factor. Video-conferencing, e-mail discussions, etc. have become a viable complement to face-to-face meetings. As a consequence, the place of effective management of an enterprise is not as easily defined as previously. The problem is not a new one. Telephone conferences, meetings at airports, etc. have been taking place for years. Where does a board meeting take place or where is an essential decision taken? More than one country could consider that a certain meeting has taken place within its jurisdiction and that it is entitled to tax revenue." Björn Westberg, *Cross-border taxation of e-commerce*, pág. 97.

[80] "However, the communications and technological revolution is fundamentally changing the way people run their business. Due to sophisticated telecommunication technology and fast, efficient and relatively cheap transportation, it is no longer necessary for a person or a group of persons to be physically located or meet in any one particular place to run a business. This increase mobility and functional decentralisation may have a significant impact on the incidence of dual resident companies, and the application of the place of effective management tie-breaker rules." OCDE, *Place of effective management as a...*, pág. 8.

[81] «3. Where by reason of the provisions of paragraph 1 a person other than an individual is a resident of both Contracting States, the competent authorities of the contracting states shall endeavour to determine by mutual agreement the Contracting State of which such person shall deemed to be a resident for the purposes of the Convention, having regard to its place of effective management, the place where it is incorporated or otherwise constituted and any other relevant factors. In the absence of such agreement such person shall not be entitled to any relief or exemption from tax provided by this Convention except to the extent and in such manner as may be agreed upon by the competent authorities of the Contracting State."

[82] Antigo § 24.1 dos comentários ao artigo 4, nº 3.

agora referenciados. Veja-se: *"Competent authorities having to apply paragraph 3 would be expected to take account of various factors, such as where the meetings of the person's board of directors or equivalent body are usually held, where the chief executive officer and other senior executives usually carry on their activities, where the senior day-to-day management of the person is carried on, where the person's headquarters are located, which country's laws govern the legal status of the person, where its accounting records are kept, whether determining that the legal person is a resident of one of the Contracting States but not of the other for the purpose of the Convention would carry the risk of an improper use of the provisions of the Convention etc. Countries that consider that the competent authorities should not be given the discretion to solve such cases of dual residence without an indication of the factors to be used for that purpose may want to supplement the provision to refer to these or other factors that they consider relevant"*.

3.2. Elemento de conexão Objectivo: Fonte

O elemento de conexão fonte ocupa, a par da residência, um importante papel na tributação internacional: garante o poder de tributação ao Estado onde se gera/produz o rendimento.[83] Todavia, diferentemente do que se passa no âmbito da residência, não há na fonte um poder generalizado e universal de tributação. A fonte não tem um poder de tributação sobre todos os rendimentos auferidos pelo respectivo beneficiário, tem apenas poder de tributação sobre os rendimentos originados no correspondente território. A tributação na fonte é um direito do espaço fiscal respectivo que não poderia tributar outros rendimentos, que não apenas os originados no seu território. A causa para tal prende-se com a inexistência de conexão (*taxation point*). Ao Estado onde se geram/produzem os rendimentos apenas faz sentido corresponder o poder de tributar os rendimentos que a esse território estão ligados. A pertença económica (*economic allegiance*) apenas se manifesta quanto aos rendimentos originados nesse território

---

[83] A bibliografia sobre a fonte e a residência é numerosíssima. De entre essa bibliografia pode indicar-se, para além de outra indicada em muitos locais desta tese e, outra de carácter geral, Michael Lang, Paquale Pistone, Josef Schuch e Claus Staringer, *Source versus residence. Problems arising from the allocation of taxing rights in tax treaty law and possible alternatives*; Michael J. Graetz, *Foundations of international income taxation*; Stephen E. Shay, J. Clifton Fleming Jr. e J. Robert, *What's source got to do with it? Source rules and U.S. International Taxing*. No caso do comércio electrónico, e.g. Minyan Wang, *Tax jurisdiction on electronic commerce from the perspective of Public International Law*.

e não quanto ao beneficiário desses rendimentos, visto o beneficiário desses rendimentos não ser residente e, por consequência, não ter outro vinculo com o Estado da fonte que não o vinculo da criação de rendimento. Assim, convencionou-se uma tributação universal na residência (obrigação fiscal ilimitada) conjugada com uma tributação limitada na fonte (obrigação fiscal limitada), reconhecendo-se à fonte o poder efectivo de tributar o lucro apenas no caso de se verificarem determinados graus mínimos de presença no território pela existência seja de determinados elementos de natureza material seja de determinados montantes de rendimentos.[84]

---

[84] Quanto à dependência de um limite (*threshold*) para a existência da tributação na fonte, JAQUES SASSEVILLE, ainda que afirmando a impossibilidade de determinar concretamente quais as razões motivadoras para admitir uma tal dependência, aponta algumas das possíveis explicações para essa posição. Assim, este autor menciona como prováveis justificações, a não razoabilidade de tributar um negócio sem uma conexão suficiente com o país que tributa; a possível dificuldade de tributar empresas estrangeiras – assegurando o cumprimento e a cobrança – que não tenham a presença física ou elementos físicos no território; a não sobrecarga de deveres acessórios fiscais para empresas que concluam apenas algumas transacções isoladas; bem como o facto de o limite surgir como um elemento que alivia a inexistência de regras suficientemente claras quanto à determinação de onde surge o lucro a ser tributado. O mesmo autor refere ainda um efeito profilático ao limite: este surgiria como forma de diminuir os casos em que existem mecanismos de retenção na fonte (*The future of the treaty rules for taxing business profits*, pág. 5:3 e 5:4). Também BRIAN ARNOLD (*Threshold requirements for taxing business profits under tax treaties*, pág. 482) apresenta um elenco de justificações para a necessidade de um tal limite (*threshold*) à existência de tributação na fonte. Para este último autor, são três as explicações para presença de um limite à tributação na fonte: a necessidade de impor e fazer cumprir efectivamente a obrigação fiscal, garantindo a integridade do sistema fiscal; a certeza oferecida aos não residentes, bem como à Administração Fiscal, de saber com o que podem contar; e por último, a limitação do peso das obrigações acessórias, não afectando os pequenos negócios e as pequenas operações transfronteiriças, de modo a não perturbar as operações internacionais.

As razões de um e outro autor aproximam-se. Porém, apenas o segundo autor refere o reverso da medalha, isto é, a necessidade de estabelecer um limite mínimo para existir tributação na fonte gera fortes desvantagens para essa tributação, uma vez poder a evasão fiscal e, portanto, a diminuição do nível das receitas fiscais ser a consequência. Dado apenas se permitir a tributação a partir de um determinado limite, até atingir-se esse limite os contribuintes sentirão um forte apelo para evitar preencher os requisitos exigidos, o que naturalmente suscitará um impacto negativo nas receitas fiscais (*Threshold requirements for...*, pág. 483). Por isso mesmo, ainda que a função de um limite seja o de providenciar certezas no referente à existência ou não de tributação devida na fonte, na prática, o efeito do limite é atribuir mais receitas fiscais para a residência, sendo que quanto maior for o limite maior será a concentração de receitas na residência (*Threshold requirements for...*, pág. 483).

Tradicionalmente, no referente aos rendimentos decorrentes da função empresarial, mais concretamente ao lucro, o elemento que surge normalmente como limite mínimo para existir a tributação é o Estabelecimento Estável (E.E.).[85]

3.2.1. Contextualizar a figura do estabelecimento estável[86]

No plano doutrinário, VON SCHANZ e SELIGMAN costumam ser os autores apresentados como mentores da tributação na fonte. Para estes estudiosos da fiscalidade, a *political allegiance* como critério de tributação, até aí tradicionalmente defendido e aplicado pela generalidade dos países, não deveria valer como o critério delimitativo da sujeição à tributação. A pertença política deveria dar lugar à pertença económica – a *economic allegiance* –, considerada esta como o factor nuclear de atribuição e repartição do poder de tributar. Os vínculos com o Estado da nacionalidade deixavam de representar o real símbolo de ligação de um determinado sujeito a um determinado território. A liberdade de escolher onde se situar e onde gerar rendimento representaria antes uma nova forma de relacionamento

---

[85] Para além da bibliografia geral e da referênciada noutros locais desta tese, pode-se citar, de entre muitos, Manuel Lousa Gutiérrez e José António Onduza Rodriguez, *Comercio electrónico y establecimiento permanente*; Dietemar Herbrich, *The future of taxing business profits*; Luis Manuel Teles de Menezes Leitão, *O conceito de estabelecimento estável na tributação do rendimento*; Marco Cerrato, *La definizione di stabile organizazione nelle convenzioni per evitare le doppie imposizioni sul reddito*; Fernando Serrano Antón, *Los aspectos fiscales internacionales de los establecimientos permanentes*; Pablo Campagnale, *El concepto de estabecimiento permanente ante el fenomeno de la deslocalizacion de las operaciones*; IFA, Discursos – *The impact of the communication revolution in the permanent establishment concept*; Celeste Cardona, *O conceito de estabelecimento estável – algumas reflexões em torno deste conceito*; Arvid Skaar, *Erosion of the concept of permanent establishment*; Alejandro C. Altamirano, *Aproximación al concepto de establecimiento permanente*; Marco Piazza e Paolo Tognolo, *La residenza fiscale dell' impresa e la stabile organizzazione. La qualificazione fiscale dei correspettivi pagati nell' ambito del commercio elettronico*.

[86] Para PAULO CALIENDO (*Estabelecimentos permanentes em direito tributário internacional*, pág. 53 e ss) "a evolução do uso do conceito de Estabelecimentos Permanentes pode ser dividida em três grandes fases: surgimento, consolidação e difusão. A primeira fase, de surgimento, inicia-se com o uso deste conceito em 1845, na Prússia (*Betriebstätte*) e desenvolve-se até à elaboração do Modelo da Sociedade das Nações, em 1927 (*The League of Nations, 1927, Draft Convention*). O segundo período desenvolve-se entre 1930 e o surgimento do Modelo OCDE de 1963. Trata-se um período de transição, em que vários conceitos e princípios utilizados em Direito Internacional Tributário serão aprimorados e consolidados. O terceiro período inicia com a elaboração do Modelo OCDE e prolonga-se até os dias atuais. Este período é caracterizado pela difusão horizontal e vertical do conceito de Estabelecimentos Permanentes."

com o território. Assim, o Estado onde o rendimento fosse originado seria aquele que teria uma pertença económica mais significativa. Já o Estado da residência, ou o do domicílio, ainda que detendo ligações reveladoras de pertença económica, não seria, contudo, aquele que mais revelava essa *economic allegiance*. Para os autores, a tributação só deveria ocorrer uma vez, sendo posteriormente repartida pelos Estados com elementos relevantes de pertença económica, tendo em atenção o respectivo grau da pertença.

O aparecimento do E.E. acontece no âmago da segunda revolução industrial.[87] Neste espaço temporal, o ambiente económico é marcado pelo nascimento e pela implementação de novas indústrias cujas matérias-primas, base para o desenvolvimento da sua actividade, se encontravam fora dos espaços habituais de acção. Assim, o recurso a outros mercados foi uma necessidade imperiosa. E com essa necessidade nasce a deslocalização das actividades económicas para outras jurisdições fiscais, ainda que podendo manter, e mantendo, fortes ligações com o espaço tradicional de acção, a sua residência. Esta nova forma de localização e estruturação industrial pressupunha a estabilização da indústria em determinado território, o que equivalia, no fundo, a uma permanência e a uma imobilidade do capital fixo envolvido nas respectivas actividades, significava estabilização em determinado local, em determinado território. O E.E. surge precisamente como uma realidade enquadrada nesta óptica de enraizamento profundo entre o capital fixo e a imobilidade. Na altura, a única indústria internacional móvel com significado era a indústria dos transportes que se projectava e desenvolvia mercê das necessidades económicas da época, tendo sido, inclusivamente, sujeita a regulação especial, diferente da exigência de um E.E., precisamente por as suas características não se vincarem na permanência, na imobilidade, na estabilização.

O conceito jurídico do E.E., ainda que tendo a sua origem na resolução dos casos de dupla tributação gerados pelas actividades desenvolvidas nas relações intermunicipais na Prússia e no Império Alemão[88], obtém o reconhecimento e incorporação no plano internacional com a celebração do que se convencionou como sendo o primeiro ADT no âmbito do imposto sobre o rendimento: o acordo entre o Império Áustro-Húngaro e

---

[87] Segue-se, a propósito da contextualização no aparecimento do E.E., Arvid Skaar, *Permanent establishment – Erosion of a tax treaty principle*, pág. 65 e ss.
[88] Arvid Skaar, *Permanent establishment...*, pág. 72 e ss.

a Prússia, em 21 de Junho de 1899. Aí incluía-se um conceito de E.E., bem como uma lista de exemplos do que poderia ser considerado tal figura. O E.E. agência é igualmente apresentado, surgindo como E.E. pessoal, ainda que não se distinguindo entre o agente dependente e o independente[89]. A partir daqui decorreu a generalização da figura, em termos similares[90]. O E.E. começa a aparecer noutros ADT que se celebram na mesma época até à Primeira Guerra Mundial, sobretudo nos países da Europa Central.

Com a Primeira Guerra Mundial, e consequente momento económico específico do pós-guerra, o aumento dos investimentos internacionais torna-se uma realidade quotidiana e permanente. Em face da exportação do capital e consequente dupla tributação decorrente[91], o E.E. surge como o limite adequado para determinar a existência ou inexistência de direito a tributar o lucro nos países para onde o capital emigra. Consciente desta nova forma de interacção entre o capital e a geografia, com os problemas fiscais derivados, a Sociedade das Nações desde muito cedo se ocupou da matéria. Iniciando com o relatório de quatro famosos economistas em 1923 e continuado com os vários projectos e modelos de convenção, a Sociedade

---

[89] Arvid Skaar, *Permanent establishment...*, pág. 76 e 77.

[90] Para JACQUES SASSEVILLE (*The future of the...*, pág.5:2 e :3), a causa da regulação internacional do E.E. foi a existência de um bom precedente na sua utilização prática em ADT. O autor defende serem muito mais relevantes para justificar a generalização da utilização do E.E. os bons resultados verificados com a inserção do E.E. nos ADT do que toda a construção e evolução teóricas a que o conceito de E.E. foi sujeito ou até mesmo a análise económica deste conceito. Por aqui me parece ser explicável o autor defender que, mais do que a construção teórica de qual a conexão relevante legitimadora da tributação, as Administrações Fiscais preocupam-se mais com a capacidade de impor e cobrar efectivamente os impostos com a mínima perturbação das actividades económicas.

[91] « Un pays qui dispose de grandes richesses naturelles, tel que l'Australie, favorisera probablement le principe de l'Impôt sur le Revenu dans le pays d'origine du revenu ; un pays qui, comme la Grande-Bretagne, par exemple, est un grand centre financier, ne peut renoncer à la taxation résultant du fait du lieu de domicile de la personne imposable. L'imposition basée sur le fait que le revenu y a son origine est si important pour ce pays d'origine, et la taxation résultant du lieu de domicile est si important au point de vue du pays où se trouve ce domicile, que le problème de la double imposition ne se trouve pas résolu par le fait que les deux pays perçoivent tous deux l'impôt basé sur une seule et même de ces deux raisons.» Mémorandum sur les « Doubles Impositions », de 15 Janeiro 1921, no seio do Reino Unido, preparado por Basil Blacket, a pedido da Section Financière de la Commission Economique et Financière Provisoire du Conseil de la Société des Nations.

das Nações concentrou a sua atenção na configuração adequada do E.E.[92]. Porém, reflexo da composição de interesses inerente a esta organização

[92] A primeira pedra colocada no edifício da tributação internacional, por parte da Sociedade das Nações, para a temática que agora nos importa, surgiu, em 1923, com o "Report on Double Taxation". Este relatório efectuado por quatro grandes economistas da época – os Professores Bruins, Einaudi, Seligman e Stamp – fora encomendado em 1921 pelo *Financial Committe* da Sociedade das Nações com a intenção de indagar sobre quais as consequências económicas da dupla tributação, bem como, tentar delimitar quais os princípios fundamentais, e demais regras relevantes, a ter em conta na criação de um ADT. Neste relatório os famosos economistas partem do pressuposto, construído já anteriormente por von Schanz e Seligman, de que a base para a tributação é a *economic allegiance* e não a pertença política que o contribuinte pudesse ou não ter em face de determinado Estado. Até aqui nada de novo. Contudo, o resultado de toda a análise despendida na tentativa de solução da dupla tributação concentra-se na defesa final da tributação na residência, afastando-se a tributação efectiva na fonte, em virtude da aplicação por esta do método da isenção, método este considerado como o mais desejável do ponto de vista prático. Através da sustentação de uma recíproca isenção dos não-residentes, como a prática mais adequada e desejável, concentra-se a tributação na residência, afastando-se a tributação na fonte (*Report on double taxation*, Economic and Finacial Commission, League of Nations, pág. 51). Com esta orientação, na qual o posterior trabalho das Sociedades das Nações e das subsequentes organizações internacionais que tratam da tributação internacional se fundamentou, aquilo que acontece é a tentativa de concentrar ao máximo a tributação na residência, privilegiando-a, ao mesmo tempo em que se procura limitar os poderes de tributação na fonte. A partir daqui pode compreender-se qual o papel reservado ao E.E.: o de limite à tributação, sendo o conceito cada vez mais restrito de forma a que o poder tributário da fonte seja cada vez menor. Enfatizo, uma vez mais, não dever ser esquecido o papel dos interesses político-económicos inerentes a esta construção, numa altura em que, no pós-1ª Guerra Mundial, a força dos vitoriosos deveria ser fomentada e propagandeada, tal como os seus interesses não seriam favoráveis à perda de receita fiscal decorrente da deslocalização do investimento, visto também ter de ser salvaguardado o esforço económico despendido.
Em 1925, um grupo de técnicos especialistas abordou novamente o tema. Desta vez a construção passou pela distinção entre impostos reais e impostos pessoais. A repartição do poder tributário assentou no reconhecimento da tributação na fonte dos impostos reais, sendo os impostos pessoais reconhecidos à residência. Contudo, a propósito do método possível para eliminar a dupla tributação, afirmam ser a isenção pela fonte o mais adequado, desde que acordado por ADT (resolução II, nº 4 *Double imposition et évasion fiscale*). A posição está mais suavizada do que a defendida pelos quatro economistas, pois apela ao acordo entre as partes, contudo demonstra igualmente a defesa da supremacia da residência sobre a fonte.
Em 1927, surge novo relatório de um comité de técnicos especialistas (*Double imposition et évasion fiscale*). Mantém-se a divisão entre impostos reais e impostos pessoais, preconizando--se igualmente a mesma repartição do poder de tributação entre fonte e residência, respectivamente. O que surge de novo é a introdução do conceito de E.E.. No artigo 5º do projecto de convenção bilateral reconhece-se o direito da fonte tributar através da figura

internacional, o E.E., enquanto realidade determinativa da tributação por parte da fonte, é utilizado, desde logo, para defender os interesses dos paí-

do E.E., mencionando-se ainda a figura do agente dependente decorrente do raciocínio *a contrario* da figura excluída do âmbito do E.E. do agente independente. Em 1925, após a expressão estabelecimento, introduziu-se a expressão organismo comercial ou industrial estável e representante permanente, por isso o relatório de 1927 pode mesmo ser considerado como o primeiro a utilizar a expressão E.E. (no Projecto de Convenção adoptado em 1933 para a repartição do rendimento industrial e comercial entre os Estados para fim de tributação, utiliza-se a expressão estabelecimento permanente – artigo 1º). Naquele relatório, a par desta novidade, surge a indicação de que o método a ser utilizado para eliminar a dupla tributação deve ser aplicado pelo país do domicílio fiscal, ou seja, a residência. Esta estruturação foi o berço do actual MC-OCDE.
Em 1928 é apresentado por um grupo de especialistas governamentais novo relatório onde três são os modelos de convenções apresentados. A justificação para o tríptico passa por atender à diversidade de sistemas fiscais. No geral, este relatório mantém a tributação na fonte, caso exista E.E., tal como reafirma incumbir ao Estado da residência, e não ao da fonte, a eliminação da dupla tributação. Todavia, na senda do proposto pelos quatro economistas, admite-se, no terceiro dos modelos, a renúncia de qualquer um dos Estados contratantes do ADT ao seu direito de tributar. Ainda que não sendo específico nem direccionado para a fonte abre portas a essa possibilidade e à pressão nesse sentido.
A defesa do predomínio da residência sobre a fonte e o enraizamento da figura do E.E. na prática fiscal internacional culmina na construção do Modelo de Convenção de Londres, datado de 1945 ("Article IV – 1. Les revenus tirés d'entreprises industrielles, commerciales ou agricoles et de toutes autres activités lucratives seront imposables dans l'État où le contribuable a un établissement stable"). Todavia, uma excepção à primazia da residência é estabelecida antes, em 1943, no Modelo de Convenção do México. SKAAR (*Permanent establishment...*, pág. 88) toma-o mesmo como o primeiro modelo de convenção para os países em desenvolvimento, visto inverter a lógica da primazia da residência, defendendo o privilégio da tributação na fonte. O E.E. surgiria apenas como um dos possíveis exemplos para a tributação na fonte, mas nunca como o único ou exclusivo critério ("Article IV – 1. Les revenus d'entreprises industrielles, commerciales ou agricoles et de toutes autres activités lucratives ne seront imposables que dans l'Etat dans lequel l'entreprise est exploitée ou l'activité exercée. 2. Si une entreprise ou une personne physique de l'un des Etats contractants étend son activité à l'autre Etat, par des transactions isolées ou occasionnelles, sans posséder d'établissement stable dans cet autre Etat, les revenues tirés de cette activité ne seront imposables que dans le première Etat."). Do texto do modelo resulta que à residência apenas caberia tributar os lucros empresariais caso se estivesse perante transacções isoladas ou ocasionais e desde que não existisse estabelecimento estável, em tudo o resto a tributação caberia à fonte. O critério proposto deixaria de ser exclusivamente a localização da actividade para passar a ser a sua continuidade e regularidade (em sentido não totalmente idêntico, visto não indicar exclusivamente, Skaar, *Permanent establishment...*, pág. 90). Porém, a solução preconizada pelo Modelo do México não vingou e a já tradição da supremacia da residência em face da fonte ressurgiu e solidificou-se mais ainda, como apontado, com o Modelo de Londres, berço dos posteriores modelos da OCDE.

ses exportadores do capital. Como quem investe são os países com mais poder e maiores interesses económicos, políticos e estratégicos – os países vitoriosos da primeira guerra – e como são estes países que dominam o processo de decisão na Sociedade das Nações, são os interesses destes que são prioritariamente salvaguardados[93]. No que aqui releva, isto significou uma marcha para o domínio da tributação na residência, em detrimento da tributação na fonte. Com este propósito, o E.E. serviria perfeitamente estas intenções, dado o seu conteúdo poder ir sendo interpretado conforme as necessidades de maior ou menor limitação. Desde este momento histórico gera-se uma luta para concentrar ao máximo na residência a tributação, limitando-a na fonte. O E.E., como o instrumento histórico para tributar estrangeiros/não residentes, surge como o meio para o conseguir.

[93] Exemplo revelador desta afirmação é encontrado na comparação do conceito de E.E. presente no Modelo do México e no Modelo de Londres.
Em 1943, surge o Modelo do México que, ao contrário do que até aí tinha acontecido, defendia a tributação alargada na fonte para os lucros empresariais, não dependendo sempre da existência de um E.E. o poder de tributar. Esta tomada de posição foi seguidamente contrariada pelo Modelo de Londres, em 1945. Com este último modelo de convenção regressar-se-ia à primazia da tributação na residência, deixando-se para a fonte a tributação dos lucros empresariais apenas no caso de existir um E.E.. Porquê esta oscilação? Como explicar a ruptura produzida em 1943 e logo corrigida em 1945? Como tão claramente vem exposto no *Rapport sur les travaux de la dixième session du comité*, de 1946, nas reuniões que deram origem ao Modelo do México, a maioria dos países que se fez representar era constituída por países em desenvolvimento, países da América latina. Enquanto a Europa se digladiava numa guerra feroz e violenta, do outro lado do Atlântico os interesses dos menos poderosos na escala geoestratégica mundial puderam ser discutidos livremente, implementando-se soluções de acordo com as suas preocupações. Depois de terminada a guerra e retomados os trabalhos por parte dos países europeus, os interesses destes últimos voltam a estar presentes e a sua força político-económica renasce. Com isto compreende-se o retorno à primazia da tributação na residência. No referido relatório afirma-se: "Le Comité a maintenant étudié les résultats de ces travaux. Il tient à déclarer qu'il se rallie à la plupart des conclusions auxquelles sont parvenus les experts réunis à Mexico, en 1943, et il estime que les modèles de conventions établis par ces experts représentent un progrès très net sur ceux de 1928. Néanmoins, étant donné les grandes différences existant dans la composition des réunions de Mexico et de Londres, il est naturel que les vues des personnalités qui ont participé aux délibérations de Londres se soient écartées, sur divers points, de celles qui ont inspiré les modèles de conventions de Mexico. [...] Le Comité n'ignore pas que les dispositions contenues dans les modèles de 1943 pourront paraître à certains Etats – de l'Amérique latine, par exemple – plus attrayantes que celles qu'il a adoptées pendant sa présente session. [...] » *Rapport sur les travaux de la dixième session du comité*, pág. 7 e 8. Servem estes factos para demonstrar a inequívoca influência dos interesses na determinação de como se deve processar a tributação na fonte.

DIREITO INTERNACIONAL FISCAL

O mesmo raciocínio de primazia da tributação na residência verificou-se no seio da Organização Europeia de Cooperação Económica (OECE), posterior OCDE – organização internacional que continua amplamente a análise da matéria fiscal posteriormente à Sociedade das Nações[94]. O E.E., como veremos, é hoje utilizado como condescendência para uma tributação na fonte, marcadamente implementado com a forma com que foi construído antes e depois da 1ª Grande Guerra. A fonte não tem hoje um espaço de tributação alargado, cabendo antes à residência esse privilégio. Cria-se uma espécie de antagonismo no âmbito do E.E.. Este nasce para reconhecer a tributação na fonte – tendo a sua maior amplitude com a teoria da pertença económica[95] –, quando esta seria muito complicada de efectivamente existir sem grandes custos e inconvenientes para o contribuinte. Contudo, o E.E. ao longo da sua evolução vê essa razão de ser minada por conflito de interesses, interesses esses que, como mais à frente será abordado, revelam uma profunda tendência para resistir ao alargamento do conceito a novas realidades.[96] Há uma clara vontade de fazer o conceito de E.E. permanecer intacto em face de novas realidades, de modo

---

[94] Do ponto de vista político, a sucessora da Sociedade das Nações foi a Organização das Nações Unidas (ONU) que, em pequena escala e numa primeira fase, se foi ocupando também da matéria fiscal. Numa segunda fase, a sua acção foi mais relevante com o resultado publicamente difundido do modelo de convenção destinado a prevenir a dupla tributação do rendimento, posteriormente revisto. Contudo, atendendo à maior relevância e maior projecção das actuações e decisões para área da fiscalidade internacional, a OECE e a subsequente OCDE têm sido as instituições que mais produziram, se ocuparam e mais alcance tiveram na discussão, tratamento e solução dos problemas internacionais da fiscalidade. Daí que defenda ser a OECE – OCDE a organização internacional subsequente à Sociedade das Nações neste campo do saber internacional fiscal.

[95] A orientação da pertença económica, contraposta à redutora orientação da realização, defende que devem ser considerados estabelecimentos estáveis as instalações que não obtenham ou não realizem directamente um lucro, isto é, mesmo que não tenham um carácter produtivo. Daí serem considerados como tais os escritórios de compras, os laboratórios de pesquisas, os gabinetes de estudo e as salas de exposição. Estes estabelecimentos "integram as empresas, sendo elementos que contribuem para a sua actividade." Estar-se-ia " face a um estabelecimento estável quando a instalação se integra na economia do país em causa e isto sucede desde que se trate de qualquer «instalação permanente na qual a empresa exerça toda ou parte da sua actividade». O elemento através do qual a sociedade exerce a sua actividade num país será estabelecimento estável se está integrado na economia desse Estado." Manuel Pires, *Da dupla tributação jurídica internacional sobre o rendimento*, pág. 733 e 734.

[96] Francisco García Prats, *El establecimiento permanente. Análisis jurídico-tributario internacional de la imposición societaria*, pág. 85.

a não alargar o poder tributário da fonte. O que se verifica é pretender-se manter a traça original do E.E., adaptando as novas realidades a essa traça, recusando-se, na generalidade, a adaptação do conceito a essas novas realidades, ou negando-se a possível incapacidade deste conceito ser adequado aos universos inovadores da modernidade. E a explicação para isto encontra-se precisamente na forma como o E.E. foi desenvolvido. O E.E. foi subjugado ao objectivo de limitar ao máximo a tributação na fonte, alargando o mais possível a tributação na residência,.

Todavia, aparte estas considerações, a verdade é estar o E.E. profundamente enraizado e generalizado na prática internacional fiscal, sendo hoje o núcleo da tributação na fonte para os lucros empresariais. E quanto a isso não há discussão.

3.2.2. A construção da tributação na fonte dos lucros empresariais como a tributação dos rendimentos gerados pelo estabelecimento estável

A prática internacional diz-nos que os lucros de uma empresa são tributados no Estado onde se encontra a residência dessa empresa. Esta regra é, porém, complementada no caso de a empresa ter um E.E. num outro Estado, facto que gera a possibilidade de outro Estado tributar os rendimentos que possam ser legitimamente imputados a esse E.E.. É este o regime constante do MC-OCDE, no seu artigo 7º, nº1.[97]-[98] Deste regime

---

[97] *"Artigo 7º Lucros das empresas.*
1. Os lucros de uma empresa de um Estado Contratante só podem ser tributados nesse Estado, a não ser que a empresa exerça a sua actividade no outro Estado Contratante através de um estabelecimento estável aí situado. Se a empresa exercer a sua actividade deste modo, os seus lucros podem ser tributados no outro Estado, mas unicamente na medida em que sejam imputáveis a esse estabelecimento estável."

[98] Também no MC-ONU a tributação dos lucros empresariais está sujeita à mesma construção-base. Contudo oferece um alargamento na sua especificação, o que amplia o possível alcance da tributação na fonte. Aliás, uma outra das diferenças entre o MC-ONU e o MC-OCDE é precisamente uma maior abertura à tributação na fonte através da extensão dos conceitos inerentes ao poder de tributar na fonte, mercê da consagração da força atractiva do estabelecimento conquanto limitada. Para o caso que ora releva, veja-se o artigo 7º, nº 1: "The profits of an enterprise of a Contracting State shall be taxable only in that State unless the enterprise carries on business in the other Contracting State through a permanent establishment situated therein. If the enterprise carries on business as aforesaid, the profits of the enterprise may be taxed in the other State but only so much of them as is attributable to (a) that permanent establishment; (b) sales in that other State of goods or merchandise of the same or similar kind as those sold through that permanent establishment; or (c) other

resulta apenas poder a fonte tributar no caso de existir um E.E.. Em todos os outros casos de lucros empresariais caberá à residência a totalidade do poder tributário.

Em face desta organização do poder de tributar, a pergunta lógica que se segue será: o que constitui então um E.E.? O ponto de partida tem necessariamente de ser esse, analisar o que constitui um E.E., pois, só depois de se saber o que é um E.E., se poderá determinar se uma específica realidade empresarial se enquadra nesse conceito, habilitando, desse modo, a fonte a tributar.

Contudo, parece-me dever ser entendido que, mesmo sendo o E.E. a figura-base reveladora da possibilidade de efectivar a tributação na fonte, não é o E.E. a razão de ser última dessa tributação[99]. Creio não ser o E.E. a razão de ser última da tributação na fonte. Essa tributação deriva da existência de uma forte ligação económica (*economic allegiance*) do facto tributário a determinado território, ligação essa, aliás, que pode ou não ser representada pelo E.E.. Este tipo de raciocínio oferece espaço para a procura de outros elementos reveladores da *economic allegiance* no referente aos rendimentos provenientes de actividades móveis, em especial para os rendimentos provenientes do comércio electrónico. É uma posição que não torna inflexível a análise dogmática dos conceitos e das realidades, concedendo, antes, suficiente margem de manobra para uma investigação o menos tendenciosa possível.[100] Aliás, como veremos a propósito da cons-

---

business activities carried on in that other State of the same or similar kind as those effected through that permanent establishment."

[99] A propósito da relação do conceito de E.E. e a fonte, refere-se a posição de JAQUES SASSEVILLE (*The future of the...*, pág. 5:2) que defende ser o E.E. um indicador da legitimidade de tributar na fonte, recusando o seu papel como regra de determinação efectiva da fonte. Posição semelhante é espelhada por BRIAN ARNOLD (*Threshold requirements for...*, pág. 478, nota 12), ao afirmar que "in my view, the PE rule is not a source rule. The source rule in Art. 7(1) is that the profits attributable to a PE are subject to tax by the source country. Although the PE requirement is a part of the source rule, it is not itself a source rule. [...]".

[100] Coincidimos, por princípio, como a posição revelada por ARVID SKAAR (*Permanent establishment...*, pág. 560): "A PE is merely a piece of evidence of economic allegiance, not the reason for source-state taxation. [...] It seems that an enterprise which does not need to invest in immovable facilities, or other fixed places of business, may still derive considerable advantages from the community in which its income sources are located. Today, the performance of a business activity in another country, the duration of the activity, and the profits arising from it are, *per se*, significant arguments against the assumption that these enterprises do not have economic allegiance to another state."

trução das ficções no conceito de E.E. – encaradas como forma de contornar a rigidez da construção clássica do conceito em face de actividades e rendimentos mais flexíveis e móveis – esse desvio conceptual demonstra precisamente que o E.E. é apenas uma representação daquilo que justifica a tributação na fonte e não a sua causa, pois, para alcançar a tributação (ou não tributação) efectiva, manipulam-se os elementos integrantes do conceito de E.E. tradicional – no seu conjunto ou no elemento específico que não se compreende na realidade avaliada –, de modo a obter o resultado desejado.

Ainda assim, sendo o E.E. o critério nuclear e generalizado na prática internacional, é sobre este que agora deve recair a nossa atenção. Analisamos, pois, como está construído o E.E. no MC-OCDE.[101]

Da análise do artigo 5º do MC-OCDE pode verificar-se a presença de dois tipos de E.E.: o E.E. por natureza e o E.E. por ficção.

3.2.2.1. Estabelecimento estável por natureza ou conceito básico

A regra geral para verificar a existência de um E.E. encontramo-la nos números 1, 2 e 4 do artigo 5º do MC-OCDE. Aqui estão apresentados os critérios determinantes do que é um E.E.. Encontra-se aqui aquilo que representa o E.E. na sua formulação original e que fundamenta o conceito, oferecendo-lhe o enquadramento-base imprescindível à sua existência.

Assentando no exposto no nº 1 do artigo 5º do MC-OCDE, um E.E é uma instalação fixa através da qual a empresa exerça toda ou parte da sua actividade. São três são os elementos cumulativamente exigidos:

   i) a existência de uma instalação;
   ii) a fixidez dessa mesma instalação; e
   iii) o exercício da actividade da empresa através dessa instalação fixa.[102-103]

---

[101] "...a construção do conceito de Estabelecimentos Permanentes exige uma *interpretação referenciada a um sistema normativo*. Não existirá, portanto, apenas uma interpretação válida, universal ou absoluta para o conceito. Existirão, contudo, interpretações conformes ou desconformes a um sistema de referência, como, por exemplo, a construção do conceito conforme o Modelo OCDE, ONU ou conforme o direito brasileiro." Paulo Caliendo, *Estabelecimentos permanentes...*, pág.75. A escolha do MC-OCDE está marcada pela universalidade e generalização desse modelo como base para o desenvolvimento da rede internacional de ADT.

[102] Da conjugação destes três elementos resulta um E.E. quando as instalações de uma empresa se inserirem na economia de um país, independentemente do seu imediato carácter

1º Elemento – A existência de uma INSTALAÇÃO

O conceito de instalação consiste num local ou material e, nalguns casos, admite-se a sua verificação com a existência de máquinas e equipamento (§ 6 do comentário). A OCDE afirma ser irrelevante estar o local, material, maquinaria ou equipamento afecto exclusivamente ao exercício da actividade da empresa, não sendo também forçoso haver total disponibilidade dessas realidades (§ 10 do comentário). Embora não sendo suficiente para a existência de uma instalação, a mera presença no local ou a mera disponibilidade de certo espaço, já por si estes factos podem ser considerados como um indicador relevante (§ 11 e 12 do comentário). Não se exige ainda um direito jurídico formal sobre a instalação, sendo irre-

---

produtivo. Está, assim, ausente a exigência da produtividade da instalação. Não foi aqui aceite a *teoria da realização*, mediante a qual um E.E. só seria E.E. quando a sua exploração gerasse directamente um benefício. Pelo contrário, o disposto nas primeiras disposições do artigo 5º revela a adopção da *teoria da pertença económica*. Segundo esta teoria, e como se viu, permite-se que toda e qualquer estrutura económica situada num país possa vir a ser considerada um E.E., mesmo que contribua apenas indirectamente para a produção de lucro empresarial. No entanto, ver-se-á que a conclusão a retirar, consoante o número 4 do mesmo artigo, não coincide com o que se escreveu.

A exigência da produtividade como elemento essencial para a qualificação de uma realidade empresarial como E.E. foi, desde há muito, um assunto bastante debatido, fonte de conflituosidade, inclusivamente desde os trabalhos da Sociedade das Nações, nomeadamente a propósito dos Modelos de Londres e México. A OCDE, no seu MC, veio consagrá-la, escrevendo-se no respectivo comentário que a não menção do carácter produtivo resultou do facto de, em geral, num negócio bem gerido, a produtividade de cada uma das suas parcelas ser uma suposição e um objectivo (antigo § 3 do comentário, actual §7), além de não se dever olvidar não ser a produtividade um factor capaz, por si só, de garantir a existência de um E.E. e a atribuição de lucros a essa entidade.

[103] SKAAR (*Permanent establishment...*, pág. 111 a 340) cria uma hierarquização de testes para determinar a existência de todos os elementos exigidos por aquilo a que apelido de E.E. por natureza, aquilo a que o autor designa por *Basic Rule*. O autor determina ser o primeiro teste a efectuar o teste do lugar de negócios de modo a verificar a presença do elemento objectivo do E.E.. Aqui avalia-se a existência de presença física, bem como a existência de fixidez. Em seguida é o elemento subjectivo a ser analisado, através do teste do direito de uso (*right of use*). Testa-se o conceito, o âmbito e a função do direito de uso, procurando a existência ou não do domínio do local de negócios, assim como se investiga o aspecto temporal, averiguando o grau de permanência. Finalmente surge o terceiro teste, o teste da actividade de negócios (*business activity*), onde se indaga o afastamento ou não das actividades preparatórias e auxiliares, valorizando-se as funções essenciais e fundamentais para o negócio, a par da análise sobre qual a ligação da actividade desenvolvida em face do lugar de negócios.

levante a empresa ser ou não proprietária ou locatária do local, material, maquinaria ou equipamento (§ 12 do comentário).

Do exposto o que parece ser mais relevante na caracterização de uma instalação será a verificação do controlo efectivo do espaço. Desta forma tenta evitar-se a manipulação dos dados pelos contribuintes com intuitos evasivos ou fraudulentos. Afirma-se a presença do princípio da substância sobre a forma, uma vez que, na sequência dos ditames do MC, se procura fazer prevalecer os elementos materiais dos factos sobre os elementos formais. Um espaço, material ou afim, será uma instalação se, analisando a sua substância, se encontrarem elementos de disposição, de controlo e de efectiva ligação à actividade desempenhada, desvalorizando-se elementos superficiais ou meramente aparentes, como o título legal existente sobre o espaço ou a sua aplicação exclusiva àquela empresa.

2º Elemento – A FIXIDEZ da instalação

Ao exigir-se a fixidez afirma-se a necessidade de a instalação estar estabelecida num local preciso, com um certo grau de permanência. Denota-se a presença de duas exigências que têm de ser compatibilizadas: a ligação com um ponto geográfico específico e a ausência de natureza temporária.

A ligação a um ponto geográfico não significa a existência de uma ligação ao solo. Se se estiver perante um caso em que a instalação é um equipamento, é suficiente que esse equipamento permaneça num espaço específico, não havendo necessidade de enraizamento no solo (§ 21do comentário). Admitir exigência contrária seria abrir portas a manipulações excessivas, desconsiderando ou, pelo menos, possibilitando a desconsideração da presença, mais uma vez, do princípio da substância sobre a forma.

A necessidade de uma ligação a um ponto geográfico específico, no caso de existir mais do que um espaço, material ou afim, implica avaliar a combinação de uma coerência geográfica com uma coerência comercial. O tratamento de vários espaços, materiais ou afins, como um todo integrado, capaz de compor uma única instalação, dependerá, na totalidade, da capacidade de identificação de um todo coerente geográfico e comercial. Se o espaço, material ou afim, puder ser considerado como integrado numa mesma localização, com contratos e clientes relacionados, inseridos num mesmo projecto, então assegura-se ser a visão global adequada e reveladora da existência de uma instalação fixa (§ 24 do comentário). Contudo, caso o espaço utilizado não seja coerente, tal como a falta de coerência se verifique quanto aos contratos e clientes interligados, conseguindo-se delimitar vários projectos individualmente considerados para cada um dos espaços, materiais ou afins, então não se poderá tomar a realidade subjacente como uma única instalação fixa, mas antes como várias, tantas quantas as identificáveis (§ 25 do comentário). Com esta construção poder-se-á retirar a ideia da existência da preocupação em garantir uma análise profunda e não meramente perfunctória da realidade, de modo a garantir que as realidades empresariais e as consequentes implicações tributárias não sejam subvertidas. Se se permitisse que a coerência global não fosse elemento a considerar, então teríamos a possibilidade de manipulação abusiva dos factos pelos contribuintes que poderiam procurar separar um projecto com identidade de clientela, contratos e localização em tantas parcelas quantas possíveis de modo a evitar a sua qualificação como E.E. e, consequentemente, evitar a sua tributação no Estado da fonte. Sendo a evasão fiscal algo indesejável em qualquer ordenamento jurídico e sendo avaliada como realidade a combater também no plano internacional, compreende-se que prevenir as deficiências que eventualmente a mente humana poderia utilizar é prioridade máxima a destacar no MC-OCDE.

Além da ligação a um ponto geográfico, exige-se, para que uma instalação se possa considerar fixa, a <u>permanência por um certo período de tempo</u>, de modo a não permitir que actividades com carácter meramente temporário sejam tributadas. A exigência de um grau de permanência justifica-se precisamente, a meu ver, por factores tradicionais presentes na história do E.E.. Como vimos, a construção do E.E., como o critério para a tributação do lucro no Estado em que foi gerado, fundou-se no pressuposto de que a actividade empresarial seria uma actividade continuada, onde a forma de organização e actuação empresariais assentavam na existência da actividade num determinado local, sendo necessária a presença nesse local para que a actividade se concretizasse.

A quantificação do tempo exigido não é possível fazer em termos abstractos, não há a possibilidade de mencionar um prazo fixo e determinado que indique, para todos os casos, a partir de que momento já não se considera a presença meramente temporária. No § 28 do comentário deixa-se antever depender essa quantificação do tempo da natureza e do tipo da actividade em causa. Por isso instalações por períodos aparentemente "curtos" podem ser consideradas como preenchendo os pressupostos exigidos. Normalmente, como é afirmado no mesmo parágrafo, seis meses é o período mínimo normal a partir do qual se tem verificado a defesa da existência de um E.E.. Porém, excepções existem a este "prazo geral" (§ 28 do comentário). É o caso das actividades de natureza recorrente que podem e devem ser contabilizadas de forma conjunta de modo a averiguar se perfazem o tempo exigido, tal como as actividades que constituem uma actividade empresarial exercida exclusivamente nesse Estado que podem ter natureza de curta duração. Qualquer destas excepções não faz mais do que infirmar a ideia de que o facto de uma instalação poder ser considerada permanente ou não depende da natureza e do tipo da actividade desempenhada, não havendo muito mais do que a possibilidade de efectuar uma análise individualizada (exemplos oferecidos no § 29 e 30).

Tendo em atenção, uma vez mais, a preocupação de negar o aproveitamento de deficiências pelos contribuintes para garantir a não qualificação como E.E. e consequente impossibilidade de tributação na fonte, afirma-se no § 32 do comentário que as interrupções temporárias não fazem cessar a contagem do prazo. Consoante o mesmo pensamento, se uma instalação for criada para ser meramente temporária, mas, na realidade, for utilizada por um período tal que não possa ser considerada como temporária, essa instalação será, automática e retroactivamente, convertida em E.E. (§ 34 do comentário). Esta última orientação é, claramente, uma orientação expressa de prevalência da substância sobre a forma, declarando que a intenção do agente económico não é um elemento a ser atendido, sendo sempre desconsiderado em favor da realidade dos factos.

3º Elemento – EXERCÍCIO DA ACTIVIDADE DA EMPRESA ATRAVÉS DA INSTALAÇÃO FIXA

Além da certificação da existência de uma instalação e que esta seja fixa, determina-se ainda, para se considerar a existência de um E.E., que a empresa exerça actividade através dessa mesma instalação fixa, isto é, exige-se uma ligação intrínseca entre a organização física e a actuação empresarial. Significa isto, como é afirmado no §6 e § 39 do comentário, que, normalmente, as pessoas que, de um modo ou outro, dependem da empresa (o pessoal) exercem as actividades desta no Estado em que está situada a instalação fixa. Por existir esta ligação e porque tal ligação não pode deixar de atender às preocupações suscitadas tanto no primeiro como no segundo elemento, a propósito da prevalência da substância sobre a forma, a expressão que estabelece a ponte entre os anteriores elementos e o presente – *através da qual* – deverá ser interpretada de forma ampla para que possa ser aplicada a qualquer situação onde a actividade seja exercida num local particular à disposição da empresa para o exercício da actividade (§20 do comentário).

Para que haja o exercício da actividade da empresa através da instalação fixa não é necessário terem as actividades desempenhadas carácter produtivo nem serem permanentes, o que releva é serem as actividades da instalação fixa levadas a cabo de modo regular (§ 35 do comentário). Ver-se-á, como já assinalado, que a orientação final não é a que resulta desta interpretação quanto à não necessidade do carácter produtivo.

No § 39 do comentário refere-se a presença de pessoas (pessoal da empresa) como indício de a actividade da empresa ser exercida através da instalação fixa. Se é certo ser através do pessoal que usualmente se processa o desenvolvimento da actividade – devendo ser incluído no conceito de pessoal quer os empregados quer outras pessoas que recebam instruções, tendo com a empresa vínculo de dependência (colaboradores), sendo irrelevantes os poderes do pessoal em face de terceiros (§ 39 do comentário) –, também não se pode ignorar ser possível desenvolver a actividade da empresa através de equipamento automático. Porque, na determinação do que é uma instalação, a OCDE afirmou a possibilidade de maquinaria e outro equipamento constituir uma instalação, então, numa sequência lógica, faz todo o sentido reconhecer que o desenvolvimento da actividade empresarial pode ser feito maioritariamente através de equipamento automático, sendo a actividade do pessoal restrita à montagem, funcionamento, controle e manutenção desse equipamento (§ 41 do comentário). O critério relevante será averiguar se a empresa exerce a sua actividade para lá da montagem inicial das máquinas, havendo lugar a E.E. se a empresa que monta as máquinas as explora e efectua a respectiva manutenção por conta própria.

No número 2 do artigo 5º do MC-OCDE apresenta-se uma lista exemplificativa de locais que podem constituir um E.E. – lista positiva. Não se devem interpretar os exemplos aí apresentados como sendo auto-suficientes, atribuindo automaticamente a natureza de E.E., independentemente da comprovação dos requisitos previstos no número 1 do artigo. Nos § 45 a § 48 do comentário vislumbra-se a preocupação de enfatizar que os exemplos apresentados devem ser conjugados com as exigências previstas no primeiro número, pois só se estiverem de acordo com essas exigências incorporarão o conceito de E.E., com todas as consequências de tributação envolvidas.

Se existe uma lista de exemplos do que pode constituir E.E., no nº 4 do artigo em análise encontra-se uma lista negativa. Além da exigência dos elementos previstos no nº 1 do artigo 5º do MC-OCDE para existir o E.E. por natureza, a actividade desempenhada não pode consistir numa actividade preparatória ou auxiliar. Uma tal exigência surge na sequência de elementos como a permanência, a substancialidade, bem como a consistência no exercício de uma actividade serem essenciais para se estar perante um E.E.. Daí retirar-se da leitura do nº 4 que a qualificação de uma realidade como E.E. depende, em última análise, de um teste de essencialidade da actividade desenvolvida, ou seja, a comprovação de não se estar perante uma actividade preparatória ou meramente complementar da actividade principal. Da teoria da pertença económica passa-se para a teoria da realização.

Alguns casos constitutivos de actividades preparatórias ou auxiliares estão inscritos no articulado, porém, não passam de uma enunciação exemplificativa, como revela o conteúdo da alínea e). Nos termos desta última alínea, reconhece-se uma excepção geral à definição prevista no nº 1 do artigo 5º, actuando como teste mais selectivo aplicável a todas as realidades antes de serem qualificadas como E.E. (§58 do comentário). Reconhece-se poder a instalação fixa contribuir para a produtividade da empresa mesmo em actividades como as preparatórias ou auxiliares, porém, como os serviços desempenhados antecedem em muito a realização efectiva dos lucros não se permite imputar a essa instalação tais lucros (§58 do comentário). Além do mais, porque a produtividade não actua como elemento base no MC-OCDE para estabelecer a existência de um E.E., então não parece fazer muito sentido introduzir esse mesmo elemento como sendo capaz de forçar o afastamento de elementos como a permanência, substancialidade e essencialidade. A insistência nestes valores é igualmente visível na alínea f). Aí sugere-se que a combinação dos casos apontados nas várias alíneas anteriores não retira a natureza de acessória e de complementaridade das actividades, i.e., porque várias actividades designadas como preparatórias ou auxiliares estão conjugadas, disso não ressalta a perda do seu carácter acessório ou complementar apenas e só porque estão agregadas. Da combinação não se altera a sua substância, zero mais zero é igual a zero. Contudo, um apontamento a este propósito deve ser feito. De forma a contrariar a divisão de actividade em pequenas parcelas aparentemente independentes com a finalidade fraudulenta ou evasiva de as enquadrar na caracterização de actividades auxiliares ou complementares, garantindo, como consequência, a não tributação, encontramos nos §58 do comentário uma ressalva a essa actuação.

O critério decisivo para a qualificação de uma actividade como auxiliar ou preparatória será saber se a actividade em questão é, em si mesma, parte essencial e significativa das actividades da empresa em conjunto (§60 do comentário) – critério da essencialidade. Saber se uma actividade é ou não essencial e significativa para uma empresa depende de uma análise casuística, sendo que, normalmente, se o objectivo, em termos gerais, é idêntico ao da empresa no seu conjunto não será considerada uma actividade preparatória ou auxiliar (§60 do comentário). De igual forma, organizações de serviços de pós-venda passam positivamente o teste da essencialidade, bem como funções de gestão de uma empresa ou de parte de uma empresa ou de um grupo de empresas não deverão ser tomadas como tendo carácter preparatório ou auxiliar, incluindo-se no conceito de função de gestão a supervisão e coordenação de todos os serviços da empresa sedeados numa região (§60 do comentário). No §64 do comentário, afirma-se não serem actividades preparatórias ou auxiliares instalações como cabos ou *pipelines* que atravessem um território e transportem material para terceiros. No entanto, se tais instalações servirem apenas para o transporte de propriedade própria, sendo o transporte meramente incidental face à actividade desempenhada, então a essencialidade falha. Com esta última referência parece dar-se a noção de que, havendo uma prestação de serviços a terceiros, não existirá uma actividade preparatória ou auxiliar, uma vez que, se o equipamento existente/utilizado o for para com terceiros, a essencialidade já está assegurada.

A verificar-se a cumulação dos três elementos analisados – existência de instalação, de fixidez da instalação e desenvolvimento da actividade através desta –, não se estando perante o desempenho de actividades auxiliares ou preparatórias, ocorre a existência de um E.E., E.E. esse que se inicia no momento em que a empresa começa a exercer a actividade através da instalação fixa, ou seja, quando a empresa organiza as actividades a que se destina a instalação com carácter de permanência e na própria instalação (§ 44 do comentário). Cessa a existência de um E.E. no momento ou da alienação da instalação fixa ou no momento da cessação de toda a actividade exercida por seu intermédio, i.e., quando estiverem concluídas todas as operações e actos conexos com as anteriores actividades do E.E. (liquidação das operações comerciais correntes, manutenção e reparação das instalações), sendo que a interrupção temporária não é equiparada a cessação (§ 44 do comentário).

3.2.2.2. Estabelecimento estável por ficção

Aquilo que se apelida de E.E. por ficção[104] são as realidades previstas nos nºs 3 e 5 do artigo 5º MC-OCDE: a cláusula do estaleiro de construção (clausula de construção) e o E.E. agência (cláusula da agência). São tipos de E.E. que não carecem de testes tão restritos de verificação da sua natureza para serem qualificados como tal. A estratégia parece ser a de proceder a uma espécie de interpretação adaptativa dos elementos do nº 1 do artigo 5º, de forma a enxertar as realidades no conceito de E.E., i.e., fazem-se as cedências necessárias para compreender as realidades no conceito de E.E.. Todo o E.E. ficção assenta na ideia de desvalorização de elementos exigidos no E.E. tradicional e consequente sobrevalorização de outro ou outros dos elementos tradicionais. Afigura-se-me que este tipo de estratégia faz perder parte da força do conceito do E.E. por natureza, porque o tipo de E.E. sob o qual agora me debruço de alguma forma revela a incapacidade do primeiro, procedendo-se à manipulação dos seus elementos/exigências. Por outro lado, com esta atenuação das exigências provoca-se, tendencialmente, uma incapacidade para avaliar da correcção e eficácia da criação dessas ficções, pois mantém a discussão da tributação na fonte apenas no conceito de E.E., não indagando da viabilidade de tributação para realidades que podem não enquadrar-se naturalmente no conceito de E.E..

A razão de ser para o aparecimento deste tipo de E.E. prende-se com a insuficiência e rigidez do conceito de E.E. por natureza em face das realidades empresariais e económicas que fogem à rigidez da fixação em determinado território, num só local, de forma permanente e integral. Porque o E.E. por natureza não é um conceito dotado de ilimitada flexibilidade nem com ilimitada capacidade para se adaptar às novidades empresariais, a solução, por parte dos construtores do direito internacional fiscal, tem

---

[104] A expressão E.E. por ficção surge inspirada na expressão inglesa "PE Fiction" utilizada por alguns autores como Arvid Skaar, *Permanent establishment...*

sido, pois, o de admitir excepções à regra, abandonando e desprestigiando algum ou alguns dos elementos exigidos para o E.E. por natureza e valorizando outro ou outros elementos presentes nas realidades em análise. Parece-me defensável esta posição porque da análise da cláusula do estaleiro de construção e da cláusula de agência verifica-se, em contraposição com o exigido para o E.E. por natureza, a presença de alguns elementos do nº 1 do artigo 5º MC-OCDE, mas não todos, sendo que os que existem são sobrevalorizados como forma de colmatar a falta dos ausentes. De alguma forma, esta conclusão deixa antever a incapacidade do conceito E.E., vislumbrando-se a sua limitação em face de determinadas realidades.

a) Cláusula do estaleiro de construção
Nos termos da cláusula do estaleiro de construção observa-se a existência de uma ficção de fixidez, de uma ficção de permanência, uma vez que o critério da "instalação fixa" é substituído por uma cláusula temporal. Um local ou um estaleiro de construção ou de montagem é tomado como um E.E., desde que um limite de permanência temporal seja cumprido. Aqui contorna-se o elemento fixidez através de exigência bem delimitada do elemento temporal – os doze meses como prazo genérico.

O âmbito da cláusula é ampliado, devendo incluir a construção e a renovação (envolvendo mais do que a mera manutenção ou redecoração), parecendo estarem incluídos quer o planeamento no local quer a supervisão de actividades. Prevê-se igualmente não estar restringida a verificação das exigências da cláusula a um projecto de construção, uma vez poder incluir-se a instalação de novo equipamento, desde que assuma importância (§ 50 do comentário). O conteúdo do teste temporal, necessariamente verificável, resulta de um prazo indicado como geral pelo modelo, um prazo de doze meses aplicável a cada estaleiro individual. Contudo, passando em revista as reservas ao artigo 5º do MC-OCDE, verifica-se a preferência por um período de seis meses, por parte de vários Estados Membros da organização internacional[105].

O início do E.E. por via da cláusula do estaleiro de construção dá-se com o começo do trabalho, incluindo os trabalhos preparatórios realizados no país em que será implantada a construção, cessando a sua existência

---

[105] Austrália, Coreia, Eslováquia, Grécia, México, Nova Zelândia, Portugal e a Turquia, cfr. § 201 do comentário.

quando é finalizado o trabalho para o qual surgiu ou até ser permanentemente abandonado. Desvalorizam-se as interrupções temporárias e, no caso de subcontratação/subempreitada, o tempo consagrado ao estaleiro pelo subempreiteiro é contabilizado na contagem do estaleiro principal (§ 54 do comentário), sendo que, tratando-se de projectos que envolvam constantes deslocações, se deverá averiguar a existência de um único projecto e do tipo de actividade no seu conjunto, pois, se existir essa unidade, as deslocações são tomadas como necessárias, não afectando a existência do E.E. (§ 57 do comentário). Atendendo à transparência fiscal, assume-se que o teste temporal é feito ao nível da *partnership*, ainda que a tributação seja feita na proporção das participações individuais (§ 56 do comentário), hipótese não aplicável a Portugal, visto as *partnerships* portuguesas (sociedade em nome colectivo e sociedade em comandita simples) não estarem submetidas ao regime da transparência.

Também na análise do teste temporal se vislumbra a preocupação da materialidade sobre a forma. A existência de coerência geográfica e comercial deverá ser considerada. Opta-se pela existência de um só estaleiro no caso dessa coerência global ser encontrada, ainda que existam diferentes contratos ou diversas pessoas a encomendar (§ 51 do comentário)[106]. A este propósito, parece resultar ser o conceito de coerência geográfica e comercial menos exigente para o caso da cláusula do estaleiro de construção, em comparação com o apresentado a propósito do segundo elemento caracterizador do E.E. por natureza – a fixidez –, onde a existência de contratos diferenciados e pessoas diversas são indicativos da ausência de coerência geográfica e comercial. Talvez uma possível explicação seja o facto de tais indicadores serem meramente indicadores como a própria designação mostra, ou então, a justificação passará por uma percepção de que a cláusula do estaleiro de construção, como ficção que é e construída que foi para fazer face a abusos de fuga à tributação por inexistência de um E.E. com as características tão rígidas e exigentes no nº 1 do artigo 5º do MC-OCDE, pressupõe maior abertura do que a consagração clássica prevista no mesmo número.

---

[106] E isto apesar de não se dever atender ao tempo despendido anteriormente pelo empreiteiro noutros estaleiros sem qualquer ligação com o estaleiro a ser avaliado (§ 51 do comentário).

b) Estabelecimento Estável Agência

Nos termos do nº 5 do artigo 5º há também lugar à qualificação de uma realidade como E.E. se uma pessoa, singular ou colectiva, sem necessidade de ser residente ou ter uma instalação fixa no Estado em que actua (§ 82 do comentário), agir por conta da empresa, com autoridade para concluir contratos em nome desta, exercendo tais poderes habitualmente. É o E.E. agência, uma vez que utiliza a existência de um agente dependente como modo alternativo para a presença de um E.E. por natureza em determinado território. Ao se afirmar a alternância da qualificação compreende-se que a sua análise não seja feita em simultâneo com os nºs 1 e 2 do artigo 5º, pois, na decorrência das diferentes formas de alcançar a qualificação como E.E., os nºs 1 e 2 e o nº 5 não são utilizados como critérios de análise simultâneos (§ 82 e § 100 do comentário).

O E.E. agência funciona como uma ficção que contorna a exigência de uma instalação fixa. Em vez deste critério, exige-se, com grande ênfase, a habitualidade, de modo a valorizar o elemento temporal clássico da permanência (§ 83, § 84 § 88).

A base da caracterização do E.E. agência encontra-se na presença de um agente dependente, i.e., de pessoa(s), empregada(s) ou não da empresa, que não é agente(s) independente(s) (§ 85 do comentário). Com esta primeira abordagem torna-se imprescindível recorrer ao exposto no nº 6 do artigo 5º do Modelo, uma vez que aí se procura ajudar a determinar a (in)dependência do agente.

No corpo do número agora referido, verifica-se ter sido o caminho escolhido o de conceder exemplos de posições jurídicas que indiciem a presença de independência – um corretor ou um comissário-geral –, bem como justificar a presença dessa independência neste tipo de posição legal como consequência de uma actuação enquadrada no normal desenvolvimento de uma actividade própria e não no interesse e por conta da empresa agenciada. Todavia, apenas estas indicações não são suficientes para a determinação da (in)dependência do agente e por isso, mesmo no comentário ao artigo 5º, outros elementos delimitativos são oferecidos, de modo a facilitar a análise. Os factores apontados como capazes de identificar a (in)dependência passam pela busca de uma independência legal e económica, tal como pela averiguação sobre o modo como o agente actua – se actua ou não no âmbito normal da sua actividade ao agir para a empresa (§ 104 e §106 do comentário).

A independência é avaliada em função das obrigações que lhe incumbem face à empresa: saber se existem instruções pormenorizadas por parte da empresa[107] e se a estas está sujeito, tal é um forte indício de dependência, tal como saber quem corre o risco empresarial é, certamente, mais um dos elementos a ser tomado em consideração (§104 do comentário), sendo usual o agente independente ter uma obrigação de resultados e não uma obrigação de meios. Dessa forma, coloca-se ênfase na liberdade de escolha e de actuação daquele que agencia (§ 104 do comentário). Um outro factor relevante para a delimitação é o número de representados pelo agente. Caso sejam vários os representados, mais assegurada está a independência. Contudo, por si só, este factor não poderá ser considerado elemento determinante e exclusivo, terá de ser conjugado com os até agora mencionados (§ 105 do comentário).

Se a actuação for efectuada numa actividade pertencente à esfera da empresa, mas que em nada tem de ligação com a actividade individual do agente, nesse caso deverá negar-se a possibilidade de enquadramento da actuação no âmbito normal da actividade do agente (§ 110 do comentário).

Para determinar se um agente é dependente, deverá seguir-se a busca da existência ou não do poder de concluir contratos, uma vez ser a presença deste poder indicativa de uma autoridade suficiente para vincular a empresa representada na actividade económica em questão (§ 83 do comentário). Ainda que a celebração de contratos não seja o único elemento elucidativo, o MC-OCDE aponta-o como o principal. Todavia, não deixa de ressalvar que a análise dos poderes do agente não se deve limitar ao poder e ao conteúdo da celebração de contratos. O comportamento do agente deverá ser avaliado para além dos contratos por ele celebrados (§ 85 do comentário).

O poder para celebrar contratos não implica apenas que estes sejam celebrados em nome da empresa, pois releva também o poder para celebrar contratos que sejam vinculativos para a empresa, ainda que não celebrados em seu nome (§ 84 e § 93 do comentário) e que estejam relacionados com as operações constitutivas do núcleo de actuação da empresa agenciada (§ 97 do comentário). Aliás, como o novo nº 5 do artigo 5º enfatiza, além de poderem ser em nome da empresa, também podem ser para transfe-

---

[107] Não se deve confundir, como alerta o §108 do comentário, as instruções pormenorizadas com a presença de informação que tenha a mera intenção de agilizar a concretização da representação, pois essa não deve ser tomada como sinal identificativo da dependência.

rência da propriedade dessa empresa ou que a empresa tenha o direito a utilizar, bem como pode ainda verificar-se para a provisão de serviços pela empresa. Num anterior comentário, dizia-se mesmo que muitas vezes a falta de envolvimento activo da empresa nas transacções do agente poderá até ser um sinal demonstrativo da existência de um grande espaço de autoridade do agente, conducente, certamente, à sua independência.

A habitualidade no exercício dessa função é outra das exigências. Reflecte a preocupação em que a presença no outro Estado não seja meramente transitória. Naturalmente, uma análise casuística é a única solução viável para encontrar a presença da habitualidade, pois o tipo de actividade e a natureza dos contratos não permitem um teste de frequência exacto (§ 98 do comentário).

Mas, se, consoante o tipo de E.E. com o qual nos defrontamos, diferentes são o grau de exigência e os elementos valorizados para a qualificação de uma realidade como E.E., por natureza ou por ficção, pelo menos um elemento de análise é comum a todos eles: a actividade exercida por um E.E. não pode constituir uma actividade preparatória ou auxiliar. O mesmo explanado anteriormente, a propósito da lista negativa no E.E. por natureza, é válido para o E.E. por ficção.

3.3. Análise dos parâmetros essenciais do estabelecimento estável

Do percurso efectuado pelo conteúdo do artigo 5º do MC-OCDE parece ser possível e útil reter os elementos base do E.E., de modo a caracterizá-lo na sua mais intrínseca essência. A delimitação destes parâmetros essenciais auxiliará na percepção de quais os problemas suscitados pelo comércio electrónico para o conceito de E.E..

BRIAN ARNOLD [108] aponta a existência de quatro tipos de requisitos para um limiar de tributação (*threshold*): o lugar fixo de negócios, a presença física, a natureza e o nível de actividade negocial e, finalmente, a quantidade de rendimento empresarial ou de rendimento bruto. É da utilização individual, ou combinada, destes tipos que resulta um limiar de tributação (*threshold*). Este autor afirma ser o E.E. o resultado de uma tripla combinação entre o lugar fixo de negócios, a presença física e a natureza de actividade negocial. Porém, mesmo assumindo-se ser o E.E. um conjunto de elementos, de entre essa combinação é possível identificar qual o ele-

---

[108] *Threshold requirements for...*, pág. 483 a 488.

mento central do conceito. GARCIA PRATS defende ser a realização de uma actividade empresarial esse elemento nuclear[109]. Para mim, a característica fundamental, base em qualquer realidade qualificada como E.E., à luz da construção efectuada pela OCDE, é a "**fisicalidade**".

Em qualquer situação, em qualquer actividade, com qualquer duração, para existir um E.E. exige-se sempre a presença física. Requer-se que a instalação em análise seja corpórea, palpável e perceptível ao olhar humano. Sem essa condição jamais existirá um E.E.. A concepção de E.E. implica, nos parâmetros tradicionais, a ocupação de um local, de um espaço físico, jamais permitindo a instabilidade susceptível de ser gerada se se admitisse a possibilidade de o E.E. se fundar num carácter incorpóreo[110]. A tónica da "fisicalidade" compreende-se pela contextualização do E.E., como atrás foi tratada, pois, se a criação da figura esteve envolta numa época em que a forma empresarial de agir era marcada pela necessidade da presença física, então todo o modelo que desse momento surgisse seria naturalmente marcado pelo código corpóreo e pela ocupação visível e palpável daí decorrentes. O conceito de E.E., não pode deixar de se admitir, é profun-

---

[109] "El segundo de los elementos a analizar que configuran la existencia de un establecimiento permanente de acuerdo con la cláusula general es la realización de una actividad por parte de la empresa. [...] A nuestro entender, la presencia de este elemento, de acuerdo con las precisiones que se efectúen posteriormente, constituye el elemento principal del concepto de establecimiento permanente en su cláusula general. A pesar de que la visión tradicional se decantaba por la prevalecía del elemento físico para la constatación de la presencia de una empresa en un determinado territorio, la evolución de los textos normativos y complementarios muestra una tendencia hacia el reforzamiento de este elemento. En primer lugar por ser el criterio que delimita, tanto positiva como negativamente, la aplicación de este concepto. En segundo lugar, por ser el elemento clave para concretar la atribución de rendimientos al establecimiento permanente y en definitiva al Estado de su situación" (*El establecimiento permanente. Análisis...*, pág. 124). Todavía, o autor ao apresentar o E.E. agência diz, a propósito do que a doutrina afirma, não deixando bem claro se é igualmente a sua posição, que este tipo de E.E. "gira en torno a la presencia de un elemento personal y no de un elemento físico como ocurre en la cláusula general." (*idem*, pág. 184).

[110] E mesmo no caso das ficções, a "fisicalidade" assume-se como elemento presente. No caso da cláusula do estaleiro de construção, pela própria actividade analisada – a construção – a presença física em determinado território é imprescindível. No E.E. agência, ainda que seja uma forma de contornar os critérios da instalação fixa, valorizando a prática habitual de poderes concedidos pela empresa agenciada, a "fisicalidade" é igualmente encontrada. Desde logo no facto de se tomar como agente uma pessoa – elemento físico inevitavelmente – e, por outro lado, ao exercer-se os poderes habitualmente no outro Estado, já, de alguma forma, se "fisicaliza" a actuação, integrando-a numa jurisdição específica.

damente marcado pela "fisicalidade". Aliás, mesmo existindo a realização de uma actividade económica num território, caso não exista algo físico, então a tributação na fonte não acontece. Esta ideia está claramente retratada numa distinção feita no Reino Unido entre *trading in* e *trading within a country*.[111] Esta diferenciação é sintomática da centralidade da "fisicalidade" e dos elementos reveladores dessa "fisicalidade": a permanência e a fixidez. Embora estes elementos – a permanência e a fixidez – sejam realidades diferentes, envolvem-se umas nas outras, funcionando em relações biunívocas.

Um outro argumento em defesa da centralidade da "fisicalidade" no E.E. passa pela forma como se tem desejado enxertar as novas realidades económicas e empresariais no tradicional E.E.. Como vimos, o comércio electrónico é essencialmente digital e sem suporte físico. Todavia, como veremos a propósito das soluções encontradas, aquilo que se tem feito maioritariamente tem sido procurar os possíveis resquícios de ligação física inerentes ao universo digital – nomeadamente, o *hardware* que serve de suporte ao *software* – no desempenho dessa actividade para o enquadrar nos parâmetros tradicionais do E.E.. Se o elemento físico não fosse o elemento central do conceito, e fosse antes, por exemplo, a realização da actividade empresarial, então não seria necessário proceder a essa construção, pois, certamente, outras seriam as vias a serem seguidas.

Esta tendência para reconhecer a "fisicalidade" como o critério central do E.E. resulta também da permanente referência feita ao elemento físico quer nos comentários quer na própria estruturação dos critérios de análise. A título exemplificativo, indiquemos a presença da "fisicalidade" no artigo e nos comentários ao artigo 5º do MC-OCDE:

- no § 10, a propósito da análise do elemento instalação, são mencionados, para o definir, termos como local, material, instalação, espaço (*premises, facilities and installations*). Estes são conceitos onde transborda a exigência da "fisicalidade";
- no § 21, aquando o tratamento do elemento fixo, ao afirmar-se a necessidade de uma relação intrínseca da instalação com um elemento geográfico, apela-se, uma vez mais, à "fisicalidade";

---

[111] Decisão inglesa Grainger & Sons v. Gough, 1896, AC 325: "there is a broad distinction between trading with a country and carrying within a country" (nº335).

- na lista de exemplos apresentada no nº 2 do artigo, todos os exemplos oferecidos assentam na "fisicalidade" e dependem da presença dos requisitos exigidos no nº 1 (§ 45), o que reforça as exigências físicas e geográficas;
- decorrente das ficções, no caso da cláusula do estaleiro de construção, ainda que contornando o elemento da fixidez, valorizando o elemento temporal, insiste-se na "fisicalidade" ao abrir espaços geográficos alargados mas ligados e delimitados (§57) e ao apelar a uma avaliação da unidade/coerência comercial e geográfica.

Outro dos aspectos próprios do E.E. é a **substância sobre a forma**. Há uma preocupação constante em que a realidade em si mesma considerada seja efectivamente um E.E., negando-se qualquer tentativa de manipulação ou adulteração da sua natureza. Através desta característica, apresenta-se o E.E. como uma forma consistente e efectiva de organização, conduzindo à implementação de tributação internacional, recusando-se a dúvida, incerteza, inconsistência e ineficácia do elemento de conexão. A transparência dos factos e da natureza da entidade surge como uma preocupação nuclear de modo a garantir uma justa tributação.

Da mesma forma que a substância sobre a forma surge como meio de estabelecer uma tributação consistente e eficaz, igualmente a exigência da **permanência**, recusando a transitoriedade da actividade desempenhada na fonte, caracteriza o E.E.. Tendo em atenção os padrões vigentes, não faria sentido implementar uma tributação regular e toda a fiscalização inerente a essa mesma, caso se estivesse perante actividades ocasionais ou até mesmo isoladas, uma vez que a tributação do rendimento derivado do desempenho de uma actividade económica por um não residente implica, por si só e para consistir uma conexão relevante, a continuidade da intervenção dos agentes no mercado, não se coadunando com a susceptibilidade e actuação individual ou não regular.[112] Por isso mesmo se compreende que o E.E. apresente como característica a permanência. Enquadrando-se a sua existência na tributação dos rendimentos provenientes do negócio activo (*active business*) – contrapostos a rendimentos passivos –, ínsita na lógica da tributação da actividade económica de forma organizada/empresarial, então a regularidade da actividade terá de ser uma característica

---

[112] Uma actuação isolada apenas dará lugar a tributação se se estiver perante o plano nacional e um residente.

intrínseca, sob pena de descaracterização da classe de tributação a que pertence.

Do percurso despendido na análise do E.E. apresentado pela OCDE, base do instituto nos nossos dias, o **carácter nuclear da actividade** é outra das características pela qual se pode concluir. No seguimento da prevalência da substância sobre a forma e ainda da permanência, a necessidade de a actividade do E.E. ser significativa, tendo um profundo impacto na interacção económica, surge como factor a assinalar. Recusar que a existência de actividades preparatórias ou auxiliares dêem origem a um E.E. faz ressaltar o carácter nuclear da actividade desempenhada pelo E.E..

Se a "fisicalidade", a substância, a permanência e o carácter nuclear da actividade se assumem como características fundamentais do conceito de E.E., do apurado também se delimita que o E.E., como construído pela OCDE, implica uma reforçada **análise casuística,** de forma a verificar a presença efectiva dos requisitos exigidos, sendo, em vários casos, os requisitos apontados assaz flexíveis. Viu-se isso a propósito da noção de permanência que depende do tipo e da natureza da actividade; do enquadramento da actividade desempenhada no âmbito das actividades preparatórias ou auxiliares que pode variar consoante a actividade principal ou a empresa em questão; e da percepção se uma actuação, por parte de um agente da empresa, é feita de forma habitual ou não, o que, mais uma vez, depende do tipo e da natureza da actividade exercida pela empresa. O casuístico da análise gera uma insegurança indesejada pelos Estados contratantes. Porém, a OCDE reconhece não poder ser de outra forma, pois a realidade é muito mais imaginativa e contorcionista que a fixidez dos critérios estabelecidos. Com isto não se pretende defender não existirem critérios delimitativos. Não, pretende antes afirmar-se que no E.E. a determinação do enquadramento nos requisitos exigidos é flexibilizada em nome da coerência, suscitando-se a preocupação com a tipologia e substancialidade das actividades exercidas. Todavia, remeto para reflexão se a análise casuística não surgirá como inevitável consequência da insuficiência do conceito em face das realidades económicas, em particular das empresariais.

A par da análise casuística, a determinação da existência ou não de um E.E. implica uma **análise conjunta** dos elementos exigidos, sempre dependentes ou associados à "fisicalidade" e à conjugação dos elementos quantitativos e qualitativos. A exploração dos três elementos – no caso do E.E. por natureza, a existência de uma instalação, a fixidez dessa instalação e o exercício da actividade da empresa através dessa instalação fixa – com todas as suas exigências e condicionantes – tendência igualmente desenvolvida para o E.E. por ficção – demonstra uma avaliação complexa, centrada na busca da unidade ou, pelo menos, da concentração.

Característica em extrema ligação com esta última, é a inequívoca presença dos **interesses económico-financeiros e políticos** dos Estados. A restrição cada vez maior do conceito do E.E. privilegia os países exportadores líquidos de capital, beneficiando a tributação na residência, pois, ao não se aceitar a presença de um E.E., cessa, segundo a concepção usual, a base legitimadora para a tributação do rendimento na fonte, como se viu. Tal presença reduzirá, certamente, a qualidade das opções tomadas quanto à configuração dogmática adequada do conceito, pois desvirtua os critérios que não são aqueles que dogmaticamente mais se podem adequar à justiça e à segurança na tributação internacional. É o que é bem patente na exclusão do conceito das actividades preparatórias ou auxiliares, contrariando a orientação da pertença económica.

Conclui-se ser o E.E. uma entidade baseada numa existência física, com carácter permanente, onde a substância da actuação e do conteúdo é sempre privilegiada em face das formas, assente no carácter nuclear da actividade, dependendo o preenchimento das suas características, em vários aspectos, do tipo e da natureza da actividade desempenhada pela instalação fixa[113], dos interesses económicos, financeiros e políticos em jogo.

Em face do concluído pode, desde já, afirmar-se que serão as características da "fisicalidade" e da permanência os factores mais difíceis de adaptar à realidade do comércio electrónico, uma vez assentar a realidade virtual, sobretudo, no desprendimento da realidade física e de uma "monocontinuidade".

4. A tributação partilhada pelos dois elementos de conexão

Ínsito na linguagem organizativa de um direito internacional fiscal pluralista por natureza, parece-me ser de recusar a defesa de uma tributação

---

[113] Para DOERNBERG, HINNEKENS, HELLERSTEIN E LI "whether a place of business meets the test of permanence depends on all facts and circumstances surrounding each individual case. The enterprise's business must be carried on "through" the fixed place of business [...]. The type of business the enterprise carries on through the fixed place of business is irrelevant." (*Electronic commerce and ...*, pág. 206).

exclusiva[114], quer para a residência quer para a fonte, tanto no plano tradicional, como no plano das novas tecnologias.

Numa lógica de coordenação e manifestação real do impacto e dos resultados de uma análise generalizada de "custo/benefício", a tributação repartida entre a residência e a fonte é a solução que mais se coaduna com as necessidades de eficiência e equidade dos Estados e dos contribuintes, sem prejuízo de, como anteriormente revelado, a configuração, quer da residência quer da fonte, não estar isenta de problemas, problemas estes que produzem fortes entraves à determinação efectiva quer de uma quer de outra, também e acentuadamente no âmbito do comércio electrónico. A tentação de utilizar o comércio electrónico como algo habilitador para implementar a exclusividade de tributação, tanto na fonte como na residência, não vinga, pois, mesmo assim, os problemas de determinação efectiva dos referidos elementos de conexão mantêm-se, sendo as existentes justificações para recusar a tributação exclusiva no plano da fiscalidade tradicional *qua tale* aplicáveis ao comércio electrónico.

Defende-se a recusa da tributação exclusiva, tanto na residência como na fonte, porque:

1º Uma análise jurídico-económica de cada um destes elementos de conexão não o aconselha;
2º Tanto a residência como a fonte têm legitimidade para tributar os rendimentos;
3º O *dever-ser* e a solidariedade internacional fiscal o exigem;
4º Tanto a residência como a fonte têm vantagens e desvantagens, facto demonstrativo que nenhum destes elementos de conexão é, por si só, auto-suficiente; e
5º Tanto a residência como a fonte, na sua construção tradicional, apresentam profundas incapacidades na sua efectiva determinação e concretização.

Estes argumentos, que servem para defender a recusa de uma tributação exclusiva, surgem igualmente como os argumentos que justificam a

---

[114] Recusando sistemas de tributação exclusiva, e.g., Jefferson Vanderwolk, *Direct taxation in the Internet age: a fundamentalist approach*, pág. 178 ; Richard L. Doernberg, *Electronic commerce and international tax sharing*; Richard M. Bird e J. Scott Wilkie, *Source vs residence-based taxation in the european union: the wrong question*, pág. 81.

repartição da tributação entre a residência e a fonte. São simultaneamente as causas que demonstram a necessidade de recusar a exclusividade da tributação e a imperatividade da repartição da tributação entre os dois elementos de conexão. Recusar a exclusividade da tributação tem como resultado a defesa da repartição da tributação.

1º Análise jurídico-económica dos elementos de conexão
Na discussão sobre qual o Estado que deve tributar o rendimento internacional e em que medida o deve fazer, MUSGRAVE afirmou, desde cedo, a importância de uma análise que aliasse a Economia e o Direito.[115] A combinação de ambos surge-me como uma consequência natural, fruto de uma multidisciplinaridade no universo do conhecimento, em especial, para o que aqui releva, no Direito Fiscal. Neste ramo do saber, tal como em qualquer outro, designadamente em áreas de saber económico-social, no caso de se pretender efectuar uma análise integral e real das variáveis, não se pode deixar de alargar o escopo de análise e recorrer a factores exógenos aos quais se está necessariamente ligado. Na fiscalidade, os aspectos económicos têm a maior importância. Argumentar com a pureza das separações metodológicas e dogmáticas não me parece ser uma opção consentânea com a modernidade da vida jurídica actual. A interacção entre os vários elementos da vida cruzam-se no direito, na economia, na sociologia, na psicologia, entre tantos outros, e negá-lo seria desmerecer uma investigação jurídica que se pretende profunda e compactuada com a realidade envolvente. Por tudo isto aceita-se e proclama-se a necessidade de a discussão sobre que Estado deve tributar e em que medida o deve fazer, convergir na avaliação, nomeadamente de dados económicos e dados jurídicos.[116] Mas que dados?

Ao serem referidos os elementos jurídicos pretende-se analisar a problemática da equidade fiscal, enquanto que ao serem mencionados os elementos económicos se recorre, fundamentalmente, ao conceito de neutralidade

---

[115] Richard Musgrave citado por Klaus Vogel, *Worldwide vs. source taxation of income – A review and re-evaluation of arguments (Part I)*, pág. 216.
[116] Sobre a relação íntima entre o Direito e a Economia, a sua dependência, a sua interdisciplinaridade, o seu diálogo e a sua moderna articulação, cfr. a título exemplificativo, Bingyuan Hsiung, *Economic analysis of law: an inquiry of its underlying logic*; Robert Cooter, *Expressive law and economics*; Armando Castelar Pinheiro, *Direito e economia num mundo globalizado: cooperação ou confronto?*

fiscal, esta última tomada como factor imprescindível para a concretização da eficiência. Assim, ao se proceder a uma análise dos elementos de conexão residência e fonte, procurando a sua caracterização jurídico-económica, essa análise deverá depender de um **teste de adequação**. Este teste avalia o impacto isolado de cada elemento de conexão na eficiência (o elemento económico) e na equidade (o elemento jurídico).

O mais difícil para um jurista naquilo a que apelidei de teste de adequação é a verificação do elemento económico. Porém, a busca das considerações desse elemento deve ser prosseguida, caso se deseje uma análise completa da questão aqui em análise. A justificação advém, antes de mais, do facto de o imposto ser um importante instrumento de actuação pública capaz de influenciar as decisões dos agentes privados[117], sendo por isso preponderante averiguar quais os parâmetros essenciais a que deve o estudioso do direito internacional fiscal atender no caso dos elementos de conexão.

De um ponto de vista económico, aquilo que se procura num elemento de conexão adequado é que atinja o maior nível de **eficiência** possível. Para tal, deverá verificar-se qual a relação do elemento de conexão com a produtividade, com o efeito-substituição e, sobretudo, com a neutralidade.[118]

Num primeiro patamar, haverá eficiência se um nível elevado de produtividade for garantido. A existência de um nível elevado de produtividade dependerá, acima de tudo, de a distribuição dos rendimentos provenientes dos factores de produção ocorrer através dos mecanismos de mercado, com a maior independência possível de interferências públicas nesse processo. Esta noção parte da verificação de a política fiscal ter um impacto, muitas vezes indesejável, nas escolhas dos agentes económicos. Este efeito indesejável advirá da actuação operada nos factores produtivos, provocando uma distribuição porventura incoerente dos rendimentos gerados por esses factores de produção.

---

[117] "L'impôt est une variable économique qui s'impose aux agents. Mais il modifie aussi les valeurs des autres variables économiques telles que, par exemple, les prix relatifs du travail et du capital ainsi que les prix nationaux par rapport aux prix étrangers." "De même qu'il influence les choix d'investissement et la localisation des activités économiques, l'impôt peut modifier les choix des techniques de production – et affecter l'emploi – et accroître la compétitivité internationale des entreprises ou modifier les taux de profits différentiels entre nations." Bernard Bobe e Pierre Llau, *Fiscalité et choix économiques*, pág.27 e 43/44, respectivamente.

[118] Ligação apresentada por Klaus Vogel, *Worldwide vs. source... (Part II)*, pág. 310 e ss.

Se a ligação com a produtividade é uma verdade inultrapassável, também a preocupação com o efeito-substituição o é. Referir a eficiência económica como uma preocupação determinante para a política fiscal significa também atender a que, para essa eficiência ser garantida no plano das decisões legislativas tributárias, o Estado deverá concentrar a sua atenção nos factores de produção sem ou com menor mobilidade e nos bens que tenham uma procura inelástica ou quase inelástica, de forma a que os factores de produção com maior mobilidade e os bens com elasticidade na procura sejam tributados, pelo menos, de forma reduzida. Transpondo para o plano internacional, raciocínio semelhante surgiria, uma vez que, em face da globalização, a tributação internacional, para efeitos de eficiência económica, deveria reduzir a tributação nos factores móveis, como o capital, e nos bens de procura elástica.[119]

Mas a menção quer da produtividade quer do efeito-substituição demonstra, na sua essência, pela forma como foi apresentada, que o factor determinante na questão da eficiência é a neutralidade. A neutralidade fiscal parece-me ser a esfera nuclear da problemática da eficiência. A ligação à produtividade e à substituição, enquanto determinantes de uma não distorção efectiva das escolhas dos agentes económicos, revela que o cerne da preocupação se encontra no desejo de as medidas de política fiscal não se caracterizarem como limitadoras e condicionadoras, nem demasiado influentes das decisões que precedem a distribuição dos investimentos mundiais entre nações.

A questão da neutralidade, enquanto elemento chave para atingir a eficiência, foi um tema estudado profundamente por RICHARD e PEGGY MUSGRAVE.[120] Estes conceituados autores apontam para a necessidade de se atender ao impacto que a tributação tem na eficiência. Para eles, a influência na escolha e no uso dos recursos por parte do sector privado é algo que tem de ser minorado o mais possível, pois o imposto pode produzir um impacto macroeconómico indesejável, afectando desmesuradamente o nível de investimento, a oferta de mão-de-obra, a taxa de poupança e o nível de consumo.[121] Em suma, a tributação pode distorcer de forma inde-

---

[119] Opinião defendida por Jacob Frenkel, Assaf Razin e Efraim Sadka, *International taxation in an integrated world*, pág. 3 e 4.
[120] Richard Musgrave e Peggy Musgrave, *Public finance in theory and in practice*, pág. 461 e ss.
[121] Richard Musgrave e Peggy Musgrave, *Public finance in...*, pág. 462 e 463.

vida as escolhas dos contribuintes. A ineficiência só surge quando, por um lado, a natureza do tributo interfere com a escolha eficiente entre as diferentes formas de consumo, de bens, de lazer (distorção nas escolhas das famílias)[122]; e, por outro lado, quando o tributo interfere com a produção de bens ou serviços ao mínimo custo (distorção na produção)[123]. Mas esse impacto económico não se limita, como demonstram estes autores, ao aqui já assinalado. A par do efeito na escolha e no uso dos recursos, surgem ainda os efeitos na eficiência da oferta dos recursos em si mesmos.[124] Se o tributo influenciar indevidamente as variáveis do sector privado determinantes de um bom nível do PIB potencial (*capacity output*) – a saber, o PIB correspondente à utilização plena e eficiente dos factores produtivos – e com isso o crescimento do sector privado, então a projecção económica indevida da política fiscal acontece igualmente.

A preocupação com este impacto fiscal assume-se como algo preponderante por se defender, cada vez mais, que o progresso, o desenvolvimento e a continuidade económicas globais dependem essencialmente de um esquema de organização neoliberal onde o mercado assume as rédeas e o Estado intervindo deverá fazê-lo da forma mais neutra possível, i.e., criando o menor impacto possível nas variáveis de influenciação das decisões dos agentes económicos. Através desta explicitação, compreende-se que, no presente contexto, ao falar-se em eficiência busca-se, primordialmente, a neutralidade fiscal. No entanto, como em qualquer outra medida pública, a neutralidade da política fiscal na escolha entre o elemento de conexão residência e o elemento de conexão fonte jamais será absoluta. Uma medida pública e ainda mais as medidas fiscais têm sempre em si inerentes um corte com a neutralidade porque a uma causa – a acção pública fiscal – corresponderá sempre um efeito – a análise e actuação subsequente do agente económico, que mais não seja tomará o elemento fiscal como elemento a ter em conta na sua ponderação.[125] Não existindo a possibilidade de

---

[122] Richard Musgrave e Peggy Musgrave, *Public finance in...*, pág. 462 e ss.
[123] Richard Musgrave e Peggy Musgrave, *Public finance in...*, pág. 471 e ss.
[124] Richard Musgrave e Peggy Musgrave, *Public finance in...*, pág. 482 e ss.
[125] "... note that the imposition of a tax system will influence some market decisions no matter how the system is designed. The system can be designed to be neutral as to certain choices, but there will always be others over which the tax laws exert an influence." "The principle of neutralizing tax influences on choices is not a true principle. Tax influences can not be eliminated, and therefore they are a necessary cost of having an income tax system. The so-

uma neutralidade absoluta, o que se pretende é um impacto mínimo possível para que a eficiência esteja salvaguardada o mais possível.[126] Quanto maior for o grau de neutralidade fiscal conseguido, maior será a eficiência obtida. Procurar garantir o maior nível de neutralidade fiscal será como que buscar o óptimo tributário. FRENKEL, RAZIN E SADKA[127] afirmam que a procura de uma estrutura tributária óptima dependerá, em grande medida, da determinação da conjugação óptima dos instrumentos fiscais.

Como encontrar parâmetros de avaliação da existência ou não de neutralidade fiscal nos elementos de conexão residência e fonte?

No plano do investimento directo, classicamente pode afirmar-se que a neutralidade fiscal seria encontrada ou através da neutralidade das exportações de capital ou através da neutralidade das importações de capital.[128-129]

---

called principle of neutrality is merely a recognition that the cost of such a tax influence is sometimes too great because considerations of economic or social policy dictate that come specific choice should be made on market or personal grounds." Douglas A. Kahn, *The two faces of tax neutrality: do they interact or are they mutual exclusive?*, pág. 11 e pág. 15 respectivamente.

[126] "How might an income tax be designed to be free of excess burden, as the general consumption tax proved to be when labour supply was assumed to be fixed? Such an income tax would now redefine income to include the value of leisure in the tax base. This would indeed be an ideal tax, not only in the equity context but also from the economic efficiency point of view. Unfortunately, however, such a solution is impractical since it is difficult to measure a person's potential (rather than actual) earnings." "The concept of excess burden measures the difference between the total loss of welfare (or economic cost) of a tax as it is actually imposed and the loss which would result if the same tax revenue had been collected without distorting economic decisions in private sector." Richard Musgrave e Peggy Musgrave, *Public finance in...*, pág. 468 e 462 respectivamente.

[127] "In view of the many interactions among the household sector, the business sector, and government policy, the design of optimal taxation (which at the same time maintains government budget solvency) is extremely complex. This complexity is amplified by the fact that in providing and financing its services the government operates in the marketplace alongside the private sector and, by its very actions (i.e., the use of distortions taxes), distorts the decisions of private sector. It follows therefore that the design of the optimal tax structure must be carried out within the analytical framework of a *second-best* world." Jacob Frenkel, Assaf Razin e Efraim Sadka, *International taxation in ...*, pág. 99 e 100.

[128] RICHARD MUSGRAVE apontava este como o critério determinante para a escolha do elemento de conexão preponderante. Cfr. Klaus Vogel, *Worldwide vs. source... (PartII)*, pág. 311. Já para o âmbito da tributação do investimento em carteira (*portofolio investment*), estes critérios têm tendência a poderem ser rejeitados, cfr. Michael J. Graetz, *Taxing international portfolio income*.

[129] A propósito do elemento económico, e em referência àquilo que deve incorporar o conceito de neutralidade, ERIC KEMMEREN (*Principle of origin in tax conventions. A rethinking of models*,

A neutralidade das exportações de capital[130] surge como uma política visando a igualização do tratamento fiscal dos rendimentos provenientes do exterior em face dos rendimentos internos. É obtida através da aplicação do método do crédito/imputação, com o seu efeito recuperação, aplicado pelo país exportador do capital. Esta opção de neutralidade tem um senão. Caso o método do crédito não revista a modalidade total, com o consequente reembolso do imposto pago a mais no estrangeiro, se for caso disso, o que normalmente sucede, pode acontecer uma sobretributação do rendimento proveniente do estrangeiro, não se alcançando a neutralidade desejada e penalizando o rendimento estrangeiro, visto aí ser tributado na fonte de forma mais elevada do que no país que exportou o capital. Já a neutralidade na importação de capital[131] visa a política em virtude da qual a igualização tributária tem lugar no território de destino do capital, i.e., os rendimentos produzidos em determinado território (importador) são nele tributados do mesmo modo qualquer que seja a origem da respectiva fonte. Este resultado obtém-se através da aplicação do método da isenção no país da residência, e mais, na modalidade de isenção integral, dado que, na isenção com progressividade, verifica-se um aumento da tributação no país da residência em virtude de o rendimento proveniente do exterior ser tomado em consideração para determinar a taxa aplicável do imposto sobre o restante rendimento. A concretização de ambos os tipos de neutralidade não é possível ao mesmo tempo, pois não existe nem um governo fiscal mundial, nem bases de tributação nem taxas de imposto totalmente idênticas em todas as jurisdições que o permitam.[132] Assim, tem de se proceder a uma escolha entre um dos princípios. Defendendo-se a prevalên-

---

pág.72 e ss) defende dever ser acrescentado ao elemento capital o elemento trabalho por, na perspectiva deste autor, apenas os indivíduos poderem efectivamente criar rendimento, não tendo as coisas tal capacidade. Defende a crescente importância do factor trabalho no plano da produtividade, bem como refere a sua crescente mobilidade, justificações mais do que suficientes para, no seu entender, se incluir este factor de produção no âmbito da neutralidade. Assim, o conceito de neutralidade da exportação de capital passaria a neutralidade de exportação do trabalho e do capital – CLEN: *Capital and Labour Export Neutrality* – e a neutralidade da importação de capital a neutralidade da importação de trabalho e de capital – CLIN: *Capital and Labour Import Neutrality*.
[130] Também designada, na literatura internacional fiscal, por CEN – *Capital Export Neutrality*
[131] Designada por CIN – *Capital Import Neutrality*.
[132] Cfr. Michael J. Graetz, *Taxing international income: inadequate principles, outdated concepts, and unsatisfactory policies*, pág. 272.

cia da neutralidade no país exportador de capitais, estar-se-ia a optar a favor da tributação na residência, pois uma tributação universal, aliada a um crédito pelo imposto estrangeiro (*foreign tax credit*), conduziria a uma importância acrescida do elemento conexão da residência. Já, pelo contrário, se a neutralidade das importações fosse a preocupação determinante da escolha, então a fonte seria o elemento de conexão contemplado, pois a isenção na residência seria, como se indicou, a via comum para assegurar a escolha, garantindo-se o predomínio da fonte.

Pela literatura internacional, bem como pelas práticas governamentais, a preponderância tem sido oferecida à neutralidade na exportação de capitais.[133] PEGGY MUSGRAVE[134], na sua análise da problemática, optou claramente pela prevalência daquela e, assim, pelo predomínio da tributação internacional na residência. Fê-lo por afirmar ser impossível alcançar uma neutralidade fiscal entre nações, fenómeno claramente exigido para que existisse uma neutralidade das importações. Porque existem demasiadas diferenças entre as estruturas dos sistemas fiscais nacionais, entre as taxas de imposto, assim como nos benefícios concedidos, a neutralidade das importações jamais seria alcançada e, por isso, a única via alternativa seria a valorização da neutralidade das exportações, esta sim, capaz de existir e garantir a eficiência na localização das aplicações internacionais de capital e, por consequência, a neutralidade fiscal. A questão que se coloca, parece ser, do meu ponto de vista, saber se a escolha feita a favor da residência é feita em termos de análise económica sincera e desprendida ou se está imiscuída, no seu âmago, de interesses económicos individualmente e particularmente considerados. A questão surge porque a autora em questão, entre tantos outros com a mesma opinião, afirma no seu raciocínio que "a expansão das empresas norte-americanas poderá ser retardada se a disponibilidade de recursos reduzir. Ainda assim, se

---

[133] "CEN enjoys the greatest normative support both in government analyses and in the academy. This is because distortions in the location of investments are thought to be more costly than distortions in the allocation of savings. Many economists regard the choice between CEN and CIN as essentially empirical, turning on the relative elasticity's of savings and investment. Since investment is thought to be more responsive to changes in levels of taxation, a policy of CEN predominates. " Michael J. Graetz, *Taxing international income...*, pág. 272.

[134] Peggy Musgrave, *United States taxtion of foreign investment income* e *Taxation of foreign investment income: an economic analysis*.

tal compensar, a empresa-mãe norte-americana pode escolher financiar a sua empresa afiliada estrangeira com fundos obtidos por financiamento externo e interno."[135] Uma afirmação como esta suscita a questão sobre quais são os verdadeiros parâmetros para avaliar a natureza da escolha eficiente. Mais ainda quando autores existem a defender exactamente o oposto. De facto, a opção pela prevalência da neutralidade na exportação de capital não pode ser tomada como um dado adquirido sem justificação, motivada primordialmente pelo interesse político. E não se esqueça existir cada vez mais oposição doutrinária consistente ao predomínio da neutralidade na exportação de capital. Muitos argumentos já se vão alinhando a favor da neutralidade na importação de capital.

ERIC KEMMEREN[136] apresenta um extenso rol de argumentos que contrariam a defesa da residência como o critério a ser adoptado para garantir a neutralidade fiscal. Do seu ponto de vista é a tributação na fonte aquela que mais adequada se torna para garantir o máximo de neutralidade, ao contrário daquilo que tradicionalmente se vinha apontando.

MICHAEL GRAETZ[137] aponta três problemas nucleares relativos à defesa da prevalência da neutralidade das exportações e consequente defesa de uma tributação mundial. Em primeiro lugar, o autor aponta para o facto

---

[135] "...yet, if it pays to do so, the United States parent company may choose to supply its foreign affiliate with funds obtained by external and internal financing." Peggy Musgrave, citada por Klaus Vogel, *Worldwide vs. source... (Part II)*, pág. 311.
[136] "Arguments against a CLEN-based system [Capital and Labour Export Neutrality] are, *inter alia*:
(1) A lower after tax profit reduces the opportunities of an enterprise to finance new investments;
(2) External financing is more costly than internal financing, since suppliers of external funds which are necessary to compensate the enterprise's reduced after-tax capital must be compensated, which causes additional expenses for the enterprise;
(3) Income tax laws do not allow for opportunity cost, i.e., the cost of acquiring an asset measured by the value of an alternative investment that is forgone, the non-deductibility is a particularly true for equity interest;
(4) The level of taxation in any state is likely to correspond with the degree to which public goods and services are provided;
(5) The level of taxation in any state is likely to correspond also with the degree of its administrative efficiency;
(6) There is no state which taxes profits of foreign-based subsidiaries in general and it seems politically unrealistic to assume that this might change." Eric Kemmeren, *Principle of origin in...*, pág. 75.
[137] Michael J. Graetz, *Taxing international income...*, pág. 277 e ss.

de a neutralidade da exportação favorecer demasiado a defesa do bem-estar mundial em detrimento do bem-estar nacional. Refere que nenhuma nação alguma vez genuinamente procurou implementar o bem-estar mundial, por isso, a preocupação com o que se passa dentro das fronteiras assume importância acrescida.[138]-[139] Em segundo lugar, refere ser a preocupação com a eficiência uma preocupação demasiado limitada, apontando uma série de argumentos que contrariam a posição defendida por PEGGY MUSGRAVE[140], até porque para o autor a escolha de medidas que promovam a neutralidade da exportação de capital é fruto da defesa dos interesses nacionais e não dos interesses mundiais.[141] E, finalmente, em terceiro lugar, o facto de um excessiva concentração na eficiência ocultar e fazer esquecer outros valores, também eles de muita importância para efectuar as escolhas fiscais.[142]

---

[138] Michael J. Graetz, *Taxing international income...*, pág. 277.

[139] "Why formulating international tax policy, should we evaluate the distribution of tax burdens (and government benefits, including transfers) within national borders, but be indifferent about where enhanced economic output occurs, whom it benefits, and what national treasury obtains the tax revenues? Why does our higher obligation to U.S. citizens and legal residents not also apply to promoting economic output and improving economic well-being? When we are talking, as now, about making policy, we cannot ignore history or culture. The freedom and independence, as well as the economic welfare, of people vary from nation to nation. This simply is a fact. In the absence of a world government, this is how it must be."
"In denying that a worldwide perspective is the proper lens for U.S. international income tax policy, I am not rejecting an important role for considerations of economic efficiency in formulating that policy. But I believe the proper function of economic efficiency in this context is to ask – from the national perspective – what international income tax rules will enhance Americans standard of living, now and in future generations [...]." Michael J. Graetz, *Taxing international income...*, pág. 278 e 282 respectivamente.

[140] Para a crítica à argumentação de Peggy Musgrave, conferir essencialmente, Michael J. Graetz, *Taxing international income...*, pág. 286 a 294.

[141] "All of the available evidence suggests that these policies were pursued because U.S. policymakers regarded it as in our nation's best interests, not because they had accepted the enhancement of worldwide economic efficiency as the appropriate policy norm. Not all capital-exporting nations agreed that crediting foreign income taxes or exempting foreign income was to their benefit; the United Kingdom, for example, was very slow to accept the idea that it should allow foreign tax credits and did not enter into bilateral tax treaties until the 1940's." Michael J. Graetz, *Taxing international income...*, pág. 293.

[142] "The focus in the international income tax literature on economic efficiency to the exclusion of all other values is antithetical to the analysis of tax policy generally, and of income tax policy especially. When assessing our domestic income tax policy or arguing for any

THOMAS HORST procura demonstrar como seria a tributação internacional óptima da perspectiva da dualidade neutralidade da exportação/ neutralidade da importação. Toda a construção é feita com base no pressuposto de que a oferta e a procura de capital ou, pelo menos, uma delas, seria sempre fixa.[143] Assim, na sequência desta posição, KLAUS VOGEL afirma a neutralidade das exportações apenas conduzir à eficiência mundial se a oferta de capital fosse fixa em ambos os países, o que, não sendo, provoca uma retracção do investimento internacional, retracção essa apenas contrariável através da neutralidade das importações, pois, apesar de esta só existir verdadeiramente se a procura de capital for fixa e a sua oferta variável, será uma projecção mais fácil de atingir, pois é, aos olhos do autor, muito mais compatível com a realidade.[144] Também OTTO GANDENBERGER coloca em causa a primazia da neutralidade nas exportações por afirmar a inexistência de um mercado de capitais perfeito, pressuposto base para a existência da neutralidade nas exportações. KLAUS VOGEL afirma mesmo, na sequência de toda esta argumentação, que a primazia só pode ser dada à neutralidade das importações.[145] Fala-se no predomínio da neutralidade entre nações (*inter-nations neutrality*).

NORMAN TURE é outro dos autores que recusou o domínio da neutralidade da exportação do capital, rejeitando o critério da "*national neutrality*", por implicar uma grave distorção da afectação do capital entre as várias jurisdições.[146] Diz ainda ser o conceito de "*national neutrality*" um critério altamente arbitrário, pois os seus efeitos – eliminação do crédito pelo imposto estrangeiro e permissão de dedução apenas de impostos estrangeiros – dependem das variadíssimas taxas efectivas de imposto existentes nas

---

substantial change in that policy, the debate generally is guided by a coherent, if controversial, set of multiple principles." Michael J. Graetz, *Taxing international income*..., pág. 294.
[143] Thomas Horst, *A note on the optimal taxation of international investment income*, pág.796 e 797.
[144] Klaus Vogel, *Worldwide vs. source... (Part II)*, pág. 312.
[145] Klaus Vogel, *Worldwide vs. source... (Part II)*, pág. 312 e 313.
[146] Norman B. Ture, *Taxing foreign source income: the economic and equity issues*, pág. 11. "With respect to the tax treatment of foreign-source income, perfect neutrality in the respective tax systems of two countries would mean that relative prices in the private sectors in each country would be unchanged by the taxes, hence would differ from each other in the same way as if no taxes had been imposed in either. [...] Neutrality, therefore, requires that each country impose no tax whatever on the income its nationals derive abroad, leaving such income fully exposed to the taxation of the country within whose jurisdiction it is generated." Norman B. Ture, *Taxing foreign*..., pág. 9.

diferentes jurisdições mundiais.[147] Nesta linha de pensamento, reforça-se, o que releva na relação entre os vários sistemas fiscais será atender ao conceito de neutralidade entre Estados. Com este conceito de neutralidade, na avaliação da sua existência, por ser uma neutralidade relacional e não estática, jamais se pode esquecer a relação entre a escolha do investidor, os benefícios e a organização interna de infra-estruturas económico-sociais, pois a ligação entre a tributação e o uso de bens públicos tem influência, ainda que não seja a única e a totalmente determinante. Como KLAUS VOGEL afirma, a "neutralidade entre nações requer que o contribuinte que dirige uma empresa num outro Estado – ou mercado – e, por isso, utiliza as infra-estruturas desse outro Estado (os bens públicos), possa estar seguro que será tributado da mesma forma do que qualquer outra pessoa que, sob as mesmas circunstâncias, aproveite essas infra-estruturas de idêntica forma. Isto apenas pode ser alcançado se cada país restringir a sua tributação ao rendimento de fonte interna. Por isto, o autor [Ture] afirma que a tributação mundial é inconsistente com este princípio de neutralidade."[148]

Do percurso exposto encontro argumentos atendíveis, tanto da perspectiva da neutralidade do país exportador do capital como do ponto de vista da neutralidade do país importador do capital. O desejo de não entorpecer os fluxos internacionais – do lado da neutralidade da exportação – e a necessidade de garantir uma maior certeza em face da diversidade de sistemas fiscais, bem como de atingir a competitividade nos mercados internacionais – do lado da neutralidade da importação – são factores que tornam a opção complexa. Se se afirma que a neutralidade da exportação de capital é favorecida pela tributação na residência, não se pode deixar de apontar que essa opção coloca em desvantagem o investimento estrangeiro, se as taxas de imposto no país da fonte forem inferiores às do país da residência, tal como existem riscos acrescidos e custos administrativos maiores na gestão da tributação.[149] Por outro lado, a neutralidade da importação de capital é privilegiada pela tributação na fonte, porém, traria certamente um desequilíbrio para a distribuição mundial dos investimentos, atenta a diversidade de tributação. Por saber existirem argumentos váli-

---

[147] Norman B. Ture, *Taxing foreign...*, pág. 11.
[148] Klaus Vogel, *Worldwide vs. source... (Part II)*, pág. 314. Tradução livre.
[149] Angel Schindel e Adolfo Atchabahian, *General report*, Cahiers de Droit Fiscal International, pág. 35.

dos de ambos os lados, e igualmente por se poderem perfilar razões que os contrariam, não encontro um rol de argumentos suficientemente fortes e determinantes capazes de apresentar um critério único, imparcial e transparente, susceptível de proceder a uma escolha de preclusão da residência ou da fonte no plano da tributação internacional, nos termos da análise da neutralidade. A negação da insuficiência parte, do meu ponto de vista, do facto de a análise estar envolvida, em grande medida, em opções políticas, não sendo unicamente ditadas pela economia. Por haver a influência de factores externos alheios a um raciocínio puramente económico, parece ser adequado continuar a considerar a análise da eficiência como um elemento de extrema relevância para a escolha em questão, porém, não suficiente e, sobretudo, não determinante. Aliás, nenhum dos elementos de conexão em causa é capaz, por si só, de garantir total eficiência. Com qualquer um dos elementos de conexão o que se obtém é uma eficiência parcial, com valorização de alguns interesses e menosprezo de outros. Por existir esta dualidade comum, quer à residência quer à fonte, não se pode defender a exclusividade de um deles.

Outro dos elementos presentes no que apelidei de teste de adequação é o elemento jurídico. Representa a preocupação com a **equidade**, encarada esta como uma determinante essencial para que uma escolha, como a em questão, possa estar em harmonia com o universo jurídico.

O conceito de equidade não é algo fácil de apresentar. No pensamento de KLAUS VOGEL[150], este é um conceito interpretativo e construtivo. Por isso, alcançar o seu significado parte de um processo de aproximação a conceitos como o de justiça, igualdade, redistribuição e coerência sistemática. A importância da equidade para o presente estudo advém da necessidade de a escolha entre a tributação na residência e a tributação na fonte, em termos internacionais, dever atender a esse mesmo valor, uma vez que é sobre ele que a complexidade dos sistemas fiscais, bem como os seus variados objectivos, deve repousar. A equidade, enquanto valor igualitário, surge como um dos pilares fundamentais de um Estado de Direito democrático, logo, de um sistema fiscal aceitável e de qualquer das suas escolhas. Aliás, a redistribuição surge como parte essencial da orgânica tributária, ainda que possam existir discussões sobre o seu benefício efectivo ou não.

---

[150] Klaus Vogel, *Worldwide vs. source... (Part II)*, pág. 393 e do mesmo autor, *On double taxation conventions*, pág. 14 e 15.

A igualdade <u>perante o imposto</u> significa atender à capacidade contributiva como uma forma de assegurar uma equidade horizontal, enquanto que uma igualdade <u>do imposto</u> aponta no sentido da progressividade, em nome de uma equidade vertical.[151]

A equidade, na perspectiva dos sujeitos, assume três tipos: aquela que deriva da relação do contribuinte com o Estado[152], a que norteia a comparação dos contribuintes entre si[153] e, finalmente, a equidade entre os vários Estados[154]. Para o que ora nos releva, os tipos de equidade que importam são os dois últimos.

A equidade entre contribuintes, também reconhecida como equidade interindividual, é usualmente considerada como uma preocupação do plano nacional, distinguindo-se entre a equidade horizontal e a equidade vertical. Porém, com a globalização do capital, este tipo de equidade adquire também importância de um ponto de vista internacional. O conceito transforma-se e apela à justiça de tratamento entre os residentes de um Estado, quer a origem do seu rendimento seja de fonte interna quer seja de fonte externa.[155] Por existirem cada vez mais rendimentos originados em múltiplas jurisdições, os métodos para eliminar a dupla tributação assumem crescente importância, actuando como instrumentos para a garantia da equidade interindividual. Como forma de garantir que um contribuinte residente com rendimentos também de origem estrangeira não seja penalizado no imposto a pagar em face de um contribuinte também ele residente no mesmo Estado, mas com rendimentos apenas de fonte interna, é importante que haja o crédito do montante já pago pelo

---

[151] A distinção entre igualdade perante o imposto e a igualdade do imposto é feita, de entre outros, por Bernard Bobe e Pierre Llau, *Fiscalité et...*, pág. 99. Sobre os enquadramentos do princípio da igualdade fiscal, cfr. ainda José Casalta Nabais, *O dever fundamental de pagar impostos*, pág. 435 e ss.

[152] Na relação entre o contribuinte e o Estado, a equidade advirá da legitimação do poder tributário e no cumprimento dos limites deste.

[153] No plano da relação dos contribuintes entre si, o valor da equidade tem vindo a ser explanado através da máxima: contribuintes em situação semelhante ou comparável, tributação semelhante ou comparável. Em situações iguais, igual tratamento é esperado como forma de combater a arbitrariedade e garantir a justiça.

[154] Traduzindo-se fundamentalmente numa adequada repartição do poder de tributar.

[155] "El concepto de equidad, en estos casos, pierde su carácter localista para adquirir una dimensión internacional." Fernando Peña Álvarez, *Reformulación de los principios de la hacienda pública en el ámbito de la fiscalidad internacional*, pág. 51.

contribuinte ou a respectiva isenção relativos ao rendimento que obteve no estrangeiro e que aí foi já tributado. Caso não se atendesse a essa tributação, o contribuinte seria tributado duplamente pelo mesmo rendimento, facto que não aconteceria ao contribuinte que não tinha outros rendimentos que os gerados no país da sua residência.[156] Mas qual será o elemento de conexão mais adequado a garantir a equidade?

A este propósito, referindo-se especialmente à equidade entre os contribuintes, SCHINDEL e ATCHABAHIAN apontam algumas coordenadas.[157] Referem que, de um ponto de vista da equidade baseada no princípio da capacidade contributiva, é a residência o elemento de conexão que melhor a satisfaz, uma vez dessa forma se permitir tratamento igual, independentemente de onde é originado o rendimento. Assim, a fonte colocaria em causa a equidade. Porém, se a equidade for medida com base no princípio do benefício, então será a fonte o elemento de conexão que melhor a protege. Afirmam que, em virtude de ter havido um aproveitamento das infra-estruturas da fonte, em nome do benefício daí decorrente para o recebedor do rendimento, este aí deve ser tributado, não se excluindo a tributação na residência nos termos da capacidade contributiva.[158] A meu ver, este tipo de argumentação não é decisivo, dado tanto a residência como a fonte terem legitimidade para tributar baseado em ambos os princípios e, uma vez mais, aqui do ponto de vista da equidade entre contribuintes, tanto na residência como na fonte dever existir tributação sob pena de não se alcançar uma equidade de tratamento: se não se tributasse

---

[156] Comparando os dois métodos para eliminar a dupla tributação, verifica-se ser o método do crédito total aquele que garante uma maior equidade, na perspectiva do Estado da residência.
[157] Angel Schindel e Adolfo Atchabahian, *General...*, pág. 31 e ss.
[158] Apresentando a mesma diferenciação, consoante se esteja perante o princípio da capacidade contributiva ou perante o princípio do benefício, Nancy Kaufman, *Fairness and the taxation of international income*. Contudo, a autora não apoia a divisão entre esses princípios e a residência e a fonte, afirma mesmo: "Ability-to-pay theory and benefit theory cannot explain the structure of the present international income tax system. Nor can they provide a foundation in equity for that system. Ability-to-pay theory addresses the distribution of a single country's tax burden among its taxpayers-an intra-national matter. Source taxation as it currently exists has more to do with the bare legal right to tax under international law than with benefit theory. Equity in international taxation is an international matter. Inter-nation equity must provide the foundation for an equitable international tax system. Equity exists in the international tax system only when states distribute, among themselves, the competence to tax in a way that conforms to prevailing views of justice internationally."

na fonte, em face dos residentes do Estado de origem do rendimento que obtêm o mesmo rendimento e da mesma forma, estar-se-ia a diferenciar injustificadamente o mesmo rendimento obtido pelos não residentes; se não se tributasse na residência, em face dos outros residentes que obtiveram o rendimento apenas por fonte interna, diferenciar-se-ia igualmente o tratamento entre os residentes, desde que o imposto estrangeiro fosse menor. Assim, do ponto de vista da equidade interindividual parece que deverá existir tributação tanto na residência como na fonte, o que conduz à partilha do espaço entre o elemento de conexão residência e o elemento de conexão fonte, excluindo-se, uma vez mais, a exclusividade de um deles.

Todavia o plano da equidade entre contribuintes não é, por si só, suficiente para chegar a esta conclusão. Importa ligá-lo ao fenómeno da equidade entre estados, até porque, no referente à escolha do(s) elemento(s) de conexão, garantindo-se a equidade no plano das relações entre os Estados, mais facilmente se obterá a equidade entre os contribuintes. O conceito de equidade entre nações resulta, na expressão do casal MUSGRAVE, de uma análise de ganhos e de perdas para um determinado Estado.[159] Não se refere aqui ganhos e perdas contabilísticos, mas antes de ganhos e perdas de amplitude de direitos.[160] E neste tipo de avaliação o que se pode vislumbrar é que, havendo tributação tanto na residência como na fonte, a residência terá sempre perda, dado que lhe incumbirá, como é usual, prevenir ou eliminar a dupla tributação, perda que não acontece com a fonte, salvo se nesta a tributação for limitada. A possibilidade de tributação na residência nem sempre afecta o Estado da fonte desde que aquela adopte o método da isenção ou, no caso do método do crédito se a tributação na residência não for mais elevada do que na fonte. Já pelo contrário, a tributação na fonte irá sempre afectar o Estado da residência porquanto reduz o rendimento do contribuinte a ser tido em conta nesse Estado para a respectiva tributação. Poder-se-ia com isto afirmar então que a fonte deixaria de tributar. Nesse caso, gerar-se-ia um profundo impacto negativo na equidade entre nações, para além de que a fonte tem efectivamente legiti-

---

[159] Peggy Musgrave e Richard Musgrave, *Inter-nation equity*, pág. 164.
[160] "National gain or loss may or may not be accompanied by treasury gain or loss; the latter is a matter of intra-nation transfer between treasury and individual and does not affect the existence of national gain or loss. It is thus the national gain or loss (not the treasury gain or loss) that is the subject of inter-nation equity as defined here." Peggy Musgrave e Richard Musgrave, *Inter-nation ...*,pág. 164.

midade para tributar e recusá-la seria uma desconsideração da sua soberania fiscal. Em face disto há quem defenda que, na busca da equidade entre nações, é preferível o elemento de conexão fonte e não o da residência[161], como a contrapartida de a fonte tributar da mesma forma os rendimentos obtidos no seu interior, ou seja, com a aplicação de um princípio da não discriminação de forma a obter efectivamente um tratamento equitativo.[162] Contudo, não me parece ser essa uma opção correcta. Do meu ponto de vista, parece dever optar-se por uma solução compromissória, compatibilizando, uma vez mais, a residência e a fonte, em nome da equidade. Ao se promover a tributação na residência torna-se equitativo o tratamento dos rendimentos de todos os residentes, independentemente da origem desse rendimento (equidade entre contribuintes) e garante-se, igualmente, uma adequada participação do Estado da residência na partilha do rendimento internacional, rendimento esse gerado também pela aplicação de capital proveniente desse Estado (equidade entre nações). Ao se efectuar a tributação na fonte garante-se o tratamento igual dos rendimentos originados no interior do território desse Estado, independentemente da residência ou não residência do beneficiário (equidade entre contribuintes), assim como se promove com justiça a participação do Estado da fonte no rendimento internacional em si gerado, Estado que forneceu as suas infra-estruturas e a sua dinâmica de mercado (equidade entre nações). Porque não é apenas a residência que tem a legitimidade para tributar e porque também a fonte promoveu a criação de riqueza, a partilha do poder de tributação surge como uma contrapartida. Pois, em face da fatia de rendimento internacional, uma distribuição do poder de tributação deve ser feita e nessa distribuição cabe uma parte quer à residência quer à fonte. Através dessa

---

[161] O casal MUSGRAVE vem defender a preferência pela fonte no plano da equidade entre nações, ainda que tal suscite problemas e dificuldades, pois o preço da defesa da residência neste âmbito traria inegáveis desigualdades, desigualdades essas profundamente indesejáveis. (Peggy Musgrave e Richard Musgrave, *Inter-nation...*, pág. 174). Por aqui permito-me afirmar que, no caso de se defender a residência em nome da eficiência, mas se defender a fonte em nome da equidade, uma visão conjugada, de forma a não menosprezar o valor de ambos os princípios, seria a mais adequada, dando espaço à coexistência dos dois elementos de conexão e não à exclusividade de um deles. Esta é, do meu ponto de vista, a solução mais adequada por ser uma solução conciliatória e não uma decisão de conflito como seria optar por um dos lados em causa.
[162] Peggy Musgrave e Richard Musgrave, *Inter-nation...*, pág.167 e 168.

partilha garante-se uma maior proximidade com a equidade entre os Estados e, por consequência, entre os contribuintes.

A prática tem demonstrado muitas vezes a prevalência do elemento económico sobre o jurídico. Em regra, a introdução da equidade em combinação com a eficiência gera perdas para este segundo elemento. Isto porque normalmente uma opção feita com base em considerações meramente económicas leva até às últimas consequências a maximização das preocupações económicas, facto que se altera com a introdução de um elemento como o da equidade, embebido em preocupações não economicistas e muito menos de maximização dessas exigências não jurídicas. Será comum apresentar-se uma relação de variação inversa dos dois elementos entre si. Quanto mais preocupações económicas imperarem, menor será a implementação de escolhas fundadas na equidade. Quanto mais preocupações com a justiça e a proximidade de tratamento entre os agentes intervenientes existirem, menor será o peso dos valores máximos a alcançar pela eficiência. Por haver este confronto entre os dois factores em análise, tem-se afirmado a necessidade de existir um *tradeoff* entre a equidade e a eficiência, *tradeoff* esse de extrema relevância no plano da escolha, em sede de tributação internacional, entre a residência e a fonte.[163] O *tradeoff* é feito entre os ganhos obtidos pela equidade e as perdas da eficiência decorrentes do esforço despendido com a implementação dos ganhos equitativos. Todavia, não se deve olvidar serem as perdas de eficiência decorrentes de muitas outras escolhas económicas e que o facto de existir um custo/perda para a eficiência, decorrente da implementação de medidas fundadas na equidade, tal não significa que os ajustamentos distributivos não devam acontecer. Pelo contrário, o que se deve ter em mente, na análise a fazer, deverá ser qual a valorização que a sociedade faz da relação entre os custos da eficiência com os ganhos na equidade.[164] Ainda assim, não se deve deixar de notar que "a redução das desigualdades – designadamente pelo imposto progressivo – a longo prazo é combatida em nome da acumulação de capital e do crescimento económico. Afim de favorecer a poupança e o

---

[163] Nas palavras de ANGEL SCHINDEL e ADOLFO ATCHABAHIAN (*Geral report...*, pág. 36) "[...] we should point out that CEN facilitates horizontal equity between individuals, while CIN fosters competitive neutrality between companies. It is another side of the equity-efficiency trade-off."

[164] Raciocínio apresentado por Richard e Peggy Musgrave, *Public finance in...*, pág. 94.

financiamento dos investimentos produtivos há que sacrificar a exigência da equidade do sistema fiscal."[165]

De um ponto de vista global, percebe-se que o confronto entre a residência e a fonte, entre a equidade e a eficiência está profundamente enraizado em interesses políticos, mais do que em justificações realmente decorrentes da análise desprendida de cada um dos elementos analisados. E observa-se uma crescente recusa do predomínio dos interesses dos mais ricos, ao mesmo tempo que a resistência por parte destes a favor de uma maior abertura a outro tipo de valores se intensifica.[166]

Como vimos até agora, os argumentos económicos e os argumentos jurídicos apresentam defensores, quer a favor do predomínio da residência quer a favor do predomínio da fonte, não se encontrando um argumento único e harmonizador capaz de fazer optar, com toda a certeza, por um dos elementos de conexão. Mais. Na senda daquilo que concluí, quer a propósito do elemento económico quer a propósito do elemento jurídico, da análise de ambos não resulta que apenas um dos elementos de conexão deva assumir o controlo da tributação internacional. Pelo contrário, as conclusões a que fui chegando são que a partilha de ambos, do ponto de vista do teste de adequação, é necessária. Porque nenhum deles assume uma avaliação perfeita e isenta de dúvidas e porque a visão conciliadora me parece ser a mais adequada, justifica-se negar a exclusividade, defendendo a partilha. Contudo, sustento que o teste de adequação, por si só, não justifica a opção por uma tributação repartida. Se, em plena discussão económica, como a apresentada, se vislumbram interesses tão particulares e individuais como base da escolha, essa escolha, por si só, não se revela uma escolha isenta de dúvidas no plano doutrinário. Mais ainda quando a ligação com a equidade, e por tal com a justiça, é uma verdade inultra-

---

[165] Bernard Bobe e Pierre Llau, *Fiscalité et...*, pág. 101. Tradução livre.

[166] « While the 'primary' taxing authority is conceptually attributed to the source country, in practice the country of residence tends to prevail. The arguments that have long made the case for such prevalence, based on inter-individual equity among residents of the same country on the basis of their ability to pay, have lost part of their conceptual weight. On the other hand, from the point of view of inter-nation equity and efficiency, exclusive or predominant taxation at source is shaping up as the most reasonable basis of taxation.
Even though the freedom to choose the most suitable criterion is a right indissolubly tied to the principle of fiscal sovereignty, in practice it is highly conditioned both by effects of globalisation and by explicit and implied pressures exerted by countries with more economic potential." Angel Schindel e Adolfo Atchabahian, *Geral...*, pág. 39 e 40.

passável. Porque no plano da argumentação jurídica, assente na equidade, nenhum resultado clarividente é também oferecido, permanecem razões suficientes para não se abraçar um dos elementos de conexão internacional como o preponderante com base na análise conjugada da eficiência e da equidade. O resultado do teste de adequação será apenas mais uma das variáveis a ter em conta, mas certamente não a única. Por não me convencer que a mera análise da eficiência, assim como da equidade, garanta uma escolha consciente da sua imparcialidade e do seu valor, parece-me que o nicho da opção se encontra também no fundamento do poder tributário.

2º A legitimidade da residência e da fonte para tributar rendimentos: o fundamento do poder tributário
Encontrar o porquê do poder tributário, quer do Estado da residência quer do Estado da fonte, surge como o passo adequado para demonstrar a legitimidade de cada um destes elementos de conexão. E se tanto um como outro têm legitimidade, então a nenhum deles tal legitimidade pode ser retirada, nem o exercício do poder tributário, daí decorrente, pode ser colocado em causa.

Na história da fiscalidade muitas foram as posições doutrinárias acerca do fundamento do poder tributário.[167] Contudo, em geral, aceitou-se o poder tributário como uma manifestação da soberania.[168] Neste âmbito, pode ter-se uma visão unitária, justificando-o apenas com um elemento económico – a necessidade de receitas para fazer face às despesas públicas de um Estado organizado e legitimo – ou uma visão plural, onde a par da justificação económica, surge a político-social, bem como a jurídica.[169] A meu ver, a compreensão do poder tributário de um Estado está profundamente enraizada na pertença que se gera entre um sujeito, um rendimento e determinado Estado. Não é argumento válido nem desejável, do ponto de vista doutrinário, afirmar a justificação da tributação apenas porque haveria um direito já adquirido, quer por parte do Estado da residência quer pelo Estado da fonte. A legitimidade do poder tributário, logo, o fundamento desse mesmo poder, nasce de laços entre o contribuinte e o

---

[167] Para uma apresentação crítica dessas opiniões doutrinárias ao longo dos tempos, cfr. Álvaro Rodriguez Bereijo, *Introduccion al estudio del derecho financiero*, especialmente pág. 200 e ss.
[168] Álvaro Rodriguez Bereijo, *Introduccion al...*, pág. 202 e 203, nota 202.
[169] Luís Maria Cazorla Prieto, *Poder tributário y estado contemporâneo*, pág.115 e ss.

território de um Estado.[170] Esses laços podem ser derivados da residência do contribuinte a determinado território – ligação subjectiva – ou derivados da ligação de um rendimento a determinado território, ligação essa que surge pelo facto de o rendimento ter sido aí gerado – ligação objectiva. O adequado parece ser justificar-se o poder tributário quer porque existe uma dupla ligação a um território – do sujeito e do rendimento – quer porque existe apenas um dos elementos posicionados nesse território, estando o outro num território diferente. No plano internacional, o mais provável é o sujeito e o rendimento estarem em jurisdições diferenciadas. Esse facto – diversas localizações – não anula a ligação de determinado rendimento com cada elemento isolado. A ligação a certo território continua a existir, na residência pelo sujeito que nele reside (territorialidade pessoal) e na fonte pelo rendimento que nele foi gerado (territorialidade real). Pela concorrência das duas legitimidades não faz sentido excluir uma das ligações, o que faz sentido é conciliá-las e conjugá-las. E isto porque cada território em si mesmo isolado contribuiu para a formação do rendimento. Por isso não cabe apenas a um destes o poder de tributar o rendimento. Vejamos especificamente os factos que revelam a ligação quer do sujeito quer do rendimento aos territórios correspondentes.

A existência de um direito a tributar na residência advém da conexão económico-social e dos laços intensos e duradouros que se gera da vivência quotidiana num determinado espaço, assim como a protecção oferecida aos seus residentes contribui para o aprofundamento dessa ligação. A ligação de alguém ao seu Estado de residência é evidente e gera expectativas, quer para os residentes quer para o Estado dessa residência, sendo que uma delas, no tocante a este último, será, certamente, a habilitação para tributar os rendimentos auferidos por aqueles que residem no seu território. Este poder é encarado, em larga medida, como contrapartida da disponibilidade gerada para o capital e para a tecnologia. Diz-se ainda que do investimento fora do Estado da residência geram-se importantes receitas para os exportadores, receitas essas que ainda detêm forte ligação com a residência que, se não tributadas, conduziriam a uma perda inadmissível.[171]

---

[170] A *economic allegiance* ocupa um lugar de destaque na justificação do poder tributário. No caso de se optar pela visão plural do fundamento do poder tributário, então talvez pudéssemos falar num novo conceito de *economic allegiance*, um conceito também ele múltiplo e atento à diversidade de factores influentes para a tributação, o conceito de *social-political & economic allegiance*.
[171] Cfr. Manuel Pires, *Da dupla tributação jurídica internacional sobre o rendimento*, pág. 260 e ss, a propósito dos argumentos a favor e contra residência.

Já do ponto de vista da fonte a justificação do seu poder tributário assume-se como decorrência da pertença económica que gera ligação com aqueles que ali investem/agem economicamente.[172] Os rendimentos gerados por uma aplicação de capital num determinado país são possíveis por existir uma abertura suficiente de incentivos, mecanismos e instituições que suportam os custos de uma tal aplicação.[173]

Parece-me claro que a presença destes fundamentos não gera controvérsia. Assim, se existem fundamentos válidos tanto para o poder tributário da residência como para o poder tributário da fonte, que se respeite, uma vez mais, a presença de uma tributação partilhada entre ambos, já que não reconhecer o poder de tributar de um desses Estados, seja ele qual for, corresponderia a negar a validade desse poder, algo inadmissível quando a pertença económico-social e a pertença económica, por si só, revelam a imperiosidade do poder tributário de cada um dos Estados. Com o afirmado, fica demonstrado que a partilha de poderes de tributação é justificada pelo fundamento do poder tributário, uma vez que em qualquer dos Estados, da residência ou da fonte, existem, ainda que com diferenças qualitativas e quantitativas, vantagens obtidas, capacidade contributiva atendida e respeitada, dever de participar no fornecimento de meios aptos para a satisfação das necessidades do Estado, não esquecendo a sua ligação a um território soberano.[174]

---

[172] De referir ainda que a pertença económica gerada no Estado da fonte, fundamentando a relação intransponível com aqueles que aí actuam economicamente, não é uma pertença económica que esgote a possibilidade de ligação económica. Como foi referido anteriormente, a ligação com a residência nasce também de uma pertença económica, ainda que aliada ao elemento social, elemento esse de extrema importância no que toca ao estabelecimento da conexão na residência. Com isto pretende afirmar-se que o conceito de pertença económica surge partilhado pela residência e pela fonte como elemento de ligação intrínseca entre os sujeitos/objectos de tributação e o poder de tributar. Por se verificar a presença de uma partilha até no fundamento da ligação geradora do poder de tributar, mais um argumento a favor da tributação repartida é revelado.

[173] Cfr. Manuel Pires, *Da dupla tributação...*, pág. 277 e ss, a propósito dos argumentos a favor e contra a fonte.

[174] "Para além das críticas que se podem formular a estas doutrinas [do fundamento do poder tributário], importará verificar que todas elas conduzem a justificar a tributação no Estado da residência e no Estado da fonte. Em qualquer desses Estados, ainda que em graus variáveis, existirão utilidades por eles fornecidas, em qualquer deles revela-se a capacidade contributiva, em qualquer deles verifica-se o dever de contribuir para a satisfação das necessidades fiscais do Estado, em qualquer deles existe sujeição à soberania (os estrangeiros, segundo a doutrina

3º A exigência do dever-ser e da solidariedade internacional fiscal
A partilha da tributação apresenta-se igualmente como uma questão de *dever-ser*, em nome da globalização e do seu impacto na base tributável. Porque vivemos numa era globalizada, onde a livre circulação do capital e do rendimento é uma realidade inegável, não se pode, pela própria natureza das coisas, evitar reconhecer que a base tributável gerada numa economia globalizada é, a maior parte das vezes, uma base tributável nascida da contribuição de uma multiplicidade de jurisdições e dos seus vários níveis organizativos. A interdependência entre os vários factores e entre as economias revela a tendência para a partilha de funções económicas, dando espaço a uma base tributável globalizada, não pertencente a um único Estado isoladamente. Ao se verificar esta ideia de interacção entre as várias economias jamais a ideia de exclusividade parece poder assumir uma posição de destaque. Antes, a ideia de partilha surge como a mais consentânea. Pode, assim, afirmar-se nascer do mundo globalizado de hoje uma base tributável globalizada que apela incessantemente, pela sua própria natureza, à partilha na tributação internacional.[175]

Também no âmbito do *dever-ser*, mas já num patamar suficientemente dotado de juridicidade, surge a solidariedade internacional fiscal como argumento que justifica também por si a partilha da tributação entre a residência e a fonte, recusando um sistema de tributação exclusiva. À partida, a solidariedade fiscal apenas defenderia a recusa de um sistema de tributação exclusiva da residência, em nome do auxílio ao desenvolvimento dos países menos desenvolvidos – normalmente Estados da fonte – por parte dos mais desenvolvidos. E é essa a posição central que de tal conceito se pode retirar. Contudo, adoptando um conceito mais amplo de solidariedade, tomando-o igualmente como fonte de partilha, o mesmo princípio certamente valerá também para a recusa de um sistema de tributação exclusiva na fonte. Até porque, com as novas tecnologias e com o crescente desenvolvimento e aumento de problemas a essas associado, a solidarie-

da soberania, pagam imposto em virtude das utilidades recebidas), em qualquer um deles ocorre a sujeição de facto." Manuel Pires, *Da dupla tributação...*, pág. 308.
[175] Defendendo uma ideia de base tributária global derivada do fenómeno da livre circulação dos factores produtivos característica da globalização, cfr. Jacob Frenkel, Assaf Razin e Efraim Sadka, *International taxation in ...*, pág.3: "When capital, labour, goods, and services can move freely from one tax jurisdiction to another, the tax base becomes global, and its distribution among the various tax jurisdictions becomes endogenous to all the various tax systems."

dade estende-se, não só nas relações entre países desenvolvidos e países menos desenvolvidos, mas também entre os países desenvolvidos e também entre os menos desenvolvidos, pois há sempre diferenças entre si que necessitam de cooperação de todos para que não aumentem os perigos e efeitos nefastos para a tributação.

O imposto no espaço contemporâneo assenta na ideia de solidariedade. Liga-se profundamente a uma consciência social de dever colaborar para atingir o bem comum. Radica na responsabilidade mútua. Apela à equidade fiscal naquilo com que se contribui e naquilo que se recebe da comunidade. Aplicado ao âmbito que ora nos importa, tal significa que os benefícios que se retiram da aplicação do capital sejam compensatórios do aproveitamento e desgaste dos meios à disposição para gerar esse capital, existindo igualmente a obrigação de boa aplicação do benefício decorrente para onde se gerou o capital. A relação entre países desenvolvidos e países em vias de desenvolvimento é biunívoca, tem dois sentidos e não apenas um, logo, ambos os lados envolvidos devem ter acesso à riqueza que se gera dessa relação. A participação de duas partes implica a partilha e não a exclusividade de apenas uma delas. Até porque os países desenvolvidos, normalmente onde se situa a residência, têm toda a vantagem em reconhecer e efectivamente auxiliar o poder de tributação dos países menos desenvolvidos, garantindo evolução, crescimento e desenvolvimento das economias menos desenvolvidas, não só porque a boa relação entre os respectivos sistemas se vai enraizando, dando forma ao consenso internacional que se procura, como uma maior harmonização, ainda que espontânea, é susceptível de ser criada entre os tecidos fiscais que se relacionam entre si, trazendo um enorme benefício para a fiscalidade internacional, designadamente no que se refere à luta contra a fraude e evasão fiscais.

4º A presença de vantagens e desvantagens em ambos os elementos de conexão
A partilha da tributação justifica-se, de igual forma, porque da análise integrada dos elementos a favor e a desfavor, quer da residência quer da fonte, nenhum dos elementos de conexão apresentados surge isoladamente como auto-suficiente. Se nem a residência nem a fonte detêm, na sua essência, apenas índices favoráveis e plenamente eficazes e equitativos, então, em nenhum deles isoladamente, se poderá alicerçar a exclusividade. A presença de críticas e insuficiências, como aquelas que já vimos anteriormente a propósito da inadequação dos referidos elementos de conexão em face das

novas tecnologias e das características da globalização, destrói qualquer possibilidade de, nos termos de uma visão analítica mas plurintegrada e multifacetada, se gerar a presença eficiente e equitativa de um espaço de tributação exclusiva. O que se vislumbra como adequado é a criação de um espaço de partilha de tributação de forma a potenciar as boas características dos dois elementos de conexão aqui em análise.

Porém, afirmar que as vantagens e os inconvenientes de ambos os elementos de conexão existem não é suficiente. Há que provar o afirmado. Assim, procurarei delinear, ainda que sucintamente, os parâmetros avaliadores destes elementos de conexão de modo a demonstrar a veracidade das afirmações agora proferidas. Tendo como base a investigação minuciosa efectuada por doutrina internacional e por administrações fiscais[176] acerca dos factores a favor e dos factores contra os elementos de conexão em análise pode afirmar-se sem receio não existir um sistema de tributação exclusiva que seja profundamente equilibrado. Vejam-se os argumentos que foram sendo apontados, tendo em conta o já mencionado sobre a temática.

Como favorável à residência tem-se afirmado a satisfação dos princípios da neutralidade, da equidade e da eficiência. A tributação na residência, mencionando-se apenas a título de exemplo, eliminaria a dupla tributação; realizaria a equidade horizontal entre contribuintes; garantiria a neutralidade fiscal entre os investimentos externo e interno, evitando a evasão fiscal; neutralizaria as práticas fiscais prejudiciais por parte dos paraísos fiscais e zonas de fraca tributação; encorajaria a mobilidade do capital, conduzindo a uma maior liberalização, não implicando prejuízo para a fonte, porque esta, para atrair o capital, concederia benefícios fiscais; e seria de mais fácil concretização por ser mais simples encontrar a residência individual, facilitando, assim, a administração do imposto.

Porém, a par destes argumentos favoráveis à tributação na residência, também vozes se erguem em defesa da fonte apresentando factores a favor da fonte. Alguns destes argumentos são coincidentes com os argumentos despendidos para a residência, tais como, a capacidade de obviar os

---

[176] Veja-se, e.g., IFA, *Source and residence: new configuration of these principles*. Cahiers de Droit Fiscal International, volume 90 a), especialmente, General Report, pág. 29 a 31; Inland Revenue (UK), *Double Taxation Relief for Companies*; Jefferson Vanderwolk, *Direct taxation in ...*; Manuel Pires, *Da dupla tributação ...*, pág. 260 e ss; Richard L. Doernberg, *Electronic commerce and ...*; Richard M. Bird e J. Scott Wilkie, *Source vs residence-based taxation in...*

problemas derivados da dupla tributação, eliminando-a, embora não seja o que usualmente sucede visto ser o Estado da residência o que normalmente elimina a dupla tributação; a satisfação de princípios éticos; a adequação, por ser o critério mais apropriado e lógico do ponto de vista da soberania; o respeito pela igualdade jurídica entre os países importadores de capital; o incentivo à produtividade dos gastos públicos e a diminuição dos custos administrativos. Aponta-se ainda a garantia da neutralidade pela eliminação da diferença de competitividade, dificultando a evasão fiscal internacional, afirmando-se mesmo que a tributação na fonte dotaria o denominado sistema fiscal internacional de uma maior racionalidade, facilitando o controlo, afastando o tratamento desigual injustificado em virtude da natureza dos bens, sendo que o Estado da fonte seria aquele mais bem colocado para garantir os direitos do investidor, aumentando a possibilidade de este alcançar um maior mercado de procura potencial. Costuma dizer-se ainda que tributar na fonte seria igualmente reflexo da assistência que os países desenvolvidos devem oferecer aos países menos desenvolvidos, em nome da solidariedade e do desenvolvimento internacionais.

Da análise resulta, pois, que conforme a vontade, de ambos os elementos de conexão são apresentadas vantagens. Consoante se defenda a residência ou a fonte, a par dos argumentos favoráveis, surgem os argumentos contrários, tanto para a residência como para a fonte, argumentos esses que não devem ser esquecidos nem minorados.

Contra a tributação na residência aponta-se a sua insuficiência já que não alcança os não residentes que têm rendimentos nesse Estado. A tributação dos não residentes com rendimentos nesse Estado deveria existir na sequência da mesma lógica de contribuição para as despesas daquele Estado onde foram gerados os rendimentos. Não se compreende que, para uns, haja a utilização dessa argumentação, enquanto que, para outros, a mesma argumentação não seja invocada. Não só revela incongruência na sua formulação como denota a quebra da igualdade de tratamento, prisma da equidade anteriormente mencionada[177]. Mas além deste argumento, também a possibilidade de manipulação do conceito de residência, gerando

---

[177] Ínsita na questão da igualdade, não se pode deixar de mencionar a possibilidade de existirem situações de desigualdade de tratamento perfeitamente justificadas. Aí "as derrogações ao princípio da igualdade são aceites [...] com fundamento nos interesses social e ou económico, integrando o interesse geral." Manuel Pires, *Da dupla tributação...*, pág. 268.

uma espécie de *residenceshopping*, em nada abona em favor da tributação na residência.[178] Aponta-se ainda a complexidade do ponto de vista da gestão do imposto; o facto de ignorar a estrutura de custos diferenciais de factores entre os diversos países; tal como o facto de não atender aos riscos e dificuldades dos investidores no estrangeiro. Adita-se ainda a crescente complexidade na determinação, o que em muito dificulta a aplicabilidade do elemento de conexão. Argumento muito forte para destronar a defesa da residência é o impacto que a respectiva tributação tem nos países em vias de desenvolvimento. E isto porque a tributação com base na residência coloca entraves muito fortes ao desenvolvimento, prejudicando, de maneira muito activa, a chamada fiscalidade internacional do desenvolvimento.[179]

Se estes argumentos surgem, no reverso da medalha, a favor da tributação segundo o princípio da territorialidade real, reforçando a posição do Estado da fonte, não se pode olvidar, porém, que os argumentos anteriormente apresentados a favor desse princípio não são absolutos, existindo igualmente argumentos contra a tributação na fonte. O mais consistente parece-me ser o facto de o conceito de fonte não ser um conceito auto-suficiente[180], revelando duplicidades por vezes complexas de resolver. Mas, por outro lado, apontam-se ainda outros factores negativos. Refere-se o facto de, tendencialmente por a fonte ser localizada num país menos desenvolvido, ter menos necessidades financeiras por comparação com os países que têm modelos de economia de previdência que justificam e requerem mais receita fiscal; tal como se lembra a má gestão da receita fiscal em face das ineficiência, corrupção e autoritarismo que tradicionalmente caracte-

---

[178] A propósito da residência, KLAUS VOGEL (*Worldwide vs. source...*, pág. 217) chama a atenção para o facto de, ao contrário do que os acérrimos defensores da residência querem fazer parecer, a tributação mundial não ser *self-evident* e por isso dever recusar-se este elemento de conexão como único elemento determinante da tributação internacional.

[179] Tributar na residência:
– "pode prejudicar o controlo dos respectivos investidores nos países menos desenvolvidos";
– "faz o Estado que busca o desenvolvimento suportar "um ganho à sua custa, [...] mas também [...] desincentiva os investimentos, e no caso de tributação dos lucros não distribuídos, reduz lucro que poderia ser reinvestido";
– "anula as vantagens das taxas moderadas no país da fonte";
– "revela-se uma "forma de proteccionismo do mercado nacional de capitais". Manuel Pires, *Da dupla tributação...*, pág. 265 e 266.

[180] KLAUS VOGEL (*Worldwide vs. source...*, pág. 223) afirma mesmo que a fonte não é *self-defining*, defendendo o desmantelamento do dogma que a defende como tal.

rizam as economias importadoras de capital.[181] Acresce ainda não se poder, da mesma forma, negar que "no caso de não ocorrer a repercussão [sobre a entidade devedora do rendimento], existiria um obstáculo à importação de capitais estrangeiros e verificar-se-ia o aumento da taxa de juro"[182].

Do exposto retira-se que nem a tributação na residência nem a tributação na fonte apresentam apenas factores favorecedores para a sua aceitação, antes revelando também a presença de elementos perturbadores. Em virtude de, isoladamente, em nenhum dos elementos de conexão se alcançar uma análise isenta de problemas, dita perfeita e adequada na totalidade à realidade envolvente, parece-me não se dever defender a presença de uma tributação exclusiva de qualquer um dos elementos de conexão avaliados. A lógica assim o exige. Assim, a tributação repartida resulta também de uma resolução prática de confronto com a realidade, i.e., porque não existem elementos de conexão perfeitamente adequados, abatendo-se sobre ambos efeitos negativos e efeitos positivos, a combinação dos dois elementos de conexão em causa parece ser a solução mais consentânea com a praticabilidade e com o desejável para um âmbito tributário internacional equilibrado, por através dela se procurar contrabalançar aquilo que cada um deles isoladamente de mau pode provocar.

5º As profundas incapacidades da residência e da fonte na sua efectiva determinação e concretização
Dificuldades as anteriores que geram uma profunda incapacidade e inadequação destes. O certo é que estas profundas incapacidades de ambos os elementos de conexão demonstram, uma vez mais, a inadequação para corporizarem, por si só, isolados, uma tributação exclusiva.

Se, em termos de construção e argumentação teóricas, a repartição da tributação é um pilar de defesa essencial que nasce dos argumentos agora apresentados, a verdade é que a prática da tributação internacional de igual forma revela assentarem a sua organização e as suas opções na base de uma generalizada tributação partilhada entre a residência e a fonte. A existência de acordos para evitar ou eliminar a dupla tributação,

---

[181] "Although such arguments lack scientific relevance and are easily refutable, the mere fact of being cited in scientific papers implies that the political biased judgement of some other sectors in developed countries may claim other motives for limiting developing countries taxing powers [...]."Angel Schindel e Adolfo Atchabahian, *General...*, pág. 38.
[182] Manuel Pires, *Da dupla tributação ...*, pág. 286.

por si só, reconhece, por um lado, a legitimidade de ambas as jurisdições e, por outro, com as soluções acolhidas, aceita a possibilidade de existir uma tributação simultânea na residência e na fonte, pois, caso tal não fosse um pressuposto, a dupla tributação não ocorreria, e como consequência não haveria a necessidade de um instrumento bilateral ou multilateral de resolução de situações em que Estados detêm, sob a mesma situação e ao mesmo tempo, poder para tributar.

Recusa-se, assim, um sistema de tributação exclusiva, defende-se um sistema de tributação repartida.

Capítulo II
Da Dupla Tributação Internacional

I. DOS ASPECTOS ESSENCIAIS DA DUPLA TRIBUTAÇÃO
1. Noção e contexto[183]

Ultrapassado o estádio de isolamento e de autarcia, o estabelecimento de relações económico-sociais entre diversos espaços fiscais foi consequência necessária e o fenómeno acentuou-se com a internacionalização e mais ainda com a globalização.[184] Detendo cada espaço[185] o poder tributário, coloca-se a questão de prevenir a dupla tributação decorrente de plurilocalização. Esta ocorre porque o mesmo pressuposto, relativo ao rendimento, património ou um acto, é submissível às normas dos espaços envolvidos. Esta exigência significa que alguns dos elementos requeridos em definições usuais de dupla tributação não são necessários, nomeadamente o "imposto idêntico" e "o mesmo período". Aquele por ser evidente que ocorre em face da subsunção do mesmo pressuposto em mais de um Estado, o que significa, naturalmente, ser o imposto idêntico e, quanto ao "mesmo período", significa afastar da noção os impostos de obrigação única, o que conduz a um reducionismo inaceitável, visto poder existir dupla tributação de impostos que não são periódicos.

---

[183] A organização da seguinte matéria segue de perto a obra Manuel Pires, *Da Dupla Tributação Jurídica Internacional sobre o Rendimento*. Centro de Estudos Fiscais, [s/d].

[184] Sobre a globalização e o impacto no Direito Internacional Fiscal, cfr Capítulo I do presente estudo.

[185] O conceito de espaço não tem de coincidir necessariamente com o Estado, podendo ser mais limitado, e.g., um Estado federado ou até mais amplo, como pode suceder com um imposto cobrado por uma entidade supranacional ou internacional, como seria a União Europeia ou a Autoridade Internacional dos Fundos Marinhos. Cfr. nota 2 da presente obra.

Do que se escreveu resulta que, para existir dupla tributação, há a necessidade de conexão da mesma realidade com mais de um espaço, a necessidade de existência de elementos de conexão que dependerão da legislação de cada espaço, seja embora a residência, o lugar da produção do rendimento ou o lugar da situação do património ou o lugar de celebração do acto.

Só que a realidade é mais complexa, atenta a não existência de uniformização de definição de cada um desses lugares ou a existência de pluralidade de requisitos para a verificação de qualquer um deles. Daí que os casos de dupla tributação possam ser classificados como casos:

- de pluralidade de elementos de conexão disjuntivos;
- de unidade de elementos de conexão, mas diferentemente entendidos;
- de elementos de conexão compósitos.

O primeiro caso é o mais frequente: um contribuinte residente num país, obtem. e.g., rendimento noutro país. O segundo é o entendimento diverso do mesmo elemento de conexão: ou seja, determina-se dupla residência resultante de estadia por mais de 183 dias num dos Estados e noutro Estado por dispor de uma habitação em condições de fazer supor uma residência habitual. Ou, no caso de uma sociedade, esta ser residente num país em virtude do lugar da constituição e noutro por causa da localização da sede ou da direcção efectiva. Por último, a unidade de elemento de conexão de carácter compósito verifica-se quando o elemento de conexão é definido através da indicação de diversidade de critérios, o que conduz a que, embora seja igual o resultado obtido da interpretação nos Estados envolvidos, num ocorre em virtude de aplicação de um dos critérios e, noutro, aplica-se em virtude de outro dos critérios.

2. Causas da dupla tributação

Nas causas da dupla tributação podem distinguir-se entre causa eficiente e causa final.

Quanto à primeira, para além da globalização e a diversidade de sistemas fiscais, como resulta do que se escreveu, importa ainda acrescentar a liberdade de circulação de factores que foi sendo estabelecido, bem como os progressos tecnológicos que, aliás, contribuíram para a globalização.

Como causa final, identifique-se uma política de limitação de investimento no exterior (*outward investment*). Com efeito, a existência de dupla tributação implicará certamente maior ponderação na decisão de criar, no exterior, fontes de rendimento, localização de bens ou celebração de actos.

3. Consequências da dupla tributação

A tributação não é geralmente bem acolhida, nomeadamente quando não atende às exigências smithianas.[186] Porém, o problema agrava-se com a dupla tributação, com consequências relativas às relações transfronteiriças, nomeadamente quanto à atracção do investimento e à concretização dos princípios da equidade e da neutralidade. No entanto, não deverão ser hipertrofiados tais inconvenientes por uma nuclearização no factor fiscal. Com efeito, é necessário recordar que o investimento depende da existência mais lata do «clima de investimento» e este clima não resulta apenas do elemento fiscal – dizemos mesmo que o elemento fiscal não será o elemento fundamental para se operar o investimento. A existência de infraestruturas, de pessoal qualificado, de legislação adequada, designadamente quanto ao capital estrangeiro e ao mundo laboral, de estabilidade legislativa e social, de aplicação rápida e justa da legislação, incluindo a aplicação pelos tribunais, são outras condições assaz importantes. Mas mais, a influência do factor fiscal depende do tipo de investimento: novo, com maior influência, reinvestimento, com menor incidência, maior no caso de investimento directo do que investimento de carteira (*portfolio*).

Uma outra consequência e não despicienda é o aumento da motivação para a fraude, evasão e planeamento.[187]

4. Natureza da dupla tributação

É usual – quantas excepções existirão? – referir a dupla tributação como um caso de conflito de leis. Julgo não poder perfilhar essa opinião. Compare-se a situação de uma pessoa nacional de um Estado que pretende casar noutro Estado, existindo divergência de idade mínima para o efeito nos dois Estados. Aí, com toda a evidência, encontra-se um conflito: uma pessoa não pode ser simultaneamente menor ou maior para o efeito. Muito diversa é a situação da dupla tributação. Aqui, um país tem o poder de tributar porque é nele que reside o beneficiário do rendimento, o outro também tem esse poder, visto nele se ter produzido o rendimento. Onde está a colisão? As duas tributações constituirão certamente uma carga fiscal

---

[186] Adam Smith defendeu que um imposto deveria ser proporcional, previsível, adequado e eficiente. Adam Smith, *Riqueza das Nações*, Fundação Calouste Gulbenkian, [s/d], vol. II, pág. 485 e ss.

[187] Sobre o tema, cfr. capítulo respectivo da presente obra.

agravada, mas não são incompatíveis: o contribuinte pode ser tributado em ambos os países sem criar situação de colisão nem sequer de impossibilidade lógica. Com efeito, conflito não significa cumulação sem mais, mas algo impossível de conciliação, implicando uma disjuntiva – "ou" "ou" – e não a existência sem mais, como sucede com a dupla tributação que se traduz *"numa cumulação de pretensões e não perante um concurso de pretensões ou uma pretensão variamente fundada."*[188]

5. Soluções para a dupla tributação

Atento estarmos perante, ao menos, duas tributações, teoricamente diversas soluções podem ser aceites:

– tributação una	atribuição da competência apenas a um dos Estados	
– tributação plural	1º momento: Com ou sem repartição da matéria colectável	
	2º momento: Se sem repartição da matéria colectável, eliminação da dupla tributação	

Sem prejuízo de pormenorização em relação a algum ou alguma das soluções, julga-se que a solução da competência de apenas um dos Estados não é adoptável, não só pela necessidade de fixação de qual o Estado competente e que procederá à cobrança, mas também, como se viu pela negação ao outro de qualquer poder. A solução da receita integral para um Estado afigura-se não só contrária aos interesses dos Estados envolvidos, aos fundamentos da tributação, mas também à equidade interestadual, salvo se prevalecerem razões de natureza extrafiscal, nomeadamente auxílio ao desenvolvimento.[189] Quanto à repartição da matéria colectável esta suscita, numa perspectiva meramente fiscal, a dificuldade dessa repartição. Daí que a última solução apresentada no esquema – a eliminação da dupla tributação com método próprio – seja a mais defendida e seguida.

---

[188] Para maiores desenvolvimentos, cfr. Manuel Pires, *Da dupla tributação jurídica internacional sobre o rendimento*, Centro de Estudos Fiscais, [s/d], pág. 81.
[189] Cfr. nº 4 do capítulo I da presente obra.

Como resulta do que se escreveu, subjacente à problemática, encontra-se a determinação de a qual dos Estados deverá ser reconhecido o poder de tributar: ao Estado da residência ou ao Estado origem do rendimento, da localização dos bens ou da realização do acto?

Desde já se escreve que há argumentos a favor e contra a tributação nos dois Estados[190], afigurando-se a repartição do poder de tributar como a solução mais adequada, como sustentado no capítulo anterior desta obra.

Mas mesmo aqui qual o critério: partes iguais? Partes desiguais? Neste caso, qual o Estado com poder mais amplo?

A resposta a esta questão não se afigura simples. O ideal passa por garantir um equilíbrio que não pode deixar de considerar os interesses do país da fonte, da situação ou do destino.[191] Com efeito, se é verdade que o capital, material ou humano, é proveniente de um Estado, o certo é que da fonte resulta directamente o rendimento, fruindo-se de tudo o que nele existe. Assim sendo, não pode deixar-se de considerar que à fonte deve pertencer grande parte da receita tributária e não apenas uma menor parte. É que o Estado da fonte (num sentido genérico) está em mais apropriada situação para tributar, dada a sua maior possibilidade de conhecimento das matérias tributáveis. Optar apenas pela residência será desconsiderar a base da tributação e a equidade fiscal internacional. Até porque não parece razoável privar ou limitar o Estado da fonte de exercer o seu inegável poder de tributar e obrigá-lo a comunicar os elementos necessários à tributação no Estado da residência.

6. Métodos para prevenir ou eliminar a dupla tributação

Mas sendo a ambos os Estados reconhecido o poder de tributar, como prevenir ou eliminar a dupla tributação?

Existem duas vias (métodos):

- Método da Isenção: só o Estado da fonte exerce o poder de tributar. O método pode ainda ser construido tendo em atenção uma isenção total e isenção com progressividade, consoante se atende ou não atende à matéria colectável estrangeira para determinar a taxa

---

[190] Cfr. Manuel Pires, *Da Dupla Tributação Jurídica Internacional sobre o Rendimento*, [s/d], Centro de Estudos Fiscais, págs. 260 a 291.
[191] Aliás, esta última solução é actualmente seguida no comércio internacional.

de imposto aplicável à matéria colectável nacional, única a ser tributada, sendo a distinção, como é evidente, relevante apenas face a taxas não proporcionais;
- Método do Crédito: ambos os Estados – da fonte e da residência – tributam, mas neste caso um[192] deduz ao seu imposto o imposto pago ou pagável no outro Estado. As modalidades são o crédito total ou o crédito normal ou ordinário, consoante se deduza do imposto pagável no Estado que opera o crédito a totalidade do imposto pago no estrangeiro – podendo dar origem a reembolso de imposto, quando a tributação do estrangeiro seja superior à do Estado da residência, correspondente à matéria colectável do estrangeiro – ou se deduz apenas a tributação do estrangeiro até ao montante do imposto do Estado da residência, correspondente à matéria colectável proveniente do estrangeiro[193].

O critério da escolha destes métodos pode ser fiscal ou extrafiscal. Numa perspectiva meramente fiscal, o método do crédito ou da imputação afigura-se o mais indicado, porque tem um limite de perda de receita – o imposto nacional correspondente à matéria colectável estrangeira – e, no caso de o quantitativo do imposto a creditar ser inferior ao do imposto na residência, verifica-se o chamado efeito de recuperação – diferença favorável ao Estado da residência –, conduzindo, portanto, a uma tributação, embora residual, no Estado da residência. Aliás, no caso de este Estado nada cobrar em virtude do crédito operado, o resultado da aplicação do método é igual à aplicação do método de isenção com progressividade. O método do crédito corresponde à orientação CLEN (*Capital and Labour Export Neutrality*), orientação perfilhada pelos países desenvolvidos. Para a plena aplicação do CLEN – implicando a tributação universal –, é necessário que o Estado da residência adopte o método do crédito na sua modalidade total, visto, se adoptar a modalidade normal, gera-se uma tributação global divergente em relação à do rendimento interno, se a taxa fosse maior na fonte.

---

[192] A aplicar normalmente pelo Estado da residência, mas não necessariamente, porque pode ser o Estado da fonte, embora não seja o usual.

[193] O método do crédito pode ainda ser directo ou indirecto (*underlying credit*), no caso de dividendos, isto é, respectivamente, se não considera ou considera a tributação dos lucros que deram origem aos dividendos.

O método do crédito, implica operações que podem não ser simples, não apenas a determinação dos tipos de impostos que dão lugar ao crédito, mas também o cálculo do limite do crédito a conceder. E essa operação torna-se ainda muito mais complexa, no caso do crédito indirecto (*underlying credit*), visto poder não ser possível determinar quais os lucros que deram origem aos dividendos, se estes resultaram de lucros não distribuídos durante anos e ter-se verificado variação da tributação ao longo dos anos.

O método de isenção é um método de maior simplicidade na aplicação e corresponde à política CLIN (*Capital and Labour Import Neutrality*), sendo compaginável com o objectivo extrafiscal: auxílio aos países em desenvolvimento. Quanto ao CLIN – implicando a territorialidade –, também a tributação, no Estado da fonte, dos dividendos auferidos por residentes no exterior não deve envolver retenção não aplicável aos beneficiários residentes. De outro modo, gerar-se-ia divergência, incumbindo também ao Estado da residência a adopção do método de isenção na sua modalidade integral. Existe, porém, o perigo de iniciativas que conduzam a produção de rendimentos em Estados de nula ou fraca tributação, apenas para o efeito de obter poupança fiscal. Para obviar a esse inconveniente pode aplicar-se o método apenas aos denominados rendimentos activos e não passivos (estes integrando dividendos, juros, royalties, rendas e certas mais-valias), sendo óbvio que esta distinção gera maiores dificuldades, atenta a possibilidade de diferença de caracterização dos tipos de rendimento e a diversidade de métodos a aplicar: a isenção para os rendimentos activos e o crédito para os outros.

A visão da extrafiscalidade, no caso de auxílio aos países em desenvolvimento, pode também ser considerado no caso do método de crédito associado a benefícios fiscais no Estado da fonte. Se há nele uma redução ou mais ainda eliminação de imposto, é óbvio que o efeito de recuperação que já acima foi referido, se pode verificar totalmente. Para evitar este inconveniente, a solução será imputar-se ou creditar-se uma importância correspondente ao imposto que, não sendo cobrado, corresponde ao que teria sido se não existisse o benefício, isto é, proceder-se ao crédito de um imposto fictício. É o que se chama *tax sparing credit* ou *matching credit*[194], ou imputação especial por desagravamento do imposto fictício.

---

[194] Alberto Xavier – Direito Internacional Fiscal, 2ª ed. faz distinção entre essas duas designações, mas não parece que seja relevante, cfr. para esta opinião, Manuel Pires, *Da Dupla Tributação Jurídica Internacional sobre o Rendimento*, Centro de Estudos Fiscais [s/d].

Compreende-se que, numa visão meramente fiscal, não haja lugar a este crédito e, mesmo numa visão extrafiscal, no caso de se entender – o que actualmente é sustentado – que os benefícios fiscais não são a via apropriada para promover o desenvolvimento, o que, aliás, não parece dever ser sequível. Julga-se, pois, em nome da solidariedade fiscal internacional, acolhível o *tax sparing credit*, apesar das críticas que têm vindo a ser desenvolvidas.[195]

7. Vias de eliminação

A disciplina legal das soluções e métodos referidos pode constar de normas internas – via unilateral – ou de normas convencionais – via bilateral ou multilateral. O unilateralismo é próprio dos Estados desenvolvidos, visto nos Estados em desenvolvimento não dever ser incentivada a saída dos capitais dos seus residentes. Entre o bilateralismo e o multilateralismo, tem sido muitíssimo mais frequente o primeiro, o que é compreensível, dada a impossibilidade crescente de coordenar interesses de um número aumentado de Estados. E a realidade mostra a verdade desta asserção, não se conhecendo até o êxito da aplicação de muitas das convenções multilaterais celebradas.[196] Contudo, este cenário pode mudar com a construção e aplicação da Convenção Multilateral da OCDE em resposta ao BEPS (*Base Erosion and Profit Shifting*).[197]

7.1. Abordagem à via convencional: os tratados para evitar e eliminar a dupla tributação

7.1.1. Conteúdo

O conteúdo clássico dos tratados (e limitamo-nos aos que visam o rendimento e o património) assenta, em primeira linha, no elenco de normas com definições, normas interpretativas, normas de reconhecimento de poder tributário consoante o tipo de rendimento ou património e normas contendo o método escolhido para a eliminação da dupla tributa-

---

[195] Sobre o *Tax sparing credit*, cfr. Manuel Pires, *Da Dupla Tributação Jurídica Internacional sobre o Rendimento*, Centro de Estudos Fiscais [s/d], e OECD, *Les crédits d'impôt fictif. Un réexamen de la question*, 1998.

[196] Cfr. Manuel Pires, *Da Dupla Tributação Jurídica Internacional sobre o Rendimento*, Centro de Estudos Fiscais [s/d].

[197] Sobre o tema cfr o mencionado a propósito do BEPS, no capítulo da fraude, evasão e planeamento fiscais.

ção. As primeiras resolvem, os casos de dupla residência e dupla fonte, apresentando *tie-breaker rules* para prevalência de apenas uma conexão relevante para cada território (e.g., artigo 4º do MC-OCDE). As de reconhecimento envolvem ou poder tributário exclusivo (e.g. artigos 8º e 12º do MC-OCDE), resolvendo desde logo a questão da dupla tributação, por atribuição do poder efectivo de tributação apenas a uma jurisdição, ou poder tributário partilhado (e.g., artigo 10º, 11º do MC-OCDE), mas com a obrigação de eliminação da dupla tributação por um dos Estados, normalmente o da residência.

Além destas normas, os tratados para evitar e eliminar a dupla tributação contêm ainda normas sobre a não discriminação, normas para a resolução de litígios no âmbito do tratado (procedimento amigável e eventual cláusula de arbitragem), bem como também tem sido crescente a adopção de normas de combate à evasão fiscal através dos mecanismos da troca de informações (assistência ao lançamento) e de assistência à cobrança.[198]

Normalmente os tratados sobre dupla tributação não incluem a cláusula da Nação Mais Favorecida, em virtude da qual o Estado que aceitar conceder tratamento mais favorável a um terceiro Estado, deverá aplicar esse tratamento no quadro do tratado em questão. Se assim acontecer, pode prever-se quer a aplicação automática quer a emenda do tratado original. Contudo, exemplos desta cláusula existem, havendo igualmente quem defenda que, no âmbito da UE, todos os tratados deveriam conter tal cláusula[199].

Os tratados têm por objecto o rendimento e, nalguns casos, o património, incluindo o relativo momento dinâmico, as sucessões e doações ou ainda, noutros casos, podem limitar-se aos rendimentos do transporte internacional, marítimo e aéreo. Em qualquer dos casos, há preocupações fundamentais, sendo assinaladas no preâmbulo da Convenção sobre

---

[198] Sobre o assunto, cfr. capítulo do presente estudo sobre fraude, evasão e planeamento fiscais.
[199] Cfr. e.g., o Protocolo nºs 3 e 4, relativos respectivamente a dividendos e royalties, da convenção entre o Brasil e a Espanha, limitado, ao tratamento dado a residentes de Estados que não sejam da América Latina (*Na eventualidade de o Brasil, após a assinatura da presente Convenção, reduzir o imposto sobre os dividendos mencionados no parágrafo 2 do art. 10, pagos por uma sociedade residente do Brasil a um residente de um terceiro Estado não localizado na América Latina, e que possua no mínimo 25% do capital com direito a voto da sociedade residente do Brasil, uma redução igual será automaticamente aplicável ao imposto sobre os dividendos pagos a uma sociedade residente da Espanha que se encontre em condições similares.* (nº 3) E, no caso português, cfr. e.g., o ADT com EUA, o artigo 10º, nº 3, b).

Tratados: o livre consentimento, a boa fé[200] e a regra *pacta sunt servanda* [artigo 26º].[201]

7.1.2. Entrada em vigor e aplicação

Nem sempre um tratado, quando entra em vigor, é aplicado desde logo na sua totalidade. Assim, muitas vezes distingue-se entre as disposições que, segundo as leis internas, são aplicáveis independentemente dos períodos de tributação – ano civil ou ano fiscal – das outras. Quanto às primeiras – não discriminação, procedimento amigável e troca de informações – não há problema em coincidir a data da entrada em vigor com a da aplicação, diferentemente das segundas que, para evitar cumulação de regimes (nacional e dos tratados) num mesmo período de tributação, defere-se a aplicação para o início do primeiro período imediatamente seguinte à entrada em vigor. Estas disposições costumam ter homólogas relativamente à cessação.

7.1.3. Efeitos dos tratados

Os tratados têm dois efeitos: negativo e positivo. Negativo, porque, desde que seja aplicável, o tratado impede a aplicação da lei interna, ainda que esta continue em vigor para todos os outros casos; positivo, porque não implica tributação imediata, isto é, não cria sujeição – apenas permite-a, tendo esta que estar prevista na lei interna.

7.1.4. Interpretação

Sendo um tratado, as normas aplicáveis à interpretação dos tratados, em geral, devem ser aplicadas, salvo regras especiais. Para isso, são relevantes os artigos 31º, 32º e 33º da Convenção de Viena sobre Direito dos Tratados. Tal significa a inadmissibilidade, em princípio, da aplicação das normas internas sobre interpretação.

Como dispõe o citado artigo 31º, o tratado deve ser interpretado «com boa fé», o que conduz a que a interpretação possa ser ampla, de modo a que se atinja o objectivo pretendido pelo tratado. Por outro lado, a interpretação de um tratado pode não ser aplicável a outro tratado, tendo de

---

[200] Sobre o conceito de boa fé num Relatório de 2001 das Nações Unidas escreve-se: «good faith requires fairness, reasonableness, integrity and honesty in international behaviour». Roy Rohatgi, *Basic International Taxation*, vol. I, pg. 17.

[201] Roy Rohatgi, *Basic International Taxation*, vol. I, pg. 17.

se ter em atenção o contexto, integrado pelo texto, preâmbulo e anexos, bem como outros documentos com relevância bilateral, contemporâneos ou subsequentes à conclusão do tratado (acordos, instrumentos, práticas e regras de direito internacional aplicáveis) (citado artigo 31º). Se o resultado desse trabalho for ambíguo ou obscuro ou manifestamente absurdo ou incoerente, pode recorrer-se a outros meios suplementares, como trabalhos preparatórios e circunstâncias da sua conclusão, meios a que se pode também recorrer para confirmar o resultado a que se chegou através dos meios indicados anteriormente (artigo 32º).

Aliás, os tratados normalmente contêm definições de certos termos ou expressões, como sucede com o artigo 3º do MC-OCDE. No nº 2 deste artigo insere-se uma regra importante relativamente a termos não definidos noutras disposições: subordinação da definição, salvo o contexto do tratado, ao significado da lei fiscal, para fins dos impostos compreendidos no escopo material do tratado, do Estado que o aplica, significado que prevalece sobre o de qualquer outra lei desse Estado. Por último, o significado a que se recorre é o significado do momento da aplicação e não da conclusão do tratado (interpretação ambulatória).

No caso de dificuldades, mormente quando o significado encontrado pelo Estado que aplica o tratado é diferente do que dispõe a lei do outro Estado Contratante, deve recorrer-se ao procedimento amigável, fixando-se em Protocolo o significado a que se possa chegar bilateralmente.

Relativamente aos comentários do MC-OCDE, ainda que não sejam considerados como obrigatórios, i.e., como interpretação autêntica dos preceitos respectivos, são assaz úteis para a interpretação dos preceitos base.[202] Se é certo que o Modelo e os comentários resultam do trabalho de representantes dos Estados da Organização, eles não têm o poder de vincular esses Estados, daí que os textos sejam objecto de apenas Recomendação pelo Conselho da Organização para serem aplicados, isto é,

---

[202] Na introdução ao MC-OCDE, nos seus § 28 a 30, é apresentada a posição da Organização sobre a matéria. Reconhecendo a especial importância dos comentários no desenvolvimento do Direito Internacional Fiscal, revela que, ainda que não construídos para serem anexados aos ADT celebrados, são instrumentos rotineiramente utilizados. Quer pelas Administrações Fiscais na interpretação dos ADT específicos, actores que lhes dão, nas palavras da OCDE, grande peso, quer pelos contribuintes na decisão do seu comportamento económico, assumindo-os como instrumento de garantia na ausência de procedimento de informação vinculativa, quer pelos tribunais que, na aplicação do Direito têm-se baseado crescentemente nos comentários.

constituem *soft law* e não *hard law*. Claramente, não sendo obrigatórios, constituem, porém, um instrumento auxiliar da interpretação. Na melhor das hipóteses, poderão tais textos ser incluídos nos meios suplementares de interpretação referidos no artigo 32º da Convenção de Viena dos Tratados, embora possam suscitar-se muitas dúvidas: são trabalhos preparatórios do tratado ou circunstâncias da sua conclusão? E mesmo assim – o que se duvida – seriam necessários, como se escreveu, apenas para confirmar a interpretação? Ou antes apenas como os meios indicados no citado artigo 31º da Convenção de Viena, caso os normativos não conduzissem a significado certo, isto é, o texto continuasse ambíguo ou obscuro, manifestamente absurdo ou incoerente? [203]

7.1.5. Tratados *vs.* Direito da UE

Para o caso português é relevante ponderar a relação dos tratados internacionais de dupla tributação com o direito da UE. A compatibilização deve ser promovida. E aqui, o primeiro aspecto a considerar é o livre exercício da respectiva competência por parte dos Estados no quadro da legislação da tributação directa. Desde que conformados com as regras da UE e, dentre essas regras, com a liberdade de circulação dos factores de produção o Estado tem liberdade de celebrar ADT. Neste sentido, para além das disposições estabelecidas no quadro da cooperação e da harmonização, referem-se os acórdãos do TJUE, designadamente, acórdão C-520/02 *Turpeinen*, acórdão C-196/04 *Cadbury-Schweppes* e acórdão C-365/04 *Bouanich*.

No entanto, o artigo 351º do TFUE (ex-artigo 307º) estabelece: *"As disposições dos Tratados não prejudicam os direitos e obrigações decorrentes de convenções concluídas antes de 1 de Janeiro de 1958 ou, em relação aos Estados que aderem à Comunidade, anteriormente à data da respectiva adesão, entre um ou mais Estados--Membros, por um lado, e um ou mais Estados terceiros, por outro. Na medida em que tais convenções não sejam compatíveis com os Tratados, o Estado ou os Estados--Membros em causa recorrerão a todos os meios adequados para eliminar as incom-*

---

[203] E o problema adquire maior amplitude quando já se pretende aplicar os comentários com alteração posterior à adopção do respectivo artigo. O absurdo torna-se patente, por exemplo, quando no Projecto de 1963 se previa apenas a troca de informações a pedido e posteriormente foram previstas outras modalidades. A aplicação retroactiva, ao arrepio total do que estava estabelecido antes, poderia apenas justificar-se quando o valor geral dos comentários fosse o de uma interpretação autêntica o que, como foi escrito, não sucede. Carece, pois, de justificação o que consta na versão de 2008 do MC-OCDE em sentido não coincidente.

patibilidades verificadas. Caso seja necessário, os Estados-Membros auxiliar-se-ão mutuamente para atingir essa finalidade, adoptando, se for caso disso, uma atitude comum. Ao aplicar as convenções referidas no primeiro parágrafo, os Estados-Membros terão em conta o facto de que as vantagens concedidas nos Tratados por cada um dos Estados-Membros fazem parte integrante do estabelecimento da União, estando, por conseguinte, inseparavelmente ligadas à criação de instituições comuns, à atribuição de competências em seu favor e à concessão das mesmas vantagens por todos os outros Estados-Membros". Em conformidade, já no antigo acórdão *Avoir Fiscal* se podia ler: «direitos conferidos pelo artigo 43º do tratado são incondicionais e um Estado Membro não pode respeitá-los sujeito ao contido num acordo concluído com outro Estado Membro».

7.1.6. Hierarquia do Direito da UE, dos Tratados e da Lei Nacional

Atenta a hierarquia das fontes de direito, as normas de direito comunitário europeu prevalecem, precedem as dos tratados e, por último, as da lei interna (artigo 8º da Constituição da República Portuguesa).

Na prática, significa atender-se se a situação está abrangida por normas comunitárias, quanto à harmonização, *maxime* directivas e, no caso afirmativo, aplicar-se o nelas disposto, com ressalva do transcrito artigo 351º do TFUE. No caso negativo, tem de verificar-se se existe tratado e, no caso afirmativo, aplicar-se a respectiva regra, quer o beneficiário seja ou não da UE. No caso de inexistência de tratado, aplicar-se-ão as regras nacionais. O que significa que, no mesmo tipo de rendimento, podem ser aplicadas três tributações, consoante as circunstâncias.

7.1.7. *Treaty override*

Como se viu, um princípio fundamental relativo aos tratados é *pacta sunt servanda*, o que se compreende dada a boa fé que deve presidir à sua celebração e execução. Assim, não deve um Estado Contratante estabelecer normas que contrariem o respectivo conteúdo. Mas se o fizer?

Se a situação for prevista no tratado, não existirão consequências para além das que porventura nele forem estabelecidas. No caso de não previsão, aplicam-se as regras do direito internacional público. De qualquer modo, não pode constituir justificação a circunstância de o tratado ter sido incorporado na ordem interna através de uma disposição nacional que poderá ser revogada por outra nas circunstâncias admitidas pela mesma ordem interna.

Perante a situação há a distinguir consoante o *override* é intencional ou não intencional. O caso da intencionalidade é o mais grave.

Já em 2 de Outubro de 1989, o Conselho da OCDE, no *Report on Tax Treaty Override*, recomenda aos Estados Membros "1. *To undertake promptly bilateral or multilateral consultations to address problems connected with tax treaty provisions, whether arising in their own country or raised by countries with which they have tax treaties; 2. To avoid enacting legislation which is intended to have effects in clear contradiction to international treaty obligations*" e instruiu "*The Committee on Fiscal Affairs to follow developments in this area and to bring to the attention of the Council any action which would constitute a material breach of Member countries' international treaty obligations*".

Um dos exemplos de *treaty override* é o praticado pelos EUA através do FATCA (*Foreign Account Tax Compliance Act*)[204]. Através desse acto normativo retrigem-se os benefícios estabelecidos pelos tratados bilaterais celebrados pelos Estados, se não forem preenchidas condições estabelecidas no FACTA. Nesse caso, aplicar-se-ão taxas especiais perante as estabelecidas nos tratados. Poderia argumentar-se que a aplicação de taxas mais elevadas seria uma consequência de não se trocarem informações, troca estabelecida nos tratados bilaterais, mas tal não consta dos tratados. Obviamente que, face ao *override*, pode modificar-se o tratado em questão, mas teria de ser ao menos num Protocolo, o que se afigura não serem os acordos intergovernamentais celebrados em consequência do FACTA[205].

7.1.8. Abuso dos Tratados – remissão

As disposições dos tratados com regras de tributação favoráveis aos contribuintes são objecto, através de diversas vias, de seu aproveitamento por quem não tem direito a esse tratado ou às regras favoráveis nele contidas. Atendendo ao cruzamento da temática com a matéria da evasão fiscal, especificamente, quanto aos esquemas utilizados e quanto aos meios

---

[204] Cfr. capítulo da Evasão Fiscal no presente estudo. Contudo, adianta-se ser uma lei norte-americana aprovada com o intuito de combater a evasão fiscal, quanto aos rendimentos e demais ganhos de investimentos efectuados fora daquele país. Um regime que entrou em vigor em Julho de 2014 e que levou Portugal a celebrar com os Estados Unidos da América um acordo intergovernamental – os IGAs: *Intergovernmental Agreements* – que prevê a troca anual de informações fiscais.

[205] Sobre este matéria e orientação, cfr. Mike McIntyre, *A Defence of Treaty Overrides*, vol. 1, issue 6 1/6 Tax Notes International pág. 611-614 (December 1990).

estabelecidos para o respectivo combate, será nesse capítulo que será tratado este tema.

II. OS TRABALHOS DAS ORGANIZAÇÕES INTERNACIONAIS
1. OCDE

Precedido por uma recomendação relativa a dupla tributação, de 25 de fevereiro de 1955, foi criado, no ano seguinte, o Comité Fiscal da então denominada Organização Europeia de Cooperação Económica (OECE). Este foi encarregado de elaborar um projecto de convenção destinada a eliminar as duplas tributações sobre o rendimento e o património. O projecto foi publicado em 1963, depois de quatro relatórios. Contendo 25 artigos, o projecto reflecte a orientação dos países desenvolvidos. Tendo, entretanto, a Organização passado a denominar-se Organização de Cooperação e Desenvolvimento Económicos (OCDE), o mandato do Comité foi renovado, sendo substituido, em 1971, pelo Comitê dos Assuntos Fiscais que, no seu mandato, incluía a revisão do projecto. Em 1977, a nova versão, agora como modelo, foi objecto de recomendação do Conselho da Organização. Seguiram-se outras versões em 1992, 1994 (não publicada), 1996, 1998, 2000, 2003, 2005, 2008, 2014 e 2017.

Como se escreve na Introdução ao MC-OCDE, "*É esse ["aplicação por todos os países de soluções comuns a casos idênticos de dupla tributação"] o principal objectivo do Modelo de convenção fiscal sobre o rendimento e o património da OCDE que permite resolver de maneira uniforme os problemas que se suscitam mais commummente no domínio da dupla tributação jurídica internacional*". O certo é confirmar-se a consagração da perspectiva de países desenvolvidos, o que resulta da composição da Organização por ocasião das respectivas elaborações.

Não se fará uma análise pormenorizada do conteúdo do MC-OCDE. Essa seria uma longa e complexa tarefa que exigiria um manual por si. Contudo, julgo útil assinalar que se consideram disposições-chave do modelo os artigos 5º (estabelecimento estável), 10º (dividendos), 11º (juros), 12º (royalties), dentre outras.

A versão do MC-OCDE de 2017 foi aprovada contendo modificações, algumas originadas pelo BEPS[206], outras, resultantes de trabalhos concomitantes. Designadamente, em virtude do BEPS, foram alterados o Título e o Preâmbulo, introduzido um novo artigo (29º) e modificações noutras

---

[206] Para uma análise do BEPS e do impacto deste, cfr. o trabalhado no capítulo da fraude, evasão e planeamento fiscais.

disposições (artigos 5º e 25º), bem como os comentários (artigos 1º, 2º, 7º e 9º). Como alterações de aspectos sujeitos a comentários, foram modificados os artigos 3º, nº 1, alínea e), 8º, 15º, nº 3 e, consequentemente, artigos 6º, 13º e 22º. Foram ainda e introduzidas alterações aos comentários ao artigo 5º e às disposições modificadas relativas ao transporte. Como alterações publicitadas anteriormente, supressão do contido entre parêntesis no artigo 10º, nº 2, alínea a) e modificação dos comentários aos artigos 4º e 5º. Além do referido, verificam-se mudanças e adições às reservas e observações incluídas no Modelo.

Há a acrescentar que o Modelo reveste-se de importância por se ver assumido, não só entre Estados membros e outros, mas também por servir de base ao modelo da Organização das Nações Unidas. A mudança do título do modelo, em 1992, deixando de referir a dupla tributação passando a modelo de convenção fiscal sobre o rendimento e o capital, teve o objectivo de deixar de excluir a prevenção da fraude fiscal (*tax evasion*) e a não discriminação como o título anterior implicitamente o fazia. Finalmente conclui-se pela dificuldade de uma convenção multilateral, embora possa ser mais ampla que a bilateral porque pode compreender grupo de países e sujeita a adaptações (exemplo a Convenção Nórdica de 1983 substituída em 1987, 1989 e 1996, com Protocolos em 1997 e 2008)).

2. ONU

Após proposta, em 1947, da Comissão das Finanças Públicas para rever os trabalhos realizados pela Sociedade das Nações relativos aos problemas internacionais fiscais, a matéria foi por ela objeto de análise em reuniões sucessivas (1949, 1951 e 1953), cessando esta atividade em 1954.

Em 1968, foi constituído o *Ad Hoc Group of Experts on Tax Treaties Between Developed and Developing Countries* que teve oito reuniões de 1969 a 1979, ocupando-se, a partir de 1973, de outras matérias, de entre elas da fraude e evasão fiscais. Os trabalhos prosseguiram através do *Ad Hoc Group of Experts on International Cooperation in Tax Matters*, com âmbito mais amplo para além dos tratados e que reuniu onze vezes, a última das quais em 2003, tendo, em 2005, o Grupo mudado de nome e regulamentação, passando a ser *Committee of Experts on International Cooperation in Tax Matters* com a primeira reunião em 2005 e que, em 2017, realizou as suas 14ª e 15ª reuniões.

Do labor da Organização resultaram nomeadamente *United Nations Model Double Taxation Convention between Developed and Developing Coun-*

tries (1980, 2001 e 2011, estando previsto uma nova versão), *Manual for the Negotiation of Bilateral Tax Treaties between Developed and Developing Countries* (1979, 2003 e 2016) precedido, em 1974, por *Guidelines for Tax Treaties between Developed and Developing Countries, Guide to the Mutual Agreement Procedure under Tax Treaties* (2012) e ainda o *United Nations Handbook of Selected Issues in Administration of Double Taxation Tax Treaties for Developing Countries*, este com com a colaboração do *International Tax Compact (ITC)*, em 2013 e *Papers on Selected Topics in Negotiation of Tax Treaties for Developing Countries* (2014).

O modelo de 2011, aliás, como as outras versões, integra o *soft law* e assenta no modelo da OCDE com o mesmo objecto. Assumindo ser o MC--OCDE um modelo que reconhece primazia aos estados exportadores líquidos de capitais, ou países desenvolvidos, o modelo da ONU propõe a modificação de algumas regras. Designadamente, altera-se pormenores sobre a noção de estabelecimento estável e sobre o reconhecimento de maior possibilidade de tributação no estado da fonte. Por exemplo, quanto aos royalties, em que o MC-OCDE não reconhece poder de tributação ao Estado da fonte.

No texto de 2011 foram considerados o artigo sobre mais valias (artigo 13º, nº 5) de modo a evitar abusos possíveis bem como a possibilidade de arbitragem quando o procedimento amigável não puder resolver o litígio (artigo 25º). Ressalta-se ainda a confirmação e clarificação da importância de troca de informações (artigo 26º) e a introdução da assistência a cobrança (novo artigo 27º). Oferece-se a possibilidade de texto alternativo para o artigo sobre estabelecimento estável (artigo 5º), assim como não se propõe a eliminação da disposição relativa às profissões independentes, como fez o MC-OCDE, acrescentando-se novo elemento de conexão (artigo 14º). Por último, procedeu-se a modificação dos comentários relativos a outros artigos (1º, 3º, 7º, 10º, 11º e 12º), bem como melhorias de aspectos linguísticos.

Em reacção ao BEPS, espera-se alterações no modelo da ONU, mas até ao momento não houve resultados.

3. União Europeia

A então Comunidade Económica Europeia, baseada no artigo 220º do Tratado de Roma, preocupou-se com uma convenção multilateral para eliminar a dupla tributação no respectivo interior. Foi criado, em 1960, o

Comité Fiscal e Financeiro constituído por peritos independentes que, em 1962, considerou conveniente, em certas circunstâncias, a celebração de uma convenção multilateral que substituiria as convenções bilaterais.

Em 1963, a OCDE publicou o projecto já acima referido e com base nele a Comissão iniciou o estudo das duplas tributações, desigdamente reflectindo sobre se a convenção multilateral *"era possível e indispensável"* ou se a eliminação da dupla tributação dependeria de harmonização. O Grupo de trabalho V elaborou, em 1968, o anteprojecto de convenção europeia sobre dupla tributação, nada, porém, ocorrendo depois.

Para além deste trabalho a plurilocalização é regulada, por exemplo, em certas directivas como as relativas às sociedades mães e filhas e às fusões, cisões e entradas de activos entre sociedades.

A União Europeia (UE) tem-se ocupado da dupla tributação como realidade que prejudica o bom funcionamento do Mercado Interno. Nomeadamente, são indicados os conflitos existentes entre as regras da UE e os tratados bilaterais celebrados entre os Estados Membros e destes com terceiros Estados, tal como a aplicação dos tratados bilaterais em situações triangulares. Em face dos problemas apontados colocou-se a possibilidade de uma versão UE do MC-OCDE ou a construção de um tratado multilateral. Opina-se, no entanto, por uma coordenação gradual e medida (*gradual and measured coordination*) das políticas dos Estados, comprometendo-se a Comissão com um documento para 2006 sobre a estratégia a médio e longo prazo.[207]

Em 2001, uma Comunicação sobre *A política fiscal da União Europeia: prioridades para os próximos anos* [COM (2001)260 final, de 23.5.2001] relevou a liberdade dos Estados de escolha dos seus sistemas fiscais, devendo as acções fiscais ter em consideração os princípios da subsidiariedade e da proporcionalidade. Afirmou-se que, para muitos problemas fiscais, apenas uma melhor coordenação das políticas nacionais era necessária. Nomeadamente, *"se se pretende evitar que a solução dos problemas transfronteiras relacionados com a tributação do rendimento das pessoas singulares seja deixado ao critério do Tribunal de Justiça, importa melhorar a a coordenação a nível da UE"*. Especificamente em relação aos impostos sobre o rendimento das pessoas

---

[207] Woking Document, *EC Law and Tax Treaties*, June 2005, Ref.: TAXUD E1/FR DOC (05) 2306 (https://ec.europa.eu/taxation_customs/sites/taxation/files/resources/documents/taxation/personal_tax/double_tax_conventions/eclawtaxtreaties_en.pdf) Consultado em 4 de Janeiro de 2018.

singulares, essa liberdade é sublinhada, reconhecendo-se necessidade de coordenação para assegurar as liberdades e suprimindo-se os obstáculos, bem como evitar a dupla tributação e a dupla não tributacão involuntária, objectivo também assinalado no quadro da tributação das sociedades. Nesse sentido, foram publicadas duas comunicações, uma relativa à *eliminação dos obstáculos fiscais aos regimes de pensões profissionais transfronteiras* [COM (2001) 214 final, de 19.4.2001] e da *tributação dos dividendos das pessoas singulares no mercado interno* [COM (2003) 810 final, de 19.12.2003]. A liberdade dos Estados Membros é respeitada, sem prejuízo das liberdades de circulação dos trabalhadores, dos serviços e dos capitais, assim como a liberdade de estabelecimento. Nesses actos normativos, as referências à dupla tributação são múltiplas, mencionando-se a possibilidade do "recurso a abordagens não legislativas ou a soluções jurídicas não vinculativas", no caso "dos tratados bilaterais em matéria fiscal concluídos pelos Estados-Membros entre si e com países terceiros".

Em 2006, uma Comunicação [COM (2006) 823 final, de 19.12. 2006] visando *coordenar os sistemas de fiscalidade directa dos Estado-Membros no mercado interno*, não harmonizados, considerou-se ser a *"dupla tributação internacional [...] um importante obstáculo às actividades e ao investimento transfronteiras na União Europeia. A sua eliminação é, por conseguinte, um objectivo e em princípio de base de qualquer solução coordenada [...]. Trata-se de um exemplo clássico de um obstáculo ao mercado interno decorrente da falta de coordenação entre os sistemas fiscais nacionais que pode ser resolvido apens pela cooperação entre os Estados-Membros."* Daí que, para além de iniciativas específicas, ser necessária *"uma solução mais geral para uma dupla tributação devida ao conflito dos direitos de tributação"* e, nesse sentido, seria explorado com os Estados-Membros *"o âmbito de aplicação de um mecanismo de resolução de litígios eficaz e generalizado para tratar de um modo mais geral os problemas da dupla tributação na União Europeia"*. A dupla não tributação e os abusos, resultantes das *"lacunas existentes entre os sistemas fiscais devido à falta de coordenação"*, continua a afirmar-se, *"são igualmente prejudiciais para os interesses do mercado interno porque afectam a equidade e o equilíbrio dos sistemas fiscais dos Estados-Membros"*, devendo ser impedidos. Considera-se possível a respectiva resolução *"por uma melhor coordenação das regras dos Estados-Membros e pelo reforço da cooperação no respeitante à aplicação da legislação"*.

Numa outra Comunicação [COM (2010) 769 final, de 26.12.2010] sobre *Eliminar os obstáculos fiscais transfronteiras em benefício dos cidadãos da UE*, *visando as soluções para os problemas de discriminação fiscal sofridas pelos cidadãos da UE*, a dupla tributação é referida várias vezes, identificando-se as suas causas (conflitos da residência fiscal, as limitações do montante do crédito do imposto disponível previsto nas convenções de dupla tributação e, nalguns casos, pela inexistência de convenções, como no caso de imposto sobre as sucessões), mencionando-se *"a não necessidade nem a exequibilidade" de harmonizar " todos o aspectos das disposições fiscais dos Estados-Membros", mas as soluçöes deverão considerar" os interesses legítimos dos cidadãos no domínio da livre circulaçâo, como estabelecida pelos tratados.*" Especificamente, quanto às duplas tributações dos rendimentos e do capital, evoca a Comunicação a necessidade de medidas para além das incluídas nas convenções bilaterais de modo a prevenirem as duplas tributações. Assim, prevê adoptar, em 2011, uma Comunicação com a análise do problema, com vista a apresentar, em 2012, soluções possíveis *"com base numa avaliação de impacto, como um mecanismo vinculativo de reolução de litígios [...] a fim de colmatar as lacunas das convenções fiscais bilaterais celebradas pelos Estados-Membros para evitar a dupla tributação do rendimento e do capital"*, concluindo com um apelo para a congregação dos esforços de todos os envolvidos.

Em Comunicação de 2011, sobre a *Dupla Tributação no Mercado Único*, a Comissão[208], recordando as conclusões do Conselho Europeu de Maio e Junho de 2011 sobre *"a inocuidade de coordenação pragmática das políticas fiscais como elemento de uma coordenação de política económica mais forte na área do euro para apoiar a consolidação financeira e o crescimento económico"*, e referindo que *"os sistemas fiscais da UE não contribuem para simplificar o presente quadro legal"*, e que *"o encontro das liberdades fundamentais das actividades de trocas fronteiriças no mercado único da UE pelas empresas e cidadãos não deveriam nunca conduzir a tributação aumentada em comparação com a tributação de contribuintes similares dentro dos próprios Estados Membros"*, afirma que *"a dupla tributação num contexto transfronteiriço como resultado de interacção inconsistente de diferentes sistemas fiscais, é um impedimento maior e um desafio real para o mercado único"*, preocupando-se também com a dupla não tributação. Escreve-se ainda: *"O princípio que a dupla tributação resultante de políticas fiscais não coordenadas deve ser removida deveria ser um elemento claro de uma estratégia a longo prazo da Comissão".* Esta Comunicação identifica *"os problemas da dupla tributação transfronteiriça e os seus impactos no Mercado Interno, quais as soluções encontra-*

---

[208] COM (2011) 712 final.

das e as áreas de que necessitam ulteriormente acções coordenadas de modo a prevenir a dupla tributação e assegurar um método efectivo, recuperado e barato para resolver disputas em conflitos de dupla tributação". Acentua-se, porém, que a dupla tributação não é contrária aos Tratados da UE, na medida em que resulta do exercício paralelo da soberania fiscal dos relativos Estados Membros, concluindo-se que "*no estado actual do direito da UE, na ausência de uma iniciativa da UE, os Estados Membros não estão obrigados a prevenir a dupla tributação do último tipo, que poderia também chamar-se dupla tributação não discriminatória, desde que este fenómeno não caia no âmbito das liberdades fundamentais*". Escreve-se depois que o conjunto das regras destinadas a prevenir a dupla tributação deve ser transparente, evitando interpretações divergentes, que a dupla tributação não aliviada aumenta a carga fiscal total, podendo ter impacto negativo no investimento de capital, podendo desencorajar os investimentos de fora da UE e afectar a competitividade das empresas da UE, transformando-se não numa carga (*burden*) mas num obstáculo (*barrier*) à actividade económica, mencionando-se "*a inadequação dos mecanismos existentes para evitar a dupla tributação*". Depois de serem mencionadas as respostas correntes e a sua limitação para resolver os principais problemas – as directivas «sociedades-mães e afiliadas, de juros e royalties, a convenção arbitral, os resultados do Forum Conjunto dos Preços de Transferência e a Recomendação sobre procedimento de alívio das retenções na fonte, mencionando ainda a proposta de directiva sobre a Matéria Colectável Comum Consolidada do Imposto sobre as sociedades (MCCCIS) –, referiu os tratados como insuficientes e indicou soluções possíveis: reforço dos instrumentos existentes – indicando uma proposta de modificação da directiva dos juros e royalties –, a extensão do âmbito das convenções de dupla tributação – completando a rede das convenções entre os Estados Membros (na ocasião 27), encorajamento do diálogo entre os Estados Membros no caso de litígio, impedindo a conclusão de um tratado, situações triangulares e de impostos não abrangidos pela convenção, nomeadamente os impostos sobre sucessões –, o tornar mais coerente a interpretação e aplicação das convenções entre os Estados Membros, o facilitar e o acelerar a resolução de disputas no quadro da UE, mencionando-se a convenção de Arbitragem. Por último, são indicadas as iniciativas ulteriores e as conclusões, relevando-se a proposta do MCCCIS (Maio de 2011) e da directiva sobre juros e royalties (com a Comunicação que se está a seguir de Novembro de 2011). Devendo ser apresentada a curto prazo proposta sobre os obstáculos fiscais relativos ao imposto sobre sucessões, continuando a utilização do Forum Conjunto sobre Preços de Transferência e apresentando ainda soluções sobre a tributação dos dividendos pagos no caso de investimentos de carteira (a ser em 2012) e sobre outras opções referidas na Comunicação (Forum sobre dupla tributação na UE, Código de Conduta sobre Dupla Tributação e um modo mais eficiente de regularização de conflitos) e dupla não tributação.[209]

A questão da dupla não tributação merece uma referência, ainda que agora não extensa. A temática tem-se apresentado como preocupação adicional, resultante de actos não desejados pelas Administrações Fiscais, sendo elemento corrosivo da equidade dos sistemas fiscais e contributo para a redução indevida de receita fiscal. Trata-se da dupla não tributação indesejada e contrária ao espírito do(s) legislador(es) fiscal(is). Tendo em atenção os seus efeitos nefastos, na sequência da citada COM (2012) 712 final, procedeu-se a uma consulta pública sobre o tema (TAXUD D1 D (2012)).[210] No documento base para a citada consulta, determinava-se que a dupla não tributação ocorre quer quando existe ausência de tributação ou até mesmo quando a tributação é extremamente baixa (pág. 3), colocando-se a questão sobre oito situações passíveis de originá-la – *Mismatches of entities; Mismatches of financial instruments; Application of Double Tax Conventions leading to double non-taxation; Transfer pricing and unilateral Advance Pricing Arrangements; Transactions with associated enterprises in countries with no or extremely low taxation; Debt financing of tax exempt income; Different treatment of passive and active income; Double Tax Conventions with third countries; Disclosure*. Em 5 de Julho de 2012 foi apresentado o *summary report of the responses recieved* e as conclusões maiores assentaram no facto de haver muita dificuldade no elenco das situações de dupla não tributação, tendo os empresários demonstrado muitas dúvidas quanto ao que verdadeiramente constitui dupla não tributação. O certo é que muitas organizações reforçaram a ideia de que esse deveria ser um assunto deixado à soberania nacional, sendo tratada, não de modo individual, mas antes integrado

---

[209] Também o Parlamento Europeu, em 2012, se ocupou da matéria da dupla tributação no seu Relatório Anual sobre Fiscalidade Resolução do Parlamento Europeu, de 2 de fevereiro de 2012 (2011/2271(INI)).

[210] Notar que já anteriormente a Comissão Europeia se havia pronunciado contra os fenómenos de dupla não tributação, tomando-a como indesejada. *Taxation in the European Union*, SEC(96) 487 final (20 Março de 1996), pág. 13 (*"[t]he Single Market is clearly not compatible with either double taxation of the same taxable base or no taxation at all"*).

com a dupla tributação. Também a Recomendação da Comissão C (2012) 8806 final menciona a importância de combater a dupla não tributação no quadro do planeamento fiscal agressivo ao reconhecer que esta figura "*consiste em tirar partido dos aspetos técnicos de um sistema fiscal ou das assimetrias existentes entre dois ou vários sistemas fiscais, a fim de reduzir as obrigações fiscais. Pode assumir diversas formas. Entre as consequências desta prática, refiram-se as duplas deduções (por exemplo, a mesma perda é deduzida tanto no Estado da fonte como no Estado de residência) e a dupla não tributação (por exemplo, rendimentos não tributados no Estado da fonte são isentos de imposto no Estado de residência)*". Como forma de contrariar tal possibilidade, compreende-se que se tenha introduzido, dentro da proposta de cláusula a ser incluída nos ADT, a seguinte obrigação: "*Sempre que, com o objetivo de evitar a dupla tributação através de normas nacionais unilaterais, os Estados-Membros isentarem de imposto um determinado elemento de rendimento gerado noutra jurisdição em que não esteja sujeito a imposto, os Estados-Membros são encorajados a assegurar que esse elemento é tributado*". Não deixar de invocar que a questão é igualmente preocupação da OCDE, sobretudo a partir do projecto BEPS. Em documento de 2013, a organização internacional reconheceu expressamente que a dupla não tributação pode conduzir a uma "*reduction of the overall tax paid by all parties involved as a whole, which harms competition, economic efficiency, transparency and fairness*" (OECD, *Action Plan on Base Erosion and Profit Shifting* (OECD, 2013), pág. 15). Por isso, no âmbito do BEPS foi, nomeadamente, desenvolvido trabalho sobre os híbridos, realidade que permite a possibilidade de dupla não tributação (*Hybrid Mismatch Arrangements: Tax Policy and Compliance Issues*).

Em 2015, no denominado *Plano de Acção Fiscal* [COM (2015) 302 final, de 17.6.2015 – *Um sistema de tributação das sociedas justo e eficaz na União Europeia: cinco domínios de acção prioritários*], refere-se a dupla tributação como algo a ser evitado, a propósito dos preços de transferência, pois o prejuízo que poderia provocar ao desenvolvimento do Mercado Único seria assaz negativo. Afirma-se ser a sua análise central, no quadro da tributação das empresas. Porém, espaço existe ainda para apresentar a necessidade de igualmente evitar que as regras relativas à prevenção não conduzam à dupla não tributação.

Em 2016, numa comunicação da Comissão que aprova o *Pacote Antielisão Fiscal: Próximas etapas para uma tributação eficaz e maior transparência fiscal na UE* [COM (2016) 23 final, de 28 de Janeiro de 2016], surge uma referência à dupla tributação no sentido combater o respectivo risco. Por haver receio por parte das empresas que, da aplicação de medidas contra o planeamento fiscal agressivo, possam resultar ou dupla tributação ou litígios entre os Estados relativos à base tributável, por forma a reduzir ao mínimo a verificação deste risco agora mencionado, são referidas medidas específicas como as incluídas na directiva anti-elisão (o benefício de deduções fiscais pelos impostos pagos no outro Estado) e, no caso das CFCs, regras mais específicas. Em face do exposto afirma-se que, além disso, seria apresentada uma proposta sobre o aperfeiçoamento dos procedimentos da resolução dos litígios, a partir de mecanismos de resolução de litígios em matéria de dupla tributação.

Também em 2016, numa Comunicação sobre *uma estratégia externa para uma tributação efectiva* [COM (2016) 24 final, de 28.1.2016], pode ler-se, sob a epígrafe "Medidas destinadas a incentivar a transparência e a tributação equitativa em jurisdições incluídas nas listas (de espaços fiscais não cooperantes)", uma referência ao riscos mais elevados de dupla tributação de empresas actuando nessas jurisdições, dadas as medidas defensivas dos Estados-Membros. Continuando ainda no ano de 2016, uma outra comunicação sobre *medidas futuras destinadas a reforçar a transparência e a combater a elisão e a evsão fiscal* [COM (2016) 451 final 5.7.2016l], referindo-se ao plano de acção da Comissão para uma tributação justa e eficaz [COM (2015) 302 final], releva-se: "O plano de acção define as bases para uma abordagem pluridimensional da UE de luta contra o planeamento fiscal agressivo e os regimes que o encorajam, ao mesmo tempo que reduz ao mínimo o risco de uma dupla tributação injustificada".

Na Directiva que estabelece regras contra as práticas de elisão fiscal com incidência directa no funcionamento do mercado interno [Directiva (UE) 2016/1164 do Conselho, de 12 de Julho de 2016], são preceituadas, no quadro do cálculo dos rendimentos das sociedades estrangeiras controladas, regras " para garantir a ausência de dupla tributação " (artigo 8º nºs 5 a 7).

Já em 2017, foi publicada uma directiva relativa aos *Mecanismos de resolução de litígios em matéria fiscal na União Europeia* [Directiva (UE) 2017/1852 do Conselho, de 10 de Outubro de 2017]. Nesta Directiva são estabelecidos "mecanismos na União que garantam uma resolução eficaz dos litígios relativos à interpretação e aplicação (...) das convenções fiscais bilaterais e da Convenção de Arbitragem da União, em especial no que se refere aos litígios que dão origem a uma dupla tributação", atento os "sérios obstáculos fiscais" criados pelas diferenças de interpretação ou aplicação mencionadas.

Da leitura cruzada destes documentos resulta a consideração da importância da dupla tributação, da necessidade da sua eliminação, assim como da procura de ser evitada a dupla não tributação, embora esta com limitações.

Embora a MCCCIS seja assinalada como meio de não ocorrência da dupla tributação e esta seja evitada por regras de directivas, não se voltou à discussão, ao menos formal, de uma convenção multilateral. Se tal objectivo não foi conseguido quando estavam envolvidos apenas seis países, com nível de desenvolvimento semelhante, agora muito mais difícil, para não escrever impossível, de conseguir, perante a existência de mais de vinte cinco Estados, com níveis de desenvolvimento diferentes e, por conseguinte, interesses diversos.

Capítulo III
Fraude, Evasão e Planeamento Fiscais Internacionais

I. DELIMITAÇÃO DO TEMA. NOÇÃO DE FRAUDE, EVASÃO E PLANEAMENTO FISCAIS[211]

Para além de outras reacções relativas ao imposto[212] podem ser colocadas três vias face a não se desejar ser tributado: a fraude, a evasão e o planeamento.

É certo que o termo planeamento pode, em linguagem usual, abranger todas as outras figuras, visto planear significar fazer o plano, esboçar, idear, projectar e tencionar. Sendo assim, quando se entenda não pagar impostos, tem de se planear. No entanto, julga-se que importa considerar as realidades, não numa perspectiva de linguagem usual, mas técnica. E aí há razão para as distinguir.

Na fraude (*tax evasion*) viola-se ostensivamente a lei, age-se contra o que nela é estabelecido (não se declara o rendimento, não se declara o valor real da transacção, ...) – age-se *contra legem*.

Como contraponto, no planeamento fiscal (*tax planning*) o contribuinte actua conforme o que a lei estabelece, quer literalmente quer no seu espírito (estabelece-se uma isenção para incentivar a regionalização e o contribuinte instala-se na região, concede-se um benefício fiscal para se estimular o emprego e admite-se um empregado ...) – actua-se *intra lege*m[213].

---

[211] Sobre toda esta matéria, cfr. Pires, Manuel e Pires, Rita Calçada, Direito Fiscal, 5ª edição. Coimbra: Almedina, 2012, pág. 180 e ss.
[212] Como as greves, as revoltas, a resistência fiscal e a abstinência fiscal.
[213] Poderá colocar-se a questão de saber se o princípio da igualdade, nas suas vertentes generalidade e capacidade contributiva, bem expresso no artigo 13º da nossa Constituição, não deverá conduzir a afastar o planeamento fiscal. A resposta deverá ser negativa. Basta

Por último, a evasão (*tax avoidance*), como realidade intermédia, significa o cumprimento de uma norma alternativa (norma de cobertura) para atingir o efeito económico da norma que se aplicaria sem mais (norma iludida), mas que se pretende evitar por implicar uma maior tributação (redução total ou parcial) ou aspectos relativos (diferimento do pagamento) – age-se *extra legem*. Utiliza-se, pois, anormalmente uma norma. É uma conduta onde há artificialidade, embora não haja simulação, porque a pessoa quer aquele acto, aquela conduta. Na evasão, a conduta não cria o pressuposto da tributação, no planeamento também não o cria ou criando-o cria algo impeditivo da tributação, na fraude a conduta é posterior ao pressuposto. Verifica-se, pois, ser possível definir evasão. Contudo, como se verá, outra coisa é aplicar o conceito sem nunca se ter dúvidas ou dificuldades.

Contudo, nos últimos tempos tem vindo a invocar-se uma nova figura, o planeamento fiscal agressivo (PFA). A OCDE não o define, mas já indicou, no seu *"Aggressive Tax Planning Directory"*, mais de quatrocentos esquemas visando este comportamento.

Mas o que é planeamento fiscal agressivo?[214]

Para o efeito, são elucidativas afirmações constantes de documentos da UE, diferentemente de textos da OCDE que não são tão assertivos.

---

atentar que o planeamento desenvolve-se no âmbito da conformidade legal e, por outro lado, a Constituição, pelos seus dispositivos, inculca a livre iniciativa e esta deve ser competitiva. A *intentio facti* coincide com a *intentio iuris*.

[214] As terminologias utilizadas são múltiplas e diferenciadas, encontrando-se inclusivamente casos em que num mesmo documento várias e distintas são essas. A título de exemplo, veja-se que num documento da *Tax Justice Network*, refere-se a "elisão fiscal agressiva" que se define como "processo" que [...] ocorre quando pessoas e companhias realizam transacções usando brechas na legislação fiscal como objectivo de evitar os impostos sobre as transacções". E acrescenta que "muito do trabalho realizado nas parcerias fiscais e em grande parte da indústria do planejamento tributário, envolve explorar brechas fiscais lícitas com o propósito de planejamento fiscal, o qual envolve, em última instância, o treino de dezenas e talvez centenas, de milhares de contabilistas, advogados e banqueiros em uma actividade que é totalmente improdutiva e anti-social" In *Tribute-nos se for capaz*, edição em português, 2005, pág. 8; cfr. págs. 11, 12, 24, 25, 34 e 61. Contudo, antes deste conceito tinha-se escrito que "as leis fiscais do país têm brechas e falhas que podem ser exploradas por pessoas cujo objectivo é violar o espírito da lei". Cfr. ainda outra terminologia "elisão fiscal inaceitável", pág. 37 do documento mencionado. Aí refere-se evasão fiscal e elisão fiscal "agressiva", pág. 40 e "planeamento fiscal agressivo" pág. 44. Este processo, chamado "elisão fiscal agressivo" ocorre através do "uso de esquemas complexos cuja legalidade é incerta, para explorar brechas fiscais".

Escreve-se na COM (2012) 351 final, sobre os meios concretos para reforçar a luta contra a fraude fiscal e a evasão fiscal, incluindo em relação a países terceiros: *"O planeamento fiscal agressivo inclui o recurso a operações ou a estruturas artificiais e a exploração de diferença entre regimes fiscais"*. Enfatiza-se que o resultado desta prática passa por *"o que prejudica as regras fiscais dos Estados-Membros e agravar a perda de receitas fiscais."*[215] Outra comunicação gerando um *Plano de Acção para reforçar a luta contra a fraude e evasão fiscais* [COM (2012) 722 final, de 6.12.2012] a ele se refere, mencionando *"montagens complexas, por vezes artificiais, cujo efeito é transferir a sua [de alguns contribuintes] matéria colectável para outras jurisdições dentro ou fora da União. Ao fazê-lo, os contribuintes tiram partido das disparidades entre as legislações nacionais para garantir que determinados tipos de rendimentos não são tributados ou para explorar as diferenças e os termos de taxas de tributação. Ao pagar impostos, as empresas podem ter impacto positivo importante no resto da sociedade. O planeamento fiscal agressivo pode, assim, ser considerado contrário aos princípios da responsabilidade social das empresas."*[216]-[217]

Em 2015, foi apresentado no Parlamento Europeu uma *in-depth analysis* para o ECON Committee sobre *corporate tax practices and aggressive tax planning in the EU*. Neste documento, para lá da congregação das múltiplas evidências já anteriormente tratadas sobre a matéria, identificam-se as técnicas e os mecanismos mais utilizados para planeamento fiscal que dão espaço à criação de esquemas de PFA. Citando as deslocalizações de dívida, os arranjos com base em entidades e instrumentos híbridos, o abuso de tratados, a evasão artificial do estatuto de E.E. e as informações vinculativas ou os Acordos Prévios de Preços de Transferência, trabalha com a conjugação destes vários elementos para revelar um exemplo complexo de montagem artificial qualificada como PFA.

Procurando aprofundar a possibilidade de, objectivamente, conseguir comprovar a existência de PFA, surge o *Taxation Working Paper* nº 71 – 2017 – *Agressive Tax Planning Indicators. Final Report* – que apresenta dados eco-

---

[215] COM (2012) 351 final de 27.6.2012, *sobre os meios concretos para reforçar a luta contra a fraude fiscal e a evasão fiscal, incluindo em relação a países terceiros*, nota 1.
[216] COM (2012) 722 final, de 6.12.2012, *Plano de Acção para reforçar a luta contra a fraude e evasão fiscais*, nº 8.
[217] Não se desenvolve aqui a construção desenvolvida pelo Tribunal de Justiça da União Europeia por esta ser muito vasta e complexa, não cabendo a análise no âmbito do estudo apresentado.

nómicos que evidenciam a existência de estruturas de PFA para todos os Estados-Membros. Assente em dados quer macro-económicos quer micro--económicos, constrói-se uma linguagem caracterizadora através de indicadores que, em conjunto, serão vistos como importantes elementos de prova de PFA. De modo genérico assumem-se indicadores nacionais e bilaterais (e.g., taxa de imposto e receita fiscal, fluxo de royalties, indicadores de *treaty shopping*), indicadores de grupo de multinacionais (e.g., estrutura geográfica e carga fiscal relativa), indicadores de nível local empresarial (e.g., lucratividade, pagamento de juros e activos intangíveis) e indicadores que combinam os anteriores indicadores (e.g., baixa tributação, sociedades condutoras e entidades com redução da carga tributária).

Notar que, no espaço europeu, também o TJUE tem contribuído em muito para a delimitação do conceito de PFA. Cite-se, a título de exemplo, os casos *Cadbury Schwepps* (2006), *Halifax* (2006) e *Kofoed* (2008), estes com a construção de abuso de direito, mas também o *Barbier* (2003) e o *Foggia* (2011), com análise de arranjos artificiais.

Em Portugal existe um diploma que aborda a questão especificamente, o Decreto-Lei nº 29/2008, de 25 de Fevereiro, para prevenção e combate ao planeamento fiscal abusivo. A terminologia, no seu interior, varia entre abusivo e agressivo, parecendo ser a mesma realidade. O certo é que igualmente não se apresenta nenhuma definição da figura, apenas se institui um regime de *"obrigações de comunicação de esquemas ou actuações de planeamento fiscal agressivo que são propostos, promovidos e comercializados por diversas entidades, genericamente apelidadas de intermediários fiscais"*, referindo-se aos consultores fiscais.[218] Na sequência, a Administração Fiscal Portuguesa divulgou treze situações de PFA ao abrigo da legislação que sobre ele dispõe:[219]

- Utilização de uma sociedade gestora de participações sociais (SGPS) como veículo para a integração de activos no património de uma sociedade residente em território português;
- Criação artificial de menos-valias no âmbito do apuramento dos resultados da partilha de uma sociedade;

---

[218] Preâmbulo do diploma.
[219] Lista de esquemas de planeamento fiscal abusivo divulgado ao abrigo do artigo 15º do Decreto-Lei nº 29/2008, de 25 de Fevereiro. Fichas identificativas disponíveis no Portal das Finanças http://info.portaldasfinancas.gov.pt/NR/rdonlyres/BC481FC3-FD05-4960-BB58-D7D2D96790DC/0/DivulgacaoDL_2908PFA.pdf . Consultado em 1 de Junho de 2017.

- Aplicação do regime de eliminação da dupla tributação económica aos lucros distribuídos por sociedade residente em pais terceiro mediante a interposição de uma sociedade residente em Estado membro da União Europeia (UE) originando dupla não tributação de lucros distribuídos e o apuramento de menos-valias artificiais;
- Criação de uma estrutura de financiamento intra-grupo recorrendo a veículos constituídos para o efeito;
- Prestação de garantias através de sucursal financeira exterior constituída na (ZFM);
- Aproveitamento dos benefícios da Directiva 2003/49/CE, do Conselho, de 3 de Junho, em matéria de retenções na fonte sobre *royalties*;
- Venda de bens seguida da celebração de contrato de locação com o vendedor;
- Operação de aumento de capital de uma sociedade residente realizada previamente à alienação de partes sociais para reduzir a tributação das mais-valias;
- Cedência de ramo de actividade para aproveitar a dedução de prejuízos fiscais;
- Aproveitamento abusivo de convenção para evitar a dupla tributação;
- Encargos de financiamento de uma operação de aquisição das partes de capital de uma sociedade suportados pela entidade adquirida;
- Operação de titularização de créditos futuros;
- Utilização abusiva da figura da doação.

Não se pode confundir a figura do planeamento fiscal agressivo com o de planeamento fiscal legítimo. O planeamento, embora ligado a vantagem fiscal, não tem por objecto a realização de actos aproveitando lacunas na legislação fiscal com o objectivo de evitar os impostos que relativa a eles incidiria. Não sofre qualquer reprovação, mesmo que o legislador considere ilegítimo o planeamento, apesar de se verificarem as características por aquele indicado, deve manter-se como tal porque incompatível com reprovação legal.

Quanto ao facto de ser ou não uma figura que acresce à trilogia apresentada – fraude, evasão e planeamento –, não sendo o espaço imediato para a discussão profunda da matéria, defende-se, a bem do não acréscimo da complexificação da realidade internacional fiscal, ser o planeamento fiscal agressivo evasão fiscal, ou quanto muito um subtipo desta. Assim, ao referir-se evasão inclui-se a figura do planeamento fiscal agressivo.

Notar ainda que em vários documentos e vária doutrina se adopta a expressão elisão fiscal para enunciar a evasão e este último vocábulo para identificar a fraude. Não sendo o local para discussão pormenorizada sobre os conteúdos terminológicos, mantém-se a trilogia: fraude, evasão e planeamento fiscal.

1. Natureza da evasão

"A natureza jurídica do negócio através do qual se alcança uma menor tributação – evasão fiscal –, não tem sido objecto de unanimidade. Assim, tem sido considerado um acto simulado – mas não é, porque se está face a um acto querido pelas partes –, um abuso de direito, um acto de fraude à lei ou um negócio indirecto. O negócio utilizado visa atingir fins que não são os que correspondem à sua estrutura típica legal, o resultado mediato ou indirecto não é o adequado ao negócio que se utiliza, não lhe é próprio, daí ser atípico em referência ao tipo escolhido, o fim típico deste não é o fim que as partes pretendem atingir mas que ele possibilita, verificando-se, pois, dissonância entre o tipo escolhido e o fim que, no caso, é prosseguido e que se reveste de relevância no direito fiscal. O negócio indirecto é considerado pelos civilistas, em princípio, lícito – constitui manifestação da autonomia da vontade – já será, porém, fraudulento (fraude à lei) se visar circundar a tributação, existindo, pois, o *animus fraudandi*: sabe-se que a lei quer tributar em determinado momento ou circunstância e pretende-se diferir ou evitar essa tributação."[220]

No entanto, há que não duvidar não estar o contribuinte obrigado para além do que a lei estabelece. Esse escolhe entre alternativas legalmente possíveis, sendo estranho que opte por caminho mais fiscalmente penoso, quando dispõe de uma via menos onerosa. Por outro lado, a administração fiscal ou os tribunais não devem interpretar a lei fiscal em desconformidade com os cânones da interpretação, sendo inadmissível procurar, através da hermenêutica, colmatar lacunas do legislador, numa área em que os princípios da tipicidade e da segurança são fundamentais e, portanto, norteadores do Estado de Direito[221]. É neste equilíbrio complexo que se encontra a evasão e nele se identifica a sua natureza, bem como as suas fronteiras.

---

[220] Manuel Pires e Rita Calçada Pires, Direito Fiscal, 5ª edição. Coimbra: Almedina, 2012, pág. 184.
[221] Escreve-se ainda que a evasão implicaria um conflito negativo de leis. No entanto, não existe qualquer conflito, aqui negativo, remetendo-se para o que se escreveu a propósito da dupla tributação.

2. Evasão internacional

A liberdade de circulação de capitais, pessoas, bens e serviços, bem como o direito de estabelecimento, as inovações tecnológicas, os novos instrumentos financeiros, o desaparecimento de fronteiras fiscais, a economia paralela, o desenvolvimento das técnicas evasivas, etc, fenómenos todos estes caracterizadores da sociedade global, produzem o terreno propício para o aproveitamento das deficiências da lei, implicando diversas jurisdições e gerando a evasão e a sua intensificação.

Do exposto compreende-se ser objectivo da evasão modificar o resultado fiscal, minimizar ou eliminar a carga fiscal, utilizando, por exemplo, sobrevalorização dos gastos ou diminuindo ou eliminando rendimentos, através do respectivo desvio para a jurisdição conveniente, mercê de conexão com dois ou mais espaços fiscais, e, em especial, evitar a dupla tributação, associar o fenómeno da sucessão *mortis causa* a uma tributação inexistente ou reduzida ou permitir a organização de um grupo de sociedades sem inconvenientes fiscais, etc.[222]

Com a evasão, na sua relação com um tratado, gera-se uma situação que conduz o contribuinte a poder beneficiar da sua aplicação sem esta lhe estar verdadeiramente direccionada. E pode assumir uma de duas vias. Ou o denominado *treaty shopping*, onde quem não poderia beneficiar do tratado, por não ser residente de um dos Estados Contratantes, selecciona forma de estabelecer conexão com um dos territórios abrangidos e, assim, activar os benefícios decorrentes desse tratado. Ou o conhecido por *rule shopping*, onde, apesar de alguém estar abrangido pelo tratado e, poder por tal ter acesso aos seus benefícios, cria uma situação através de, designadamente, a qualificação do rendimento, por forma a poder ser aplicada outra regra desse tratado mais favorável do que aquela que em face da sua situação real seria aplicada.

A evasão, já difícil de combater no domínio interno de cada espaço fiscal, torna-se mais difícil ainda no domínio internacional. Porque implica a coordenação de mais do que uma ordem fiscal. Trata-se de actuação

---

[222] Podem, no entanto, ser colocadas questões fundamentais, no caso de sociedades multinacionais. Apurar se estas estão a actuar do modo indevido ou se estão, simplesmente, a proteger os interesses dos seus associados ou, em geral, a exercitar o direito de pagar apenas o que é exigível no contexto do internacional fiscal. Embora no aspecto ético a censura possa existir. E o problema é bem mais grave face aos países em vias de desenvolvimento, dadas as suas carências.

que se reflecte, nomeadamente, nos pressupostos da tributação de mais de um Estado, de forma a atingir-se o objectivo pretendido: não pagar, pagar menos ou pagar diferidamente (princípio da funcionalidade para atingir o objectivo).

Deste modo, "O fenómeno da evasão fiscal, nascido nas jurisdições nacionais, é transposto para o plano internacional. Trata-se de uma manipulação dos resultados obtida com a aplicação das normas fiscais de certos ordenamentos, mercê também da aplicação de convenções internacionais. Pressupõe que o contribuinte provoca uma distorção dos factos para que a norma que lhe seria aplicada no seu caso real (lei evadida) não seja efectivamente aplicada, sendo antes outra norma (lei de cobertura) que lhe oferece maiores benefícios do ponto de vista da sua tributação, seja evitando ou diminuindo a sua carga fiscal seja protelando no tempo o pagamento efectivo do imposto devido, mas obtendo o resultado económico que seria alcançado com a aplicação da norma evadida. De uma panóplia de normas fiscais existentes nos vários ordenamentos jurídicos, o contribuinte escolhe aquela que lhe é mais favorável, constituindo a sua sujeição a essa situação. É uma prática que tem sido um crescimento notável, em virtude da liberdade crescente nos movimentos de capitais, de pessoas e de bens que procuram jurisdições fiscalmente mais vantajosas. Para tal contribui, em muito, as diferenças de níveis de tributação e de critérios utilizados para determinar a residência e a fonte. A figura generalizou-se de tal forma que se reconhece a existência de uma actividade intensa de estudo e aplicação de técnicas fiscais que promovam a manipulação dos elementos de conexão de modo a obter as vantagens pretendidas."[223]

Todavia, face ao que se escreveu, há sempre a distinguir entre planeamento e evasão – às vezes distinção bem difícil – de modo a preservar-se aquele. Será o caso, por exemplo, da decisão entre o investimento com uma subsidiária ou com um estabelecimento estável, atenta a diversidade de carga para os dois casos, bastando para a diferença atender-se à tributação dos lucros e dos lucros distribuídos no primeiro caso, e apenas tributação dos lucros, no segundo. Mas este é um exemplo claro.

---

[223] Rita Calçada Pires, Enciclopédia de Direito Internacional (EDI), iniciativa da SPDI – Sociedade Portuguesa de Direito Internacional, Almedina, Coimbra, Novembro de 2011, Entrada Evasão Fiscal Internacional. São utilizadas as diferenças de níveis de tributação e de critérios acolhidos para determinar a residência e a fonte, criando-se elementos de conexão de acordo com as conveniências.

Muitos existem onde a clareza da distinção não se afigura nem simples nem fácil.

3. Causas[224]

As causas de evasão, em geral, e agravadas no caso de crise, podem ter diversas naturezas:

- económica: a liberalização da circulação dos factores de produção, facto que tem vindo a intensificar-se; níveis de fiscalidade, que têm vindo a crescer, desajustados com a situação económica; limitação de rendimentos por parte do sujeito passivo e impossibilidade de repercussão;
- técnica: complexidade dos sistemas fiscais e sua instabilidade legislativa; divergências na aplicação dos normativos fiscais; estado da Administração; morosidade da justiça; não efectividade do sistema; custos de cumprimento e existência de casos de dupla tributação;
- política: injustiça; discordância quanto ao modo de utilização das receitas do imposto; abuso de amnistias; sentimentos negativos face às políticas económicas e sociais;
- jurídica: maior ou menor respeito dos princípios pelo sistema jurídico fiscal;
- psicológica: o sentimento do sujeito passivo não evasor face aos evasores; a maior ou menor indiferença dos moralistas e sociólogos; as subtis distinções dos juristas; o sentimento de que os benefícios da evasão compensam o (fraco) risco de descoberta[225];
- sociais: factores éticos e culturais, nomeadamente a falta de consciência fiscal, o sentimento da não censura face à infracção fiscal e evitar o conhecimento de ilícitos de ordem não fiscal.

---

[224] Manuel Pires e Rita Calçada Pires, Direito Fiscal, 5ª edição. Coimbra: Almedina, 2012, págs. 179 e 180.

[225] Sobre os diversos efeitos do controlo, da sua probabilidade constante e exógena (*the flat rate rule*) ou da sua vinculação pelos recursos limitados da autoridade fiscal (*the bounded rule*), bem como os efeitos de controlo recente (*the bomb crater*) ou em período não último (*the echo effect*), cfr. Fangfang Tan e Andrew Ym, *Can Strategic Uncertainty Help Deter Tax Evasion?* –MPRA Paper nº 35014, Munich Max Planck Institute for Tax Law and Public Finance, 2011 (disponível em https://mpra.ub.uni-muenchen.de/35014/) Consultado em 3 de janeiro de 2018.

Para além de aspectos que respeitam à mentalidade nacional, à idiossincrasia do país, à posição das pessoas face ao imposto, importa mencionar a pressão fiscal indirecta – resultante dos comportamentos a que se está obrigado, dos contactos com a Administração fiscal, etc. Não pode deixar-se igualmente de referir a pressão psicológica para que contribuem, não apenas o nível de fiscalidade ou a pressão fiscal real e a pressão fiscal indirecta, mas também, para além de outros factores, a natureza dos impostos.[226-227]

Algumas destas causas têm maior influência interna do que internacional, mas o mesmo não se pode dizer da complexidade e interacção dos sistemas fiscais, bem como das lacunas e sobreposições que destas complexidade e interacção podem resultar. E, ainda, de uma modalidade de agir que de há muito ultrapassou as fronteiras da criminalidade: o tráfico de pessoas, de drogas e de armas, sendo os diversos fenómenos impulsionados pela globalização e regionalização.

4. Âmbito

A evasão pode compreender, no aspecto material, todos os tipos de impostos: sobre o rendimento, o património e a despesa, embora normalmente seja mais frequente no âmbito dos primeiro e terceiro tipos. Para o que nos releva neste estudo, olhamos para o espaço ocupado pelo rendimento.

No aspecto geográfico, as atenções têm sido colocadas em relação aos chamados paraísos fiscais e zonas de tributação favorável.[228]

5. Consequências

São óbvias as consequências do fenómeno da evasão, consequências agravadas para os países em desenvolvimento.

Para além da diminuição de receita – o que não é despiciendo, tanto mais nos dias de hoje –, fere-se o princípio da equidade horizontal e verti-

---

[226] Quanto à natureza dos impostos, trilogia curiosa é aquela que estabelece existirem os impostos irritantes, se não se vê possibilidade de os repercutir; os impostos anestesiantes, se o sujeito passivo não se apercebe deles, ou, no caso contrário, os impostos aparentes.

[227] Aliás, em virtude de razões deste género, é que já se sustentou ser preferível a tributação sobre o rendimento normal – rendimento médio do contribuinte ou rendimento usual ocorrendo as circunstâncias concretas –, porque a tributação sobre o rendimento real constituiria um desincentivo para o trabalhador ou o empresário. Porém, tal é posição com que não se pode concordar, devendo ser afastada na medida do possível, atenta a evolução (ou involução) que significaria.

[228] Cfr. o escrito a propósito das Práticas Fiscais Prejudiciais.

cal e da mutualidade. Alguns pagam por todos e esta consequência é tanto mais grave quanto as pessoas que provavelmente praticam estes actos com mais frequência são os mais possidentes, dadas as suas maiores possibilidades. Além disso, a competitividade é falseada e a riqueza acumula-se de modo distorcido.

De modo esquemático, as consequências podem ser:

- económicas: movimentos anómalos dos factores de produção, distorção das condições de concorrência, com consequências no deficit e no nível da dívida pública, e apoio das economias marginais;
- financeiras: perda de receitas do ente impositor e consequente dificuldade de prosseguir funções de que beneficiaram, nomeadamente, os estratos menos favorecidos, bem como a injustiça interestadual. Aliás, a evasão significa o desrespeito da responsabilidade social societária em virtude do comportamento inético que implica, um dos elementos de *triple bottom line*;[229]
- éticas: injustiça interindividual para os cumpridores e modificação da repartição do nível de fiscalidade, bem como injustiça internacional.

6. Esquemas de evasão internacional
6.1. Aspectos gerais

De uma forma genérica, a evasão internacional pode ser operada através da manipulação de um elemento de conexão subjectivo – a residência – ou objectivo – a localização da fonte do rendimento. A evasão internacional pode ser desenvolvida através de duas vias: dos países de alta tributação para os de nula, baixa ou menos alta tributação (bilateral) ou com a introdução de um outro(s) país(es) como intermediário(s) (nomeadamente, triangular).

São escolhidos como critérios para designação como país de nula, de baixa ou menos alta tributação a identificação por lista (*black list*) – indicação individual ou identificação das características das jurisdições em questão (e.g., se não dispõe de imposto sobre o rendimento ou se o resultado da sua aplicação é inferior a x% do que se apuraria no Estado de maior tributação, devendo evitar-se a referência a taxas nominais ou taxas efectivas médias).

---

[229] Como a COM (2012) 722 final, *Plano de Acção para reforçar a luta contra a fraude e evasão fiscais*, nº 8 expressamente refere.

Exemplos de aproveitamento de espaços fiscais sem tributação ou de reduzida tributação são vários:

- a não distribuição de lucros a não residentes, por parte das sociedades residentes em espaços de tributação inexistente ou favorável (que dá origem ao regime das *CFCs*);
- os preços artificiais (problemática dos preços de transferência);
- o aproveitamento da diferença de tributação relativa às diferentes formas de financiamento (subcapitalização – *thin capitalisation*);
- a utilização de centros financeiros *off shore*;
- actualmente a economia digital, conjugada com a globalização, gera, ao menos potencialmente, certos fenómenos de não tributação. O comércio electrónico, a utilização do dinheiro electrónico, a par de transacções intra-grupo, a incapacidade em tributar os capitais financeiros, aliada ao crescimento das actividades efectuadas fora dos Estados da residência e as compras no estrangeiro de produtos assaz tributados no Estado da residência são, de entre outros, indicados por Vitor Tanzi como térmitas fiscais. [230-231]

No domínio dos intangíveis verificam-se muitos dos casos de pagamentos excessivos face aos padrões do mercado:

- royalties derivadas da concessão ou da cessão de propriedade industrial, nomeadamente marcas;
- juros resultantes de mútuos, colocando-se em dois aspectos: o excesso de capitais mutuados e o nível de juros;

e, no quadro de alienações de matérias-primas, esquemas envolvendo sociedades-mãe e filhas.

No quadro da evasão é ainda muito mencionado o denominado *Double Irish*, envolvendo duas empresas irlandesas, e um regime de um paraíso fiscal. Refere-se ainda o esquema *Double Irish – Dutch Sandwich*, em virtude

---

[230] Vitor Tanzi, *Globalization and the Work of Fiscal Termites*, Finance & Development, March 2001, vol. 38, nº 1 (disponível em http://www.imf.org/external/pubs/ft/fandd/2001/03/tanzi.htm) Consultado em 3 de Janeiro de 2018.

[231] Cfr. sobre o tema o capítulo da presente obra sobre a tributação do comércio electrónico.

do qual os royalties são pagos por uma sociedade da Irlanda, via Holanda, a uma sociedade residente num paraíso fiscal.[232]

As regras dos diversos espaços fiscais, conjugadas com tratados fiscais, podem conduzir ao aproveitamento destes em casos que o contribuinte não seria a eles subsumido.

6.2. Abusos dos tratados
6.2.1. Noção

O denominado abuso dos tratados fiscais ou uso impróprio de tratados fiscais implica dois requisitos: 1) uma operação cujo objectivo único ou principal é a aplicação de um tratamento fiscal mais favorável do que uma outra que normalmente seria aplicável; 2) a aplicação referida é contrária à disposição do tratado invocada para tal aplicação.

Para uns, o abuso ocorre quando contradiz o objecto do tratado que é prevenir a dupla tributação, mas não criar dupla não tributação; para outros a intenção é obter benefícios através do expediente, distinguindo-se entre intenção única ou intenção parcial; outros defendem ainda a cumulação das duas posições; outros olham para a inexistência de justificação económica. Assim, está-se perante uma situação em que o único objectivo ou um dos objectivos principais é o benefício de uma não tributação ou de uma tributação mais favorável, existindo uma colisão com o objectivo do tratado.

As possibilidades de utilização dos tratados que visam prevenir a dupla tributação é um dos caminhos utilizados, socorrendo-se do *treaty shopping* ou do *rule shopping*.

6.2.2. Treaty Shopping

O abuso dos tratados pode revestir diversas formas. Uma das mais usuais é o *treaty shopping*. A utilização dessa via pressupõe, a título de exemplo, a utilização de um de dois mecanismos:

- sociedades condutoras (*conduit companies* ou *sociétés relais*): sociedades constituídas com o fim de gerar a conexão com um espaço fiscal para se beneficiar de tratado mais vantajoso. Estas podem ser, nomeadamente:

---

[232] Cfr. a nota explicativa do FMI, disponível em http://www.imf.org/en/Publications/FM/Issues/2016/12/31/Taxing-Times (consultado em 30 de Janeiro de 2018).

- directas, caso a criação de uma sociedade ocorra para beneficiar de um tratado bilateral, mas cujo titular é residente de um Estado que não é Parte da convenção;
- ou trampolim (*stepping stone*), sendo a situação igual à anterior e para evitar a tributação no Estado da sociedade que recebe o rendimento, cria-se num outro Estado – nenhum dos anteriores –, e mercê do respectivo regime favorável, uma sociedade que debita encargos à sociedade que recebe o rendimento, de modo a fazer diminuir ou eliminar nele rendimentos, que não são tributados ou pouco tributados no Estado da última sociedade constituída.
- as sociedades base (*base companies* ou *sociétés écran*): são sociedades criadas para evitar a tributação no Estado de residência do contribuinte e estabelecidas em espaços fiscais de nula ou diminuta tributação.

Em face das sociedades condutoras a diferença é encontrada no objectivo e no âmbito. As sociedades base não têm, tendencialmente, o objectivo de utilização de um tratado mais favorável, mas antes a utilização de legislação nacional mais benéfica. As sociedades base actuam no âmbito da residência, i.e., são esquemas que privilegiam a redução da tributação na sua residência. Enquanto as sociedades condutoras, nos casos mais clássicos (condutora directa e trampolim), servem o propósito de reduzir a tributação na fonte.

De outro modo. Cria-se um esquema de *back-to-back arrangement*, mediante a criação por uma entidade de um Estado A, que não celebrou convenção com um Estado B, de uma entidade num Estado C (chamada *special purpose company*) que tem convenção com o Estado B. Apesar de ser possível que sejam geradas diversas tributações nos vários Estados envolvidos, o esquema é vantajoso, sempre que a soma das tributações seja inferior à tributação que ocorreria se no Estado A fosse aplicada uma tributação independentemente do benefício da convenção, por esta não existir. Obviamente seria preferível a tributação única em A, o que sucederia se, em virtude das leis internas ou do tratado entre B e C, não existisse tributação nem em B nem em C. A tributação ou não no Estado em A será indiferente, visto que, utilizando-se ou não o *treaty shopping*, a regra a aplicar no Estado A seria a mesma, apenas há a considerar o aspecto não fiscal de a disponibilidade do rendimento poder ser menos imediata no caso da passagem do rendimento por dois Estados – B e C – em vez de ser dirigida ao Estado A com origem no Estado B.

Contudo, como indicado, para lá da sociedade condutora directa, pode haver lugar, de entre outros casos, à *stepping-stone company*, o que se traduz em introduzir no esquema mais uma entidade, nomeadamente para fazer diminuir a matéria colectável da sociedade condutora, através de gastos por esta a suportar, gastos derivados de prestação de serviços, sendo o prestador a nova sociedade criada e prestatário a mencionada entidade que criou a sociedade para obter a vantagem.

Outra forma de abuso, como referida, é a chamada transferência de lucros (*income shifting*) através da constituição de uma sociedade (sociedade base – *societé écran* ou *base company*), que, constituída num espaço de reduzida ou nula tributação, aufere os rendimentos que, no país do "abusador", seriam mais tributados.

6.2.3. Rule Shopping

O *rule shopping* traduz-se em evitar a aplicação de um artigo implicando maior tributação aplicando-se um outro conduzindo a uma tributação menor (e.g., dividendos vs. juros).

A utilização da técnica do *rule shopping* permite a frustração da aplicação da disposição do tratado normalmente aplicável. Como exemplos podem ser indicadas a utilização do chamado *international hiring-out of labour*, técnica para evitar a aplicação da disposição relativa à tributação do rendimento do emprego (artigo 15º do MC-OCDE) ou a substituição da disposição relativa aos dividendos pela dos juros.

7. Modos de reacção

O combate à evasão fiscal internacional pode assumir uma de duas formas: o formato de medida unilateral ou o formato de medida convencional. Nesta última ainda podemos encontrar medidas bilaterais e medidas multilaterais. Notar que as mais adequadas serão ainda as globais, visto perante esquemas abusivos globais, a reacção dever adoptar a mesma dimensão. O certo é que, com essas medidas de reacção, pretende-se atingir uma maior equidade fiscal, obtendo-se maior receita, quer por se evitarem novos casos evasivos (prevenção) quer por se recuperarem receitas perdidas (reparação). Além da recuperação de receitas, com estas medidas, tende-se também a eliminar o factor de distorção e, como consequência, as práticas fiscais prejudiciais[233], tendendo a repor a correcta afectação de recursos.

Para que os objectivos sejam atingidos, a actuação necessária deverá, a nível de escopo territorial, desenvolver-se a três níveis:

- Nacional: promovendo que o contribuinte melhore o cumprimento das suas obrigações fiscais e a administração fiscal actue com maior eficiência;
- União Europeia: através do fomento da transparência e da troca automática de informação e da cooperação intensificada inter-administrações fiscais;
- Mundial (G5, G7, G8, G20, OCDE e ONU): impulsionando a promoção dos princípios da transparência, da boa governação fiscal e da concorrência leal no domínio da fiscalidade, implementando e melhorando a rede de troca multilateral de informações e de assistência aos países em desenvolvimento.[234]

7.1. Vias Nacionais

As vias podem ser, pois, internas e nestas são múltiplos os exemplos a poderem ser apresentados.

Podem ser medidas de carácter estrutural, onde é necessário existir a satisfação, pelos sistemas fiscais, dos requisitos que têm vindo a ser exigidos para bons sistemas, ou seja sistemas em que a justiça e a racionalidade não podem estar ausentes. E, a par desta exigência, a educação dos contribuintes, incluindo os futuros contribuintes, é crucial como forma de estes interiorizarem os seus deveres na área fiscal e a preocupação do legislador sobre os direitos e garantias daqueles. Numa perspectiva mais ampla, poderá incluir-se nesta categoria os movimentos de uniformização e harmonização.[235]

Contudo, muitas das medidas nacionais são medidas de natureza conjuntural. Quanto às vias não estruturais, várias são as medidas possíveis.

---

[233] Cfr. capítulo especifico sobre o tema da concorrência fiscal prejudicial da presente obra.
[234] Cfr. Conclusões do Conselho Europeu de 22 de maio de 2013 e a declaração do Presidente da Comissão Europeia ao Conselho Europeu, na sequência das conclusões citadas. (disponível em http://www.consilium.europa.eu/media/21304/qcao13001ptc.pdf e http://europa.eu/rapid/press-release_SPEECH-13-440_en.htm, respectivamente.) Consultado em 3 de Janeiro de 2018.
[235] Sobre a matéria cfr. capítulo da presente obra sobre harmonização.

Referimo-nos aqui às regras conhecidas como normas anti-abuso. Por sua vez, estas podem assumir a característica de cláusulas gerais anti-abuso (General Anti-Abuse Rules – GAARs) [236] ou cláusulas especiais anti-abuso (Special Anti-Abuse Rules – SAARs).[237]

Quanto à cláusula geral anti-abuso, esta tende a criar dificuldades não despiciendas, nomeadamente pela discricionariedade deixada à Administração Fiscal. Em Portugal, a cláusula geral anti-abuso surgiu em 1999, inserida, primeiro, no Código do Processo Tributário (artigo 32º-A) e, em seguida, na Lei Geral Tributária (artigo 38º nº 2). Visa a evasão e não o planeamento, impedindo a produção de efeitos fiscais dos actos praticados, substituindo-os pelos que, se não fosse utilizado o artifício, seriam praticados. Todavia, se é verdade que a cláusula evita a consumação de actos que normalmente não seriam praticados e activa o princípio da capacidade contributiva e, portanto, o princípio da igualdade, também é verdade que pode ser um instrumento para tributar situações não previstas na lei, violando-se os subprincípios da legalidade, da tipicidade e da segurança. Questão que pode ser suscitada – embora a resposta se afigure ser positiva – é a aplicação dessa cláusula no quadro internacional. De facto, existem princípios e regras de tributação no quadro internacional e comunitário que promovem essa solução. Quanto ao direito da UE, a jurisprudência do Tribunal de Justiça da União Europeia é clara: é proibido o abuso de direito – casos *Halifax* (2006), *Kofoed* (2008) e *Post Service* (2008) –, mas a legislação anti-abuso só deverá ser aplicada quando se estiver face a "expedientes puramente artificiais" (*Cadbury Schweppes* 2006). O que sejam expedientes puramente artificiais é problema de qualificação e prova.

A propósito da aplicação da cláusula geral anti-abuso, convém ainda referir ser importante ter em atenção a utilização de alguns critérios que podem auxiliar na determinação do *animus* do contribuinte. Atenda-se, e.g., à utilização do critério de prevalência da substância sobre a forma, i.e., predomínio da realidade económica e social sobre o elemento literal da norma fiscal. Tal ocorre, nomeadamente, no caso da *tie break rule* da direcção efectiva, aquando do conflito de residências de entidades colectivas, regra, aliás, ainda atendida quanto ao acordo previsto no artigo 4º, nº 3

---

[236] Como é dito, *General anti-voidance rules* ou também designadas por normas *shotgun*, ou seja, normas de espectro mais alargado.

[237] Como é dito, *Special anti-avoidance rules* ou também designadas por normas *snipe*, pelo seu alcance mais circunscrito e direccionado.

do MC-OCDE, na sua versão de 2017. Outro critério é o do *business purpose test*, ainda que mais limitado do que o anterior critério. Este teste visa a boa-fé comercial e tem em atenção o resultado objectivo da transacção, no sentido da justificação da actividade.

Para lá de uma regra geral anti-abuso, capaz de abraçar a pluralidade de casos não identificados concretamente pelo legislador, é crucial igualmente construir regras especiais anti-abuso. Apresenta-se, de seguida, um elenco exemplificativo desta tipologia:

- as ficções, nomeadamente de residência, são um meio utilizado. Por um lado, amplia-se o conceito de residência, ou os seus efeitos, para situações de inexistência real. Por exemplo, para a tributação das mais-valias que ocorram dentro de certo prazo, no Estado para onde o contribuinte se deslocou. Por outro lado, também se pode proceder à liquidação de impostos por ocasião da mudança de residência quando, se o facto gerador ocorresse no domínio interno, tal não sucederia. Ou seja, estabelece-se um imposto de saída (*exit taxes*);
- a legislação das sociedades estrangeiras controladas (*CFCs*), visando contrariar a evasão, designadamente, em paraísos fiscais (*anti-haven measures*), através da imputação fictícia de lucros não distribuídos das sociedades aos seus titulares, como forma de contrariar o não repatriamento do rendimento não obtido na residência, antes em jurisdições de tributação mais favorável;
- normas anti-diferimento da tributação (*anti-deferral measures*), diferimento esse conseguido pela utilização de refúgios fiscais (*tax shelters*). Note-se que este tipo de normas estão limitadas a certos tipos de rendimentos (*tainted income*), incluindo nomeadamente os rendimentos passivos (dividendos, juros, *royalties*, rendas e certas mais-valias). A forma de conseguir travar o diferimento faz-se ou através da *transactional approach* – análise transacção a transacção – contraposta à *entity approach* – de pendor subjectivo, implicando análise holística;
- a inversão do ónus da prova relativamente a gastos originados em espaços de baixa tributação;
- Para a empresa a prática de hipertrofia dos juros é positiva, pois os juros constituem gastos fiscalmente relevantes, potenciando a redução do imposto a pagar. Para contrariar esta prática é estabelecida

a não consideração de juros como gastos fiscalmente relevantes em certas circunstâncias, designadamente nos casos de financiamento por parte do sócio acima de limite legalmente estabelecido na sua relação com a participação (*thin capitalization*). Pode operar-se uma transformação jurídica, passando parte dos juros a ser classificada dividendos. Surgem os denominados *constructive dividends*, por se entender que a prática atrás descrita poderá surgir como alternativa indevida ao aumento de capital e, consequentemente, atribuição de dividendos não ocorrida;

– as regras relativas aos preços de transferência são forma de contrariar os preços artificiais gerados pelas relações especiais entre empresas associadas, visando a correcção do preço em causa, anulando a vantagem indevida. É a concretização do princípio da plena concorrência. Anulada a vantagem pela correcção efectuada pela autoridade tributária, outro problema é gerado. Da correcção do lucro feita por uma administração tributária pode resultar ou resulta dupla tributação económica, devendo, à luz do artigo 9.º do MC-OCDE, ser resolvida através de ajustamento primário, este apenas efectuado se e na medida em que o outro Estado envolvido concordar com a correcção e o montante corrigido (§ 6 do comentário ao artigo 9.º MC-OCDE). A determinação de um preço artificial e a necessidade da sua correcção dependem, nos termos do *OECD Transfer Pricing Guidelines for Multinationals Enterprises and Tax Administrations 2017*, de uma análise comparativa construída em dois momentos-chave: por um lado, a identificação das relações comerciais e financeiras específicas dentro do grupo de sociedades que dão origem à transacção em causa, onde se ressalta, de entre cinco elementos, a análise funcional de cada transacção (activos utilizados, riscos assumidos, criação de valor, etc) e, por outro lado, a comparação efectiva com transacções comparáveis entre entidades independentes. Para tal é necessário a aplicação de um método específico que identifique o "preço de mercado". A mero título indicativo, existem oito métodos de apuramento do preço devido[238], cada um funcionando para cada

---

[238] Os métodos de reacção contra preços artificiais podem ser baseados nas operações (preço comparável de mercado; preço de revenda minorado e do custo majorado); baseados no lucro das operações (fracionamento do lucro e margem líquida da operação); e método não con-

caso concreto em termos dos elementos e das condições existentes para comparação. Regra geral, os métodos são alternativos, sendo apenas um método aplicado em cada situação. Porém, não se descura a necessidade de, em casos específicos e muito complexos, ser adequada a conjugação de métodos. Tentando combater a complexidade e a incerteza, em termos preventivos, importa mencionar a existência dos APA (*Advanced Price Agreements*)/Acordos Prévios de Preços de Transferência (APPT), cujo objectivo é resolver antecipadamente casos concretos, delimitando um regime pré-acordado. Releva ainda referir a possível construção de *Safe Harbours*, cláusulas aplicadas a um conjunto de contribuintes, normalmente de menor dimensão e com operações menos complexas, aliviando-os de um conjunto de obrigações que permanecem no regime geral;

– as regras do aumento de taxas do imposto, da ampliação dos prazos de caducidade e de prescrição e outras penalidades severas, aliadas ao controlo de transferências e de pagamentos. A informação sobre bens e direitos situados no estrangeiro é assaz importante e o verdadeiro combate à evasão impele que esta seja efectivamente partilhada.

7.2. Via Internacional – Modos de prevenir ou eliminar o abuso das convenções

Mas além das normas criadas internamente pelos Estados, existem ainda as normas anti-abuso constantes das convenções. Invoque-se:

– a cláusula do beneficiário efectivo (*beneficial owner*). Esta pressupõe que os benefícios concedidos pelo tratado apenas sejam activados quando quem receber os rendimentos for a última pessoa da cadeia, o real beneficiário, por forma a evitar estruturas intermediárias com a finalidade exclusiva de manipular os benefícios contidos num tratado. No entanto, há que admitir existirem dificuldades na definição do *beneficial owner*, dificuldades que dão origem a trabalhos subsequentes, nomeadamente da OCDE. Não é *beneficial owner* um mero fiduciário ou administrador, actuando por conta de entidades

---

forme com o princípio da plena concorrência (fracionamento global segundo uma fórmula). Tradução portuguesa livre do indicado em *Transfer Pricing Methods, OECD Transfer Pricing Guidelines for Multinationals Enterprises and Tax Administrations 2017*, Paris: OECD Publishing

interessadas ou um agente ou um "homem de palha" (*nominee*).[239] É beneficiário efectivo o último beneficiário afastando intermediários que se oponham ao objectivo final: e.g., a titularidade do rendimento. Contudo, dúvidas várias persistem. É certo que terá de se atender às funções e poderes respectivos. Julgo fundamental saber quem exerce os poderes de gerir, fruir e dispor do rendimento em nome próprio, não sendo obrigado a prestar contas a outrem[240];
- o critério do *subject to tax*, em que se atende à tributação do sujeito no outro Estado;
- as cláusulas LOBs (*limitation of benefits*), nomeadamente, através da indicação das pessoas em concreto que podem aceder ao benefício gerado pelo ADT – o chamado critério de *"qualifying persons"*. Ou seja, são utilizadas para que o beneficiário do tratado seja uma pessoa com real ligação aos Estados envolvidos. Evitando o *treaty shopping*, exigem estas cláusulas um conjunto de procedimentos para comprovar essa ligação territorial.[241] Os Estados-Unidos da América contêm uma norma destas em todos os seus tratados. Assim, exemplo de uma cláusula LOB é o artigo 17º da Convenção entre Portugal e os Estados Unidos;
- aplicação da doutrina do abuso de direito.[242]
- com carácter mais limitado, relativo a disposições sobre a tributação dos rendimentos, mencione-se as cláusulas relativas a transmissões de acções de sociedades imobiliárias e os rendimentos de artistas ou desportistas, quando o pagamento é feito a uma entidade que não o artista ou o desportista. Nesses casos, há uma desconsideração da terceira entidade, dando corpo à doutrina da desconsideração da personalidade (*disregard doctrine*);
- normas anti-híbridas, para fazer face a uma realidade crescente, os híbridos, procurando anular os diferentes tratamentos normativos.

---

[239] Comentários do Modelo da OCDE, nº 12.2 do artigo 10.
[240] Cfr. OECD, *Double Taxation and the Use of Conduit Companies*, 1986. Sobre jurisprudência internacional. Cfr. Angharad Miller e Lyonne Oats B Bus, *Principles of International Taxation* 3ª ed., Went Susse A, Totted, 2012. Cfr. cit. Comentários, nº 12. Michael Lang et al (ed.), *Beneficial Ownership: recente trends*, IBFD, 2013.
[241] São vários os testes possíveis para as LOBs, cite-se o *public company test (or subsidiary)*; o *ownership and base erosion test*; o *active trade or business test*; o *derivative benefits test*; o *active business test* e o *multinational corporate group headquarters test*.
[242] V. comentários 68 e seguintes do artigo 1º do MC-OCDE.

Consideram-se entidades hibridas as entidades tratadas num Estado como *a se* e noutro sujeitas a regime de transparência fiscal, o que sucede com as *partnerships* nalguns países. Igualmente certos tipos de rendimentos podem ser qualificados num determinado Estado como juros e noutro como dividendos. Em face destes desencontros normativos pode originar-se dupla não tributação indesejada[243];
- Para contrariar as sociedades condutoras a OCDE[244] identifica cinco tipos de normas potenciais para o seu combate:
  - A *look – through* ou *piercing the veil approach* onde se estabelece o benefício de acesso ao tratado apenas no caso de coincidir a residência dos sócios e das sociedades;
  - A *exclusion approach* gera a exclusão do benefício do tratado das sociedades condutoras que, em face de um regime privilegiado na residência são tributadas como não residentes, independentemente de quem as controla;
  - A *subject-to-tax approach*. Nesta opção, garante-se que apenas haverá acesso aos benefícios do tratado no Estado da fonte caso o rendimento em questão seja sujeito de imposto no Estado da residência;
  - A *channel approach* (fórmula de trânsito)[245], segundo a qual uma sociedade residente de um terceiro Estado, onde se instalou a sociedade condutora, não é admitida ao benefício do tratado existente entre esse terceiro Estado e o Estado da Fonte, desde que pessoas não residentes nesse terceiro Estado tenham substancial interesse nessa sociedade, pela forma de participação, gestão ou controlo e desde que sejam feitas certas aplicações do rendimento a favor dessas pessoas, contrariando-se, assim, as estratégias *Stepping Stone*.
- o teste da "actividade empresarial", pelo qual se excluem, por exemplo, as sociedades que exercem certas actividades (e.g., banca, transporte marítimo, financiamento ou seguro);

---

[243] Sobre a matéria cfr. capítulo da dupla tributação.
[244] *Double Taxation Conventions and the Use of Conduit Companies*, adoptado pelo Conselho da OCDE em 27 de Novembro de 1986.
[245] A expressão em português aqui utilizada é a referida na tradução do MC-OCDE efectuada pelo Centro de Estudos Fiscais, §17 do comentário ao artigo 1º, na versão de 2015.

- Finalmente, refira-se as cláusulas de alteração (*switch-over clause*) que proíbem isenções fiscais para lucros derivados de subsidiárias e estabelecimentos estáveis localizados em jurisdições fiscais de baixa ou nula tributação.[246]

7.3. Reflexões Suplementares

Na apreciação de qualquer das cláusulas é fundamental a coordenação com o critério *Bona Fide*, apto a garantir que, nos casos em que a substância é real em detrimento da forma, os benefícios são permitidos. Na aplicação das cláusulas indicadas ou de qualquer outra medida anti-abuso, e como já se deixou implícito, tem de se ter sempre em atenção o resultado de prejudicar ou obstacular comportamentos legítimos, daí o apelo à boa fé. Em todos os casos procura-se a substância sobre a forma, valor basilar do Direito Internacional Fiscal. Como resulta dos anteriores comentários ao artigo 1º do MC-OCDE (§ 13 a 20) especificamente consagrados às sociedades – trampolim, a preocupação é não excluir dos benefícios situações reveladoras de não haver propósito de aproveitamento do tratado. Daí a cláusula da "boa fé", o teste de actividade, do quantitativo da tributação. Igualmente a *ratio* do teste da "cotação" na bolsa, a partir do qual não são excluídas sociedades condutoras, quando cotadas na bolsa, por se pressupor não terem sido criadas só com o fim de evasão fiscal.

Outra questão que pode suscitar-se é a aplicação de normas nacionais anti-abuso, gerais ou especiais, em casos que o tratado conduziria a resultado contrário. A não aplicação dessas regras poderia conduzir a "preservar" as normas dos tratados quando elas tenham sido intencionalmente buscadas. Diversas posições podem ser encontradas a este propósito. Desde a da OCDE, que é favorável à aplicação das normas internas, até à orientação segundo a qual as disposições dos tratados e das leis internas só são aplicáveis nos casos de justificação comercial, económica ou de boa fé.[247] No entanto, face a um tratado – que não é uma medida unilateral –, importaria que essa aplicação seja feita depois de um estudo sobre a compatibilidade ou não das medidas em causa, tendo em consideração os objectivos

---

[246] Atender que o projecto de directiva europeia sobre o combate à evasão fiscal previa a inclusão de uma cláusula destas, excluída na directiva quando esta foi aprovada.
[247] Carlos D. Gutiérrez Puente e Astrid C. Schwudeck Diaz, *Abuso de Convenios de Doble Imposicion*, Gaceta jurídica (Santiago, Chile), nº 358 (abr. 2010), pág. 7-21.

da norma visada e consultado o Estado co-contratante através do procedimento amigável.[248-249]

Como escrito, as respostas à evasão podem ser dirigidas à prevenção ou a repressão das práticas evasivas. Dos dois tipos, a primeira é a preferível. Torna-se muito importante, que o contribuinte seja consciente da necessidade do seu cumprimento voluntário, bem como que a administração fiscal transmita eficiência[250] por forma a que o sentimento do contribuinte seja o de, através do controlo geral, ser provável a detecção das suas faltas, sendo deste modo dissuadido. Assim, há que desenvolver mecanismos de atenção permanente aos contribuintes que, dadas as ligações ao estrangeiro, possam ser aqueles com maior risco de evasão. Igualmente será fundamental construir legislação e regras sobre a aplicação das práticas que facilitem o cumprimento mais simplificado pelo contribuinte,[251] concentrando-se a fiscalização nas formas mais usuais ou novas pela sua gravidade praticadas, e.g., pagamentos a não residentes, tendo ainda sempre em atenção os critérios apropriados de selecção dos contribuintes.

As reacções contra a evasão terão tanto mais êxito quanto maior for o conhecimento do contexto económico e social que permita a construção de um clima na sociedade contra a "fuga" aos impostos. Para tal urge promover uma justa aplicação da tributação, com ausência de mudanças

---

[248] Cfr. Tamso Kulesan, *The Application of Domestic General Anti-Abuse Rules on des Double Agreement,* September 2012, IBFD (https://www.ibfd.org/sites/ibfd.org/files/content/pdf/Application_of_Domestic_General_Anti_Abuse_Rules.pdf) (consultado em 3 de Janeiro de 2018).

[249] Para maiores desenvolvimentos relativos ao abuso de tratados, cfr. supra e comentários aos artigos 1º do MC-OCDE e do MC-ONU.

[250] Para que os meios de reacção possam ser devidamente aplicados, torna-se necessária a boa governação, mormente da Autoridade Fiscal, através de uma organização eficaz e para o efeito dispondo, não apenas de capital humano, mas também de utilização das convenientes e actuais plataformas tecnológicas. Sempre atendendo não apenas às receitas e à justiça obtidas, mas também ao factor de dissuasão do contribuinte que pretender tentar as práticas censurandas. Face à maior possibilidade de fiscalização eficiente, eficaz e rápida, à publicização das consequências das acções respectivas, assim como a efectivação rápida das consequências de todo o procedimento.

[251] Nesta problemática, importa ter em atenção existir uma envolvente para quaisquer medidas estabelecidas, encarecendo a vantagem de carácter preventivo: rigor da legislação quer no ser conteúdo – mormente maior justiça, simplicidade no que se impõe – quer na sua forma, sua interpretação e aplicação cuidadas e imparciais, quadro de informações adequadas e cruzamento respectivo, controlo, com os seus efeitos dissuasores, protecção e julgamento rápidos das violações, aplicando penalidades apropriadas.

frequentes na legislação e, no caso internacional, que da conjugação dos diversos sistemas envolvidos, não resulte uma carga fiscal excessiva, nem um peso desrazoável resultante do direito tributário formal. Desta forma o modo como se processam as relações entre o contribuinte e a Administração Fiscal deve ser objecto de práticas que, nomeadamente, respeitem os direitos e garantias daquele.

Os modos de reacção à evasão devem ser apoiados por acções visando a assistência ao lançamento dos impostos.[252] Aqui é essencial a troca de informações. Este instrumento é efectivamente uma forma de cooperação internacional, pedra angular dos mecanismos de combate à evasão fiscal. A troca poderá ser, consoante opção política, automática, espontânea e a pedido, devendo haver apenas recusa limitada a situações concretas onde haja razão superior que o justifique. Aliás, parte dos trabalhos das organizações internacionais, como se verá, assenta na promoção de mecanismos eficazes de troca de informações[253] como meio para implementar as normas anti-evasão. A par do auxílio ao lançamento, as acções de fiscalização, conjunta ou simultânea, ou até a presença de funcionários de outros Estados em procedimento de inspecção podem ser outra via a explorar, bem como a assistência à cobrança.[254] Não descurar, contudo, que estas actuações de cooperação internacional fiscal podem ter dificuldades na sua concretização. Sejam as diferenças de sistemas fiscais e de estruturas administrativas, sejam as diversas deficiências, tal como a falta de confiança política, a negligência e a relutância face à assistência a outrem, pelo receio das migrações dos factores de produção face a terceiros países que não colaboram.

---

[252] No âmbito da assistência dos Estados ao lançamento dos impostos é tema nuclear a matéria relativa ao segredo bancário no quadro do qual deve atender-se às necessidades de satisfazer a base legal, às informações a fornecer, no modo como as obter, e bem como aos constrangimentos inerentes. Assume espaço fulcral a protecção dos dados, sendo imperioso que as soluções contra a dispensa do segredo bancário promovam o equilíbrio entre as partes envolvidas: Administração e contribuinte.
[253] Sobre a troca de informações, cfr. nomeadamente o artigo 26º do MC-OCDE, onde se prevê conforme o escrito.
[254] Sobre o auxílio à cobrança, cfr., designadamente, o artigo 27º do MC-OCDE, onde se prevê a inexistência de restrição quanto aos impostos abrangidos, nem restrições quanto aos residentes envolvidos. Porém, exige-se que para que, este auxílio seja activado, a não existência de meios de reacção contra a administração fiscal, não podendo ser impedida a cobrança por algum meio legal. A ser activada, essa é feita nos termos da legislação do Estado a quem é requerido o auxílio.

Contudo, face aos diversos modos de reacção encontrados, não deve resultar que a evasão fiscal é algo que cessará. Esses modos de reacção podem ser iludidos mediante esquemas complexos permitindo migrações para Estados de nenhuma ou de menor tributação. Embora tais territórios tenham vindo a diminuir, dadas as consequências de que são alvo, o facto é que muitas vezes esses territórios não satisfazem os padrões que serão examinados no quadro das práticas fiscais prejudiciais, designadamente possibilidade de troca de informações e transparência, elementos cruciais para o combate à evasão. Em face do exposto, impõe-se evidência de que se torna necessária a cooperação fiscal internacional para combater a evasão e os espaços fiscais que permitem o seu desenvolvimento.[255] Face à globalização da actuação dos contribuintes impõe-se, repete-se, a globalização da actuação das Administrações Fiscais.

Não obstante, na construção do quadro de combate à evasão, devem ser tidas em atenção as consequências que tais medidas podem ter para os direitos fundamentais e a actividade económica. É que perante vias utilizadas, o efeito pode ser o desenho de outros novos modos de evasão. E atenda-se que actualmente as fórmulas evasivas são cada vez mais complexas e, por isso, cada vez mais difíceis de prever e de combater. Todavia, no afã de se criar um conjunto de medidas reactivas, é fundamental ter em mente algo prioritário: o respeito pelo Estado de Direito e pelos seus princípios, legalidade, tipicidade, segurança e proporcionalidade, bem como pela igualdade. Estes princípios envolvem direitos e garantias que têm de ser consideradas. Daí que o critério *bona fide* deva ser sempre considerado, de modo a serem excluídos das normas e da sua aplicação os casos sem o intuito de violação dos dispositivos. Porém, tais princípios não podem fazer esquecer os deveres inerentes dos contribuintes. É neste equilíbrio estreito que as medidas devem ser estruturadas.

II. OS TRABALHOS DE ORGANIZAÇÕES INTERNACIONAIS
1. OCDE
1.1. PRÉ- BEPS

Desde muito cedo a OCDE interessou-se pelos problemas da fraude e evasão fiscais internacionais, isto apesar de, no início, se mostrar principalmente interessada pela questão da dupla tributação e embora o Modelo de

---

[255] Sobre este tema conferir o capítulo da concorrência fiscal prejudicial.

Convenção, a partir de 1992, se designasse *Convenção destinada a eliminar a dupla tributação e a prevenir a evasão fiscal*. Assim, já em 1987, foram publicados quatro estudos relativos à matéria[256] e, de forma constante, os trabalhos sobre a troca de informações têm sido acentuados.

Sem intuito de exaustão, identifica-se que foram publicados diversos relatórios sobre o tema. Por exemplo, *Double Taxation Conventions and the Use of Conduit Companies, Double Taxation Conventions and the Use of Base Companies* e *Report on Identity Fraud: Tax Evasion and Money Laundering Vulnerabilities*.[257] Já a partir de 2000, pode assinalar-se, de entre os mais significativos, o relatório *Tackling Aggressive Tax Planning Through Improved Transparency and Disclosure*, de Fevereiro de 2011, que se integra nos trabalhos mais amplos da OCDE relativo à melhoria da transparência e foi construído tendo em consideração trabalhos anteriores no domínio, como o *2008 Study into de Role of Tax Intermediaries*, o *2009 Report Engaging with High New Worth Individuals on Tax Compliance*, o *2010 Report Addressing Risks Involving Bank Losses*.

O relatório de 2011, *Tackling Aggressive Tax Planning Through Improved Transparency and Disclosure*, utiliza a expressão planeamento fiscal agressivo, trabalhando sobre ela. Como nele se escreve "*The Report outlines the importance of timely, targeted and comprehensive information to counter aggressive tax planning, provides an overview of disclosure initiatives introduced in certain OECD countries, discusses their experiences with the usefulness of such initiatives (for both taxpayers and tax administration), and contains a number os conclusions and recommendations. The Report does not deal with tax evasion and the disclosure initiatives discussed in this Report will generally have little or no impact in tax evasion cases.*" E acrescenta "*Recognising the difficulties of relying on traditional audits alone, several countries have introduced complementary disclosure initiatives aimed at improving their capability to detect aggressive tax planning schemes. Initiatives introduced or under consideration in a number of OECD countries are described below.*" A este propósito enumeraram-se as iniciativas:

1) regras relativas à comunicação prévia obrigatória de informações;
2) obrigação de declaração suplementar;

---

[256] OCDE, *International Tax Avoidance and Evasion. Four Related Studies*. Paris, 1987.
[257] No relatório, como resulta do seu título, da Fraude sobre identidade e sua projecção sobre – no que agora é tratado – a fraude fiscal. Outras iniciativas no domínio do crime foram tomadas, como o Diálogo de Oslo, 4 Março de 2011 ou o 2º Encontro Global sobre Imposto e Crime em Roma 2012. Ainda no domínio do IVA e sempre sem intuito exaustivo, a respectiva fraude internacional foi objecto de atenção em Moscovo, 2011.

3) questionários;
4) programa de disciplina fiscal cooperativa;
5) regras de consulta prévia;
6) regras de comunicação de informações com penalização.

As conclusões apresentadas pelo relatório são as seguintes:

"– Having timely, targeted and comprehensive information is important both from a compliance and tax policy perspective;
– Properly targeted disclosure initiatives will also benefits taxpayers at large;
– Tax audits will continue to play a key role in the detection, deterrence and prevention of aggressive tax planning. However, traditional audits alone may not be a resource-effective way to obtain timely, targeted and comprehensive information on aggressive tax planning schemes;
– Disclosure initiatives can help to fill the gap between the creation/promotion of aggressive tax planning schemes and their identification by the tax authorities. Mandatory early disclosure rules, for example, have proven to be very effective in providing governments with timely, targeted and comprehensive information on aggressive tax planning schemes, thus allowing timely policy and compliance responses."

Após este elenco são apresentadas as recomendações: *"Based on these conclusions, and building on the work of the Aggressive Tax Planning Steering Group and of the Forum on Tax Administration, this Report recommends member countries concerned with aggressive tax planning to:*

- *Review the disclosure initiatives in this report with a view to evaluating the introduction of those best suited to their particular needs and circumstances.*
- *Continue to share experiences on the design and implantation of disclosure initiatives to assist in creating a compliance framework that benefits both governments and taxpayers a large."*

De relevar que, no relatório, apesar de se referir o *aggressive tax plan*, não se encontra definição de planeamento fiscal agressivo, como atrás ficou identificado. Aquilo que apenas menciona é um caso particular: *"in the case of more complex, often international, arrangements including those exploiting mismatches in the classification of entities, instruments of transfers in different countries."*

Seguiu-se, em Março de 2012, o Relatório denominado *Hybrid Mismatch Arrangements – Tax Policy and Compliance Issues*. Nele se escreve: "Although *countries freely choose how to set up their tax system and the elements thereof, in a globalised world where economies are increasingly integrated, it is essential to consider how tax systems interact with each other. This is relevant not only to eliminate obstacles to cross-border trade and investment, but also to limit the scope for unintended non-taxation. This report deals with hybrid mismatch arrangements. These are arrangements exploiting differences in the tax treatment of instruments, entities or transfers between two or more countries. Hybrid mismatch arrangements have been encountered by tax administrations in many countries. They often lead to "double non-taxation" that may not be intended by either country, or may alternatively lead to a tax deferral which if maintained over several years is economically similar to double non-taxation."* Neste relatório identificam-se os elementos dos dispositivos híbridos. E.g., referem-se as entidades híbridas (aplicação do regime de transparência fiscal num país e a individualidade noutro), as entidades de dupla residência (residentes para efeitos fiscais em dois Estados), os instrumentos híbridos (e.g., títulos de dívida num país e de participação noutro), bem como as transferências híbridas (transferência de propriedade num Estado e empréstimo colaterizado noutro). As consequências destes híbridos passam por esquema de dupla dedução (num e noutro país) e de dedução/ausência de inclusão (a dedução num – tipicamente juros – evita a inclusão noutro). Contribuem ainda para gerar crédito de imposto estrangeiro (dedução de imposto estrangeiro, sem inclusão do correspondente rendimento estrangeiro).

Depois de serem analisadas as questões de política fiscal, relativas às receitas fiscais, à concorrência, à eficiência económica, à transparência e à equidade, seguem-se os remédios possíveis para contrariar o fenómeno. Por um lado, harmonização das leis internas, disposições gerais e especiais contra a evasão fiscal, bem como disposições visando expressamente os dispositivos híbridos. Após a indicação de regras nacionais visando expressamente os dispositivos híbridos e da experiência relativa à sua aplicação, conclui-se: "a) *Hybrid mismatch arrangements that arguably comply with the letter of the laws of two countries but that achieve non-taxation in both countries, which result may not be intended by either country, generate significant policy issues in terms of tax revenue, competition, economic efficiency, fairness and transparency. b) The same concern that exists in relation to distortions caused by double taxation exists in relation to unintended double non-taxation. c) Specific and targeted rules which link the tax treatment in the country concerned to the tax treatment in another country in appropriate situations hold significant potential to address certain hybrid mismatch arrangements and have recently been introduced by a number of countries. d) Countries' experience in relation to the design, application and effects of specific and targeted rules denying benefits in the case of hybrid mismatch arrangements is positive. The application of the rules needs however to be constantly monitored to ensure that the rules apply in appropriate circumstances and are not circumvented through the use of even more complex arrangements.*" Por último, formulam-se recomendações: "*Based on these conclusions, and building on the work of the Aggressive Tax Planning Steering Group, the OECD's Committee on Fiscal Affairs recommends countries to: a) Consider introducing or revising specific and targeted rules denying benefits in the case of certain hybrid mismatch arrangements; b) Continue sharing relevant intelligence on hybrid mismatch arrangements, the deterrence, detection and response strategies used, and monitor their effectiveness; c) Consider introducing or the revising disclosure initiatives targeted at certain hybrid mismatch arrangements.*"

1.2. Relatórios do BEPS

No âmbito da evasão fiscal, do chamado planeamento fiscal agressivo e da OCDE, releva, actualmente, o projecto BEPS (*Base erosion and profit shifting*) iniciado em 2013, visando reforçar a tributação onde se realiza a actividade económica e onde se cria o valor, evitando esquemas prejudiciais e promovendo as necessárias transparência e certeza.[258] Essas erosão (desaparecimento ou redução) e transferência legais, mas artificiais e pelo menos em alguns casos, imorais, realizadas pelas multinacionais, resultam de lacunas e assimetrias dos sistemas fiscais dos diversos países; da sua má articulação; da inadaptação dos padrões internacionais fiscais à realidade em evolução. E conduzem à desconsideração da justiça desses sistemas, ao seu desprestígio; à arbitragem fiscal (*tax arbitrage*) e ao incentivo ao não cumprimento das obrigações. Levando a perda de receita para os Estados, a desperequação fiscal para os contribuintes, incluindo as empresas, bem como ao desprestígio para os evasores, atentas as suas reputação fiscal e responsabilidade social serem afectadas.

---

[258] A tarefa foi originada e apoiada também pelo G20, baseada no Plano de Acção G20/OCDE de 2013. Será ainda de mencionar, no quadro da actividade conjunta, para além do assinalado, o Forum Global sobre Transparência e Troca de Informação com Objectivos Fiscais, reestruturado em Setembro de 2009, com mais de cento e trinta países e jurisdições e de cuja acção resultou o fim do segredo bancário, a troca automática de informação, desde Junho 2012, e a mobilização de recurso doméstico relativo a países em desenvolvimento.

O combate à evasão será apenas eficaz se for desenvolvido pelos países em conjunto, globalmente, e daí o projecto respectivo.

Em Fevereiro de 2013, surge um documento de viragem que deu origem a uma nova etapa nos trabalhos da OCDE. Foi publicado o relatório denominado *Addresing Base Erosion and Profit Shifting (BEPS)*. Neste relatório, o combate à evasão assume-se como combate ao planeamento fiscal agressivo que propicione a erosão das bases de tributação e uma deslocalização dos lucros, com consequente perda de receita. Contudo, este é um documento de enquadramento. Nele é apresentada uma listagem de quais os trabalhos em que a OCDE, à altura, estava envolvida. Veja-se:

- a transparência fiscal, através da troca de informações em matéria fiscal;
- tratados fiscais, designadamente, a definição de estabelecimento estável, os dispositivos híbridos e, mais especificamente, pagamentos por entidades híbridas. Invoca ainda o exame da cláusula *swtich--over* por países com método de isenção, o princípio do beneficiário efectivo e ainda o direito a benefícios fiscais e os abusos dos tratados, bem como o comércio electrónico;
- preços de transferência, sobretudo no domínio dos intangíveis;
- disposições referentes a reestruturação empresarial, a métodos relativos a lucros e atribuição de lucros a estabelecimento estável;
- planeamento fiscal agressivo. Aqui é apresentado um conjunto de matérias que devem ser encaradas como medidas corporizadoras da técnica e que devem ser combatidas. E.g., detecção de estratégias e resposta relativas a vendas e aquisições, incluindo atribuição de dívidas a subsidiárias; técnicas artificiais de dedução de juros; sonegação de imposto retido na fonte; e contorno das CFCs e das regras de subcapitalização; *after-tax hedging*[259]; acordos de montagem de híbridos; prejuízos de empresas e bancos; iniciativas de divulgação e trabalho sobre esquemas incluídos no reportório do planeamento fiscal agressivo;

---

[259] Hedging Transaction: "transaction where a person tries to protect himself against price or currency fluctuations, e.g. by buying or selling commodities or currencies forward. For the purpose of taxes on income, profits or capital gains, the question may arise whether any profit or loss which accrues or is realized on the hedging transaction should be calculated separately or should be subsumed into the calculation of the profit and loss on the underlying transaction (if that can be identified)." *IBFD International Tax Glossary.*

- práticas fiscais prejudiciais, trabalhando na identificação de regimes fiscais preferenciais nos Estados membros;
- análises de estatísticas e da política fiscal, nomeadamente cálculo de taxa tributária efectiva sobre investimentos em I&D e sobre a produção que utiliza capital intelectual gerado por I&D. Abordagem ainda da diferença de respostas de IDE na tributação;
- trabalhos sobre o funcionamento da administração fiscal;
- e, por último, tributação e desenvolvimento.[260]

O Relatório, depois de estabelecer a dimensão do problema criado pela erosão da base tributária e apresentar os dados disponíveis, indica os princípios fiscais básicos subjacentes à tributação das actividades transnacionais, assim como os princípios básicos e possibilidades de erosão da base tributária e transferência de lucros que eles podem criar. Em tal discurso não deixa de analisar algumas estruturas fiscais de empresas bem conhecidas,[261] assim como os meios de remediar a erosão e a transferência de lucros.

A conclusão do documento passa por, além da necessidade de aumentada transparência sobre as taxas efectivas de imposto das sociedades multinacionais, pela indicação de áreas–chave de pressão. São elas, *"International mismatches in entity and instrument characterisation including, hybrid mismatch arrangements and arbitrage; Application of treaty concepts to profits derived from the delivery of digital goods and services; The tax treatment of related party debt-financing, captive insurance and other intra-group financial transactions; Transfer pricing, in particular in relation to the shifting of risks and intangibles, the artificial splitting of ownership of assets between legal entities within a group, and transactions between such entities that would rarely take place between independents; The effectiveness of anti-avoidance measures, in particular GAARs, CFC regimes, thin capitalisation rules and rules to prevent tax treaty abuse; The availability of harmful preferential regimes."*[262] Para dar resposta que tome em conta todos os factores indicados, aconselha o desenvolvimento de um plano de acção global, devendo ter-se em atenção os trabalhos feitos e em curso, bem como revisitar aspectos fundamentais de normas existentes. O plano

---

[260] Anexo D do documento.
[261] Anexo C do documento
[262] OCDE, *Addressing Base Erosion and Profit Shifting (BEPS)*, 2013, pág. 48.

deve ser compreensivo e ser desenvolvido atempadamente, em colaboração com todos os interessados, tendo em atenção as áreas de maior pressão.[263]

Do relatório resulta que o BEPS é o fenómeno que conduz à diminuição ou eliminação da matéria colectável ou à transferência de lucros e resulta do aproveitamento de lacunas e de diferença dos regimes fiscais. Utiliza-se para essas estratégias a referência ao planeamento fiscal agressivo, como afirmado anteriormente, o que pode conduzir à confusão porque o planeamento não é entendido no seu sentido técnico. Por outro lado, a utilização dessa expressão é tanto mais reprovável quanto parece admitir-se a utilização, embora não frequentemente, de actividades ilegais. Por outro lado, o relatório, referindo a dupla não tributação, não parece admitir que ela possa existir se um Estado entende que não deve tributar. Se é certo que o outro ou os outros Estados podem, nesse caso, tributar, também é certo que tal não deverá suceder no âmbito de tratados que previnam a dupla não tributação, se desejada por ambas as Partes ou alguma delas. E, mesmo sem tratado, pode tal atitude de eliminação da dupla não tributação prejudicar a política de atracção de investimentos, nomeadamente, por parte de países em vias de desenvolvimento.

Um documento de Julho de 2013, vem reforçar o documento de Fevereiro de 2013, assumindo já o BEPS como um programa nuclear no trabalho da organização internacional. Nele se escreve: *"Leaders, civil society and everyday taxpayers are renewed demands for greater transparency and action to tackle offshore tax evasion as well as changes to the international tax rules to restore fairness and integrity of their tax systems and the global financial system more*

---

[263] *"The different components of the action plan will include proposals to develop: Instruments to put an end to or neutralise the effects of hybrid mismatch arrangements and arbitrage; Improvements or clarifications to transfer pricing rules to address specific areas where the current rules produce undesirable results from a policy perspective. The current work on intangibles, which is a particular area of concern, would be included in a broader reflection on transfer pricing rules; Updated solutions to the issues related to jurisdiction to tax, in particular in the areas of digital goods and services. These solutions may include a revision of treaty provisions; More effective anti-avoidance measures, as a complement to the previous items. Anti-avoidance measures can be included in domestic laws or included in international instruments. Examples of these measures include general anti-avoidance rules, controlled foreign companies rules, limitation of benefits rules and other anti-treaty abuse provisions; Rules on the treatment of intra-group financial transactions, such as those related to the deductibility of payments and the application of withholding taxes; Solutions to counter harmful regimes more effectively, taking into account factors such as transparency and substance"* OCDE, *Addressing Base Erosion and Profit Shifting (BEPS)*, 2013, págs. 52 e 53.

generally. The message is clear: all taxpayers must pay their fair share. The OECD is spearheading three initiatives that are aimed directly at this objective: The Global Forum on Transparency and Exchange of Information for Tax Purposes is moving ahead quickly with its peer reviews and is well into its examination of effectiveness – unambiguous ratings for as many as 50 jurisdictions will be published later this year. The OECD is strengthening its efforts to increase international cooperation, and in particular is working to improve the effectiveness of automatic exchange of information. The OECD's work on Base Erosion and Profit Shifting (BEPS) aims to bring the international tax rules into the 21st century. In line with the report presented to G20 Finance Ministers in February 2012, the OECD is actively working to develop an action plan to respond to BEPS. The action plan will be delivered to G20 Finance Ministers in July 2013 and will set out a roadmap and process for further work."[264]_[265]

No mesmo mês de Julho de 2013, foi, então, publicado o *Action Plan on Base Erosion and Profit Shifting*. Considera que a globalização beneficiou as nossas economias nacionais, mas que criou impacto nas regras de tributação dos rendimentos das sociedades, provocando uma maior integração global da economia e das sociedades. Estes desenvolvimentos deram oportunidade às multinacionais para muito minimizarem a sua carga fiscal, desenvolvimentos com prejuízo para todas as partes envolvidas (Governo, contribuintes individuais e empresas). Defende que *"Taxation is at the core of countries' sovereignty, but the interaction of domestic tax rules in some cases leads to gaps and frictions"*, e que *"The international standards have sought to address these frictions in a way that respects tax sovereignty, but gaps remain."* No entanto, *"In many circumstances, the existing domestic law and treaty rules governing the taxation of cross-border profits produce the correct results and do not give rise to BEPS"*, contudo, *"Over time, the current rules have also revealed weaknesses that create opportunities for BEPS."* Refere ainda que a expansão da economia digital coloca desafios à tributação internacional, envolvendo questões de cadeia de valor e local de produção dos lucros e possibilidade e necessidade de adaptar as regras actuais para considerar esses aspectos específicos e evi-

---

[264] OECD Secretary-General, *Report to the G20 Finance Ministers and Central Bank Governors*, para a reunião em Washington. D.C., Julho de 2013. Disponível em http://www.oecd.org/tax/exchange-of-tax-information/OECD-tax-report-G20.pdf (consultado em 2 de Junho de 2017)
[265] Neste documento que está a ser seguido parece haver confusão terminológica porque inicialmente refere-se o BEPS como *legal tax avoidance* e a seguir, sobre as baixas taxas efectivas das multinacionais escreve-se *international tax planning*.

tar BEPS. "*These weaknesses put the existing consensus-based framework at risk, and a bold move by policy makers is necessary to prevent worsening problems.* [...] *In the changing international tax environment, a number of countries have expressed a concern about how international standards on which bilateral tax treaties are based allocate taxing rights between source and residence States.*" Perante todo este cenário, revela que os trabalhos desenvolvidos nascem de um apelo dos ministros das finanças do G20 para que a OCDE desenvolvesse um plano de acção para fazer face ao BEPS, plano esse que seja capaz de coordenar e activar de forma compreensiva as acções de cada um dos Estados no combate à evasão.

No *Action Plan on Base Erosion and Profit Shifting* compreendem-se 15 acções a serem consideradas. As áreas abrangidas vão desde as relativas à economia digital (acção 1), à "coerência no regime internacional de tributação dos lucros" (acções 2 a 5), "aos direitos de tributação sobre a substância económica" (acções 6 a 10) e à "transparência a diferentes níveis" (acções 11 a 14). E ainda uma acção (acção 15) relativa ao desenvolvimento de um instrumento multilateral, fixando-se também os respectivos prazos e metodologia. Identificam-se ainda o prazo para a apresentação dos relatórios pelos respectivos grupos, prazos fixados em 12-18 meses – Setembro 2014 (e.g., dispositivos híbridos e abuso de tratados), dois anos – Setembro 2015 (e.g., regras relativas a CFCs e dedutibilidade de juros) e mais de dois anos – Dezembro de 2015 (e.g., aspectos de preços de transferência relativos a transacções financeiras). Finalmente, quanto à metodologia, atenta o ponto de viragem na história da cooperação internacional sobre a tributação, considera-se importante envolver todos os membros da OCDE, membros do G20, não membros da OCDE e ainda os países em desenvolvimento, devendo adoptar-se um processo eficiente e consultar as empresas e a sociedade civil.

Depois de sete relatórios preliminares em 2014, em 2015 foram publicados relatórios definitivos sobre as quinze linhas de acção, corporizando o pacote completo de medidas apresentado aos *leaders* do G20 em Antalya, em 15 e 16 de Novembro do mesmo ano. O acento tónico passou pela consideração da tributação na fonte dos rendimentos da actividade económica e onde o valor é criado pelas sociedades multinacionais (MNE).

Os relatórios definitivos de 2015 têm por base quinze acções que pretendem, como escrito pela OCDE, actuar sobre a evasão (elisão, na sua expressão) fiscal através:

- da intensificação da coerência das regras fiscais nacionais relativas a realidades plurilocalizadas;
- do robustecimento da substância das actividades, com reflexos na disciplina dos preços de transferência, direitos de propriedade intelectual, regras simplificadas, abuso de convenções e estabelecimento estável bem como;
- aumentar a transparência e a certeza, com a consequente necessidade de segurança jurídica.

O objectivo das medidas passa por integrar *"um conjunto de soluções que prevêem a adopção de novos padrões mínimos, a revisão das normas existentes, a colocação de aproximações comuns para acelerar a convergência das práticas nacionais e a aplicação de orientações apoiadas por boas práticas"*[266]. Para isto, são atendidos quatro padrões mínimos:

- disposições-tipo para evitar a ultilização abusiva das convenções fiscais;
- um modelo normalizado de declarações país por país;
- um processo de exame pelos pares para neutralizar as práticas fiscais prejudiciais;
- um acordo garantindo a melhoria do processo de regulação dos diferendos.[267-268]

---

[266] OCDE, *Note d'information. Cadre Inclusif Pour La Mise En oeuvre Du Projet BEPS*, Mars 2016 (https://www.oecd.org/fr/ctp/note-information-cadre-inclusif-pour-la-mise-en-oeuvre-du-projet-beps.pdf) consultado em 5 de Janeiro de 2018.

[267] OCDE, *Note d'information. Cadre Inclusif Pour La Mise En oeuvre Du Projet BEPS*, Mars 2016 (https://www.oecd.org/fr/ctp/note-information-cadre-inclusif-pour-la-mise-en-oeuvre-du-projet-beps.pdf) consultado em 5 de Janeiro de 2018.

[268] As medidas do projecto BEPS têm continuado a ser objecto de trabalho conjunto das jurisdições envolvidas. Assim foi criado, em 2016, um *Quadro Inclusivo*, de modo a abranger países e jurisdições interessadas numa situação de igualdade no desenvolvimento de padrões sobre matérias relativas ao BEPS. Procurou-se ainda rever e monitorizar a sua implementação, estabelecendo ainda as normas reguladoras dos problemas não resolvidos, tendo em atenção aspectos peculiares dos países em desenvolvimento. Exclui-se do *Quadro Inclusivo* o Grupo de trabalho *ad hoc* sobre o instrumento multilateral que permite aos países dar forma à implementação das medidas do BEPS relativas aos tratados. Os aderentes estão, em pé de igualdade, sendo a decisão consensual, como associados nos trabalhos do Comité dos Assuntos Fiscais e dos seus órgãos subsidiários. Procura-se controlar o cumprimento dos compromissos e garantir as obrigações relativas ao depósito e partilha das declarações país por país, com relevância nas acções 5, 6, 13 e 14, identificadas seguidamente.

As medidas foram agrupadas em cinco âmbitos:

- coerência do direito fiscal internacional dos Estados (acções 2, 3 e 4);
- substância nos padrões internacionais (acções 5 a 10);
- melhoria da transparência e da certeza para os não agressores (acções 12 a 14);
- desafios da economia digital (acção 1);
- desenvolvimento de instrumento multilateral (acção 15).

Igualmente pode encontrar-se nova sistematização, onde as medidas dos diversos relatórios, podem ser agrupadas, segundo a OCDE, em:

- análise de dados e económica – acção 11;
- regras reforçadas sobre preços de transferência – acções 8 a 10 e 13;
- reforço de disposições de tratados fiscais – acções 6, 7, 14 e 15;
- critérios e sua aplicação para garantir uma concorrência fiscal justa – acção 5;
- integração de lacunas entre leis nacionais – acções 2, 3 e 4 – e,
- temas globais da economia digital – acção 1.

Porventura, tendo retirado a lição do modo como foi conduzido o trabalho sobre a então denominada concorrência fiscal prejudicial, os trabalhos, como foi assinalado, são conduzidos ao mesmo nível por todos os Estados-Membros da OCDE e do G20, bem como outros interessados, tendo-se procurado comprometer designadamente os países em vias de desenvolvimento. É que por se tratarem de questões plurilocalizadas, e que aproveitam as diversidades fiscais, as medidas estabelecidas pelo BEPS deverão ser objecto de medidas nacionais coordenadas e de disposições de convenções fiscais. O resultado deste processo é a modificação do MC-OCDE, alteração das Directrizes sobre Preços de Transferência, mudança de convenções fiscais e de legislações nacionais.

Segue-se a indicação do conteúdo dos diversos relatórios, embora de forma muito sumária.

No âmbito da economia digital (acção 1) resultante da ICT (*Information and Communication Technologies*), problema como os relativos ao estabelecimento estável, preços de transferência e regras relativas às CFCs, revelam-se de particular acuidade face à realidade digital. É reconhecido a incapacidade das soluções tradicionais. Contudo, não inclui o BEPS grandes novidades na matéria: recomenda-se consideração das Directrizes Internacionais VAT/GST, bem como dos mecanismos de cobrança nelas incluídos, não sendo recomendadas, salvo quando adicionais e respeitando os tratados existentes, critérios como a "presença económica significativa", a retenção na fonte de certas transações digitais e a introdução de uma tributação igualizadora (*equalisation levy*), embora não adoptadas com padrões internacionalmente aceites.

Quanto à neutralização das medidas conduzindo a dispositivos híbridos (acção 2), de modo a não haver tributação ou o seu deferimento a longo prazo ou ainda a múltiplas deduções, recomendam-se medidas, em disposições nacionais ou em normas de convenções, no sentido de impedir múltiplos créditos por imposto pago no estrangeiro ou por despesas realizadas. Medidas que também devem evitar a não tributação de um rendimento num Estado, sem a certeza da tributação correspondente noutro Estado.

Quanto às CFCs (acção 3), recomenda-se o reforço das actuais regras. Aceita-se existir certo risco de provocar duplas tributações, em virtude, e.g., de aplicação em diversos Estados ou de tributação depois quando o rendimento for efectivamente recebido. Para que tal seja evitado, propõe-se crédito de imposto estrangeiro ou isenção de tributação de dividendos.[269]

---

[269] Numa declaração da Câmara de Comércio Internacional – ICC Statement on Controlled Foreign Corporations (CFC) Rules de 17 de Setembro de 2003. Doc. 180-52/1 rev2 final –, tendo por objectivo chamar a atenção dos legisladores fiscais nacionais e internacionais para o problema que a regra das CFCs suscita às empresas transfronteiras, escreve-se sobre a globalização e os seus efeitos, verificando, porém, que em paralelo com o desenvolvimento por aquela provocado, ocorre *"The proliferation of rules directed against tax avoidance and evasion: general anti-abuse clauses in domestic law, anti-avoidance rules in bilateral tax treaties, or specific domestic rules designed to counteract transactions considered as abusive, such as CFC rules"*.
Dadas as dificuldades suscitadas pela legislação CFC, a Câmara de Comércio Internacional recomenda:
"– CFC legislation should in no case apply to enterprises that carry out real business activities in a low tax jurisdiction, which is transparent and provides for an effective exchange of information;
– CFC legislation must be clear, practicable and transparent and should not be discriminatory;
– CFC legislation has to always be in line with obligations resulting from tax treaties and from membership in a regional organization, such as the European Union;
– CFC legislation shall be used as a last resort only by countries to counteract purely tax driven transactions that are not part of a normal business;
– where a tax treaty exists, clearly defined anti-abuse provision should be put in the tax treaty; and
– CFC legislation may in no case be used as means for reintroducing restrictions to the free flow of capital or investments."

A limitação da erosão da base de tributação mediante pagamento de juros e outros pagamentos financeiros (acção 4) aplica-se, designadamente, quanto a montante de juros excessivos e financiamento através de rendimento isento ou diferido através dos juros. Em tais situações considera-se a fixação de uma percentagem variável do correspondente EBITDA[270]. Contudo, tal aproximação poderá ser suplementada, nomeadamente, mediante o cálculo de uma regra de *ratio* de grupo mundial ou ainda requerendo desenvolvimento, no caso de sector bancário e segurador.

Sobre normas efectivas para contrariar as práticas fiscais prejudiciais através da transparência e da substância económica (acção 5), procura-se estimular a análise pelos Estados das suas normas internas que possam atrair actividades não substanciais com produção apenas de rendimento no papel (*paper income*). A intenção é que, após identificação, ocorra a eliminação. Uma das áreas de especial tratamento nesta acção passa pelos regimes preferenciais sobre propriedade intelectual. E aqui procede-se a uma conexão dos rendimentos beneficiando de tratamento preferencial com a localização das respectivas actividades geradoras (*nexus approach for IP regimes*). Ainda nesta acção 5, reforça-se ser a transparência fundamental para o combate das práticas fiscais prejudiciais e, por tal, estabelece-se o regime obrigatório e espontâneo de troca de informações sobre decisões relativas a regimes preferenciais. É que, defende-se, a serem concedidos tais regimes preferenciais, tem de ser exigida actividade substancial.

Quanto à prevenção do abuso dos tratados (acção 6), procura-se evitar que estes sejam utilizados para desviar lucros para espaços sem ou com baixa tributação. Propõe-se, fundamentalmente, a inclusão, em geral, de medidas no sentido de os benefícios estabelecidos aproveitarem apenas a pessoas com direito a essa utilização, evitando a técnica do *treaty shopping*. Para tal, sugere-se, por um lado, a inclusão de uma medida-padrão nos tratados, e.g., o teste do objectivo principal – *Principal Purpose Test (PPT)*] – cláusula geral anti-abuso e, por outro, especificamente, normas relativas ao chamado *dividend stripping*[271], residência dual e entidades híbridas. No sentido da prevenção do abuso dos tratados, estabelecer-se-á um ins-

---

[270] Ganhos antes de juros, impostos e depreciações e amortizações.
[271] "In general terms dividend stripping refers to a transaction whereby corporate profits are extracted to shareholders in tax beneficial form, generaly by converting taxable dividend income into tax-free or low taxed capital gain". *IBFD International Tax Glossary*.

trumento multilateral, aberto para assinatura em 2017 e que conduzirá, se for caso disso, a modificações das convenções bilaterais, o que já ocorreu.

Os estabelecimentos estáveis foram objecto de medidas destinadas a prevenir a evasão artificial (acção 7). Assim, através da modificação da respectiva definição, evitar-se-á que actividades nucleares possam ser consideradas actividades preparatórias ou auxiliares. Pretende-se ainda impedir a utilização indevida de comissários ou de estrutura semelhante que evite a existência de estabelecimento estável, obtendo este resultado através de fragmentação das actividades ou ainda através da conclusão formal de contratos em Estado que não naquele em que foram substancialmente negociados. Nesse sentido, será utilizado o instrumento multinacional antes referido. Serão ainda consideradas as consequências da economia digital, nomeadamente, evitando a manipulação do lugar da conclusão dos contratos e que o benefício das exclusões da existência de estabelecimento estável se apliquem aos casos de desenvolvimento de actividades essenciais. Como consequências serão actualizadas as regras de imputação de rendimentos.

A conformidade dos preços de transferência com a criação do valor (acções 8 a 10), atendendo ao princípio do *at arm's length*, continua a defender que a realidade económica dos lucros deve corresponder ao valor criado pelas actividades económicas e não à ficção. Assim, os contratos, embora importantes como base da análise dos preços de transferência, devem reflectir a realidade. Ter-se-á de considerar as deslocações de activos incorpóreos, a criação de riscos ou excessivas atribuições de capitais dentro de grupos de sociedades, bem como terá de se atender aos negócios inusitados de alto risco e à simplificação, quanto a transacções de mercadorias e a serviços de baixo valor acrescentado, com interesse para países em desenvolvimento. Importa ainda considerar a pormenorização de directrizes para a aplicação dos métodos de repartição de lucros (*profit-split methods*) para cadeias de valor global.

Também foram objecto de atenção os métodos para reunir e analisar dados sobre o BEPS e relativas acções (acção 11). Não é fácil a avaliação dos efeitos económicos e dos efeitos sobre a receita que a erosão das bases de tributação e o desvio de lucros podem provocar. Ainda assim, preconizam-se indicadores de amplitude e de impacto económico, que possam actuar, com pemanência, sendo de relevar os números relativos aos países em desenvolvimento.

A exigência aos promotores e contribuintes de revelação prévia de esquemas de planeamento fiscal agressivo ou abusivo, foi igualmente incluído no BEPS (acção 12). Neste domínio, caso essa revelação prévia não ocorra, deverão ser aplicadas penalidades. A implementação deve ter em atenção o âmbito do estabelecido pelas legislações internas (esquemas gerais ou específicos), bem como os custos administrativos, tanto para os serviços fiscais como para os privados. As medidas sugeridas constituem apenas recomendações e, se adaptadas, aceita-se a flexibilidade e dinamismo, prevendo casos novos.

No âmbito dos preços de transferência, a anterior documentação foi objecto de exame (acção 13) e a sua revisão substancial, a três níveis, foi operada, de modo a ser obtida maior transparência na actividade das Multinacionais. A par da institucionalização do relatório por país – *country by country Report(CbC)* para as grandes Multinacionais –, contendo este a indicação de receita, lucro antes de imposto e imposto pago e acrescido, propõe-se a técnica do ficheiro principal mundial (*Master File*), relativo às operações globais e às políticas dos preços de transferência. Ainda se propõe o ficheiro local (*Local File*), específico para cada País, contendo indicações sobre certas transações, montantes envolvidos e análise relativa aos correspondentes preços de transferência. O cumprimento das obrigações deve ser monitorizado. Assim, como consequência de tal, estabeleceu-se o Acordo Multilateral de Autoridades Competentes sobre a Troca de Relatórios País por País (*Multilateral Competent Authority Agreement on the Exchange of Country-by-Country Reports (CBC MCAA)*), baseado no artigo 6º da Convenção relativa à Assistência Administrativa Mútua em matéria Fiscal, e inspirado no Acordo Multilateral de Autoridades Competentes sobre a Troca Automática de Informação de Contabilidade Financeira (*Multilateral Competent Authority Agreement on Automatic Exchange of Financial Account Information (CRS MCAA)*). Tal foi concluído no contexto da Norma Comum de Comunicação (*Common Reporting Standard (CRS)*). No caso de impossibilidade de se basear na Convenção relativa à Assistência Administrativa Mútua em matéria Fiscal e no Acordo Multilateral de Autoridades Competentes sobre a Troca Automática de Informação de Contabilidade Financeira, a troca pode ser operada por acordo bilateral como o relativo a dupla tributação ou a acordo sobre a troca de informações (*Tax Information Exchange Agreement: TIEA*).[272]

---

[272] Essa Norma foi de iniciativa do G20 e aprovada pela OCDE (2014). Tinha o sentido de as instituições financeiras fornecerem informações, de modo automático e anual, aos outros

No quadro da maior eficácia dos mecanismos de regulação dos litígios (acção 14), o procedimento amigável (MAP) foi examinado no sentido de estabelecer um padrão mínimo e uma melhor actuação para assegurar progresso na resolução de conflitos (resolução com boa fé, efectiva e atempada em média 24 meses). O objectivo é satisfazer a certeza e a previsibilidade, devendo ser garantida a monitorização do procedimento. Dado a arbitragem não ser, actualmente, aceite por todos os países, prevê-se o ultrapassar da questão com a implementação da respectiva vinculação através da sua inclusão, embora com carácter opcional, no acordo multilateral previsto na acção 15.[273]

Por fim, o último relatório promove o desenvolvimento de um acordo multilateral (acção 15), destinado a implementar as medidas relativas ao BEPS, modificando as convenções bilaterais existentes. O conteúdo das modificações passam por incluir o relativo aos esquemas híbridos (*hybrid mismatch agreements*) – acção 2 –, ao abuso de tratados – acção 6 –, aos estabelecimentos estáveis – acção 7 – e ao procedimento amigável – acção 14. A Convenção Multilateral para Implementar Medidas de Tratado Fiscal para Prevenir a Erosão da Base de Tributação e a Transferência de Lucros (*Multilateral Convention to Implement Tax Treaty Related Measures to Prevent Base Erosion and Profit Shifting – Multilateral Instrument* ou *MLI*) foi assinada em 7 de Junho de 2017, por representantes de dezena de países, e consagra padrões mínimos, contrariando abuso de tratados e melhoria dos mecanismos de resolução de conflitos.[274]-[275]

países interessados. O seu conteúdo deveria conter, de entre outras realidades, as instituições obrigadas, a informação a prestar e os contribuintes abrangidos.

[273] Nesta matéria, o Fórum do Procedimento Amigável (*FTA Mutual Agreement Procedure (MAP) Forum*), no âmbito do Fórum sobre Administração Fiscal (*Forum on Tax Administration*), conjuntamente com o Grupo de Trabalho nº 1 do Comité dos Assuntos Fiscais, tem vindo a ocupar-se do relativo à matéria desta acção 14 (termos de referência, metodologia de determinação, documentação para a revisão pelos pares), tendo-se procedido à revisão pelos pares.

[274] O BEPS é objecto de atenção do Programa de Relações Globais para a tributação [*Global Relations Progamme for tax (GRP)*], integrado por funcionários encarregados da implementação e administração de sistemas fiscais e em colaboração com os organismos fiscais regionais e organizações internacionais interessadas, ocupando-se, nomeadamente, de padrões fiscais globais, política fiscal e práticas administrativas. Um dos seus mecanismos, neste caso *on line*, é a Plataforma de Partilha Conhecimento (*Knowledge Sharing Platform (KSP)*).

[275] Ainda no domínio da evasão fiscal, a propósito da OCDE, importa mencionar o Grupo de Trabalho Internacional Conjunto de Inteligência & Colaboração Partilhada [*Joint International*

1.3. Transparência Fiscal: breve referência

Na luta contra a fraude e evasão/elisão fiscais a transparência fiscal reveste--se de importância e, nesse sentido, a OCDE desenvolveu padrões internacionais que propiciam a troca de informações «a pedido» [*exchange of information on request (EOIR)*] e a troca automática de informações de contas financeiras [*Automatic exchange of information (AEOI)*]. A primeira, a partir de 2009, propicia a troca de informações previsivelmente relevantes para finalidades fiscais, baseada num acordo jurídico, e, para tal, a informação deve ser disponível e acessível às autoridades fiscais. A segunda, estabelecida em 2013/2014, obriga as instituições financeiras a partilhar informação contabilística e financeira com as autoridades fiscais, segundo a Norma Comum de Comunicação, o denominado *Common Reporting Standard (CRS)*. Publicada em 15 de Julho de 2014, a informação sucessivamente partilhada anualmente com as autoridades fiscais dos outros Estados numa base acordada.[276]

A implementação de ambos os esquemas é monitorizada pelo Forum Global sobre Transparência e Troca de Informações para Objectivos Fiscais (*Global Forum on Transparency and Exchange of Information for Tax Purposes (Global Forum)*). Criado em 2009, utiliza a revisão pelos pares (*peer review*) em duas fases: visando o quadro legal e regulador do país e, em segundo lugar, buscando a implementação deste quadro na prática. Também contribui o citado Forum para a implementação dos padrões da transparência fiscal e dos programas bilaterais, proporcionando benefícios no quadro da troca de informações.

Taskforce on Shared Intelligence & Collaboration (JITSIC)]. Aqui as administrações fiscais vinculam-se a ter uma maior atenção com a evasão fiscal, propiciando troca de conhecimento no respectivo combate, bem como práticas que facilitem a sua tarefa. Importa mencionar, por último, o Grupo de Peritos do Planeamento Fiscal Agressivo (*ATP Expert Group*), subgrupo do Grupo de Trabalho nº 11 do Comité dos Assuntos Fiscais, com o encargo de assegurar uma base de dados dos esquemas do planeamento fiscal agressivos e de arranjos de assimetrias híbridas, permitindo troca de informações atempada entre os funcionários governamentais.

[276] Após Declaração de Bari, os ministros das finanças do G7, em 13 de Maio de 2017, foi aprovado pelo Comité dos Assuntos Fiscais, em 8 de Março de 2018, o Model Mandatory Disclosure Rules for CRS Avoidance Arrangements and Opaque Offshore Structures, podendo a informação revelada de acordo com a aplicação das regras deste Modelo "ser usada quer para objectivos de cumprimento quer para influenciar o design de política fiscal futura. Estas regras deveriam ter o efeito dissuasor do design, marketing e uso de arranjos abrangidos pelas regras."

De entre os textos convencionais, no domínio dos instrumentos da troca de informações para efeitos fiscais, conta-se, com carácter multilateral, a já referida Convenção relativa à Assistência Administrativa Mútua em Matéria Fiscal, estabelecida por iniciativa da OCDE/Conselho da Europa. De referir ainda as convenções bilaterais baseadas ou não no artigo 26º do MC-OCDE ou nos já referidos, a propósito da acção 13 do BEPS, Acordos sobre Troca de Informação Fiscal (*Tax Information Exchange Agreement (TIEA)*). A estes importa ainda acrescentar o tambéjá mencioando Acordo Multilateral de Autoridades Competentes para o *Common Reporting Standard* (CRS) (*Multilateral Competent Authority Agreement for the CRS*). Este estabelece um procedimento para a troca no caso de essa ser automática. Releva ainda invocar o Acordo Multilateral das Autoridades Competentes para o Sistema de Transmissão Comum para a Troca Automática de Informações (*Common Transmission System for AEOI (CTS)*), com o objectivo de proporcionar uma ligação segura entre as autoridades fiscais para a troca de informações de âmbito automático, mas com potencialidade de ampliar o seu âmbito a qualquer informação relevante. Última referência para o Apoio ao Alívio Convencional e Melhoria do Cumprimento [*Treaty Relief and Compliance Enhancement – (TRACE)*], que tem como objectivo facilitar o acesso dos contribuintes aos benefícios dos tratados, quando aplicáveis, e proporcionar soluções para um melhor cumprimento das obrigações convencionais pelos Estados.[277]

2. ONU

Em Manual da ONU,[278-279] é feita a revisão analítica e histórica da fraude (*evasion*) e evasão (*avoidance*) fiscais.[280] Começa-se por referir a diversidade

---

[277] Para esta matéria conferir OECD Work on Taxation 2016, pág 14 a 16. Disponível em https://www.oecd.org/tax/centre-for-tax-policy-and-administration-brochure.pdf. Consultado em 8 de Janeiro de 2018.

[278] ONU, *Manual for the Negociation of Bilateral Tax Treaties between Developed an Developing Countries*, New York, 2003. Já em 1979, na versão anterior do Manual, se tinha indicado os custos e aspectos da fraude e evasão internacionais, págs. 22 a 29.

[279] O texto que vai ser referido foi apresentado como documento de trabalho à 2ª sessão (2006) do Comité de Peritos sobre Cooperação Internacional em Matéria Fiscal (http://www.un.org/esa/ffd/tax/secondsession/ Documento EC18-2016-7-part1-R.doc (consultado em 5 de Junho de 2017)). Posteriormente o referido Comité de Peritos ocupou-se nas 3ª (2007) e 5ª sessões (2009) do combate à fraude e evasão fiscais internacionais através de um Código de Conduta sobre cooperação em tal combate. Em documento apresentado à 7ª reunião (2011) do

de sentidos das expressões *tax evasion* e *tax avoidance*. A primeira, *"strictly speaking, is considered to consist of wilful and conscious non-compliance with the laws of a taxing jurisdiction"*, sendo os meios utilizados fraudulentos ou outros ilegais. Contudo, num *"broader sense, tax evasion may encompass a reckless or negligent failure to pay taxes legally due, even if there is no deliberate concealment of income or relevant information."* Por seu turno, a evasão (*avoidance*) fiscal, embora vise reduzir o montante dos impostos devidos, é feita através da utilização de meios legais. Afirma-se: *"Put very broadly, tax avoidance may be considered to occur when persons arrange their affairs in such a way as to take advantage of the weakness or ambiguities in the law to reduce taxes, without breaking the law*, mas refere-se: *Although tax avoidance may be regarded as immoral in some circumstances, the means employed are legal and not fraudulent."*[281] Releva-se a dificuldade, nalguns casos, de precisar a linha de fronteira entre a fraude e a evasão, colocando em oposição a fraude criminal e a evasão que não é fraudulenta *"but which runs afoul of judicial or statutory anti-avoidance rules and therefore does not succeed in minizing tax according to law."* Concluindo, neste aspecto: *"The compound United Nations expressions "Tax avoidance and evasion" is therefore often used to encompass a whole range of activity along this spectrum."*[282]

Comité de Peritos, para a Revisão do Manual (Documento E/C 18/2011CRP.n/Add.1.), seguiu-se fundamentalmente o texto antes mencionado. Assim, transcreve-se o referido escrito, salvo certas ligeiras diferenças quanto a conceitos. Desse modo, quanto à fraude (*evasion*), diz-se estar usualmente associada à prática de ofensa criminal, seguindo-se exemplos de fraude (ONU, *Manual for the Negociation of Bilateral Tax Treaties between Developed an Developing Countries*, New York, 2003, nº 128). Quanto à evasão (*avoidance*) escreve-se algo óbvio: *Tax avoidance is not tax evasion*. Quanto à dificuldade de distinção entre fraude e evasão em certos casos específicos, escreve-se: *Because of the subjectivity of the interpretation and application of tax avoidance*. Quanto à expressão: *Tax avoidance and tax evasion* não se conclui a frase, certamente por lapso citando-se o entendimento do Tribunal Europeu de Justiça sobre a evasão fiscal (*tax avoidance*) *arrangements aimed at circumventing tax law*. Acrescenta-se, no entanto, que muitos países distinguem evasão fiscal aceitável e não aceitável, neste caso, *is achieved by transactions that are generic and legal but involves decit or pretence or sham structures; it is an indirect violation or an improper use of the tax law, or treaties.* Confunde evasão fiscal aceitável com planeamento mas também indica uma consequência: *reduces tax liability through transactions or other activities that are intended by the legislation*, (Documento E/C 18/2011CRP.n/Add.1., nº 74) o que é susceptível de causar as incertezas.

[280] No extremo, está o planeamento fiscal, com sucesso na redução fiscal legal.
[281] ONU, *Manual for the Negociation of Bilateral Tax Treaties between Developed an Developing Countries*, New York, 2003, nº 72 e 73.
[282] ONU, *Manual for the Negociation of Bilateral Tax Treaties between Developed an Developing Countries*, New York, 2003, nº 73.

Refere que a evasão pode ter ou não êxito conforme a existência de regras anti-evasão de carácter judicial ou estatutário.[283]

Depois de referir aspectos actuais – globalização e remoção de impedimentos à livre circulação de capitais e controlos cambiais – que fazem com que o âmbito da fraude e evasão cresça, e as suas consequências, apela-se à cooperação internacional, no quadro da qual são mencionados trabalhos da OCDE, nomeadamente a recomendação desta organização sobre o uso e desrestrição do Número de Identificação Fiscal (*TINs*) de modo a aumentar o cumprimento relativo aos fluxos transfronteiriços. Considera ainda, entre outros aspectos, ser muito relevante a troca de informações. Nesse sentido apela à abolição de diversas barreiras, nomeadamente o segredo bancário.[284]

O *treaty shopping* e a sua prevenção são objecto também de atenção. No entanto, relativamente às disposições visando contrariar esse fenómeno, escreve-se: *"These provisions cannot be uniform, as each country has its own characteristics that make it more or less inviting to treaty shopping in particular ways. Consequently, each provision must to some extent be tailored to fit the facts and circumstances of the treaty partner's internal laws and practices. Moreover, the provisions need to strike a balance that avoids interfering with legitimate and desirable economic activity."*[285] É mencionada a existência de regras geralmente suplementares das regras ultimamente mencionadas: as regras anti-abuso, visando casos mais específicos (e.g., relativos a dividendos, juros e royalties). Acrescentando-se: *"It is relevant to point out that the both commentary to Article 1 of the OECD Model Treaty and OECD Report on Harmful Tax Competition make clear that countries can impose their domestic anti-abuse rules to claims for treaty benefits."*[286] Por último, ocupa-se da evasão (*avoidance*) através de jurisdições com baixa tributação, menciona a distinção efectuada pela OCDE, entre as jurisdições que oferecem apenas uma tributação mais baixa e as jurisdições identificadas como *non-cooperative jurisdictions*,

---

[283] ONU, *Manual for the Negotiation of Bilateral Tax Treaties between Developed an Developing Countries*, New York, 2003, nº 75.

[284] ONU, *Manual for the Negotiation of Bilateral Tax Treaties between Developed an Developing Countries*, New York, 2003, nº 76 a 78, cfr. ainda nº 81.

[285] ONU *Manual for the Negotiation of Bilateral Tax Treaties between Developed an Developing Countries*, New York, 2003, nº 83.

[286] ONU, *Manual for the Negotiation of Bilateral Tax Treaties between Developed an Developing Countries*, New York, 2003.nº 85.

que não participam da troca efectiva de informações entre as autoridades fiscais.[287]

São ainda enumerados exemplos de situações destinadas a reduzir impostos sobre o rendimento internacional:

- No âmbito do Estado da residência ou da nacionalidade, referem-se a não apresentação de declaração, a não declaração de todo o rendimento sujeito a imposto (*subject to tax*), as deduções fictícias, o crédito por imposto fictício, a caracterização inapropriada de elementos do rendimento ou despesas, as caracterizações não coincidentes de transacções, a utilização de estatuto de contribuinte temporário, a saída do país para evitar a cobrança de imposto e, finalmente, a afectação imprópria de despesas;
- No âmbito do Estado da fonte indicam-se, os certificados falsos apresentados aos substitutos, o uso de títulos ao portador, a caracterização errada de elementos do rendimento, o rendimento não declarado e as despesas fictícias;
- Quanto aos esquemas e mecanismos institucionais destinados a facilitar a fraude, elencam-se as designações fictícias (*dummies*), os testas de ferro e as contas bancárias numeradas, os títulos ao portador, os *trusts* e as sociedades holding estrangeiros, e por último, os empréstimos bancários artificiais e *investment trusts*;
- A título final, quanto ao uso de entidades em paraísos fiscais para reduzir a tributação, faz-se referência à transferência de bens produtores de rendimento para uma entidade em paraíso fiscal, à transferência nominal de funções produtoras de rendimento para uma entidade em paraíso fiscal, ao pagamento de despesas dedutíveis a uma entidade em paraíso fiscal ou que beneficia uma entidade desse paraíso.[288]

No entanto, conclui a enumeração escrevendo: *As previously stated, some of the techniques described may be legal methods of reducing tax, rather*

---

[287] ONU, *Manual for the Negociation of Bilateral Tax Treaties between Developed an Developing Countries*, New York, 2003, nº 87.
[288] ONU, *Manual for the Negociation of Bilateral Tax Treaties between Developed an Developing Countries*, New York, 2003, nº 82 a 128.

than illegal method of evading tax, depending on the law of particular countries involved.[289],[290]

Segue-se a indicação das quatro técnicas da evasão: pagamento diferido, recaracterização de um elemento do rendimento ou despesa para ser tributado com taxa mais baixa, eliminação permanente da sujeição ao imposto e transferência do rendimento de uma pessoa com imposto elevado para outra com baixo rendimento. Os instrumentos para atingir o objectivo seriam o uso de refúgios fiscais através de sociedades intermediárias, excessivo uso de dívida em vez de capital e transacção sem preço independente.[291]

Posteriormente, num outro Manual,[292] são referidos *aggressive tax avoidance schemes*,[293] envolvendo tratados. Como exemplos da forma de combate a estes esquemas, mencionam-se as cláusulas anti-abuso, gerais e especiais, bem como a criminalização da fraude – *such as the deliberate concealment of assets offshore* – bem como se indica a dificuldade de aplicar essas cláusulas anti-evasão no quadro transfronteiriço, dada a carência das informações e a impossibilidade de cobrança das dívidas fiscais fora do território fiscal respectivo. Problemas acentuados quando existem bens situados *offshore*. Todavia, defende-se que a aposta em disposições nos tratados visando a assistência administrativa pode melhorar a aplicação efectiva das cláusulas anti-abuso, envolvendo na matéria os artigos 26º (troca de informações) e 27º (assistência à cobrança) do Modelo da ONU de 2011. São ainda mencionadas com algum desenvolvimento a troca de informações, a assistência à cobrança e ainda organização interna da administração fiscal para detectar e combater os esquemas da evasão fiscal agressiva. No entanto, escreve-se: "*This unit* [unidade especial para as referidas detecção e combate] *also has to be sufficiently trained to distinguish between tax-motivated avoidance, and the sometimes complex activities and structures used by multinational*

---

[289] ONU, *Manual for the Negotiation of Bilateral Tax Treaties between Developed an Developing Countries*, New York, 2003, nº 128.

[290] Continuando com lucidez, escreve-se no quadro descritivo da assistência administrativa mútua sobre a cobrança de impostos: *It goes without saying that a State has to be sure that the aim of assistance in collection of taxes is suitable and desirable within its treaty policy, before it inserts such a provision in a treaty*. ONU, *Manual for the Negotiation of Bilateral Tax Treaties between Developed an Developing Countries*, New York, 2003, nº 139.

[291] Documento E/C 18/2011CRP.n/Add.1., nº 76.

[292] *United Nation Handbook on selected issues in Administration of Double tax Treaties for Developing Countries*. New York, 2013, pg. 396.

[293] Terminologia paralela à referência ao planeamento fiscal agressivo.

groups which are not tax-motivated and do not constitute aggressive avoidance: valuable resources may be wasted, and damage caused to a country's reputation as a host for foreign direct investment if unnecessary challenges are made to arrangements that are not examples of aggressive tax avoidance."

Na versão de 2016 do Manual para Negociações[294], a ONU ocupou-se também do uso abusivo dos tratados, diferentemente da matéria de fraude e evasão em geral. Depois de transcrever o princípio geral constante quer do MC-OCDE quer do Modelo da ONU sobre a denegação dos benefícios dos ADT a quem actua com o objectivo principal de obter vantagens contrárias ao propósito normativo relevante, mas lembrando a imperiosidade de equilíbrio entre a necessidade da Administração de preservar a receita fiscal e a necessidade de certeza legal e de protecção das expectativas legítimas do contribuinte, são referidos aspectos constantes do *United Nation Handbook on selected issues in Administration of Double tax Treaties for Developing Countries*, de 2013 (capítulo IX): como prevenir inapropriado uso dos tratados fiscais como base da evasão fiscal (*tax avoidance*), como assegurar que os tratados não prejudiquem a aplicação efectiva das regras nacionais anti-evasão, como usar as disposições da assistência administrativa nos tratados fiscais como mecanismo efectivo para apoiar a aplicação das regras nacionais anti-evasão. Continuando a referência, são indicados seis exemplos comuns de transacções envolvendo abuso potencial de tratados fiscais: *treaty shopping* e uso de sociedades condutoras, transferência de rendimento, contratação de trabalho (*hiring-out of labour*), contorno das exigências fiscais mínimas (*threshold*), mudança da natureza de rendimento e abuso do tax spearing. Terminada a remissão, são indicados meios de prevenção do uso de tratados fiscais: regras nacionais anti-abuso e doutrinas judiciais (substância sobre a forma e business purpose), regras especiais e regra geral encontradas nos trados. Por último, são indicados exemplos de uso abusivo coincidentes com os inicialmente apontados, acrescentando-se, porém, o uso da residência, os casos triangulares e as *star-companies*.[295]

Também os trabalhos relativos ao BEPS foram considerados nas tarefas fiscais das Nações Unidas. O fenómeno da erosão da base de tributação e

---

[294] ONU, Manual for the Negociation of Bilateral Tax Treaties between Developed and Developing Countries, New York, 2016.
[295] Cfr ainda sobre esta matéria, *United Nations Handbook on Selected Issues in Protecting the Tax Base of Developing Countries*, 2015, especificamente capítulos I -7 e VI, VII e, na segunda edição, ainda capítulo XII.

a transferência dos lucros é considerado como resultante *"da agressiva arbitragem legal e oportunidades de planeamento fiscal por empresas multinacionais"*, com efeitos negativos na receita e no custo da cobrança fiscal[296].

No entanto, e como já mencionado a propósito dos trabalhos do G20 com a OCDE, há perspectivas diferentes no que concerne aos países em vias de desenvolvimento. Na perspectiva destes, importa assinalar, por um lado, a redução da tributação na fonte, mais do que a transferência de lucros, por outro, a importância do imposto de sociedades no caso de investimento local maior do que ocorre nos países desenvolvidos e ainda a limitação ditada pela (in)capacidade das respectivas administrações para aplicar medidas potenciais de resposta aos fenómenos que se pretendem contrariar. Em face deste quadro central, assume-se ser necessário desenvolver a capacidade das Administrações Fiscais neste domínio, pois existe indispensabilidade das receitas. Para tal, não devem ser omitidos *"o estado de desenvolvimento do sistema fiscal, os recursos administrativos disponíveis para tratar destas matérias, a natureza das relações comerciais com os parceiros e considerações regionais"*. Perante este quadro, cada país deverá identificar os seus aspectos peculiares e quais as técnicas a utilizar para obter e garantir a apropriada base de tributação[297].

Não surpreende, pois, no âmbito destes trabalhos ter sido constituído um subcomité, integrante do Comité de Peritos sobre Cooperação Internacional em Matéria Fiscal, o Subcomité sobre o BEPS. O seu mandato era delimitado à matéria: utilizar a respectiva experiência e comprometer-se com relevantes entidades, nomeadamente a OCDE, monitorizando os desenvolvimentos do Projecto, comunicar aos funcionários a problemática e facilitar a contribuição das opiniões e da experiência dos países em desenvolvimento para o trabalho do Comité de Peritos das Nações Unidas e da OCDE.

Também, no quadro do Departamento das Nações Unidas para os Assuntos Económicos e Sociais, o Departamento para o Financiamento de Desenvolvimento [*Financing for Development Office (FIDO)*] realizou um projecto adicional na perspectiva da capacitação (*capacity development*),

---

[296] Cfr. *United Nations Handbook on Selected Issues Protecting the Tax Base of Developing Countries*, pág. iv.
[297] Cfr. *United Nations Handbook on Selected Issues in Protecting the Tax Base of Developing Countries*, 2ªed., pág. 6.

com contribuições de países em desenvolvimento, membros do Comité e organizações internacionais e regionais. Este projecto visou, não apenas a participação nas decisões, mas também a bondade das soluções e a respectiva implementação. Compreende o projecto variadas matérias, não se confinando às tratadas pela OCDE. Tenha-se em atenção as temáticas da neutralização dos efeitos dos arranjos de assimetria híbridas; a limitação de dedução de juros e outras despesas de financiamento; a prevenção da elisão do estatuto de estabelecimento estável; a transparência e revelação; a prevenção de abuso de tratado fiscal; a preservação da tributação das mais-valias por países da fonte; a tributação de serviços e incentivos fiscais. O projecto foi utilizado nos trabalhos do Comité de Peritos e o correspondente Subcomité sobre o BEPS e OCDE, tendo a versão final dos documentos constituido um Manual – *United Nations Handbook on Selected Issues in Protecting the Tax Base of Developing Countries* –, no qual é ainda sublinhada a necessidade de crescentes diálogo e cooperação internacionais para a necessária consideração das interacções dos sistemas fiscais dos diversos países. Como consequência do tratamento da matéria, o modelo de Convenção da ONU terá nova versão e a 2ª edição do Manual dos Preços de Transferência já incluiu o julgado apropriado, designadamente quanto aos intangíveis.

Ainda a ONU, através da resolução do seu Conselho Económico e Social, de 20 de abril de 2017, decidiu adoptar um *Código de Conduta sobre a Cooperação no Combate à Evasão Fiscal Internacional* e convidou os Estados a considerarem a adopção dos respectivos objectivos e acções substantivas. Os objectivos do Código passam, para além do combate referido, incluindo a evasão/elisão, por proteger as bases fiscais do não cumprimento; fornecer a adesão a altos níveis de transparência e troca de informações em matéria fiscal, e, em particular, a troca automática; bem como assistir no desenvolvimento de normas internacionais, acções práticas (*practical steps*) e programas de capacitação (*capacity building*), visando a prevenção, combate e protecção acima mencionadas. No referente às acções substantivas, como intenção dos Estados que sigam o Código, são incluídas várias realidades, tais como:

- a efectiva troca de informações fiscais (criminal e civil);
- regras adequadas de confidencialidade para a informação trocada e de salvaguardas e limitações aplicáveis à informação do contribuinte;

- apoio à troca automática de informações de contas financeiras, incluindo a denominada e já referida Norma Comum de Informação (*Common Reporting Standard- CRS*);
- encorajamento à adesão à Convenção relativa à Assistência Administrativa Mútua em Matéria Fiscal;
- a necessidade de trabalho nas Nações Unidas, com a OCDE, Forum Global sobre Transparência e Troca de Informações, G20 e outros relativos agrupamentos (*bodies*) multilaterais e relevantes organizações internacionais, de modo a auxiliar os países em desenvolvimento e em transição a identificar as necessidades de capacitação e assistência técnica quanto à troca automática de informação e respectiva confidencialidade;
- por último, a necessidade de reuniões técnicas, seminários e outros eventos de assistência técnica ou de capacitação (*other capacity building or technical assistance events*) para troca automática de informações, incluindo a confidencialidade, para os países antes mencionados, com envolvimento de agrupamentos e organizações também anterior referidas.

Para a realização das acções substantivas podem ser adoptadas vias unilateral (implementação nacional relativa à troca automática de informação) e bilateral ou, quando apropriada, multilateral, incluindo regional (princípios de transparência e troca efectiva de informação com vista à troca automática).

O Comité de Peritos sobre Cooperação Internacional em Matéria Fiscal ocupara-se também da matéria, através do Subcomité sobre Troca de Informações. Discutido um projecto em 2008, foi apresentado no ano seguinte um projecto do coordenador do referido Subcomité objecto de aprovação do Comité (5ª sessão em 2009), na forma como consta do anexo ao relatório da sessão, devendo ser apresentado ao Conselho Económico e Social. Nesse texto, nomeadamente, a troca automática bem como a evasão (elisão) não são referidas, assim como não o é a Convenção relativa à Convenção de Assistência Administrativa. O que surge passa pela troca de informação bancária e dos dados relativos ao beneficiário efectivo e, nas vinculações, são afastadas, como limitações à troca, a aplicação do princípio da dupla criminalidades e a exigência do interesse fiscal nacional.

3. União Europeia
3.1. Tratamento Normativo Nuclear

De há muito que a UE se ocupa da fraude e evasão fiscais. A globalização e o desenvolvimento tecnológico revestiram o problema de enorme acuidade. Por tal, têm sido publicadas, nomeadamente, várias comunicações da Comissão, declarações do Conselho e recomendações do Parlamento Europeu, bem como diversas fontes de direito.

Assim, e a título de exemplo em 10 de Fevereiro de 1975, precedida por uma comunicação da Comissão, de 22 de Novembro de 1974, o Conselho proferiu uma Resolução sobre as medidas a serem tomadas pela Comunidade, com vista ao combate desses fenómenos com carácter internacional, ocupando-se da assistência ao lançamento.[298]

Igualmente sem intuito exaustivo, convém referir o largo trabalho efectuado pela Comissão. Destaque inicial para a Comunicação sobre *A política fiscal da União Europeia: prioridades para os próximos anos* [COM (2001) 260 final, de 23.05.2001], já antes referenciada, ocupa- se também da evasão, referindo a necessidade de os regimes fiscais serem transparentes, *"a fim de assegurar o pagamento do imposto certo no momento e no lugar certos e que as possibilidades de fraude e evasão fiscais sejam minimizadas"*. Refere-se a indispensabilidade *"de uma cooperação transfronteiras e, em especial do intercâmbio de informações"*, impondo-se o reforço dessa cooperação, *"contribuindo para uma maior eficácia da cobrança fiscal"*. Menciona-se ainda a apresentação de apropriadas iniciativas tendo em mente estudos feitos por um grupo de trabalho e consulta dos Estados-Membros, referindo-se ainda o auxílio a estes Estados na luta contra a fraude e evasão fiscais.

Noutra Comunicação de 2004, *Para prevenir e combater as práticas abusivas nos domínios financeiro e das sociedades* [COM (2004) 611 final, de 27.09.2004], é mencionada a necessidade de *"facilitar o acesso às informações fiscais e respectivo intercâmbio [...] A fim de reforçar a transparência dos sistemas fiscais"*. Acrescentando-se: *"As informações à disposição de outras autoridades de supervisão podem ser relevantes para efeitos fiscais, podendo ser colocadas à disposição das autoridades fiscais, fora do âmbito da cooperação judicial, com o objectivo de identificar de forma mais precisa a estrutura de um grupo e a localização de um centro offshore"*.

---

[298] Resolução do Conselho, de 10 de Fevereiro de 1975, *relativa às medidas a adoptar pela Comunidade no domínio da luta contra a fraude e a evasão fiscais internacionais*.

Referir também a Comunicação para *Promover a boa governação em questões fiscais* [COM (2009) 201 final, de 28.04.2009], que *"visa recensear a contribuição concreta da UE para a boa governação na área da fiscalidade directa, tendo em atenção os seguintes aspectos:*

- *como pode ser melhorada a governação na UE;*
- *os instrumentos especiais de que a Comunidade Europeia e os Estados-Membros da UE dispõem para promover a boa governação ao nível internacional, e*
- *as possibilidades de uma acção dos Estados-Membros da UE mais coordenada, para apoiar, simplificar e complementar as medidas adoptadas por outras instâncias internacionais como a OCDE e a ONU."*

Espaço ainda para mencionar a Comunicação da Comissão de 2010, *Fiscalidade e Desenvolvimento – cooperação com os países em desenvolvimento a fim de proclamar a boa governação em questões fiscais* [COM (2010) 163 final, de 21.04.2010], visando sistemas de tributação que satisfaçam requisitos de eficácia e equidade e durabilidade.

Como documentos mais recentes, em 2012 foi feita uma Comunicação pela Comissão sobre os *meios concretos para reforçar a luta contra a fraude (fraud) e a evasão (evasion) fiscais*, incluindo em relação a países terceiros. A esta seguiu-se, no mesmo ano, uma Comunicação contendo um *Plano de Acção para reforçar a luta contra a fraude e evasão fiscais* [COM (2012) 722 final, de 6.12.2012]. Ainda duas Recomendações, com a mesma data, no que se refere a *medidas destinadas a encorajar os países terceiros a aplicar normas mínimas de boa governação em matéria fiscal* [Recomendação 2012/771/UE, de 6.12.2012] e outra, do mesmo dia, *Relativa ao planeamento fiscal agressivo* [C (2012) 8806 final, de 6.12.2012]. Ainda, por Decisão da Comissão [Decisão 2013/C120/07, de 23.4.2013], foi criado um Grupo de Peritos da Comissão, designado por Plataforma para a Boa Governação Fiscal, o Planeamento Fiscal Agressivo e a Dupla Tributação.

Como acima indicado, as medidas – normas mínimas de boa governação fiscal – a tomar por países terceiros foram integradas numa recomendação. [299] Essa recomendação – limitada à tributação dos rendimentos – *"estabelece critérios que permitem identificar países terceiros que não cumpram as normas*

---

[299] Recomendação 2012/771/UE: Recomendação da Comissão, de 6 de dezembro de 2012, no que se refere a medidas destinadas a encorajar os países terceiros a aplicar normas mínimas de boa governação em matéria fiscal.

mínimas da boa governação no domínio fiscal. Enumera igualmente uma série de medidas que os Estados-Membros podem tomar em relação aos países terceiros não cumpridores e a favor dos países terceiros cumpridores" (nº 1).

Depois de definições de imposto sobre o rendimento, país terceiro, lista negra nacional, estabelecem-se os critérios para identificação das normas mínimas de boa governação em matéria fiscal: adopção *"de medidas legislativas, regulamentares e administrativas destinadas a cumprir as normas de transparência e de troca de informações nos termos do anexo [relativas a informações: disponibilidade, acesso e troca] e aplique efectivamente essas medidas"*; não aplicação de *"medidas fiscais prejudiciais em matéria de fiscalidade das empresas"*, acrescentando que *"as medidas fiscais que prevejam níveis efectivos de tributação consideravelmente inferiores aos geralmente aplicados no país terceiro em causa, nomeadamente uma tributação à taxa zero, devem ser consideradas potencialmente prejudiciais. Um tal nível de tributação pode resultar da taxa nominal de imposto, da matéria coletável ou de qualquer outro fator pertinente"*.[300]

Na recomendação sobre o Planeamento Fiscal Agressivo (PFA)[301], os considerandos são iniciados por algo sintomático: *"Os países de todo o mundo têm tradicionalmente considerado o planeamento fiscal como uma prática legítima. Mas ao longo do tempo, as estruturas de planeamento fiscal tornaram-se cada vez mais sofisticadas, tendo-se desenvolvido de forma eficaz em várias jurisdições e possibilitando a transferência de lucros tributáveis para Estados em que os regimes fiscais são mais favoráveis. Uma das principais características das práticas em causa é de permitir reduzir as obrigações fiscais através de mecanismos que, apesar de estritamente legais, contrariam o espírito da lei".*

A dimensão multinacional de muitas estruturas do planeamento e o aumento da mobilidade de capitais e pessoas impõem a cooperação internacional de modo a evitar a dupla não tributação, que, persistindo, *"conduz a fluxos de capitais e a movimentos de contribuintes artificiais no mercado interno, o que pode prejudicar o seu bom funcionamento"* e a erosão das bases fiscais dos Estados-Membros. Para o efeito e numa primeira fase, importa limitar os casos de dupla não tributação derivados de montagem aproveitando as regras de dois ou mais sistemas, sendo necessária a rapidez da reacção legislativa. Como as disposições especiais anti-abuso são muitas vezes inadequadas, recomenda-se uma regra geral comum anti-abuso, não se deixando

---

[300] Para maior desenvolvimento, cfr. no capítulo sobre concorrência fiscal prejudicial.
[301] Recomendação 2012/772/UE da Comissão *relativa ao planeamento fiscal agressivo.*

de referir que "*é necessário ter em conta as limitações impostas pela legislação da União no que diz respeito a regras anti-abuso*", não se aplicando a recomendação no âmbito de certas directivas[302]. Em conformidade, encoraja-se a inclusão de duas cláusulas, a primeira no quadro de convenções de dupla tributação: "*Nos casos em que a presente convenção previr que é tributável exclusivamente num dos Estados contratantes ou que pode ser tributado num dos Estados contratantes um elemento de rendimento, o outro Estado contratante pode não o tributar apenas se o referido elemento estiver sujeito a imposto no primeiro Estado contratante*". E acrescenta-se, embora não incluído na cláusula: "*Sempre que, com o objetivo de evitar a dupla tributação através de normas nacionais unilaterais, os Estados-Membros isentarem de imposto um determinado elemento de rendimento gerado noutra jurisdição em que não esteja sujeito a imposto, os Estados-Membros são encorajados a assegurar que esse elemento é tributado*". E define-se ainda o que se entende por sujeição a imposto: "*[...], um elemento de rendimento deve ser considerado sujeito a imposto quando for tratado como tributável pela jurisdição em causa e não estiver isento de imposto, nem beneficiar de um crédito de imposto total ou de uma tributação à taxa zero*".

A segunda cláusula sugerida é uma cláusula geral anti-abuso a ser incluída na legislação dos Estados-Membros: "*Uma montagem artificial ou uma série de montagens artificiais criadas com o objetivo essencial de evitar a tributação e que conduza a um benefício fiscal deve ser ignorada. As autoridades nacionais devem tratar essas montagens para efeitos fiscais tendo como base a sua realidade económica*".

Para o efeito de tornar mais claro o entendimento desta cláusula, define-se montagem – "*qualquer transacção, regime, medida, operação, acordo, subvenção, entendimento, promessa, construção ou eventualidade. Uma montagem pode incluir mais de uma medida ou parte*" – e artificialidade de uma montagem ou uma série de montagens "*quando não tiver substância comercial*".[303]

Decorridos três anos, o que não significa ter a matéria deixado, entretanto, de ser considerada fundamental, verifica-se um novo fôlego nos trabalhos da UE, na contemporaneidade dos trabalhos do projecto BEPS da OCDE/G20. Em 2015, foi publicada a Comunicação *Sobre a transparência fiscal para combater a evasão e a elisão fiscais* [COM (2015) 136 final, de 18.3. 2015]. Aí, é assinalada a importância da luta contra a evasão e a elisão –

---

[302] Directivas 2009/133/CE, 2011/96/UE e 2003/49/CE, todas do Conselho.
[303] Cfr sobre política fiscal agressiva, fraude, elisão e planeamanto agressivo o relatório do Parlamento Europeu [2014/2144 (INI)].

esta por parte das empresas – fiscais, de modo a não prejudicar *"a partilha equitativa dos encargos entre os contribuintes, a concorrência leal entre as empresas e a equidade entre os Estados-Membros na cobrança do imposto sobre os lucros que lhes é legitimamente devido"*. A acção da Comissão *"para ajudar os Estados-Membros a combater a evasão e elisão fiscais no mercado interno"* é fundamental, por forma a *"garantir uma tributação mais equitativa e defender o princípio de que a tributação deve reflectir o local em que atividade económica se realiza"*. Sublinha--se ainda a transparência fiscal como *"um elemento crucial na consecução destes objectivos"*. Igualmente, não se deixa de referir a MCCCIS como um possível *"instrumento eficaz contra a elisão fiscal por parte das empresas na UE, além de reduzir os custos e os encargos administrativos para as empresas no mercado interno"*.

A Comunicação de 2015 trabalha ainda sobre o elenco do *"muito que se fez: desde 1997 que os Estados-Membros se têm empenhado politicamente a respeitar princípios de concorrência leal em matéria fiscal"*. Refere:

- o Código de Conduta no domínio da fiscalidade das empresas;
- o plano de acção de 2012, com mais de trinta medidas para combater a fraude e à evasão fiscais;
- a adopção, em 2014, da revisão da diretiva relativa a cooperação administrativa com troca automática de dados no quadro de informações financeiras (Directiva 2014/107//UE que altera a Directiva 2011/16/UE);
- os mandatos de negociação conferidos para a celebração de acordos fiscais com diversos países no sentido da maior transparência fiscal;
- a adopção de diversas medidas sob o plano de acção de 2012. Nomeadamente, *"a adopção da directiva revista sobre as sociedades-mães e as sociedades afiliadas, para impedir certas práticas fiscais abusivas por parte das empresas; a criação de uma Plataforma para a Boa Governação Fiscal"*, bem como práticas para facilitar a transparência fiscal (normalização de formulários); ainda a vantagem de utilização, no âmbito fiscal, de dados obtidos no domínio de branqueamentos de capitais; tal como a possibilidade de criar um número de identificação fiscal (NIF) europeu e da ampliação do instrumento de troca rápida de informações no quadro do IVA (EUROFISC) à tributação directa, relatório sobre a aplicação da recomendação de 2012 sobre paraísos fiscais no sentido da necessidade ou não de medidas adicionais.

Ainda na Comunicacão de 2015, relativa a uma maior transparência fiscal dentro e fora da UE[304], são mencionadas medidas possíveis de serem tomadas a curto prazo, de modo a contrariar a evasão e a elisão fiscais praticadas pelas empresas da UE. Tem-se em mente a tributação ser operada no *"lugar efectivo da actividade económica e a prover a aplicação de normas semelhantes em todo o mundo"*, ou seja, *"estabelecer disposições rigorosas em matéria de transparência para os acordos fiscais prévios"*; *"racionalizar a legislação relativa à troca automática de informações"* (proposta de revogação da Directiva relativa à tributação da poupança); *"avaliar a necessidade de novas iniciativas em matéria de transparência"* (a avaliação da necessidade de divulgação pública de *"informações adicionais sobre a Fiscalidade das empresas, nomeadamente multinacionalidade de todos os sectores, para além dos bancos e grandes indústrias extractivas e de exploração"*); *"rever o Código de Conduta no domínio da Fiscalidade das Empresas"*, com o objectivo de o melhorar e a maior eficácia do grupo; *"melhorar quantificação do diferencial de tributação"*, dada a necessidade de estatísticas para ajustamentos das medidas políticas e aferição do seu sucesso; promover uma maior transparência fiscal a nível internacional (difusão de normas de boa governação fiscal a nível mundial e análise do possível contributo na luta contra *"as práticas fiscais prejudiciais e transferência de lucros para fora da UE"*).

Na conclusão da Comunicação de 2015, escreve-se que as medidas referidas na Comunicação, poderão, para além de poderem *"contribuir significativamente para reduzir a evasão e elisão fiscais por parte das empresas e garantir uma concorrência fiscal mais justa entre os Estados-Membros"*, servir para reforçar a posição de liderança da UE na agenda mundial no domínio da transparência fiscal. Por último, anunciava-se a apresentação até *"ao verão, [de] um plano de acção sobre Fiscalidade das empresas, medidas adicionais destinadas a combater a elisão fiscal e a concorrência fiscal prejudicial"*.

Em 17 de Junho desse ano, numa outra Comunicação da Comissão, foi estabelecido um novo *Plano de acção: um sistema tributação das sociedades justo e eficaz na União Europeia: cinco domínios de acção prioritários* [COM (2015) 302 final, de 17.6.2015]. Pretendeu-se estabelecer *"uma abordagem europeia mais abrangente para a tributação das empresas"*. Na introdução releva-

---

[304] Objectivo necessário em virtude da dimensão da elisão fiscal, de "lacunas persistentes", de transparência e cooperação, dos sistemas fiscais complexos e do planeamento fiscal agressivo objecto de medidas sofisticadas.

-se *"a prioridade da Europa de hoje": "promover o crescimento sustentável e o investimento no âmbito de um Mercado Único mais aprofundado e mais equitativo"*. Realça a necessidade *"de um quadro de equidade e eficácia da tributação dos lucros das empresas, a fim de distribuir a carga fiscal equitativamente para promover o crescimento sustentável e o investimento, diversificar as fontes de financiamento da economia europeia, e para reforçar a competitividade da economia europeia"*. Considera-se *"um elemento essencial de um sistema fiscal eficiente e justo" "a tributação das empresas"* que *"é uma importante fonte de receitas para os Estados-Membros, bem como um factor importante para influenciar as decisões comerciais das empresas, por exemplo, sobre investimentos e actividades de investigação e desenvolvimento"*. No entanto, afirma-se, existe uma desactualização das regras de tributação das empresas que *"já não se enquadram nos padrões modernos"*. Num interessante diagnóstico, escreve-se, existir uma inadequação dos *"regimes da tributação das empresas actualmente em vigor"* porque as suas regras foram *"concebidas em grande medida, no sentido do rescaldo da primeira Grande Guerra Mundial"*, surgindo fissuras no sistema quando *"a economia evoluiu e o comércio se tornou mais globalizado"*. No quadro da UE, *"o debate sobre a tributação das empresas começou a emergir desde a década de 1960, quando a integração económica e política conduziram a uma maior actividade transfronteiriça"*. *"Desde o início da década de 1990, o objectivo foi prevenir tais obstáculos fiscais [por exemplo, a dupla tributação] e a directiva "sociedades – mães e sociedades afiliadas e a directiva "juros e royalties" foram adaptados para o efeito"*. Por outro lado, *"o Código de Conduta, no domínio da Fiscalidade das Empresas não vinculativo foi considerado como um instrumento eficaz para combater a concorrência fiscal no Mercado Único"*. Os instrumentos destinados a *"assegurar uma concorrência leal em matéria fiscal na UE, atigiram os seus limites"*, atentas a maior sofisticação do planeamento fiscal e a intensificação da concorrência interestadual. Mas não só o contexto histórico variou. Também tal sucedeu com o contexto económico: *"A concorrência prejudicial em matéria de tributação das empresas tornou-se um fenómeno global. As diferenças na tributação das empresas entre países são a força motriz para a transferência de lucros das sociedades"*, *"tendo as taxas do imposto sobre as sociedades"* nos Estados Membros *"sido progressivamente reduzidas, a fim de proteger as suas bases tributárias e de atrair o investimento directo estrangeiro"*. Entende-se que *"o alargamento das bases tributárias, a simplificação e uma maior transparência podem contribuir para aumentar a eficiência do sistema fiscal e melhorar o cumprimento das obrigações fiscais, bem como a luta contra o planeamento fiscal agressivo"*. Relevando-se mais uma vez a importância da tributação das empresas como fonte de receita para os Estados Membros, acrescenta-se que *"não obstante a estabilidade em termos de receitas, muitos factores sugerem que as receitas do imposto sobre as sociedades deveriam, em vez disso, ter aumentado ao longo do tempo"* o que *"pode ser devido"* a *"algumas empresas pagarem muito menos do que a taxa legal do imposto, inclusive mediante a sua participação em actividades de planeamento fiscal agressivo"*, não sendo remédio *"o aumento da carga fiscal sobre as empresas com menos mobilidade e sobre o trabalho"*. Ao indicado acrescem *"as implicações macroeconómicas da actual situação de diversidade nos regimes do imposto sobre as sociedades nos Estados-Membros para uma União Monetária e como a tributação deveria enquadrar-se numa maior integração económica e financeira da União Europeia e da área do euro"*. E ainda, do ponto de vista político, existem *"um forte apelo público para uma maior equidade fiscal"* e *"uma forte pressão no sentido de criar regimes de impostos sobre as sociedades [...] atraentes para os investidores multinacionais e competitivos a nível internacional"*. Daí os países continuarem *"a alargar os limites do [...] considerado aceitável na concorrência fiscal, apesar das tentativas da UE e da OCDE/G20 para combater os regimes fiscais prejudiciais"*. Sublinha-se, mais uma vez, os malefícios da concorrência fiscal quando *"utilizada abusivamente para elisão fiscal das empresas"* e insiste-se numa *"abordagem da UE mais coerente e competitiva no contexto global"*.

No Plano de Acção de 2015 reconhece-se que os trabalhos relativos ao BEPS não podem ser desconhecidos e *"a UE pode basear-se nestas reformas internacionais, e deverá estudar a melhor forma de integrar os resultados do projecto BEPS a nível da UE"*, devendo a especificidade da União Europeia (*"os elementos únicos do Mercado Único e da área da moeda única"*, bem como, o respeito das liberdades fundamentais, incluindo a do estabelecimento) ser considerada *"no desenvolvimento de soluções eficazes"*.[305] Em face disto, foram estabelecidos os objectivos:

- *"restabelecer a ligação entre a tributação e o local"* da *"atividade económica"*;
- assegurar a possibilidade de avaliação correcta das actividades empresariais sob a jurisdição do respectivo Estado;

---

[305] A adaptação ao contexto da UE e a correcção de incoerências a nível de toda a UE tem a vantagem de a UE poder introduzir legislação. O que permite uma abordagem comum, permitindo "reforçar o Mercado Único como um todo e protegê-lo da erosão da matéria colectável", devendo prevenir-se a "transferência dos lucros gerados na UE para outros países sem serem tributados no território da UE".

- ambiente fiscal das "*sociedades na UE competitivo e favorável ao crescimento*", com consequências na maior resistência do sector empresarial;
- protecção do Mercado Único e,
- garantia de "*uma forte abordagem da UE para questões externas associadas à tributação das empresas, incluindo*" aplicação do projecto BEPS, relações com jurisdição fiscais não cooperantes e aumento da transparência fiscal.

Para a consecução dos objectivos, foram estabelecidos cinco domínios de acção prioritária:

1ª acção prioritária: a matéria colectável comum consolidada do imposto sobre sociedades (MCCCIS). Esta surge como "*uma solução holística para a transferência de lucros*". A matéria já fora proposta pela Comissão em 2011. Por força dela, nomeadamente as empresas multinacionais, estariam subordinados apenas a "*um conjunto de regras ao calcular os seus rendimentos tributáveis*", podendo, em virtude da consolidação, os grupos "*compensar as perdas sofridas num Estado – Membro com os ganhos obtidos no outro*". "*Seria eficaz na luta contra a transferência de lucros e as práticas fiscais abusivas por parte das empresas na UE*" e "*permitir[ia] aos Estados-Membros aplicar uma abordagem comum em relação aos países terceiros e defender o Mercado Único contra o planeamento fiscal agressivo*". Daí que se propugnasse na Comunicação o relançamento da MCCCIS. Contudo, com as seguintes alterações principais: torná-la obrigatória; ter uma abordagem faseada de aplicação, procurando-se o "*acordo sobre os diferentes elementos da MCCCIS*", dando prioridade ao acordo e implementação da matéria colectável comum face à consolidação. A Comissão propõe apresentar uma nova proposta legislativa em 2016;

2ª acção prioritária: "*assegurar a tributação efectiva no local onde são gerados os lucros*", isto é, no local da actividade. Esta solução "*reflecte os debates em curso a nível internacional no contexto do projecto BEPS da OCDE*", acrescentando-se que, "*enquanto a nova proposta da MCCCIS está a ser elaborada*" deve ser continuado o trabalho, no "*âmbito da proposta actualmente sobre a mesa do Conselho sobre alguns aspectos internacionais da matéria colectável comum que estejam relacionados com o Projecto BEPS*" (estabelecimento estável e sociedades estrangeiras controladas). "*Tal garantirá uma abordagem coerente da UE para aplicar as novas normas internacionais decorrentes do projecto BEPS da OCDE, que proporciona consistência para as empresas e evita uma abordagem fragmentada no Mercado Único*". Outras medidas para o efeito podem ser prosseguidas (Código de Conduta no domínio da Fiscalidade das Empresas), cuidados de modo a *"que a legislação da UE sobre a tributação das empresas, destinada a evitar a dupla tributação, não conduza inadvertidamente, a uma dupla não tributação"*. Referência é igualmente feita aos preços de transferência. Nesta matéria deve ser procurada a melhoria do respectivo quadro regulamentar da UE, atento que o actual sistema *"já não funciona eficazmente na economia moderna"*, sendo complexo e menos favorável. Vista a maior abrangência das orientações do projecto BEPS (*"reequilibrar os resultados dos preços de transferência em consonância com a criação do valor"*), pretende a UE *"assentar essas regras e desenvolver mais a sua aplicação concreta e coordenada ao nível da UE, reflectindo a realidade económica do Mercado Único"*. Por último, no âmbito desta segunda acção prioritária, pretende-se *"ligar os regimes preferenciais aos locais onde o valor é gerado"*, dando-se como exemplo a localização da *"propriedade intelectual num país diferente das suas verdadeiras actividades de I&D para beneficiar nomeadamente do regime fiscal preferencial das patentes"*, importando seguir *"a abordagem de correlação modificada (modified nexus approach)"*. Tal significa dever *"existir uma ligação directa entre os benefícios fiscais e as actividades de investigação e desenvolvimento subjacentes"*, ameaçando a Comissão a preparação de *"medidas vinculativas para assegurar a sua correcta aplicação"*.

3ª acção prioritária: consiste em *"medidas adicionais para melhorar o ambiente fiscal das empresas"*, incentivando estas e fomentando *"o crescimento e o emprego no Mercado Único"*[306]. Aliás, medidas antes indicadas também contribuem para o objectivo. Nomeadamente, a MCCCIS, a que foram acrescentados a permissão da *"dedução dos prejuízos transfronteiriços"* e *"melhorar os mecanismos de resolução de litígios em matéria de dupla tributação"*, sendo o objectivo *"criar uma abordagem coordenadora a nível da UE para a resolução dos litígios, com regras mais claras e mais rigorosas em matéria de prazo, aproveitando os sistemas já em vigor"*. Indaga-se ainda sobre a ampliação do âmbito da aplicação da Con-

---

[306] "Maior coordenação entre os Estados-Membros em matéria de política fiscal, juntamente com medidas destinadas a reduzir os encargos administrativos, custos de conformidade e os obstáculos fiscais no Mercado Único".

venção de Arbitragem *"e se a sua transformação num instrumento da UE seria mais eficaz para melhorar o funcionamento do Mercado Único"*.

4ª acção prioritária: versa sobre *"novos progressos em matéria de transparência fiscal"*, *"importante para a luta contra a fraude fiscal e para garantir que a tributação reflecte o local onde de realiza a actividade económica"*. É assinalada a proposta feita já na ocasião *"para a troca automática de informações relativas a acordos fiscais prévios transfronteiriços"*, sendo mencionadas ainda outras medidas: *"garantir uma abordagem mais comum às jurisdições fiscais não cooperantes de países terceiros"*; a *"Iniciativa para a Transparência das Indústrias Extractivas (ITIE)"*. Em consequência, realça-se *"igualmente a importância da execução do Plano de Acção BEPS"*, sublinhando-se a importância destas iniciativas para *"as condições equitativas para a tributação das empresas multinacionais, nomeadamente nos países em desenvolvimento"*. Recorda-se igualmente o que já foi assinalado sobre recomendações relativas ao planeamento fiscal agressivo e, no que se refere a medidas destinadas a encorajar os países terceiros a aplicar normas mínimas de boa governação em matéria fiscal, recordam-se os trabalhos realizados e, como primeiro, passo a publicação de *"uma lista a nível da UE de jurisdições fiscais não cooperantes de países terceiros"*, lista a alterar periodicamente *"para reflectir alterações às listas nacionais dos Estados-Membros"*.[307-308]

5ª e última acção prioritária: situa-se nos *Instrumentos da UE para a Coordenação*, sendo *"a cooperação entre os Estados-membros [...] um elemento fundamental para combater a elisão fiscal e o planeamento fiscal agressivo"*. Reconhece-se a respectiva insuficiência, daí indicar-se a melhoria da *"coordenação dos Estados-Membros nas auditorias fiscais"*, com *"um debate entre os Estados-Membros no âmbito da Plataforma para a Boa Governação Fiscal para determinar"* o modo de apresentação de

---

[307] Lista entretanto já aprovada pelo Conselho em 5 de Dezembro de 2017: http://www.consilium.europa.eu/media/31945/st15429en17.pdf (consultado em 3 de Janeiro de 2018).

[308] Seguir-se-ão outros trabalhos de rastreio de países terceiros para o cumprimento de normas de boa governação fiscal e, posteriormente, disponibilidade da Comissão para "coordenar possíveis contramedidas em relação às jurisdições fiscais não cooperantes para fazer face a situações de incumprimento do princípio de boa governação em matérias fiscais". Por último, no âmbito da quarta acção prioritária, a continuação dos "trabalhos em matéria de transparência fiscal de imposto sobre as sociedades, tais como opções de apresentação de relatórios por país".

"uma abordagem mais estratégica em matéria de controlo e de auditoria de empresas transfronteiriças". E algo também importante: Reformar o Código de Conduta para a Fiscalidade das Empresas e a Plataforma para a Boa Governação Fiscal.

Do exposto resulta que não se inclui, pois, neste Plano de 2015, a harmonização das taxas do imposto sobre as sociedades, sendo o seu objectivo *"coordenar os regimes fiscais dos Estados-Membros afim de que estes possam melhor lutar contra o planeamento fiscal agressivo"*.[309]

Decorridos cerca de seis meses, foi publicada a Comunicação com o título *Pacote Antielisão Fisca.; Próximas etapas para uma tributação eficaz e maior transparência fiscal na UE* [COM (2016) 23 final, de 28.1.2016], na qual se considera: por um lado, a *"tributação das sociedades, justa e eficiente"* como *"uma pedra angular no mercado único"*; o *"planeamento fiscal agressivo um problema global que exige soluções a nível da UE e à escala mundial"*, evitando *"lacunas favoráveis"* a esse planeamento, tal como evitando prejuízo para a eficácia de medidas de um Estado, bem como *"incerteza e encargos administrativos para as empresas"*. A comunicação considera *"a matéria comum consolidada do imposto sobre as sociedades (MCCCIS) fundamental para o plano de acção anterior, de 2015, e "na pendência da adopção da [relativa] proposta revista"* foram delineadas *"outras acções destinadas a garantir a tributação eficaz no local onde são gerados os lucros, criar um melhor enquadramento fiscal para as empresas, desenvolver a transparência fiscal e reforçar os instrumentos de coordenação da UE"*, com conexões estreitas como os trabalhos, então em curso, da OCDE/G20 relativos ao BEPS. Afirma-se que uma vez publicados os relatórios do BEPS, *"os Estados--Membros devem [...] implementar muitas desss recomendações, em conformidade com o direito da UE"*, mas nesta tarefa *"devem ser tomadas medidas antielisão de forma clara e coerente, para reforçar a posição colectiva dos Estados-Membros contra a elisão fiscal, respeitando as liberdades consagrada no Tratado e a compe-*

---

[309] Por último, indica-se um cronograma: a <u>curto prazo</u>, "durante os próximos 18 meses na sequência da agenda BEPS, a área de trabalho localiza-se no debate sobre "alguns problemas relacionados com erosão da base tributável e a transferência de lucros", "da tributação efectiva no Mercado Único"; a <u>médio e longo prazos</u> (próximos anos), a versão revista da MCCCIS, sendo "necessário um forte empenhamento político para atingir resultados positivos sobre uma agenda pós-BEPS do imposto sobre as sociedades para a UE". Termina-se com o apelo aos Estados-Membros que "têm de superar as suas divergências por razões de equidade, competitividade eficiência e eficiência. Assim é chegada a altura de avançar".

titividade da UE". O objectivo é garantir que os Estados-Membros desenvolvem normas comuns, pelo menos normas mínimas comuns, mediante a adopção de legislação ou não[310]. É, pois, preocupação fundamental *"o pagamento do imposto no local onde o valor é gerado"* e no sentido de *"assegurar a tributação efectiva dos lucros no mercado único [...] as novas orientações do G20, da OCDE relativas aos preços de transferência devam ajudar a associar os lucros às actividades económicas que os geram"*, para o qual contribui o Forum Conjunto em Matéria de Preços de Transferência (FCPT) e, quanto à monitorização da aplicação *"da abordagem revista aos regimes fiscais preferenciais para patentes"*, o Grupo do Código de Conduta no domínio da Fiscalidade das Empresas. Como forma de combater o planeamento fiscal agressivo, muitas são as medidas propostas:

- uma nova cláusula anti-abuso a inserir na Directiva Juros e Royalties;
- a limitação da dedução de juros;
- a eliminação dos impactos negativos das assimetrias híbridas;
- reforço das regras relativas às sociedades estrangeiras controladas;
- reforço da tributação de saída;
- regras de transição (não isenção de certas receitas transfronteiras quando o outro Estado não tributa efectivamente);
- introdução de uma regra geral antiabuso;
- alteração de regras de modo a evitar artificialmente a existência de estabelecimento estável e abusos das convenções.

Esta Comunicação de 2016 acrescenta ainda *"uma abordagem a nível da UE relativamente a estas medidas reforçaria a ligação entre a geração de lucros e a tributação na UE"*. Para tal, contém o pacote uma Directiva Antielisão Fiscal, uma Recomendação relativa aos estabelecimentos estáveis e às práticas abusivas em matéria de convenções fiscais, bem como *"uma Comunicação que define as medidas para uma abordagem mais coordenada da UE em relação aos países terceiros, em questões fiscais"*[311]-[312].

---

[310] Por exemplo. uma recomendação da Comissão com "orientações sobre uma abordagem compatível com o Direito da União, no caso de Convenções fiscais".

[311] "...descrevendo igualmente um novo processo da UE para avaliar e estabelecer listas de paisaes terceiros para efeitos fiscais".

[312] Afirmando-se ser a transparência "crucial" para justiça na tributação, importa "assegurar o acesso eficaz à informação fiscal", individualizando-se a apresentação de "proposta de aplicação,

Na mesma data da anterior Comunicação, foi publicada uma outra, sobre *uma estratégia externa para uma tributação efectiva* [COM (2016) 24 final, de 28.1.2016]. *"A dimensão mundial da concorrência fiscal prejudicial e do planeamento fiscal agressivo"* conduziram a que fosse *"adoptada a nível da UE uma abordagem para enfrentar os desafios externos relativos"* à base tributável das sociedades. Reforça-se tal abordagem ser imprescindível, também porque o Parlamento Europeu defendeu posição comum quanto aos acordos fiscais e uma posição mais forte contra os paraísos fiscais. Tendo por base o Plano de Acção de 2015, atrás mencionado, o projecto BEPS e o compromisso de *"reforçar a mobilização de recursos nacionais nos países em desenvolvimento, nomeadamente através do apoio internacional para melhorar a capacidade interna de cobrança de impostos"*, a Comunicação propõe *"um programa de acção para uma nova estratégia externa da UE relativa à tributação eficaz"*. Indica, então, medidas essenciais para uma boa governação fiscal a nível mundial e a integração da melhor forma desta boa governação *"nas políticas mais amplas da UE em matéria de relações externas e apoiar os seus compromissos internacionais, em especial no domínio do desenvolvimento"*.

A Comunicação apresenta uma recomendação *"sobre as medidas destinadas a encorajar os países terceiros a aplicarem normas mínimas de boa governação"*, sendo apresentados os respectivos critérios:

- maior transparência fiscal (instituição de intercâmbio automático informações, incluíndo relativas a acordos fiscais prévios transfronteiriços e acordos prévios em matéria de preços de transferência, bem como relatórios por país para determinados sectores), e
- concorrência fiscal mais justa (novas normas internacionais do projecto BEPS relativas à justa tributação das sociedades conduzindo à actualização dos critérios de boa governação).

Pretende-se *"reforçar a cooperação em matéria de boa governação fiscal através de acordos com países terceiros"*, sejam bilaterais sejam regionais, incluindo a nível da UE, das normas do G20 e da OCDE, em matéria de apresentação de relatórios por país". E estabelece que, enquanto não adoptada a MCCCIS, "para melhorar a eficácia e a transparência fiscais no mercado único", "o pacote de medidas de luta contra a elisão fiscal" integrará "proposta de directiva antielisão fiscal"; "Recomendação relativa a questões em matéria de convenções fiscais"; " Proposta de Directiva que aplica a apresentação de relatórios por país do G20 e da OCDE"; " Comunicação sobre uma estratégia externa"; "Documento de trabalho dos Serviços da Comissão, que contém uma anàlise mais aprofundado e apoia as referidas iniciativas".

comerciais. Esses acordos deverão conter cláusulas que reflictam, *"por exemplo, a aprovação como norma mundial [o] intercâmbio automático de informações e as novas medidas de concorrência leal em matéria fiscal estabelecidas no BEPS da OCDE, que foram acordadas pelo G20"*. Cláusulas que devem ter em atenção a situação de cada país. Ainda devem ser considerados os auxílios fiscais concedidos por países terceiros às suas empresas *"através de regimes fiscais preferenciais, práticas administrativas ou acordos fiscais prévios individuais"*, por forma a estabecer-se mecanismos que assegurem uma concorrência leal.

Contudo, esta segunda Comunicação de 2016 reconhece poder haver necessidade de ajuda aos países em desenvolvimento para cumprirem as normas em referência[313]. Nesse sentido, menciona-se *"a abordagem 'cobrar mais, gastar melhor'"*, traduzindo o *"modo como a UE tenciona ajudar os países em desenvolvimento ao longo dos próximos anos na criação de sistemas de tributação justos e eficazes, nomeadamente através da luta contra elisão fiscal das empresas"*. O apoio situa-se ainda em como *"melhorar a eficiência e a eficácia da administração fiscal, reforçar o cumprimento voluntário das obrigações fiscais, prover a boa governação fiscal e combater a evasão fiscal e os fluxos financeiros ilícitos"*, precisando-se domínios prioritários. Preocupação é revelada quanto à *"criação de um processo a nível da UE para a avaliação e a elaboração de listas de países terceiros"* que recusem respeitar as normas da boa governação fiscal.[314]

---

[313] Não só no interesse desses países ("assegurar as receitas internas sustentáveis"e "combater as ameaças à sua base tributável") como no âmbito do interesse geral ("evitar deficiências na estrutura fiscal internacional susceptíveis de criar oportunidades para a erosão da base tributável e a transferência de lucros").

[314] Para essa tarefa, considera-se necessária a "visão geral transparente dos processos nacionais de elaboração de listas", a "abordagem comum da UE para a elaboração de lista de países terceiros", a abordagem que "deve ser justa, objectiva e justificável a nível internacional", sendo o processo integrado por três etapas: pré-selecção (identificação de indicadores neutrais que permitam determinar o nível de risco de países terceiros, considerando as relações económicas com a UE , actividades financeiras e factores de estabilidade tendo a avaliação prévia sido apresentada em Setembro de 2017), selecção (avaliação do regime e diálogo construtivo), recenseamento (dos países que não se comprometeram a tomar medidas de eliminação do que tem carácter negativo ou não responderam) e acompanhamento (exame anual, podendo a inclusão na lista ser eliminada desde que aceites os padrões acordados, considerando-se a inscrição na lista como último recurso perante a recusa em cooperar ou não resposta), dando origem à contramedidas comuns. A primeira lista foi estabelecida em 5 de Dezembro de 2017. Visando a protecção da base tributável dos Estados-Membros e incentivando a jurisdição incluída a melhorar o seu sistema fiscal, são dados como exemplos de medidas defensivas, a retenção na fonte e a não dedutibilidade de despesas. Este trabalho, que deve prosseguir,

Passados cerca de seis meses, foi feita outra Comunicação da Comissão, agora *Sobre medidas futuras destinadas a reforçar a transparência e combater a elisão e a evasão fiscais* [COM (2016) 451 final, de 5.7.2016]. Depois de lembrar os objectivos imediato e mediato da agenda para a fiscalidade[315], agenda que é adjectivada como "ambiciosa", afirma a necessidade de coordenação, tanto a nível da UE como a nível internacional, das medidas para a "*luta contra a evasão e elisão fiscais*", para a consagração do princípio da tributação do lucro da empresa no país em que é gerado e para combater as consequências negativas do evitar o imposto. Apesar dos avanços realizados, escreve-se haver muito a fazer (mencionando-se os *Panama Papers*). Como conteúdo central da Comunicação, afirma-se que esta "...*apresenta os progressos realizados até à data e identifica os domínios de acção prioritária nos próximos meses, tanto a nível da UE como a nível internacional, tendo em vista, reforçar a luta contra a elisão e a evasão fiscais, bem como contra as actividades financeiras ilícitas*". "*Nos progressos realizados no programa da UE para reforçar a transparência e combater a elisão e a evasão fiscais*", prima-se a "*mais transparência fiscal*" e a "*tributação mais justa*"[316].

propiciará experiência "para contribuir activamente para monitorização das medidas BEPS da OCDE assegurada a nível internacional pelo G20". Por último, menciona-se o reforço do "elo de ligação entre os fundos da UE e a boa governação fiscal", no sentido de esses não poderem ser "investidos em entidades ou transferidos através de entidades de países terceiros que não cumpram as normas internacionais em matéria de transparência fiscal". Defende-se ainda a transposição das disposições relativas à boa governação para os contratos a celebrar com os intermediários financeiros seleccionados. Essas disposições deveriam compreender "os princípios da UE para uma concorrência leal em matéria fiscal". Como assessor da Comissão, foi criada a Plataforma sobre a boa Governação Fiscal, para promover essa boa governação em países terceiros, contrariar o planeamento fiscal agressivo e identificar e solucionar casos de dupla tributação.

[315] "... estabelecer na UE uma fiscalidade mais justa, mais transparente e eficaz, em conformidade com o seu objectivo mais amplo de crescimento sustentável e de investimento favoráveis à criação de emprego no âmbito de um mercado único mais aprofundado".

[316] Quanto à primeira – mais transparência fiscal –, são referidas a "troca automática de informações relativas a decisões fiscais antecipadas transfronteiras numa base automática", aplicável a partir de 2017 e, em Março de 2016, "os Estados-Membros acordaram que as respectivas autoridades fiscais passem a partilhar automaticamente, para efeitos fiscais, os relatórios por país sobre as actividades das empresas multinacionais". E porque releva crescentemente maior transparência perante o público, a Comunicação menciona a divulgação de informações por instituições de crédito (Directiva 2013/36/UE) e pelas "grandes empresas da extracção e da exploração florestal" que estão "igualmente obrigadas à comunicação de informações por país ((CBCR) country-by-county reporting) por força da Directiva Contabilistica." Ainda a

Várias medidas são necessárias para *"enfrentar os restantes desafios"*, dado continuarem a ser utilizadas *"participações e estruturas financeiras secretas [...] para ocultar rendimentos e activos offshore, frequentemente com o apoio de consultadoria sofisticada"*, pois *"algumas destas actividades podem servir a corrupção, o branqueamento de capitais e a evasão fiscal"*[317]. Assim, defende-se que, neste contexto, deve ser explorada *"a ligação entre as regras aplicáveis na luta contra o branqueamento e as regras aplicáveis à transparência fiscal"*. Daí as alterações propostas à quarta directiva relativa ao branqueamento de capitais.[318]Uma

proposta da Comissão, de Abril de 2016, sobre a publicação de dados fiscais on-line/em linha por parte das "multinacionais com volume de negócios superior a 750 milhões de euros e uma presença na UE" (COM (2016) 198 final, de 12.4.2016, *Proposta de Directiva do Parlamento Europeu e do Conselho que altera a Diretiva 2013/34/UE no que diz respeito à divulgação de informações relativas ao imposto sobre o rendimento por determinadas empresas e sucursais*), a troca automática de "um grande volume de informações sobre os rendimentos e o capital das pessoas singulares e colectivas no estrangeiro" e os novos acordos assinados com diversos Estados (Suíça, Liechtenstein, Andorra e São Marinho), bem como a criação de registos centrais sobre beneficiários efectivos (4ª directiva relativa ao branqueamento de capitais).
No caso da tributação mais justa (disponibilidade "de instrumentos adequados que lhes [Estados-Membros] permitam proteger as suas bases tributárias das práticas abusivas e receber as suas receitas legítimas"), conforme o já referido plano de acção da Comissão para uma tributação justa e eficaz (2015), é objecto de menção a "preparação de uma proposta para relançar o sistema de matéria colectiva comum consolidada do imposto sobre as sociedades (MCCCIS)". Em consonância com o pacote antielisão fiscal de Janeiro de 2016, foram referidos a adopção pelo Conselho, em Junho de 2016, da directiva antielisão fiscal (com regras coordenadas destinadas nomeadamente a "revelar as assimetrias híbridas, tributar as empresas estrangeiras controladas e limitar a dedutibilidade dos juros"), o trabalho em curso das medidas propostas no quadro da «estratégia externa», estratégia aprovada pelo Conselho em Maio de 2010, "nomeadamente o procedimento da elaboração de uma lista comum da UE de jurisdições não cooperantes", ainda, no âmbito da tributação das sociedades, "a revisão das regras relativas à determinação dos preços de transferência e dos regimes preferenciais nos Estados-Membros à luz das novas normas internacionais" e ainda o accionamento judicial "nos casos em que os incentivos oferecidos a certas empresas possam violar as regras da UE em matéria de auxílios estatais". Por último, no quadro da desejada "melhor governação fiscal a nível internacional", foram feitos progressos, relevando-se as medidas do Projecto BEPS» que "porão termo a certos tipos importantes do planeamento fiscal agressivo, desde que aplicadas [as relativas medidas] plenamente e em larga escala".
[317] Não obstante admitiu-se a legitimidade do objectivo de certas estruturas.
[318] Estas propostas passam por garantir que possam ser reforçados" os mecanismos de defesa da UE contra o branqueamento de capitais e o financiamento do terrorismo"; e a adopção em breve de "uma lista da UE de países terceiros de alto risco com deficiências estratégicas nos seus regimes de luta contra" os branqueamento e financiamento assinalados. Afima-se ainda que operar-se-á também a modificação da directiva relativa ao direito das sociedades, de

segunda medida consiste em *"Melhorar a troca [automática] de informações sobre os beneficiários efectivos"* a fim de assegurar às autoridades fiscais a disponibilidade *"de informações actualizadas e fiáveis sobre as empresas e as fraudes fiduciárias no estrangeiro que possam apresentar algum interesse para elas no plano fiscal"* e complementando o recente alargamento da troca automática a *todas as contas financeiras, às decisões fiscais antecipadas e às informações sobre as actividades das empresas multinacionais para efeitos fiscais"*. A terceira medida consiste em *"Reforçar a supervisão dos facilitadores e dos promotores do planeamento fiscal agressivo"*, sendo estudadas *"medidas dissuasivas eficazes"*, aumentando *"a transparência destes mecanismos juntos das autoridades fiscais"*, lançando uma consulta pública para o efeito e colaborando *"estreitamente com a OCDE e com outros parceiros internacionais sobre uma eventual abordagem global tendo em vista uma maior transparência das actividades dos consultores que vão além da recomendação do projecto BEPS (acção 12)"*. Tais medidas são necessárias, apesar, nomeadamente, das *"novas regras em matéria de transparência para as contas financeiras, as disposições antiabuso da directiva antielisão fiscal, o quadro normativo sólido da UE para o sector financeiro e as alterações propostas para a quarta directiva relativa ao branqueamento de capitais"*, propiciando o proposto evitar precocemente as actividades em causa e *"colmatar as lacunas da legislação que as favorecem"*. A quarta medida consiste em *"Promover normas de boa governação fiscal a nível mundial"*, estando a ser finalizada *"uma avaliação prévia de todos os países terceiros com o objectivo de determinar o risco que podem representar em termos de erosão da base tributável dos Estados-Membros"*, seguindo-se a análise pelo Grupo de Código de Conduta no domínio de fiscalidade das empresas. Daí a identificação pelos Estados-Membros dos *"países terceiros que pretendem submeter a um exame aprofundado do ponto de vista da boa gover-

---

modo "a permitir o acesso público a um conjunto de dados relativos a que fundos fiduciários de carácter comercial; para os outros tipos de fundos fiduciários, o acesso" será limitado à existência de interesse legítimo, permitindo-se, assim, "lutar contra a utilização abusiva de pessoas colectivas e de entidades sem personalidade jurídica". Ainda foi feita "proposta de revisão da directiva relativa à cooperação administrativa que reforça as sinergias entre as regras da UE contra o branqueamento de capitais e em matéria de transparência fiscal", de modo a que "as autoridades fiscais tenham acesso a informações virtuais, a nível nacional, para combater a elisão e evasão fiscais praticadas através de fundos offshore", "designadamente "as informações de diligência devida relativamente à clientela e as informações contidas nos registos nacionais de beneficiários efectivos, sendo as autoridades fiscais capazes de identificar a pessoa por detrás de uma entidade, estrutura ou sociedade opacas e reagir rapidamente em caso de elisão e de evasão fiscais".

nação fiscal e encetar um diálogo com as jurisdições identificadas antes do final de 2016", sem prejuízo da colaboração estreita com a OCDE, visando uma lista mais inclusiva de carácter internacional. A quinta e última acção traduz-se na protecção dos informadores ou denunciantes, no sentido do respectivo reforço, estando a ser avaliadas *"as possibilidades de acção sectoriais ou horizontais a nível da UE, no respeito do princípio da subsidiariedade"*, atenta a reconhecida importância da protecção dos denunciantes na *"luta contra a má gestão e as irregularidades, nomeadamente a corrupção transfronteiras ligada a interesses financeiros nacionais ou da UE. Além disso, na perspectiva do funcionamento do mercado único e da responsabilidade social das empresas, pode ajudar a disciplinar as empresas e a proteger os interesses sociais, elementos fundamentais para melhorar a confiança no mercado e, por conseguinte, para atrair potenciais investidores e parcerias comerciais"*. A protecção deve ser operada no âmbito de *"instituições financeiras e outras entidades obrigadas"*, *"escritórios de advogados e empresas de revisores oficiais de conta, bem como, noutros domínios no direito da União, como o abuso de mercado a investimento colectivo em valores mobiliários"*. Na ausência de *"disposição específica na legislação europeia, as legislações nacionais continuarão a ser aplicadas para proteger os informadores"*, embora com acompanhamento da Comissão. Conclui-se, que recentes revelações *"compeliram a UE"* ao aprofundamento da *"coordenação interna contra as práticas fiscais abusivas"*, e à colaboração *"com os parceiros internacionais – em especial o G20 e a OCDE – para uma agenda ambiciosa à escala mundial de luta contra os delitos financeiros"*.[319]

---

[319] Na sequência de tudo o referido e sem propósito exaustivo, foram publicadas diversas directivas sobre cooperação administrativa, tendo essas directivas sido transpostas em Portugal:
– Directiva nº 2011/16/UE, do Conselho, de 15 de Fevereiro de 2011, denominada no jargão DAC, transposta pelo Decreto-Lei nº 61/2013, de 10 de Maio (cooperação administrativa do domínio da fiscalidade) que revoga a Directiva 77/99/CEE. São estabelecidas a troca de informação a pedido, informação que disponha ou obtenha na sequência de inquérito administrativo, bem como a troca automática obrigatória de informação, quando disponível, relativamente a cinco categorias não financeiras de rendimento e património: de trabalho, honorários de administradores, produtos de seguro de vida não abrangidos por outras directivas da União, pensões, propriedade e rendimento de bens imóveis, e ainda troca espontânea de informação e outras formas de cooperação administrativa (presença nos serviços administrativos, participação em inquéritos administrativos, controlos simultâneos, notificações administrativas retorno de informação), partilha de melhores práticas e de experiências, possibilidade de transmissão de informações recebidas de Estados terceiros a outros Estados--Membros. Nesta dIrectiva, na sequência da Directiva (UE) 2015/189 do Parlamento Europeu e Conselho (informações antibranqueamento de capitais- ABC), é estabelecida, no caso de o titular da conta ser uma estrutura intermediária, a análise pelas instituições financeiras,

da respectiva estrutura, bem como a identificação e a comunicação dos seus beneficiários efectivos;
– Directiva nº 2014/107/UE, do Conselho, de 9 de Dezembro de 2014 (DAC 2), que a altera a DAC e transposta pelo Decreto-Lei nº 64/2016, de 11 de Outubro (troca automática obrigatória de informação de contas financeiras entre Estados-Membros baseada na Norma Comum de Comunicação (sigla na língua inglesa CRS de Common Reporting Standard), desenvolvida pela OCDE e que estabelece a troca automática de informação sobre as contas financeiras de não residentes, estabelecendo um quadro para esta troca mundial e prevendo regra de comunicação e de diligência pelas instituições financeiras, relativamente a contas financeiras), aplicável desde 01.01.2016, salvo Áustria, a partir de 1 de Janeiro de 2017;
– Directiva (UE) 2015/2376, do Conselho, de 8 de Dezembro de 2015 (DAC3) (troca automática de informações obrigatória no domínio da fiscalidade, no que se refere a decisões fiscais prévias transfronteiriças e acordos prévios sobre preços de transferência), transposta pela lei nº 98/2017, de 24 de Agosto;
– Directiva (UE) 2016/881, do Conselho, de 25 de Maio de 2016, DAC 4 e transposta pela Lei nº 98/2017, de 24 de Agosto (no que respeita à troca automática de informações obrigatórias no domínio da fiscalidade, estabelecendo as regras relativas à declaração de grupos de empresas multinacionais por jurisdição fiscal em que exerçam actividade ao abrigo de convenções internacionais). Estão excluídos os Grupos de empresas multinacionais que, em relação a qualquer exercício fiscal, tenham um total de rendimentos consolidados inferior a 750 000 000 euros ou esse valor aproximado em moeda local (para uma definição completa, cfr. Anexo III secção I nº4) e a informação deve conter, nomeadamente, «informações agregadas sobre o montante dos rendimentos, o lucro (perda) antes do imposto sobre o rendimento, o imposto sobre o rendimento pago, imposto sobre o rendimento devido, o capital social, os ganhos acumulados, o número de empregados e os activos tangíveis que não sejam caixa nem equivalente de caixa em relação a cada jurisdição em que o Grupo de empresas multinacionais opera»;
– Directiva (UE) 2016/2258, do Conselho, de 6 de Dezembro de 2016, (DAC 5) que altera a Directiva 2011/16/UE, do Conselho, de 15 de Fevereiro, na sequência da Directiva (UE) 2015 / 849/UE (no que respeita ao acesso aos mecanismos, procedimentos, documentos e informações anti-branqueamento de capitais, por parte das autoridades fiscais), transposta pela Lei nº 83/2017, de 18 de Agosto;
No COM (2017) 335 final, de 21 de Julho, conexionado com a Acção 12 do BEPS, é proposta uma directiva emendando a DAC estabelecendo sobre os intermediários a desrestrição obrigatória dos arranjos fiscais potencialmente agressivos em situações transfronteiriças e a ampliação do âmbito da troca automática da informação de modo a abranger tais arranjos. A obrigação faz recordar o esquema nacional do regime do Planeamento Fiscal Abusivo contido no Decreto-Lei n.º 29/2008, de 25 de Fevereiro. Notar que em 13 de Março de 2018 foi alcançado acordo político entre os Estados-Membros sobre a matéria (http://data.consilium.europa.eu/doc/document/ST-6804-2018-INIT/en/pdf , consultado em 18 de Março de 2018).
A Cooperação Administrativa abrange ainda a tributação sobre a despesa (IVA – Regulamento nº 904/2010, de 7 de Outubro) e IECS (Regulamento nº 389/2012, de 31 de Maio). Como resulta desta evolução, o âmbito da Cooperação Administrativa tem vindo a ampliar-se quer no aspecto subjectivo (na evolução são incluídas informações na posse de instituições ban-

Ainda na luta contra a evasão, importa mencionar igualmente, e para além da legislação sobre troca de informações e assistência à cobrança[320], a Directiva Antielisão (2016/1164, de 12 de Julho). Esta *"estabelece regras contra as práticas de elisão fiscal que tenham incidência no funcionamento do mercado interno"*, pondo em relevo, nos seus considerandos, *"a necessidade de encontrar soluções comuns, mas flexíveis a nível da União, coerentemente com as conclusões da OCDE sobre a BEPS"*, sublinhando ainda a indispensabilidade de *"abordagens estratégicas comuns e acções coordenadas, a fim de melhorar o funcionamento do mercado interno e maximizar os efeitos positivos da iniciativa contra a BEPS"*. Releva, pois, a necessidade de actuações comuns. As *"regras para reforçar o nível médio de protecção contra o planeamento fiscal agressivo no mercado interno"*, atento *"28 sistemas diferentes da tributação das sociedades"*, circunscrevem-se *"às disposições gerais, deixando a execução aos Estados-Membros"*, sendo o objectivo alcançado estabelecendo *"um nível mínimo comum de protecção dos sistemas de nacionais de tributação das sociedades contra as práticas de elisão fiscal em toda a União"*. Quanto ao escopo pessoal, a directiva é aplicável aos contribuintes sujeitos ao imposto sobre as sociedades num ou mais Estados-Membros, incluindo os estabelecimentos estáveis situados num ou mais Estados-Membros de entidades residentes fiscais num país terceiro, não incluindo, pois, nomeadamente as sociedades transparentes, estando, porém, abrangidos estabelecimentos estáveis de entidades sujeitas ao imposto sobre sociedades situados noutros Estados-Membros e essas entidades podem ser constituídas nos termos do direito de um Estado-Membro. No escopo material, são estabelecidas regras contra as formas comuns do planeamento fiscal agressivo, regras aplicáveis, em geral, a partir de 1 de Janeiro de 2019, regras relativas à dedutibilidade dos juros, disciplina da tributação à saída, regra geral anti-abuso (a regra geral anti-abuso consta igualmente da Directiva nº 2015/12 sobre sociedades-mães e afiliadas), regras relativas às sociedades estrangeiras controladas e regras para combater as assimetrias híbridas, compreendendo apenas as assimetrias

---

cárias e financeiras) e material (rendimentos compreendidos: não financeiros, rendimentos financeiros, acordos prévios, elementos do domínio de branqueamento de capitais) e em aspectos procedimentais (troca obrigatória e automática em certas matérias, para o conjunto das obrigações e padronização de formulários e canais de comunicação).

[320] E.g., Directiva 2010/24/UE do Conselho, de 16 de Março de 2010 (relativa à assistência mútua em matéria de cobrança de créditos respeitantes a impostos, direitos e outras medidas).

na UE (a directiva foi modificada pela Directiva (UE) 2017/ 952, de 29 de Maio, no que respeita às assimetrias com países terceiros).

Contudo, atenda-se que já interiormente à Directiva Antielisão previa-se a possibilidade de medidas para evitar fraude e abusos. Assim, a Directiva relativa a um regime fiscal comum aplicável aos pagamentos de juros e royalties efectuados entre sociedades associadas de Estados-Membros diferentes [2003/49/CE, de 3.6.2003, com alterações, sendo a versão consolidada de 1.7.2013] dispõe: *"1. A presente directiva não impede a aplicação das disposições internas ou baseadas em acordos necessários para evitar fraudes e abusos. 2. Os Estados-Membros podem retirar o benefício da aplicação da presente directiva, ou recusar-se a aplicá-la, no caso de operações que tenham por principal motivo, ou que se contem outros entre os seus motivos principais, a fraude fiscal, a evasão fiscal ou as práticas abusivas" (artigo 5º).* Referir ainda a Directiva 2009/133/CE, de 19.10.2009, relativa a fusões e a cisões, com alterações, sendo a versão consolidada de 1.7.2013, que estabelece a possibilidade de recusa em aplicar os benefícios nela estabelecidos, face à evidência de uma das opções previstas ter como principal objectivo, ou um dos seus principais objectivos, a fraude e a evasão fiscais (artigo 15º).[321] Também na directiva referente ao regime fiscal comum aplicável às sociedades mães e sociedades afiliadas de Estados-Membros diferentes (2011/96/UE, de 30.11.2011, com alterações, sendo a versão consolidada de 17.2.2015), no seu artigo 1º estabelece que *"2. Os Estados-Membros não concedem os benefícios da presente directiva a uma montagem ou série de montagens que, tendo sido posta em prática com a finalidade principal ou uma das finalidades principais de obter uma vantagem fiscal que frusta o objecto ou a finalidade da presente directiva, não seja genuína tendo em conta todos os factos e circunstâncias relevantes. Uma montagem pode ser constiuída por mais do que uma etapa ou parte. 3. Para efeitos do nº 2, considera-se que uma montagem ou série de montagens não é genuína na medida em que não seja posta em prática por razões comerciais válidas que reflictam a realidade económica. 4. A presente directive não obsta a que sejam aplicadas as disposições nacionais ou convencionais necessárias para prevenir a evasão fiscal, a fraude fiscal ou práticas abusivas em matéria fiscal."*

No quadro da *soft law*, importa ainda mencionar a Recomendação da Comissão, de 28 de Janeiro de 2016 [Recomendação (UE) 2016/136] relativa

---

[321] Sendo possível construir presunção dessa ocorrência "o facto da operação não ser executada por razões comerciais válidas como a reestruturação ou racionalização das actividades das sociedades que participam na operação".

à aplicação de medida as contra práticas abusivas em matéria de convenções fiscais inclusão de uma "regra geral anti-abuso baseada numa avaliação do objectivo principal, com aplicação do previsto Modelo de Convenção Fiscal da OCDE, incluindo a respectiva redacção, e a modificação da definição de estabelecimento estável conforme as propostas das novas disposições do artigo 5º do Modelo da OCDE como estabelecido no Relatório Final da Acção nº 7 do Plano de Acção relativo ao BEPS" (recomendação 2 e 3).

3.2. Relação com os trabalhos da OCDE

Os trabalhos da UE relevam amplitude de tratamento conferido à realidade da fraude (evasão) e da evasão (elisão) fiscais. Contudo, também do apresentado resulta ainda que esse trabalho é feito na "sombra" dos trabalhos da OCDE/G20. Já nas conclusões do Conselho de 8 de Dezembro de 2015 foi mencionada *"a necessidade de encontrar soluções comuns, mas flexíveis a nível da União, coerentes com as conclusões da OCDE sobre a BEPS"*, sendo *"essencial para o bom funcionamento do mercado interno que os Estados--Membros ponham em prática, no mínimo, os compromissos assumidos no âmbito da BEPS"*[322]. Por tal são necessárias *"abordagens estratégicas comuns e acções coordenadas, a fim de melhorar o funcionamento do mercado interno e maximizar os efeitos práticos da iniciativa contra a BEPS"*. Em documentos da Comissão essa umbicalidade é patente.

Pode ler-se, na COM (2015) 136 final, a menção de participar *"activamente nos trabalhos do grupo OCDE/G20 para rever as normas de transparência e combater as práticas fiscais em todo o mundo"*. Aliás, actuação *"em consonância com a nova norma mundial de troca automática de informações do Grupo OCDE/G20"*. Isto porque o objectivo é a UE *"ser um interveniente activo"* no *"processo de reforma internacional"* da transparência a nível mundial. Por tal, a consideração da *"questão dos requisitos da transparência relativa aos mecanismos de planeamento fiscal agressivo"*, a liderança na *"aplicação de normas de boa governação no domínio fiscal a nível mundial"* e o forte apoio do *"projecto BEPS do grupo OCDE/G20 destinado a combater internacionalmente a elisão fiscal por parte das empresas"* são realidades inegáveis.

No mesmo ano, na COM (2015) 302 final, de 12.06.2015, *Um sistema de tributação das sociedades justo e eficaz na União Europeia: cinco domínios de ação prioritários*, sob a rubrica Abordagem da UE num contexto global, pode ler-

---

[322] Considerando nº 2 da Directiva 2016/1164 do Conselho, de 12 de Julho de 2016.

-se, depois de referência aos trabalhos em curso do Projecto BEPS, que "*a UE pode basear-se nestas reformas internacionais, e deverá estudar a melhor forma de integrar os resultados do projecto BEPS a nível da UE*", sublinhando-se factores específicos a considerar, bem como "*a vantagem de introduzir legislação*" e o benefício de uma "*uma abordagem comum da UE*".

Noutras comunicações, a posição reflecte-se igualmente. Assim pode ler-se, na COM (2016) 23, de 28.01.2016, *Pacote Antielisão Fiscal: Próximas etapas para uma tributação eficaz e maior transparência fiscal na UE*, a existência de "fortes laços" com o projecto BEPS, dependendo da respectiva conclusão, as "*acções destinadas a garantir a tributação eficaz no local onde são gerados os lucros, criar um melhor enquadramento fiscal para as empresas, desenvolver a transparência fiscal e reforçar os instrumentos de coordenação na UE*". Procede--se, então, a pormenorização da análise de estruturas de planeamento fiscal agressivo, em relação à OCDE, e vislumbra-se a preocupação de "*[o] relatório do G20 e da OCDE incluir a opção de cláusulas de limitação de benefícios, [porque] tal poderá não ser apropriado em todas as regiões*". Não olvidar ainda a apresentação de "*proposta de aplicação, a nível da UE, das normas do G20 e da OCDE em matéria de apresentação de relatórios por país*".

Do mesmo modo, na COM (2016) 24 final, de 28.01.2016, *sobre uma estratégia externa para uma tributação efectiva*, refere-se o "*honrar este compromisso [aplicar as novas normas do BEPS]*", o ter apoiado "*activamente o processo BEPS*", tendo "*um papel fundamental*" nesse apoio, a aplicação rápida e coordenada de medidas desse projecto, no auxílio fiscal aos países em desenvolvimento e contribuição activa, mediante "*a experiência obtida com o processo de elaboração de listas*" *de jurisdições não colaboradoras*" para a monitorização das medidas BEPS da OCDE assegurada a nível internacional pelo G20".

Ainda no COM (2016) 451 final, de 5.7.2016, *Comunicação sobre medidas futuras destinadas a reforçar a transparência e a combater a elisão e a evasão fiscais*, a Comissão "*congratula-se com o convite do G20 à OCDE e ao Grupo de acção financeira sobre o branqueamento de capitais (GAFI) a proporem uma nova norma de transparência global para os beneficiários efectivos*". Afirma a colaboração estreita "*sobre uma eventual abordagem global tendo em vista uma maior transparência das actividades dos consultores*". Contudo, propugna que se vá "além da recomendação do projecto BEPS (acção 12)". Encontra-se ainda na Comunicação, o apoio firme dos "*esforços da OCDE para assegurar a aplicação a nível mundial de normas de boa governação fiscal mais rigorosas, tanto através do quadro inclusivo de execução do projecto BEPS como dos trabalhos de acompa-

nhamento do Fórum Mundial em matéria de transparência fiscal". O objectivo é estabelecer a colaboração estreita *"com a OCDE com vista ao estabelecimento de uma lista internacional ambiciosa e eficaz das jurisdições não cooperantes"* e ainda uma colaboração mais ampla *"com os parceiros internacionais – em especial o G20 e a OCDE – para uma agenda ambiciosa à escala mundial de luta contra os delitos financeiros"*. Do transcrito resulta diversas posições consoante as circunstâncias: acompanhamento, apoio, colaboração, aplicação, execução, monitorização, modelo de lideranca e vanguardismo.

3.3. A quadrilogia conceptual

Dos textos, com carácter geral, há desde já três aspectos a relevar: a aceitação de uma quadrilogia e ainda o estabelecimento de um regime progressivo de reacção.

A quadrilogia apresentada assenta na distinção entre fraude, evasão, planeamento fiscal agressivo e, *a contrario*, planeamento fiscal *tout court*. Verifica-se o cuidado de bem definir as duas primeiras figuras, mas já menos a terceira. *"A fraude fiscal é uma forma de evasão fiscal deliberada que, de um modo geral, é punível no âmbito do direito penal. O termo inclui situações em que falsas declarações ou documento falsificados são intencionalmente produzidos."* Por seu turno, *"a evasão fiscal designa geralmente mecanismos ilícitos através dos quais a responsabilidade fiscal é oculta ou ignorada, ou seja, o contribuinte paga menos impostos do que é legalmente obrigado a pagar porque não esconde das autoridades fiscais rendimentos ou informações."*[323] Quanto ao planeamento fiscal agressivo, este *"inclui o recurso a operações ou a estruturas artificiais e a exploração das diferenças entre regimes fiscais"*, *"[...] o que prejudica as regras fiscais dos Estados-Membros e agrava a perda de receitas fiscais."*[324]

O conceito de planeamento fiscal agressivo é assaz complexo, principalmente quando se pretende distinguir do de evasão.[325] O já atrás refe-

---

[323] COM (2012) 351 final, de 27.6.2012, *sobre os meios concretos para reforçar a luta contra a fraude fiscal e a evasão fiscal, incluindo em relação a países terceiros*, nota 1.

[324] COM (2012) 351 final, de 27.6.2012, *sobre os meios concretos para reforçar a luta contra a fraude fiscal e a evasão fiscal, incluindo em relação a países terceiros*, nota 1. Cfr. no mesmo sentido, Taxation Papers, Working Paper nº 71 – 2017, Aggressive tax planning indicators. Final Report, ponto 2.1.

[325] Neste domínio, à semelhança do que se passa no ordenamento nacional, encontra-se a referência a planeamento fiscal abusivo cfr. COM (2012) 351 final, de 27.6.2012, *sobre os meios concretos para reforçar a luta contra a fraude fiscal e a evasão fiscal, incluindo em relação a países terceiros*, nº 8.

rido Plano de Acção para reforçar a luta contra a fraude e evasão fiscais,[326] a ele se refere mencionando-o como *"montagens complexas, por vezes artificiais, cujo efeito é transferir a sua [de alguns contribuintes] matéria colectável para outras jurisdições dentro ou fora da União. Ao fazê-lo, os contribuintes tiram partido das disparidades entre as legislações nacionais para garantir que determinados tipos de rendimentos não são tributados ou para explorar as diferenças em termos de taxas de tributação."* Nos considerandos da recomendação relativa ao planeamento fiscal agressivo[327] encontra-se algo menos preciso: *"O planeamento fiscal agressivo consiste em tirar partido dos aspectos técnicos de um sistema fiscal ou das assimetrias existentes entre dois ou vários sistemas fiscais, a fim de reduzir as obrigações fiscais"*, acrescentando poder revestir diversas formas e, dentre as suas consequências *"refiram-se as duplas deduções (por exemplo, a mesma perda é deduzida tanto no Estado da fonte como no Estado da residência) e a dupla não tributação (por exemplo, rendimentos não tributados no Estado da fonte são isentos no Estado da residência)."*[328]

Relativamente aos meios concretos para reforçar a luta contra a fraude e evasão fiscais sublinhou-se que a intensificação da luta é uma questão de receitas e de equidade, sendo, para o efeito, necessário uma acção não apenas nacional mas comum, em virtude de *"a globalização da economia, a evolução tecnológica, a internacionalização da fraude, e a consequente interdependência das autoridades fiscais dos Estados-Membros"*[329].

Para o aumento da eficiência e da eficácia da cobrança dos impostos, os problemas de fraude e evasão fiscais devem ser colocados em três níveis: melhoria da cobrança em cada Estado-Membro – assinala-se em conexão a disponibilidade de programas de assistência técnica –, reforço de cooperação transfronteiras entre as administrações fiscais dos Estados-Membros – através de melhor utilização dos instrumentos jurídicos vigentes e outras formas concretas de reforçar a cooperação (reforço dos instrumentos vigentes; melhoria da troca de informações, com ênfase, na troca automática; combate das tendências e mecanismos de fraude e evasão fiscais; garantia de um elevado nível de cumprimento das regras pelos contribuintes, com

---

[326] COM (2012) 722, de 6.12.2012, *Plano de Acção para reforçar a luta contra a fraude e evasão fiscais*.
[327] Recomendação 2012/772/UE da Comissão *relativa ao planeamento fiscal agressivo*.
[328] Recomendação 2012/772/UE da Comissão *relativa ao planeamento fiscal agressivo*, 2º considerado.
[329] COM (2012) 351 final, de 27.6.2012, *sobre os meios concretos para reforçar a luta contra a fraude fiscal e a evasão fiscal, incluindo em relação a países terceiros*, nº 1.

a simplificação e a redução de custos; melhoria da governação fiscal com maior coordenação entre as fiscalidades, directa e indirecta, e com cooperação entre as administrações fiscais e outras autoridades); e, por último, *"uma política clara e coerente [da União] – em que são relevados os princípios de boa governação em matéria fiscal – transparência, troca de informações e concorrência fiscal leal – em relação aos países terceiros para promover as suas normas a nível internacional e assegurar condições de concorrência equitativas"*, mediante garantir a aplicação de normas equivalentes por países terceiros e medidas relativas a paraísos fiscais e planeamento fiscal agressivo.

Como indicado, a Comissão apresentou, em Dezembro de 2012, uma comunicação relativa ao Plano de Acção relativo às medidas enunciadas. Nele são enunciadas tais medidas e o calendário correspondente. No domínio da melhor utilização de instrumentos vigentes e iniciativas da Comissão a desenvolver, são incluídos o novo quadro para a cooperação administrativa com directiva e regulamentos aprovados, a eliminação das lacunas (*loopholes*) da tributação da poupança, o projecto de acordo anti-fraude e de cooperação fiscal, o Mecanismo de Reacção Rápida contra a fraude no IVA e a aplicação opcional do mecanismo de autoliquidação do IVA e, por último, o Forum da União sobre o IVA. No quadro das novas iniciativas da Comissão são compreendidas a recomendação relativa às medidas destinadas a incentivar os países terceiros a aplicar normas mínimas de boa governação em matéria fiscal, entre os quais os denominados paraísos fiscais: a recomendação sobre o planeamento fiscal agressivo, no quadro do qual se refere a dupla não tributação, a aplicação de uma norma geral comum anti-abuso, mecanismos já existentes com esse fim e participação em *fora* internacionais; a criação de uma plataforma para a boa governação fiscal; as melhorias relativas às práticas prejudiciais das empresas e domínios conexos, com referência ao código de conduta, no domínio da fiscalidade da empresa, expatriados e possuidores de elevados rendimentos ou património; o Portal *TIN on Europe* (Portal Europeu NIF); formulários normalizados para a troca de informações no domínio da tributação e um desnaturante europeu para álcool completamente desnaturado e álcool parcialmente desnaturado. Por último, as futuras iniciativas e acções a desenvolver são divididas consoante o prazo da correspondente acção a empreender curto prazo (2013): 1) Combater as disparidades e reforçar as disposições anti-abuso, compreendendo a revisão da directiva relativa a sociedades-mães e filhas (2011/96/UE) e a revisão das disposições anti-abuso da legislação da UE; 2) Promover normas, instrumentos e ferramentas da tecnologia a nível da UE, integrando promover a norma respeitante à troca automática de informações e as ferramentas de tecnologia da informação (TI) da UE, em *fora* internacionais; 3) Reforçar o cumprimento das obrigações fiscais, abrangendo o Código Europeu do Contribuinte; 4) Reforçar a governação fiscal com cooperação reforçada com outros organismos responsáveis pela aplicação da lei); 5) Reforçar a cooperação administrativa, integrando promover a utilização dos controlos simultâneos e a presença de funcionários estrangeiros aquando de auditorias; 6) Acções relativas a terceiros países, compreendendo a obtenção de autorização do Conselho para iniciar negociações com terceiros países com vista à celebração de acordos bilaterais de cooperação administrativa no âmbito do IVA. Para médio prazo (2014): 1) Reforçar a troca de informações com desenvolvimento de formatos electrónicos para a troca automática de informações, utilização de um número de identificação fiscal da UE (NIF) e racionalização dos instrumentos TI; 2) Combater tendências e sistemas de fraude e evasão fiscais, abrangendo directrizes de detecção dos fluxos de capitais, melhorar as técnicas de gestão de risco, em especial, gestão dos riscos de cumprimento das obrigações e ampliar a EURFISC à fiscalidade directa; 3) Reforçar o cumprimento das obrigações fiscais, integrando a criação de uma abordagem de balcão único em todos os Estados – Membros, desenvolver incentivos incluindo programas de declaração voluntária, desenvolver um portal fiscal Web, uma proposta de harmonização das sanções administrativas e pessoais, desenvolver um ficheiro de auditoria normalizado para efeitos fiscais a nível da UE (SAF-T). Por último, a longo prazo (para além de 2014), uma metodologia para auditorias conjuntas por equipas especializadas de auditores qualificados, desenvolver o acesso directo mútuo às bases de dados nacionais e criar um instrumento jurídico único para a cooperação administrativa destinado a todos os impostos.

Na conclusão, reflecte-se optimismo com o resultado da combinação destas medidas para *"uma resposta global e eficaz aos vários desafios colocados pela fraude e evasão fiscais, contribuindo assim para aumentar a equidade dos sistemas fiscais dos Estados-Membros, para assegurar as necessárias receitas fiscais e, em última análise, para promover o bom funcionamento do mercado interno"*, acompanhando-se as medidas apresentadas e criando-se painéis de avaliação.

Neste documento é de relevar a amplitude da referência ao planeamento fiscal agressivo pela inclusão da referência a *"montagens complexas, por vezes artificiais, ...*" (sublinhado nosso), o que não só contraria o escrito no documento sobre as medidas concretas que refere "operações ou estruturas artificiais", a referência feita na cláusula anti-abuso da Recomendação sobre PFA, bem como, a justiça comunitária (processo *Cadbury Schweppes* referindo a artificialidade) mas torna difíceis ou impossíveis os esquemas que não devem ter valoração negativa porque não são artificiais.

Posteriormente, em 23 de Abril de 2013, a Comissão por decisão, aplicável por um período de três anos (artigo 7º) criou uma Plataforma para a Boa Governação Fiscal, integrada, no máximo, por 45 membros: autoridades fiscais dos Estados – Membros e organizações de empresas, da sociedade civil e de profissionais da fiscalidade (artigo 4º) "*É missão da Plataforma: a) Incentivar o debate entre as empresas, a sociedade civil e os peritos das autoridades fiscais nacionais sobre questões no domínio da boa governação em matérias fiscais, do planeamento fiscal agressivo e da dupla tributação. A expressão "boa governação em matéria fiscal" abrange transparência, intercâmbio de informações e concorrência fiscal leal; b) Fornecer à Comissão informações relevantes para a identificação de prioridades nestes domínios, bem como selecionar os meios e instrumentos adequados para alcançar progressos nestes domínios; c) Contribuir para a melhor aplicação e execução possíveis das referidas recomendações da Comissão, mediante a identificação de questões técnicas e práticas potencialmente relevantes neste domínio, bem como possíveis soluções; d) Fornecer à Comissão informações relevantes para a preparação do seu relatório sobre a aplicação das suas recomendações relativas a medidas destinadas a incentivar os países terceiros a aplicar normas mínimas de boa governação em matéria fiscal e de planeamento fiscal agressivo; e) Debater ideias práticas apontadas pelas autoridades fiscais, bem como por empresas, sociedade civil e profissionais da fiscalidade, e refletir sobre as melhores soluções possíveis para enfrentar mais eficazmente os atuais problemas de dupla tributação que afetam o bom funcionamento do mercado interno*" (artigo 2º). A Comissão pode consultar a Plataforma sobre qualquer questão relacionada com a boa governação em matéria fiscal, o planeamento fiscal agressivo e a dupla tributação (artigo 3º da Decisão).

O pensamento refectido nas normas mencionadas não apresenta diferença relevante face ao escrito pela OCDE. No entanto e dentre outros aspectos, não merece aceitação a possibilidade dada a um Estado de tributar quando outro, a que é reconhecido o direito exclusivo de tributação, não exercer o deu direito. Teria de se ver, como já se referiu antes, se a dupla não tributação é ou não querida.

4. Fundo monetário internacional

O Fundo Monetário Internacional, discutindo o programa de trabalho da Direcção, julgou ser necessário estar mais presente na actual discussão sobre as questões fiscais internacionais.

Nesse sentido emitiu um documento em Junho de 2013 [330], documento que abrange os aspectos do problema – evasão fiscal pelas multinacionais, fraude pelas pessoas singulares, assim como efeitos e concorrência fiscal –, as iniciativas globais actuais – BEPS e troca de informações –, o papel do FMI – mandato e vantagem comparativa, bem como trabalho anterior e actual –, áreas para trabalho futuro – documento sobre *Spillovers in International Taxation*, Informação (*Inform*) e contributo para as discussões técnicas, e ainda o encorajamento e contribuição para o debate mais amplo. O documento termina com perguntas à Direcção do Fundo sobre o trabalho e efectuar.

Escreve: *International tax issues have risen to prominence in public debate and are now attracting considerable attention from policymakers; There are, broadly speaking, two sets of issues on which current actions are focused: (legal) tax avoidance by multinationals, and (illegal) evasion by rich individuals; The overarching problem, however, is in each case the fundamental difficulty that national tax policies create cross-country spillovers.*

A propósito esclarece-se sobre o termo *avoidance*: *The term is used loosely, since the frontier of legal is not always clear, and whether an activity is 'avoidance' depends on the imponderables of legislative intent and the counterfactual of what arrangements would have been made absent tax considerations.*

No quadro da evasão fiscal pelas Multinacionais: *Tax avoidance by multinationals has emerged as a major risk to governments "much-needed revenue and, ultimately, citizens" trust in the tax system – not only in advanced but also in developing and emerging economies; It is widely recognized that the current framework for international taxation is under considerable strain, as the landmark report of the OECD (2013) makes clear.*

Indicam-se os factores-chave subjacentes às estratégias do planeamento fiscal: transacções entre sociedades e modelos do negócio complexos modernos, transacções digitais, inovação no sector financeiro e intangíveis. Por outro lado, "arranjos benignos" aumentaram nalguns casos o risco da evasão verificando-se dificuldade de muitos países tributarem

---

[330] *Issues in International Taxation and the Role of the IMF* – Washington, June, 28, 2013.

as actividades de negócio dentro da sua jurisdição, sendo ainda difícil determinar a extensão das transferências artificiais de rendimento, mas havendo sinais que é elevado.

No caso da fraude das pessoas singulares, verifica-se que a não partilha de informação das jurisdições de baixa tributação com as autoridades fiscais estrangeiras aumenta as oportunidades de fraude[331] cuja dimensão sinais mostram ser substancial, embora seja difícil determinar. Acrescenta-se que as jurisdições fortemente confiantes sobre estas actividades enfrentam riscos, beneficiando a fuga aos impostos – aliás, como a evasão – de disposições relativas ao segredo.

Ocupa-se seguidamente dos efeitos externos (*spillovers*) e concorrência fiscal relevando que a fraude e a evasão fiscais internacionais são exemplos dos efeitos transfronteiriços derivados das interacções dos sistemas fiscais nacionais, embora esses efeitos revistam muitas outras formas, sendo o problema fundamental a sua não consideração pelas políticas nacionais dos efeitos sobre outros países – "concorrência fiscal" em sentido amplo e que, apesar de a concorrência ter alguns méritos potenciais, é necessário ter em atenção os custos também potenciais.

São indicadas depois as iniciativas globais actuais, referindo-se, para além de medidas nacionais e regionais, as que têm participação global visando o *tax planing* e a *evasion*. Menciona-se a luta contra o BEPS, relevando a preocupação do G8 e do G20, assim como os trabalhos da OCDE, e a troca de informações, salientando a troca automática, no quadro da qual refere o Forum Global da OCDE sobre Transparência e Troca de Informações para efeitos fiscais, o FATCA (*Foreign Account Tax Compliance Act*) e o FATF (*Financial Action Tack Force*).

Embora se reconheça a liderança da OCDE relativa ao trabalho técnico, releva-se a importância dos aspectos fiscais internacionais para o mandato do FMI *given their significance for macroeconomic stability at both the national and international levels*, não deixando de se indicar a razão da sua vantagem comparativa: experiência de assistência técnica nestas matérias e também reconhecida experiência no desenvolvimento de políticas (*policy development*).

---

[331] Aceita-se que as multinacionais também podem praticar a fraude e as pessoas singulares a evasão, acrescentando-se *and these are in practice significant issues. This distinction is, nonetheless, a useful organizing framework for understanding current debates and initiatives* e que a matéria será elaborada adiante – doc. cit. nº 2.

Torna-se claro que o seu trabalho futuro – gerado pelo mandato do Fundo e a vantagem comparativa – visa completar e esclarecer, não suplantar, as iniciativas antes indicadas e será sobre *Spillovers in International Taxation*, Informação e Contribuição para Discussões Técnicas, bem como Encorajamento e Contribuição para um Debate mais amplo, aprofundando o diálogo existente com as entidades interessadas, assim como em combinação com a OCDE e outros, como o Banco Mundial e as Nações Unidas.

Com base nesta ligação a outras organizações internacionais, constituiu, em 2016, o FMI, com a OCDE, ONU e o Banco Mundial, a Plataforma para a Colaboração Fiscal (*Plataform for Colaboration on Tax*).

Considerando como agenda nuclear (*core agenda*) *"strengthening tax systems – policy and administration – has emerged as a key development priority, being a core part of the Sustainable Development Goals (SDG) framework and the Addis Ababa Action Agenda. The international organizations (IOs) already provide extensive support to countries' tax efforts in capacity building, policy reform, standard setting and implementation, policy dialogue and knowledge sharing. Yet significant additional tax revenues, raised in fair and efficient ways, are required to meet the global development challenges. The IOs welcome the increased emphasis on taxation, recognize their responsibility to further support countrie s' efforts, and see deepening their collaboration and cooperation as an essential component of strengthening tax systems. At the same time, the increased linkages between economies and progress in reform that has already been made are making ever clearer the commonality of many of the challenges that advanced, emerging and developing countries face. This makes it ever more urgent to fully exploit the potential synergies from bringing more closely together the experiences and expertise that the IOs, with their different priorities and roles, have built up. The IOs propose to create a new Platform as a central vehicle for their enhanced cooperation, enabling them to develop a common approach, deliver joint outputs, and respond to requests for a global dialogue on tax matters. This note describes the Platform, and how it will support the IOs work in all their member countries."*

Este contexto é desenvolvido, diz-se, num novo ambiente: *"An era of unprecedented international cooperation on tax matters is now underway, boosted by progress on exchange of information since 2009 led by the OECD and Global Forum on Transparency and Exchange of Information for Tax Purposes and, more recently the G20/OECD BEPS Project, with more inclusion of developing countries in making significant changes to the international rules."*

Tendo por base a acção cruzada, afirma-se que *"the Plataform will produce, as a major collective output of the IOs, the eight toolkits and reports that the*

G20 has requested the IMF, OECD, UN and WBG to develop. Most of these aim to translate the complexity of BEPS outcomes (in relation, for instance, to transfer pricing), into user friendly guidance for low capacity countries. Others address international tax issues not included in the BEPS project (such as indirect transfers of assets). The development of the toolkits will be informed by discussions in the Inclusive Framework. Beyond this, the Platform is also expected to identify and analyze emerging international tax issues, especially those of interest to developing countries – including with a view to possibly bringing them to the attention of the Inclusive Framework."

Sendo o objectivo predominantemente a cooperação entre as organizações, por forma a melhorar o apoio aos governos na abordagem dos desafios que empreendam, são estabelecidos princípios na cooperação:

"1. The IOs will continue to act to fulfill their own mandates and within their own rules of procedure.

2. The substantive analysis, research, drafting of technical papers and the other activities undertaken within the Platform will be carried out by the staff of the IOs, based on the ir comparative advantage s and capabilities. All of the Platform's products will therefore be the responsibility of the IO staff involved, and not that of the Platform itself.

3. The cooperation will seek consensus, but differences in views may be reflected in the outputs where consensus can not be found."

Em termos de acções específicas a desenvolver, para lá de várias ligadas à implementação do BEPS[332], para o âmbito que agora releva – a luta contra a evasão fiscal – destaca-se a quarta acção que prevê a melhoria da consciencialização da necessidade de construir mecanismos de troca de informações efectivos. Assim, é determinado ser objectivo ampliar a assinatura da Convenção Multilateral sobre Assistência Administrativa Mútua em Matéria Fiscal (*Multilateral Convention on Mutual Assistance in Tax Matters*) e garantir a adesão de mais países ao Forum Global sobre a Transparência (*Global Forum on Transparency*).

---

[332] Develop appropriate tools for developing countries in the taxation of Multinational Enterprises (MNEs), including relation to the new measures from the BEPS reports; Support interested developing countries to participate in the implementation of the BEPS package and input into future global standard setting on international taxation; Capacity development issues; Taxation and informal Economy; Information sharing and coordination among Members.

Capítulo IV
Concorrência Fiscal Prejudicial

I. ASPECTOS INTRODUTÓRIOS
1. Noção

Concorrência fiscal é a concorrência entre Estados resultante de manuseamento das regras fiscais com o objectivo de atraírem bases tributáveis para o Estado ou mantê-las, mas em detrimento de outro Estado.

A noção dada deste modo é suficientemente ampla de modo a não incluir nenhum juízo de valor. Por outro lado, não significa ter de utilizar, necessariamente, como elemento da noção, as taxas de tributação, visto a tributação ser realidade complexa, podendo variar em virtude do manuseamento de outros elementos da tributação. Assim, a concorrência fiscal pode surgir por aproveitamento dos pressupostos objectivo e subjectivo, e aquele nos seus diversos aspectos (material, temporal, espacial, quantitativo ou valorativo), bem como do modo de tributação, incluindo, nomeadamente, a forma como a liquidação e a cobrança são efectuadas. Designadamente, pode modelar-se a base de tributação, influenciando, nomeadamente, as regras de contabilidade, as taxas e as deduções à colecta. Porém, mantendo-se a taxa de imposto, desde que, nomeadamente a matéria colectável diminua, também, nesse caso, o contribuinte beneficiará de imposto reduzido e terá incentivo para deslocar a base de tributação para o espaço fiscal em que tal ocorra.[333] Quanto aos sujeitos passivos aos quais se direccionam as medidas, é evidente tanto poderem ser pessoas singu-

---

[333] Para o efeito, pode ter-se em atenção diversas realidades: taxa nominal, taxa efectiva ou receita fiscal. Cfr. Michael P. Devereux e Simon Lorety *Qu'est-ce que la concurrence fiscale et*

lares como pessoas colectivas, qualquer uma delas representa aumento da receita fiscal.

Assim, a «prejudicibilidade» dessas práticas, surge quando afecta as receitas fiscais de outro Estado, através da utilização dos diversos elementos do imposto e, para além dessa, ainda podem ser adoptados aspectos administrativos, como a existência de segredo bancário ou a inexistência de informação para influenciar a escolha do contribuinte. O certo é estar a prática do Estado captador orientada para uma solução que desvirtua a média de tributação circundante ao seu ambiente fiscal.

Mas outra questão se suscita: quando se afirma a existência de práticas fiscais prejudiciais que afectam a concorrência, refere-se à captação indevida de investimento ou/e de actividade económica ou atende-se aos lucros por aquelas produzidos? A expressão concorrência fiscal tem, como se viu, um âmbito muito lato. Significa o manuseamento dos impostos, quaisquer que eles sejam e qualquer que seja a relativa realidade a que se apliquem.[334]. No entanto, se, em princípio, assim sucede, contemplando a realidade, verifica-se que o fenómeno estará mais confinado ao âmbito de factores de produção com maior mobilidade. Tratando-se de impostos que influem sobre os comportamentos, é no domínio da maior mobilidade daqueles factores que as práticas fiscais podem ser mais actuantes. Todos os comportamentos que se traduzem em deslocação física das pessoas, nomeadamente, com inadequação ou dificuldade de adequação ao lugar do destino, como sucede, mormente com o trabalho dependente, é óbvio serem menos permeáveis às técnicas de captação pela via da tributação, por comparação com os rendimentos móveis, como sucede com o investimento em imóveis ou, mais ainda (outro extremo), com o investimento financeiro.[335]

---

comment se manifeste-t-elle? In Stratégies Fiscales des Etats et des Entreprises: Souveraineté et concurrence, Paris, PUF, 2009, pag. 22.

[334] Devendo, pois, distinguir-se da optimização fiscal que se traduz no aproveitamento das diferenças fiscais para obter tributação menor, enquanto a concorrência visa a atracção dos contribuintes, cfr. Benassy – Quéré, Agnès, *La concurrence Fiscale peut – elle être excessive, voire dommageable pour l'intégration économique européenne ?* in Stratégies cit., pg. 35 e 36. Sobre a distinção entre optimização e evasão fiscal, Rassat, Patrick, Lamomnlette, Thierry e Cameli Thibault, *Strategies Fiscales Internationales*, Paris, Maxima, 2010, pág. 159 a 162.

[335] Já escreveu Adam Smith: "O juro do dinheiro parece à primeira vista igualmente passível de ser directamente taxado como a renda da terra". Mas acrescentou: "Existem, contudo, duas circunstâncias diversas que tornam o juro do dinheiro matéria muito menos própria de

A relevância desta actuação assume o seu principal peso, quando integrada no âmbito das finanças públicas e no âmbito dos princípios do Direito Internacional Fiscal. No âmbito das finanças públicas por estas assumirem actualmente como imprescindível o controlo dos níveis do défice e da dívida pública, recorrendo às receitas fiscais como elemento catalisador e de equilíbrio. Se estas se reduzem significativamente, tal implicará a pressão sobre a capacidade contributiva dos rendimentos não móveis, em detrimento dos móveis, afectando a equidade e a neutralidade do sistema fiscal e, por tal, os princípios do Direito Internacional Fiscal.

2. Questão terminológica

Com anterioridade à terminologia concorrência fiscal, utilizava-se a designação degradação fiscal (*tax degradation*) e, depois do uso da concorrência fiscal, passou a utilizar-se práticas fiscais prejudiciais (*harmful tax practices*).

Quais as razões para esta evolução terminológica? A concorrência prejudicial implica necessariamente degradação, termo, aliás, com conotação negativa que poderá suscitar a interrogação: relativamente a que ou a quem se reflecte a degradação? Por seu turno, com a expressão práticas fiscais

taxação directa do que a renda da terra. Em primeiro lugar, a quantia e o valor da terra que qualquer pessoa possui nunca poderá ser um segredo e pode ser sempre averiguada com grande precisão. Mas o quantitativo total do capital em reserva que ela possui é quase sempre um segredo e qual não pode ser verificado com razoável exactidão. Está, além disso, sujeito a contínuas alterações. Raro é passar-se um ano, muitas vezes nem um mês, por vezes sequer um simples dia, em que não suba ou desça mais ou menos. Uma investigação realizada a todas as condições da pessoa, a qual, com o objectivo de adaptar o imposto a elas, observasse sobretudo as flutuações da sua riqueza, tornar-se-ia uma fonte de vexame de tal maneira constante e infindável que ninguém a poderia suportar. Em segundo lugar, a terra é matéria que não pode ser transferida e o capital pode sê-lo facilmente. O proprietário da terra é necessariamente um cidadão de um determinado país no qual se situa a sua herdade. O proprietário do capital é propriamente um cidadão do mundo e não está necessariamente ligado a qualquer país em particular. Estaria inclinado a abandonar o país em que estivesse exposto ao vexame de uma investigação com a finalidade de lhe lançar um imposto oneroso, e transferiria o seu capital para um outro país onde pudesse continuar o seu negócio, ou usufruir mais à vontade a sua riqueza. Transferindo o capital, poria fim a toda a indústria que mantivera no país abandonado. O capital cultiva a terra. O capital emprega trabalho. Um imposto que tendesse a afastar o capital de um determinado país, do mesmo modo secaria todas as fontes de rédito, tanto para o soberano, como para a sociedade. Não só os lucros do capital, mas também a renda da terra e os salários do trabalho, seriam necessariamente mais ou menos diminuídos devido a essa transferência." Adam Smith, *Riqueza das Nações*. Volume II Lisboa: Fundação Gulbenkian, 1950, pág. 522, 523 e 524.

prejudiciais compreende-se uma realidade mais ampla que não apenas a concorrência. De qualquer modo, serão aqui utilizados, indiferentemente o termo concorrência e a expressão práticas fiscais. Como antónimo, temos uma realidade não muito falada ou/e caracterizada, a concorrência fiscal justa *(fair tax competition)*, que talvez fosse adequado começar a desenvolver e a ligar ao conceito crescentemente utilizado de *fair share*.

Contudo, além das apontadas, mais designações são encontradas na prática dos Estados. A título de exemplo, veja-se a expressão *unfair tax competition – unfairem Steuerwettbewerb*, expressão utilizada na versão actual do Tratado entre a Alemanha e a Áustria (artigo 28º, nº 2). No Protocolo (nº 15) do mesmo Tratado, a *unfair tax competition* é definida por remissão para os trabalhos da OCDE e UE, afirmando-se que a "concorrência fiscal prejudicial existe, quando uma prática fiscal de um Estado Contratante é configurada de modo que é considerada prejudicial no sentido dos trabalhos da OCDE ou da UE."[336] Daí a *soft law* transformar-se em *hard law*, por meio de aplicação das disposições anti-abuso.

3. Âmbito

A concorrência fiscal prejudicial pode abranger todas as modalidades de tributação – sobre o rendimento, nomeadamente imposto sobre o lucro, o capital e também o trabalho, o património e a despesa –, todos os elementos da tributação – sujeição, benefícios fiscais, taxas, etc. – e, bem assim, todos os níveis de governo – estadual, regional ou local.

4. Espécies

Pode criar-se uma tipologia da concorrência fiscal[337]:
- horizontal, vertical ou oblíqua, consoante os espaços fiscais em causa estejam situados no mesmo nível (A – B), em nível hierárquico diferente, mas na mesma linha, ou níveis hierárquicos diferentes, mas em linhas diversas, embora este último tipo seja o menos provável, visto tratar-se, por exemplo, de um Estado e de autarquia de outro Estado;

---

[336] *Unfairer Steuerwettbewerb – liegt vor, wenn eine Steuerpraxis eines Vertragsstaats in einer Art und Weise gestaltet ist, dass sie im Sinne der einschlägigen Arbeiten in der OECD oder in der EU als schädlich eingestuft worden ist.* Tradução pessoal.

[337] Sobre diversas classificações, cfr. António Carlos dos Santos, *Concorrência Fiscal e Competitividade – A Never Ending Story*, in Ciência e Técnica Fiscal, nº 424, pag. 8 a 10.

- por força interior ou por força exterior, consoante resulte de pressão dos agentes internos (concorrência por comparação – *yardstick competion*) – designadamente o Estado da residência do contribuinte –, visando desincentivar a saída; ou de agentes externos – designadamente Estado da fonte ou da situação –, visando a captação. Também podemos dominá-las defensiva e ofensiva, respectivamente;
- concorrência fiscal ofensiva ou concorrência fiscal defensiva Como causa final procura-se a criação de um clima que atraia os fluxos dos diversos factores de produção (a primeira) ou ainda dissuadir a saída desses factores (a segunda).[338]
- intencional ou não intencional.

Mas mais importante ou, pelo menos, mais usual é a distinção entre concorrência fiscal justa e prejudicial, visto a concorrência com efeitos *spillover* não ter necessariamente de ser injusta ou prejudicial. No entanto, diversas perspectivas podem ser colocadas.

Na perspectiva do autor das práticas, qual o critério definidor do carácter prejudicial das práticas fiscais? Haverá critérios únicos ou dependentes das circunstâncias, nas quais são fundamentais o carácter do Estado que as estabelece, nomeadamente a natureza da respectiva economia e grau de desenvolvimento? Todavia, na perspectiva dos que dizem "sofrer" com tais práticas, embora se trate designadamente de países desenvolvidos, quais os critérios que podem ser considerados como conduzindo a injustiça, nomeadamente para o efeito de defesa ou de contramedidas do que é reputado por eles ser prejudicial? Será suficiente uma menor tributação noutro Estado?

Importa desde já notar que, na apreciação da concorrência fiscal, deve atender-se sempre à igualdade ou proximidade de situações quanto aos outros factores condicionantes do investimento, que devem ser considerados no seu passado, no seu presente e na sua possível existência no futuro[339]. E nesta análise é ainda muito relevante que a diferença de condições, que não ultrapasse determinada medida, seja compensada pela tributação mais

---

[338] Cfr. António Carlos dos Santos, *Concorrência Fiscal e Competitividade – A Never Ending Story*, in Ciência e Técnica Fiscal, nº 424, pag. 10 a 12.
[339] Estabilidade económica, social e de legislação, perigo de nacionalizações e expropriações, legislação laboral, justiça, burocracia, possibilidade de repatriamento do capital e dos rendimentos, etc.

favorável no espaço fiscal mais desfavorecido, quanto a outros aspectos. Procura-se o equilíbrio.[340]

5. Instrumentos

Os instrumentos que podem ser utilizados para beneficiar das práticas fiscais concorrenciais são vários sempre ligados à tributação mais favorável, mencionando-se, nomeadamente, sociedades *holding*, sedes ou centros de coordenação, os centros financeiros *off shore* e as sociedades e fundos de investimentos mobiliários. Em suma, é o outro lado da moeda da evasão e do planeamento fiscal agressivo, uma vez que se está perante uma acção do Estado, apresentando regimes fiscais favoráveis a captar e a manter investimento, utilizando mecanismos que igualmente são instrumentos da evasão e do planeamento fiscal agressivo.

6. Causas

Como causas eficientes da concorrência fiscal podem ser mencionadas múltiplas, de entre as quais, a internacionalização mais intensa, a globalização (com a ideia predominante do económico), a mundialização (com a ideia mais inclusiva do social), a integração das parcelas financeiras globais, a abertura dos mercados, o mercado regulado pelas suas leis, os avanços tecnológicos, agentes económicos procurando beneficiar das condições mais favoráveis, o agrado do público, bem como os governos que também são impelidos a concorrer, de modo a atrair factores de produção. Causas que operam designadamente nos sectores de seguros, financeiro, *leasing*, centros de serviços e regimes de navios.

Como causa final, perfilam-se as razões indicadas para a concorrência ofensiva e defensiva.

7. Veículos

A concorrência fiscal resulta, nomeadamente, da existência de paraísos fiscais (*tax havens*) e de regimes fiscais preferenciais prejudiciais (*harmful preferential tax regimes*).

---

[340] Mas subjacentes a esta problemática, colocam-se também interrogações a que se deveria dar resposta. Que limites devem ser colocados à soberania dos Estados, de que a fiscalidade é uma das manifestações mais relevantes? E dentro desses limites, qual a função do princípio da proporcionalidade? Ainda outra questão: em que medida é possível juridicamente uma contramedida implicando a "extraterritorialidade" do imposto, e.g., os regimes das *Controlled Foreign Companies (CFCs)*?

Quanto aos paraísos fiscais, o veículo mais ostensivo, a sua caracterização assenta, não apenas em aspectos formais, mas igualmente em outros de diferente natureza. No respeitante à fiscalidade, são territórios marcados por:
- a inexistência de impostos, em virtude de tributação efectiva irrelevante, ou até pela definição limitada da fonte dos rendimentos sujeitos, apesar de menos relevante tributação; ou
- a não tributação dos rendimentos provenientes do exterior; ou
- o nível significativamente menos gravoso dos impostos sobre os rendimentos, face ao do país de origem.

Contudo, para lá dos aspectos fiscais, são ainda normalmente mencionados: a estabilidade política e económica; o segredo bancário ou comercial; a inexistência de controle por parte da entidade monetária e de câmbios; as infra-estruturas desenvolvidas (necessidade de comunicação moderna); a relativa importância de sector bancário; as disposições liberais da legislação comercial; a disponibilidade de conselheiros profissionais competentes (nomeadamente contabilistas e advogados).[341] Outros aspectos ainda a considerar será a existência de tratados fiscais e a reputação ou a auto-consideração como paraíso fiscal.

No entanto, ainda têm vindo a aditar-se outros factores-chave, como a carência da efectiva troca de informações (até porque inexistem meios de conhecimento que proporcionem essa informação), a falta de transparência de regras legais e administrativas, bem como a inexistência de actividades substanciais, tendo os rendimentos natureza passiva. O resultado final é sempre o segredo relativo às realidades relevantes e a não tributação efectiva. Deste segredo resulta ainda a possibilidade de os beneficiários do regime evitarem a tributação no Estado da sua residência.

Quanto aos regimes fiscais preferenciais prejudiciais, estes podem ser indicados como territórios onde:
- taxas efectivas sobre o rendimento relevante são zero ou muito baixas;
- regime afastando da respectiva aplicação as actividades domésticas (*ring fencing*), isto é, a título de exemplo, limitando-o a não residentes ou não permitindo transacções em divisa nacional;

---

[341] Tudo isto não significa não existirem medidas especiais conforme os tipos de atracção. Assim a regulação fiscal para as sociedades *holding* não é necessariamente a mesma para os *trusts* ou sociedades de seguros cativas.

- falta de transparência no desenho e na administração (e.g., laxismo no controlo fiscal);
- falta de efectiva troca de informações

A estes critérios podem ainda acrescentar-se outros factores, tais como a definição artificial da base fiscal, a não aderência aos denominados princípios internacionais dos preços de transferência, bem como a isenção dos rendimentos de fonte estrangeira, taxa e base do imposto negociadas, existência de disposições relativas ao segredo. Acresce ainda, o acesso a uma rede ampla de tratados fiscais, promoção dos regimes como veículos de minimização fiscal e, por último, o facto de ser regime incentivador de operações ou arranjos puramente condutores a uma perspectiva fiscal, não existindo qualquer actividade substancial.[342]

Discussão mais complexa é a de assumirem como veículo da concorrência fiscal prejudicial, ainda que de forma menos ostensiva, as opções incrementadas por países considerados desenvolvidos, mas que divergem de forma inegável da média dos seus países congéneres. Pense-se numa taxa de tributação muito abaixo da média ou a criação de regimes fiscais muito favoráveis para certas estruturas.

8. Prós e contras

Numa visão, porventura, onírica e no caso de não existirem práticas fiscais prejudiciais, e apenas concorrência fiscal benéfica, as vantagens assentariam em argumentos de ponderação equilibrada. Assim, seriam estabelecidas tributações mais baixas – mas não tão baixas como as que tais práticas obrigariam –, a eficiência económica seria, portanto, atingida em grau elevado, a receita tributária seria elevada e, consequência de tudo isto, o nível de vida melhoraria, permitido por apropriadas infraestruturas e melhores serviços colectivos.

No quadro da concorrência surgem algumas interrogações. Mesmo aceitando o equilíbrio entre a tributação suportada e as despesas públicas que com ela são satisfeitas, o cérebro, conjugado com a vontade, não pode conduzir a que os serviços fornecidos pelo Estado se mantenham, apesar da diminuição das receitas, fazendo-se apelo a uma maior produtividade? O Estado, à semelhança do que tanto se pede às empresas, não deve

---

[342] Para toda esta matéria, seguiu-se *OCDE Harmful Tax Competition*. Paris, 1998, pág. 19 e segs.

empenhar-se na batalha da produtividade? Não haverá um maior equilíbrio entre o nível de fiscalidade e o proporcionado pela despesa pública do que o existente? A diminuição da carga fiscal não conduz a um crescimento mais amplo que implica, por seu turno, um aumento da receita? Essa carga diminuída não incentiva a criação e o desenvolvimento das empresas contribuindo para uma sua maior eficiência?

Estas perguntas não são meramente académicas. É que, em vários documentos, a Comissão da UE reconheceu ser a concorrência fiscal benéfica para os contribuintes fazendo reduzir a despesa pública[343] e, bem assim, *um certo grau de concorrência fiscal na UE pode ser inevitável, podendo mesmo contribuir para diminuir a pressão global.*[344] Assim, pergunta-se: não deverão as finanças públicas ser consideradas como um todo, analisando receita e despesa de modo integrado, por forma a avaliar-se o ganho ou o prejuízo? Existindo liberdade de decisão por parte dos agentes económicos, não deverão ser introduzidos factores de perturbação ou de limitação dessa escolha. Em similitude, poderá escrever-se: assim como num mercado concorrencial deve existir pluralidade de pessoas, assim deve existir pluralidade de tributações. Por outro lado, a essa pluralidade de regimes fiscais deve corresponder a possibilidade de os contribuintes manifestarem a sua opinião e fazerem a sua escolha. No mercado, a inexistência de concorrência, quer por imposição dominante quer por acordos celebrados pelos intervenientes, conduz ou pode conduzir a um aumento desmesurado de preços. Assim pode ocorrer com os níveis de tributação. A concorrência, ao invés, pode conduzir à eficiência inter-estadual e, como consequência, a uma menor carga fiscal e a um maior crescimento económico.

Reforça-se. É necessário sempre ter em mente que o elemento fiscal não é o único, nem o mais importante, elemento a ter em consideração nas decisões sobre localização de bases tributáveis, e que o elemento fiscal – repete-se – pode ser compensatório, em certa medida, de deficiências quanto à captação do investimento. Daí ser necessário e mais necessário ainda para certos Estados, atender-se ao seu nível de tributação.

---

[343] COM (97) 495 final, *Rumo a uma coordenação em matéria fiscal na União Europeia*, de 1.10.1997.
[344] COM (2001) 260 final, *A política fiscal da União Europeia: prioridades para os próximos anos*, de 25.05.2001.

Quanto à evasão e planeamento, haverá sempre a distinguir entre os dois fenómenos, sendo o último absolutamente legítimo, lícito e legal. Aliás, já em 1987, escrevia a OCDE: *"The scope of what is considered as tax avoidance may vary from country to country depending not only on the form a particular scheme may take, but also on attitudes of governments, parliament, public opinion and the courts, which may themselves change within one country and over time. However, this does not imply that OECD governments are not generally in agreement on what constitutes the range of tax avoidance they wish to combat or that they have problems in identifying it."*[345] Por último, e não é o menos importante, a soberania, no domínio fiscal, seria coarctada através de medidas limitativas do desenhar do seu quadro fiscal. Como se escreveu num texto da OCDE: *the decision of not to tax or tax at an incentive rate is, of course, the exercise of a sovereign right of each state* [346].

Apesar desta multiplicidade de argumentos a favor, à concorrência fiscal prejudicial têm sido apresentadas várias consequências negativas, nomeadamente:

- Cerceamento da soberania fiscal pois o exercício desta seria dependente do que ocorre noutros Estados, podendo os sistemas fiscais tornarem-se menos equitativos, desencorajando o cumprimento por parte dos contribuintes;
- Não neutralidade, pela influência exclusiva ou primacial do factor fiscal na afectação de recursos, provocando a deslocalização da actividade financeira, dos serviços e, em geral, dos factores de produção, com o consequente perigo para a livre concorrência, originando deslocalização e distorção no comércio e investimento;
- Hipotrofia das bases de tributação, diminuição das receitas (degradação fiscal) tão necessárias para os países desenvolvidos com despesas elevadas, nomeadamente com as prestações sociais, e, para os países em vias de desenvolvimento, designadamente, com as despesas que a sua desejada evolução implica. Daqui decorre que tende a haver uma pressão sobre a despesa pública para que diminua, com

---

[345] *International Tax avoidance and Evasion – Four relevant studies*. OCDE/OECD. Paris, 1987, págs. 16-17. Cfr. ainda, sobre a distinção entre optimização e evasão fiscal, Patrick Rassat, Thierry Lamonlette e Cameli Thibault, *Strategies Fiscales internacionales*, Paris: Maxime, 2010, págs. 159-162.

[346] *International Tax avoidance and Evasion – Four relevant studies*. OCDE/OECD. Paris, 1987, pág. 12.

a consequente subqualidade dos serviços públicos. Igualmente surgem dificuldades ou impedimentos na eliminação de défice publico, representando perigo para as políticas sociais e outros objectivos extrafiscais, como a estabilidade e realização de obras públicas;
- Substituição do trabalho pelo capital, com a consequência do desemprego, que pode também resultar de uma economia menos competitiva;
- Maior carga fiscal sobre os factores com menor mobilidade, menos voláteis, nomeadamente trabalho dependente, criando desperequações face aos outros factores, nomeadamente o capital, provocando alterações estruturais nos sistemas fiscais;
- Dificuldade de tributação visando a redistribuição do rendimento;
- Abertura a novas vias da fraude e evasão.[347]

Destes factores advém que só alguns Estados seriam beneficiados e que a diminuição ou mesmo a supressão de algum ou alguns impostos podem conduzir ao aumento de outros, consoante o respectivo pressuposto.[348] Ou seja, tenderá a verificar-se perda de receitas fiscais ou, numa terminologia usual, a erosão da base tributável. Muitas vezes utiliza-se um vocabulário severo, escreve-se que mina os governos, "rouba" (*stealing* ou *poaching*) as bases de tributação, constitui uma política *beggar-my-neighbour*, na terminologia da economista Joan Robinson. Concretamente, ocorre uma deslocalização das bases de tributação ditada, como mencionado, não por um critério económico/financeiro mas por razões fiscais, afectando-se, pois, a neutralidade fiscal, neutralidade desejável – em regra – e que seria desse modo afectada, atenta a política incentivadora introduzida. O certo é esta política facilitar técnicas de diminuição do imposto (evasão, planeamento e até fraude), com graves consequências quanto ao princípio da igualdade.

Esta diminuição de tributação implica, pois, uma redução das receitas fiscais e, se o Estado não enveredar pela via da maior produtividade, conduz à menor tributação do capital face a maior tributação relativa ao

---

[347] Cfr. Para alguns destes e outros, OCDE – *The Harmful Tax Competition*, Paris. 1998, págs. 8 e 13 e segs.

[348] O raciocínio relativamente aos inconvenientes é circular: com as medidas favoráveis, isto é, com taxas baixas e menores exigências regulatórias, os contribuintes dirigir-se-ão a territórios com essas características e tal implica a erosão das bases de tributação de outros Estados, gerando-se uma concorrência injusta, com todos os efeitos indicados. No entanto, este raciocínio parte do princípio que há prejuízo para a concorrência global, o que não é demonstrado.

trabalho[349], aos imóveis e ao consumo[350]. Os efeitos nocivos para a equidade são evidentes, diminuindo-se inclusivamente o efeito redistributivo da tributação. Existe, pois, um efeito pernicioso para o espaço fiscal "sofredor", porque não pode regular o seu sistema como desejaria, visto estar constrangido pela tributação de outros espaços fiscais. Quer dizer, existe uma limitação da sua soberania tributária.

Têm sido usados, pois, certos argumentos, alguns dos quais próximos do tipo *ad terrorem*. Assim, a erosão da base tributável significa redução de receita e, como consequência, a eliminação dos bens públicos fornecidos, com efeitos para o Estado Social. Assim, como se escreveu, com o necessário aumento da tributação sobre o trabalho, bens imóveis e despesa, visto o capital poder beneficiar de redução ou eliminação da tributação, atenta a necessidade de evitar *o voto com os pés* do modelo Tiebout. No entanto, tal pressupõe que o contribuinte não declare os rendimentos provenientes do exterior ou que o Estado da residência adopte o método da isenção. Mas, no primeiro caso, estamos perante a fraude fiscal e, no segundo, *sibi imputat*.

Em conformidade, com o que vem a ser escrito, afirmava Lionel Jospin: *La lutte contre le "dumping fiscal" est une priorité immédiate : il n'est pas acceptable que certains Etats membres usent d'une concurrence fiscale déloyale pour attirer les investissements internationaux et les délocalisations des sièges sociaux de groupes européens. À terme, une harmonisation globale de la fiscalité des entreprises est nécessaire*. Mais adiante continua o discurso afirmando que *Luttons contre [...] la concurrence fiscale déloyale*.[351] E a esse inconveniente aditam-se outros, complementares, e já mencionados: o primeiro, o efeito redutor sobre os serviços que o Estado deveria prestar e que deixava de poder prestar, em consequência da diminuição de receitas, mesmo para os países em desenvolvimento[352] e o segundo, a corrida para o abismo (*race to the bottom*), resul-

---

[349] Nomeadamente o não qualificado, dadas as facilidades de deslocação relativa ao trabalho qualificado.

[350] No caso do comércio tradicional ou do comércio electrónico indirecto ou *off line*. No caso do comércio electrónico directo ou *on line* verificam-se dificuldades da tributação segundo os cânones tradicionais e estas são relevantes. Para mais sobre o assunto cfr. Capítulo do Comércio Electrónico da presente obra.

[351] Intervention de M. Lionel Jospin, Premier ministre, sur *L'avenir de l'Europe ëlargie*, Paris, le 28 mai 2001 em www.senat.fr/europe/avenir_union/jospin_052001 ,pdf, com consulta em 14.07.2013.

[352] Neste caso, estranhamente porque não parece ter-se tido em conta a obtenção de receitas por outras vias, designadamente a criação de empregos e outros tipos de impostos que não sobre o rendimento.

tante de a diminuição da tributação (acção) provocar uma diminuição ainda maior (reacção) e, assim sucessivamente (circulo vicioso). Afectariam ainda essas práticas e pelas razões indicadas, a eficiência económica e a equidade entre os indivíduos e as nações.

9. Meios obstaculantes

Quando se entende que a concorrência fiscal é prejudicial, são diversas as vias a que se pode recorrer com o objectivo de promover comportamentos que não correspondam a essa concorrência.

Estes mecanismos podem ser objecto de *self–review* e de *peer review*, podem ser repressivos ou incentivadores, mas têm orientações diferenciadas conforme se dirijam aos outros Estados ou aos Contribuintes. De entre os primeiros, invoca-se a não celebração ou cessação de convenções, a intensificação da troca de informações, a elaboração de uma lista negra dos paraísos fiscais e dos territórios com regimes fiscais previligiados prejudiciais.[353] Em geral são medidas que procuram o agravamento da tributação de rendimentos de e para Estados que contribuem para a concorrência fiscal injusta. De entre os segundos, medidas dirigidas aos contrinuintes, contam-se a eliminação da isenção dos rendimentos provenientes do estrangeiro, a legislação sobre as CFCs (*Controlled Foreign Companies*), o agravamento das tributações, as regras relativas aos preços de transferência, à subcapitalização e ao acesso à informação bancária.[354]

Devem tais medidas visar sempre a transparência, incompatível com o secretismo, a derrogação do que é vago ou obscuro e tornar a fiscalização efectiva, eliminando-se a deficientemente disciplinada.[355] Devem ainda tais medidas ser subordinadas ao teste da proporcionalidade, isto é,

---

[353] Cfr. *The Harmful Tax Competition*, Paris. 1998, pág. 37 e segs.
[354] Sobre a questão do acesso à informação bancária, ter em atenção a possibilidade de, em vez de ser directo o acesso, este passar pela intervenção de uma entidade independente. Posição aliás preconizada como uma das soluções adequadas, no relatório da OCDE sobre segredo bancário: "21 The Committee on Fiscal Affairs encourages Members Countries to: ... c) re-examine policies and practices that do not permit tax authorities to have access to bank information, <u>directly or indirectly</u>, for purposes of exchanging such information in tax cases involving intentional conduit which is subject to criminal tax prosecution, with a view to making changes, if necessary to their laws, regulations and administrative practices" (cfr. ainda nº 22) – OECD, *Improving Access to Bank Information for Tax Purposes*, Paris, 2000, pág. 14
[355] Cfr. António Carlos dos Santos, *Concorrência Fiscal e Competitividade – A Never Ending Story*, in Ciência e Técnica Fiscal, nº 424, pág. 10 e segs.

da necessidade, adequação e proporcionalidade ou proibição do excesso, assumindo-se como medidas efectivas e evolutivas, adaptando-se à modificação das circunstâncias/comportamentos dos Estados. As medidas de combate à concorrência fiscal prejudicial podem ter fonte tanto na legislação interna, por exemplo, no domínio do segredo bancário e dos títulos ao portador, quanto no direito internacional, importando sublinhar que a cooperação entre Estados deverá ser generalizada para que possa surtir efeito.[356] Em qualquer das situações é imprescindível que na construção dessas medidas, seja tido em consideração o custo que geram para os contribuintes do Estado que as estabelecer em face dos contribuintes de Estados que não legislam no mesmo sentido.

10. Importância

A importância do fenómeno das práticas fiscais prejudiciais está intimamente conexa com a importância do imposto como elemento determinante dos comportamentos humanos. Tem de se verificar que a importância da tributação se intensificou com a liberdade de circulação dos factores de produção, sendo evidente que, quanto menores forem os obstáculos à actividade, permanecendo o imposto, tanto maior é a importância deste.

No entanto, a relevância da concorrência fiscal entre Estados encontra-se hipertrofiada. Com efeito, se a preocupação é a captação de investimento ou de actividade económica, em geral, importa também verificar o que sucede no domínio dos diversos factores que condicionam o investimento e que já atrás foram indicados. Nomeadamente é crucial analisar a estabilidade política, social e legislativa; o perigo das nacionalizações ou expropriações; a burocracia; a aplicação da justiça; a existência de infra-estruturas; a legislação societária e laboral; a existência de pessoal qualificado; o nível das remunerações; a possibilidade de repatriamento dos capitais e dos respectivos rendimentos; a existência de fornecedores e de recursos naturais; a proximidade dos mercados. Mas o elemento temporal é também ele parte integrante dessa avaliação para lá do elemento fiscal. É preciso olhar, não só o que ocorre na actualidade, mas aquilo que ocorreu no passado, no âmbito do tratamento da fonte do rendimento, bem como analisar aquilo que se prevê vir a ser a opção do Estado. E a consideração destes elementos releva, pelo menos, em dois sentidos: são

---

[356] Cfr. Manuel Pires, entrada da Enciclopédia Verbo Edição Século XXI "Regime fiscal".

factores determinantes do investimento e, em segundo lugar, o que não é menos importante, são factores cuja deficiência em certo grau é compensada ou deve ser tentada ser compensada pelo nível de fiscalidade reduzida. O princípio da neutralidade fiscal a funcionar como elemento legitimador de uma ponderaçãoo realista e não demagógica da influência do imposto na decisão do investidor.

II. OS TRABALHOS DAS ORGANIZAÇÕES INTERNACIONAIS
1. OCDE[357]
a. PRÉ-BEPS

A OCDE, através da sua estrutura organizacional relativa aos assuntos fiscais,[358] tem-se ocupado de matérias várias. Começou por se dedicar em grande medida à dupla tributação, passando depois a ocupar-se dos mais variados assuntos, como o imposto sobre sociedades, (embora esporadicamente) e, no que mais nos interesse agora, concorrência fiscal prejudicial. A globalização veio criar e/ou intensificar as vias de redução da obrigação fiscal[359], sendo, de entre elas, relevantes os denominados paraísos fiscais e os regimes fiscais preferenciais prejudiciais, gerando concorrência fiscal desleal ou injusta. Segundo se relata no já citado relatório de 1998 –The Harmful Tax Competition –, relativo à matéria da concorrência fiscal prejudicial[360], "*In May 1996 Ministers called upon the OECD to "develop measures to counter the distorting effects of harmful tax competition on investment and financing decisions and the consequences for national tax bases, and report back in 1998*". Na reunião dos países integrantes do G7, no mesmo ano, aqueles apoiaram e encorajaram a iniciativa.

A tarefa foi realizada em sessões especiais sobre a concorrência fiscal, sendo a presidência da França e do Japão. Concluído o trabalho, o Comité

---

[357] Neste domínio agradecemos ao Professor Doutor Manuel Pires pela disponibilidade para oferecer a memória histórica dos trabalhos, em que participou como representante nacional.

[358] A estrutura da OCDE responsável pela material fiscal tem tido diversos nomes, como já referido. Inicialmente surgiu como Comité Fiscal e depois como Comité dos Assuntos Fiscais, actualmente integrado no Centro de Política e a Administração Fiscais.

[359] Em 1987 publicou quatro estudos sobre a material intitulados *L'évasion et la fraude fiscales internationales: Quatre études*, OCDE/OECD, Paris, 1987.

[360] Em Maio de 1996, os Ministros apelaram à OCDE "para desenvolver medidas para contrariar os efeitos distorcivos da concorrência fiscal prejudicial sobre as decisões de investimento e financiamento e as consequências para as bases fiscais nacionais e reportar em 1998" (tradução pessoal). OCDE, *The Harmful Tax Competition*, Paris. 1998.

dos Assuntos Fiscais adoptou-o em 20 de Janeiro de 1998, com a abstenção da Suíça e do Luxemburgo, que se manifestaram no sentido da não aceitação nem do Relatório nem das Recomendações. Ainda assim o Conselho da OCDE aprovou-o em 9 de Abril, recomendando que os Estados Membros implementassem as recomendações contidas no relatório. Para o efeito, o Conselho instruiu o Comité para estabelecer um Fórum sobre as Práticas Fiscais Prejudiciais. Instou ainda o desenvolvimento do diálogo com terceiro Estados, por forma a os assistir para se tornarem familiares com as conclusões do citado Relatório e, se apropriado, encorajá-los a associar-se às Recomendações do Relatório. O G7, em 8 de Maio de 1998, saudou o relatório, apoiou as respectivas recomendações, bem como o estabelecimento do Fórum.

A OCDE abrangeu, no âmbito dos seus trabalhos, os serviços financeiros e outras prestações de serviços com mobilidade geográfica, incluindo o fornecimento de intangíveis, embora indicasse a extensão futura às actividades industriais. Ainda no escopo material, mas agora noutro sentido, ocupa-se dos sistemas de impostos sobre o rendimento e impostos cobrados sobre certos tipos de rendimento. Podemos afirmar que o trabalho da OCDE tem sido fundamentalmente desenvolvido por forma a tornar os paraísos fiscais como territórios cooperantes, prevenindo ou/e eliminando a concorrência fiscal e evitando, assim e imediatamente, as deslocalizações dos lugares de produção de rendimentos. Ocupa-se igualmente da eliminação das formas de concorrência operada mediante as denominadas zonas preferenciais fiscais. Esta cooperação e incentivo à eliminação conduziriam à criação do hoje conhecido *level playing fiscal* entre os Estados.

Quanto às práticas fiscais prejudiciais, segundo a OCDE, *"practices of this sort (harmful) can appropriately be labeled harmful tax competition as public outlays or the appropriate mix of taxes in a particular economy, which are aspects of every country's sovereignty in fiscal matters, but are, in effect, tailored to attract investment or savings originating elsewhere or to facilitate the avoidance of other countries' taxes."* À luz da OCDE, seriam justas as práticas fiscais que regulam os aspectos gerais do sistema fiscal, por exemplo, a diminuição das taxas face a ampliação da base de tributação. Quanto às práticas prejudiciais, podem ser indicados os seguintes exemplos: inexistência ou baixas taxas efectivas; *ring fencing* (os benefícios aproveitam apenas aos não residentes); falta de transparência; falta de efectiva troca de informações; definição artificial da base fiscal; não aceitação dos princípios gerais relativos aos preços de transferência; isenção do rendimento de fonte estrangeira; taxas ou base de tributação negociáveis; disposições restritivas sobre o segredo; promoção activa de esquemas fiscais; e inexistência de actividade real nacional.

Os requisitos exigidos para se estar perante práticas fiscais prejudiciais variam, de acordo com o relatório de 1998, consoante os denominados paraísos fiscais (*tax havens*) e os chamados regimes fiscais preferenciais (*harmful preferential tax regimes*) em Estados membros. Esta é uma distinção fundamental apresentada pelo relatório, a existência de duas modalidades de territórios contendo práticas fiscais prejudiciais, os paraísos fiscais e as zonas de fiscalidade privilegiada. No entanto, as dificuldades começam quando se procura precisar essas realidades.

Quanto aos paraísos fiscais são necessários quatro requisitos cumulativos:

- Impostos inexistentes, ou apenas nominais, condição necessária, mas não suficiente;
- Inexistência de troca efectiva de informações;
- Falta de transparência nas leis e regulamentos (nas regras ou disposições administrativas);
- Inexistência de actividades substanciais.

"Contudo, os elementos caracterizadores de um paraíso fiscal não são apenas limitados ao elemento fiscal, em regra, são jurisdições onde outras atractividades são apresentadas, como um ambiente legal favorável e um sistema de regulação flexível, bastante permeável às necessidades empresariais."[361]

Quanto aos regimes preferenciais prejudiciais, são exigidos também quatro factores, três deles iguais ou semelhantes aos dos chamados paraísos fiscais, não se compreendendo, aliás, as razões das não coincidências. São esses três:

- Inexistência ou baixas taxas efectivas de impostos que, por si só, não caracterizam o regime preferencial;
- Inexistência da troca efectiva de informações;
- Falta de transparência.

---

[361] Rita Calçada Pires, entrada *Paraísos Fiscais*, Enciclopédia de Direito Internacional (EDI), iniciativa da SPDI – Sociedade Portuguesa de Direito Internacional, Almedina, Coimbra, Novembro de 2011.

O elemento distintivo é o chamado "isolamento" ou "quarentena" (*ring fencing ou quaritining*) do regime na economia nacional (benefício apenas para os não residentes). Contudo, outros aspectos também contribuiriam para a qualificação dos regimes preferenciais prejudiciais como realidades diferentes dos paraísos fiscais. Vejam-se os casos de uma definição artificial da base fiscal (por exemplo, dedução de gasto não sendo considerado o correspondente rendimento); a não adesão aos princípios internacionais sobre preços de transferência; a isenção de rendimentos com fonte no estrangeiro podendo ser utilizado o Estado da residência como "*conduit*" ou conduzir ao "*treaty shopping*"; negociabilidade da taxa ou da base do imposto, por exemplo, taxas dependendo da residência do investidor; existência de disposições relativas ao segredo (bancário ou sobre títulos ao portador); acesso a uma rede ampla de tratados, bem como regimes promovidos como veículos de minimização de tributação (publicidade ou material promocional) e regimes destinados a propiciar essa minimização a outras operações (sem existir actividade substancial). Atenda-se ainda que a não transparência e a falta de informações são consideradas veículos de fraude.

Nas Recomendações do Relatório de 1998, como se escreveu, foi instruído o Comité dos Assuntos Fiscais para criar um Fórum sobre as Práticas Fiscais Prejudiciais, reportando periodicamente ao Conselho sobre os resultados dos trabalhos nesta matéria. e propor determinar melhorias na cooperação, bem como desenvolver a cooperação com Estados não Membros. Contudo, maior valor para o que ora nos releva é o conteúdo do Apêndice do Relatório de 1998. Aí estabelece-se deverem as medidas prejudiciais ser recomendadas ao Fórum sobre as Práticas Fiscais Prejudiciais, surgindo listados os Principios e as Linhas Directoras relativos às praticas prejudiciais, que deviam surgir no prazo de 2 anos.[362] Aspecto crucial nestes princípios é o facto de as medidas que constituírem práticas fiscais prejudiciais não deverem ser ampliadas, nem outras medidas equivalentes deveriam ser introduzidas (cláusula do *Standstill*). Introduz-se o prazo de 5 anos para que todas essas fossem removidas. No entanto, o prazo era ampliado até 31 de Dezembro de 2005 para os contribuintes que beneficiavam de tais regimes em 31 de Dezembro de 2000.

---

[362] O prazo era contado a partir de Abril de 1998.

Quanto aos paraísos fiscais, prevê-se a elaboração, no prazo de um ano, de uma lista negra, ainda que não exaustiva e susceptível de revisão pelo dito Fórum. O efeito prático da lista seria, e.g., não celebração ou extinção de tratados para evitar e eliminar a dupla tributação.

Atento a carácter do fenómeno, este Fórum, se conveniente, dialogaria com Estados não Membros, no quadro de outras organizações internacionais, de modo a promover as recomendações contidas no Relatório, incluindo os Princípios e Linhas Directoras.

O relatório de 1998 determinou caminho posterior, defendendo ser necessário, ulteriormente, analisar e decidir sobre vários aspectos, tais como a restrição de dedução por pagamento a paraísos fiscais; a criação de retenção na fonte sobre certos pagamentos a residentes de Estados que praticam a concorrência fiscal; regras de residência; aplicação de regras sobre preços de transferência e directivas; subcapitalização; eliminação de medidas obstáculo à troca de informações; inovação financeira e medidas não fiscais.

Para além de desenvolvimentos futuros, seriam ainda celebrados protocolos de colaboração, como o encorajamento das organizações internacionais à assistência às administrações fiscais. No conjunto, pretendia-se que cada Estado não provocasse a erosão dos fundamentos do sistema fiscal dos outros Estados e, se assim não sucedesse, proporcionar medidas defensivas coordenadas, do que resultaria a desejada eliminação das distorções.

Perante o Relatório de 1998, o *Bussiness Industry Advisory Committee (BIAC)* junto da OCDE, publicou a sua posição[363]. Nesse documento afirma-se que *"The multinational business community speaks with a single voice when it puts forth the view that tax competition, generally, is a healthy phenomenon, from the points of view of both government and business. We believe that it is not erroneous to state that it is unwarranted taxation by governments, rather than competition among them in the tax area, that is stifling to economic and business development"*. Depois de mencionar a liberdade de cada Estado para decidir o seu destino financeiro – salvo no caso de entidades supranacionais, como a UE – e a liberdade das multinacionais de estruturarem e desenvolverem as suas actividades, afirma ser o imposto tomado em consideração. Escreve a rejeitar *"any form of fraudulent behaviour, and we do not in any way support preferential tax regimes established to promote and facilitate fraudulent practices. Such tax fraud not only distorts competition but is injurious to the general well-being in*

---

[363] *A Business View on Tax Competition* in Tax Notes International. July 19, 1999, pág. 28 e segs.

a market economy" e lamenta não ter sido consultado – como é normal – durante a preparação dos trabalhos e que a sua intervenção teria contribuído para um maior equilíbrio do relatório. Critica o que resulta desse documento de a fiscalidade ser um maior factor nas decisões das sociedades multinacionais, a não definição de «actividades financeiras e outros serviços», núcleo das considerações do Relatório, fazendo reparos de noções implícitas, afirmando que os paraísos fiscais não foram utilizados primeiramente por razões fiscais, mas pela especialidade naqueles desenvolvida, hoje mais importante do que os benefícios fiscais, o que é bem demonstrado pela continuação dessa localização, mesmo quando existe legislação *CFCs*. Para o *BIAC*, o Relatório de 1998 exprimiu uma estratégia para que os países visados – de baixa tributação – abandonassem as actividades que têm sido o correspondente suporte, com a consequência de se tornarem dependentes de outros países. Sobre as denominadas medidas defensivas, diz que, se adoptadas, criariam *a cartel – like atmosphere,* conflituando com o comércio livre e investimento transfronteiriço e que nunca teve sucesso a longo prazo para os países envolvidos. Reafirma-se a liberdade das sociedades, escrevendo-se que *"The Report's recommendations, if implemented in whole or in part, would constitute the beginning of the rebirth of artificially imposed restrictions on this flexibility [of the enterprises] turning the clock back many years".* E continua: *"In the global economy, international tax competition among nations tends to keep the negative effects of taxation limited"* e que a OCDE encoraja impostos mais elevados, introduzindo o Relatório uma tendência negativa, isto é, discriminação relativa às actividades geograficamente móveis.

Depois de outras considerações – a descrição feita aqui não pretende ser exaustiva, apesar de ter muito interesse, daí a sua dimensão – concluiu-se que *"The end result of wholesale adoption of the Report's recommendations (or a majority of them) will be to raise the effective tax rates of the OECD based multinationals, a step in the wrong direction".*

Quanto à linguagem do relatório, aplicam-se vários qualificativos, tais como inadequado (*inappropriate*), inferior (*wishy-washy*), um tom sinistro (*a sinister tone*), termo inapropriado (*improper term*) e, quanto à não celebração de convenções com paraísos fiscais, *"the suggestion has a ring of arrogance to it which is quite unbecoming an organization of the stature of the OECD"*[364].

---

[364] Esta posição foi apoiada em carta da Câmara do Comércio Internacional, de 10 de Maio de 2000, carta enviada ao Presidente do Grupo de Peritos ad hoc da ONU sobre a cooperação

Posteriormente, num trabalho conjunto do Presidente do Comité da Tributação e da Política Fiscal do BIAC e do Director dos Assuntos Fiscais da OCDE e que não reflectem ou vinculam as respectivas organizações[365], escreveu-se que o *"BIAC was initially highly critical of the Report, as during the pre-publication phase, it had not been provided with an opportunity to engage in a dialogue on what were the goals of the project. However, since that time, the CFA and BIAC have developed an increasingly co-operative relationship to address the challenging issues, both technical and political, that have been raised by the project"*. Na sequência admitiu-se que as sociedades multinacionais pudessem recorrer a veículos organizacionais e estruturais, como sociedades *holding* e centros de co-conciliação. Assim, a nova posição era reafirmada *"We believe that the business community and the OECD now have a shared perspective in the aims of the project:*

- *The project is intended as part of the broader OECD objective of providing a level playing field in the tax area for cross border activities.*
- *The project is intended to facilitate competition that is fair and transparent. Such competition is not harmful but healthy and indeed to be encouraged.*
- *The project is intended to ensure that all taxpayers meet their tax obligations, as was stated in the recently issued Guidelines on Multinational Enterprises"*, *a goal that is as important to business as to governments.*

We agree that the project, as limited to geographically mobile activities in the service area, does not attempt to:

- *harmonise tax structures or tax rates.*
- *set minimum levels of taxation.*
- *adversely impact commercially motivated cross border investment flows.*
- *eliminate commercially useful structures, such as holding companies.*
- *curtail legitimate tax planning.*
- *curtail privacy rights through the promotion of exchange of information (contrary to assertions that have been made by some).*
- *deny any government the right to determine its own tax policies and structures".*

---

internacional no domínio fiscal documento nº 180/447 http://www.iccwbo.org/policy/taxation/id468/index.html, consultado em 30.01.2012.
[365] www.oecd.org/cth/harmful/1915964.pdf, consultado em 14.07.2013.

E um pouco adiante estabelece ainda que *"We also agree on the need to avoid raising new tax obstacles to cross border trade and investment. Indeed, it has been asserted that, if the project can be successfully concluded, governments will be subject to legitimate market constraints and that fair tax competition may produce a stray downward pressure on tax rates"*. E ainda: *"Looking back since the start of the project, many issues have been confronted and on the basis of this reflection we have reached the following conclusions. First, there is a need for better communication between business and government, and, in particular, a more inclusive attitude on the part of governments toward the views of the business community. Dialogue between business and government on the major tax issues of the day is constructive in the search for practical solutions to complex problems, as can be seen from our experience with the Technical Advisory Groups on e-commerce tax issues. The vast array of sophisticated tax systems around the globe and their interaction on cross border transactions creates complexities for taxpayers and tax officials alike. Accordingly, there will be a multitude of challenges to address co-operatively. Second, there is a need to ensure that the elimination of non-compliant tax practices is not carried out in a way that hurts legitimate business activities and transactions. Third, the business community has clearly expressed its desire that this project should not jeopardise the core work in taxation carried on by the OECD, particularly in the areas of tax treaties and transfer pricing. It has been noted that the important work of the OECD in monitoring the Transfer Pricing Guidelines has been rescheduled, if not curtailed, since the start of this project. Business regrets this, as it is clear that the monitoring program, as carried out jointly by business and the CFA, is the cornerstone of the Guidelines, going a long way to ensure their continuing effectiveness in setting clear rules for business and generating a fair share of the tax revenue on cross-border inter-company transactions for the governments involved. Ultimately, business will benefit as fair tax competition is promoted and non-compliance is eliminated or substantially reduced. This, in turn, will enable – and even actively encourage –governments to continue with tax reforms which reduce the rates of tax and widen tax bases. If the project is successful in removing many of the special non--transparent arrangements that currently impinge on fair and healthy tax competition, we believe that it will be easier and not harder for governments to cut their tax rates".*

Após 1998, o trabalho do Comité dos Assuntos Fiscais continuou, fundamentalmente, no sentido de obter a cooperação por parte dos paraísos fiscais, estabelecendo-se uma distinção entre paraísos fiscais cooperantes e não cooperantes.

Assim, no relatório de 2000, denominado *Vers une coopération fiscale globale*, listavam-se trinta e cinco paraísos fiscais[366] que preenchiam os requisitos incluídos no relatório de 1998 para serem classificados como tais. Procurou-se clarificar as consequências da inclusão de Estados nessa lista, que teve por objecto reflectir as conclusões técnicas do Comité, *"não destinada a ser utilizada para servir de base para medidas defensivas coordenadas"*[367]. E na recomendação de 16 de Junho de 2000, do Conselho da OCDE, fixava-se o prazo, de 31 de Julho do ano seguinte, para o Comité estabelecer a lista dos paraísos fiscais não cooperantes.

Quanto aos regimes preferenciais dos países membros, foram identificados os potencialmente prejudiciais que compreenderiam diversos sectores (seguros, financiamento e locação financeira, gestores de fundos, actividade bancárias, regimes de quartéis generais, regimes de custos de distribuição, regimes de centros de serviços, transportes marítimos e actividades diversas) e muitos Estados (praticamente todos os Estados membros), não tendo sido incluídos os regimes das sociedades *holding* e os regimes fiscais preferenciais similares.

Os trabalhos prosseguiriam para determinar o modo de aplicação dos critérios da distinção dos universos, fornecendo o Fórum indicações (notas de aplicação) sobre a utilização dos critérios dos regimes preferenciais mencionados no Relatório de 1998. Até Junho de 2003, seria apresentado um relatório com os regimes preferenciais que fossem considerados efectivamente prejudiciais. Finalmente, não se deixou de assinalar a actuação conveniente – diria necessária – das economias dos países não membros e da cooperação com os organismos internacionais.

Em 2001, foi publicado *The OECD'S Project on Harmful Tax Pratices: the 2001 Progress Report* do qual resultava, no concernente ao trabalho dos Estados Membros, terem sido desenvolvidas diversas notas de aplicação. Não se informou nada de substancialmente relevante, escrevendo-se que, em futuros relatórios, focar-se-ia o progresso neste trabalho. Quanto aos paraísos fiscais, das 47 jurisdições elencadas como de possível enquadramento,

---

[366] De quarenta e sete identificados inicialmente e não considerando seis que já tinham, no princípio, manifestado a sua adesão aos princípios da OCDE.
[367] "Elle n'est pas destiné à être utilisable pour servir le base à des mesures défensives coordonnées" *Vers une coopération fiscale globale. Rapport pour la réunion du conseil au niveau des ministres de 2000 et recommandations du comité des affaires fiscales. Progrès dans l'indentification et l'élimination des pratiques fiscales dommageables*, pags. 18-19.

concluiu-se que seis não satisfaziam os critérios, outras seis comprometeram-se a eliminar as práticas prejudiciais, continuando, com as restantes 35 do relatório de 2000, os diálogos bilaterais e multilaterais.[368] Nesse domínio, foi adaptado ainda um procedimento alternativo, mais pormenorizado, para vinculação, com um calendário proposto para a implementação e a publicação dos pormenores de quaisquer vinculações futuras. Considerou-se – e é bem importante – que o critério de falta de actividades substanciais não deveria ser usado para determinar a não cooperação de um paraíso fiscal. Também foi diferida a aplicação das medidas defensivas coordenadas para data não anterior àquela em que se aplicarão aos Estados Membros.[369]

Neste relatório, indicam-se ainda, quanto ao requisito transparência, a «inexistência de regras secretas» ou negociabilidade das taxas do imposto, propognando a existência de contabilidade segundo regras geralmente aceites, auditoria – admitiam-se excepções – e possibilidade de obtenção de elementos sobre a titularidade efectiva e dados bancários, sendo susceptível de ser trocada a correspondente informação. Relativamente à troca de informações, também foi estabelecido elemento importante: o emprego dos dados apenas serve para o objectivo para o qual foram obtidos.[370]

Finalmente, quanto às medidas defensivas coordenadas, o Comité previu que estas seriam geridas pela proporcionalidade e o objectivo de neutralização dos maus efeitos das práticas fiscais prejudiciais, estando a adopção dessas medidas à discrição dos Estados considerados individualmente, sendo livres de aplicação subordinada, pois, à proporcionalidade e prioridade de acordo com o grau de prejuízo potencial que a medida em causa possa provocar-lhe.

Bélgica e Portugal abstiveram-se face a este relatório de 2001, sendo a razão da posição portuguesa o desequilíbrio criado, a favor dos paraísos fiscais, entre os regimes fiscais destes e os regimes fiscais preferenciais,

---

[368] Desde o Relatório de 2000, 5 jurisdições assumiram compromisso, o que significaria que das 47 iniciais (1998), passaram, em 2000, para 35 e, depois de 2001, para 30, tendo sido recentemente (ao tempo) retirada uma outra jurisdição da lista dos não cooperantes.

[369] Ainda o prazo para a vinculação passou a ser 28.02.2002 e o prazo para desenvolver planos de implementação passou de seis para doze meses após a vinculação.

[370] Ainda são relevados a não invocação da dupla incriminação, o não condicionamento do fornecimento da informação ao interesse da jurisdição fornecedora e o compromisso de não haver práticas administrativas que impeçam a troca de informações.

nomeadamente em virtude de se aplicar o *ring fencing* só a estes e não também àqueles. Entretanto tinha mudado a Presidência dos Estados Unidos e estes não aprovaram a totalidade do que fora feito no domínio da OCDE.

Em 2003, 31 jurisdições estavam vinculadas à transparência e à troca efectiva de informação e foram consideradas cooperantes. As que não se vincularam eram em número de 7.

Seguidamente, foi publicado o *Rapport d'Etape 2004*, em que se relatam os trabalhos realizados em relação aos Estados Membros, nomeadamente nova autoavaliação, tendo em atenção uma nota de aplicação, relativa a cada país, dos regimes preferenciais correspondentes, listados em 2000, e de qualquer outro regime estabelecido depois da identificação dos 47 regimes apontados. Seguiram-se heteroavalições dos Estados Membros pelos outros Estados Membros e formalização, de entre outros aspectos, das conclusões. O resultado foi a identificação de 8 categorias principais, verificando-se que muitos regimes foram abolidos ou estariam para o ser – 29 – ou modificados – 15 – ou não envolviam medidas prejudiciais – 14 –, passando a não serem referenciados, embora, no futuro, fosse continuada a vigilância.

Os paraísos fiscais não cooperantes reduziram-se a 5, sendo 33 considerados cooperantes.

Foi entretanto elaborado um Modelo de Acordo sobre a troca de informações em matéria fiscal e foi constituído um grupo *ad hoc* sobre contabilidade, já que esta é pressuposto de boas informações e também com implicações em matéria de transparência. Reafirma-se, perante o carácter mundial do fenómeno das práticas prejudiciais, a vantagem de coordenação de medidas defensivas, medidas que devem ser flexíveis e cuja enumeração não é exaustiva.

Em 2006, foi publicado a *Mise à Jour 2006 sur le progrès dans les pays Membres*. Do título resulta clara a limitação aos progressos realizados em ligação com os trabalhos sobre os regimes fiscais potencialmente prejudiciais dos países membros da OCDE. Publicado um quadro sobre os regimes potencialmente prejudiciais identificados em 2000, apenas se considerava prejudicial o regime das sociedades *holding* de 1929 do Luxemburgo.[371]

---

[371] Em 2004 tinham sido aceites as modificações de regime apresentadas por esse país, embora se notasse a falta de troca de informações o que foi contrariado pelo país lembrando a razão da abstenção relativa ao relatório de 1998.

Concluiu-se estar finalizado o trabalho referente aos países membros, sem prejuízo de observação do que entretanto sucedesse na matéria.

Em 2 de Abril de 2009, foi publicado *A Progress Report on the Jurisdictions Surveyed by the OECD Global Forum in Implementing the Internationally Agreed Tax Standards,* por ocasião da cimeira G20, em Londres. Segundo esse relatório, as estatísticas revelaram-se:

- Jurisdições que implementaram substancialmente o padrão fiscal internacionalmente acordado – 40, incluindo quer países membros quer países não membros;
- Jurisdições que se vincularam, mas que ainda não implementaram substancialmente o mencionado padrão – 30, a que devem ser acrescentadas 8 sob a rubrica "outros critérios financeiros";
- Jurisdições que não se vincularam – 4.

Em 23 de Junho de 2009,[372] informou-se que, mesmo os 4 Estados não vinculados acima indicados, entretanto haviam-se vinculado. Como bom índice do progresso relativo à troca de informações, regista-se a celebração realizada de 12 acordos com esse objeto.

Em 2010, foi publicado um outro documento *Promoting Transparency and Exchange of Information for Tax Purposes* em que se dava nota da aceitação (*endorsed*) da norma universal da informação a pedido, incluindo informação bancária e judiciária, indicando as exigências das normas relativas à transparência e troca de informações. Nele se incluía ainda um *Progress Report* relativo ao início de 2010.

Em Novembro de 2011, a Declaração dos Dirigentes do G20 na cimeira de Cannes[373] registou que o número de acordos sobre troca de informações celebrados era mais de 700. E a 15 de Dezembro do mesmo ano, em relatório da OCDE,[374] foi indicado que 89 jurisdições supervisionadas pelo Forum Global tinham implementado substancialmente os padrões fiscais acordados internacionalmente. No entanto, Guatemala, Nauru e Niue (paraísos fiscais) não tinham procedido a tal implementação, embora se tenham a

---

[372] OCDE, *Countering Offshore Tax Evasion. A Brief for Journalists*, Paris, 2009.
[373] Cannes Summit Final Declaration, www.whitehouse.gov/sites/deficult/files/g-20-declaration-cannes.Pdf.n:35, consultado em 26.07.03.
[374] www.sactionscurki.org/OECD-Lists. Consultado em 26.07.13.

eles vinculado. Registava-se ainda que todas as jurisdições supervisionadas tinham-se vinculado a esses padrões.

Em 2012, foi publicado um *Progress Report on the Jurisdiction Surveyed by the OECD Global Forum in Implementing the Internationally Agreed Tax Standards*, relativo a 5 de Dezembro de 2012[375] e depois de outro relativo a 18 de Maio do mesmo ano, em que se escreve que todas as jurisdições implementaram substancialmente o *standard* fiscal acordado internacionalmente, salvo uma que se obrigou (Nauru).

Em 2013, o *OECD Secretary – General Report to the G20 Finance Ministers* refere a adopção dos relatórios de 100 medidas revistas pelos pares (*peer review*), indo estabelecer-se o *rating* do cumprimento pelos Estados, dos temas de referência. Nos anos seguintes, e em relatórios do mesmo tipo, foram indicados os resultados das sucessivas análises feitas pelos pares (*peer-review*), referindo-se quais as jurisdições cumpridoras, amplamente cumpridoras, parcialmente cumpridoras e as não cumpridoras. No relatório de 2017, depois de serem mencionadas as vinculações à troca automática de informações (*Automatic Exchange of Financial Account Information* – AEOI) e de se referirem os resultados finais da análise pelos pares (*peer-review*), acrescenta-se que 65 jurisdições eliminaram o segredo bancário e 31 *"aboliram ou introduziram mecanismos para imobilizar as acções ao portador"*.

Entretanto, em 2004, o Forum Global sobre a Tributação, criado em 2000, ocupando-se dos paraísos fiscais em diálogo com Estados não Membros e depois de ter publicado *Agreement on Exhange of Information in Tax Matters* (2002), elaborara um documento sob o título *Processus de Mise en Place de règles du jeu équitables*, em que se escreve "*La notion de règles du jeu équitables se réfère fondamentalement à l'équité que toutes les parties au Forum mondial s'engagent à respecter*"[376] e acrescenta-se: "*Dans le contexte des échanges de renseignements, la mise en œuvre de règles du jeu équitables désigne la convergence des pratiques existantes vers l'application des mêmes normes élevées en vue de permettre des échanges effectifs de renseignements en matière fiscale pénale et civile dans des délais acceptables, de manière à réaliser l'objectif d'équité et de concurrence loyale*"[378].

---

[375] www.oecd.org/tax/transparency/progress%20december%2012.pdf. Consultado em 26.07.13.
[376] A noção refere-se fundamentalmente à equidade que todas as Partes do Fórum Mundial se comprometam a respeitar (tradução nossa).

Segundo a OCDE, "os princípios-chave de transparência e troca de informações para fins fiscais" podem ser sumariados do seguinte modo:

- Disponibilidade de informação, nomeadamente informação bancária e sobre titularidade e contabilística;
- Apropriado acesso à informação, o que implica poderes para o efeito, sendo devido respeito pelos direitos dos contribuintes e sua compatibilidade com a troca efectiva de informação;
- Existência de mecanismos de informação, com confidencialidade da informação trocada.[378]-[379]

b. Medidas coordenadas contra os paraísos fiscais não cooperantes

Quanto às contramedidas que contrariam as práticas fiscais prejudiciais integram-se nas chamadas «estratégias do "nome e vergonha" (*name and shame strategy*) e existem em três domínios:

- legislação interna, isto é, unilateral, estas medidas terão maior efectividade quanto mais países as tenham adoptado;
- tratados, isto é, nomeadamente os bilaterais, não devendo ser permitido o respectivo abuso conduzindo às práticas que se pretendem eliminar, incluindo a troca de informações, bem como exclusão, em certos casos, dos benefícios deles derivados;
- finalmente, a cooperação internacional, em que a criação de um Forum é de acentuada importância.

Em termos de conteúdos, o primeiro tipo de medidas defensivas será adoptar medidas iguais às que são objecto da reacção. Porém, podem ser estabelecidas outras contramedidas, como as *LOBs (Limitation on Benefits)*, legislação sobre *CFCs*, impostos de saída, cláusula de alteração (*switch-over clause*) ou cláusula implicando actividade (*activity clause*), etc. As condições para o estabelecimento de regras a serem adoptadas por todos os

---

[377] Este Forum foi substituído, com diferença de regras, em 2009, pelo Forum Global sobre a Transparência e Troca de Informações para Efeitos Fiscais. Verificadas ainda modificações quanto à competência, nomeadamente, quanto ao Forum Global da Concorrência.

[378] *Terms of reference – To Monitor and Review Progress Towards Transparency and Exchange of Information for Tax Purposes*. CTPA e OECD, Paris. 2010.

[379] Anualmente, a partir de 2006, o Forum publica um relatório anual com indicação dos respectivos trabalhos.

Estados, que possam ser considerados envolvidos, são o diálogo efectivo entre eles e a adopção, depois desse diálogo, de um conjunto de princípios aceites, suficientemente caracterizados, o que pode envolver a necessidade de densificação.

Qual a natureza destas "contramedidas"? "Medidas de execução" (*enforcement measures*), "medidas contra-acção", "medidas defensivas" ou "medidas defensivas coordenadas"? Fala-se de sanções, mas houve alguma ilicitude? É certo que o Estado que adoptasse um procedimento não conforme, deveria ser avisado, é certo que a contramedida poderia ser proporcional, é certo também que poderia conduzir o Estado à via, conforme o seu compromisso, mas, no caso de tal não suceder, o Estado cometeu uma violação? Onde está o acto ilícito, visto essa vinculação, a existir, não revestir a obrigatoriedade jurídica e antes constituiria *soft law*?

Tratar-se-ia, no caso, de retorsão? Mas verificam-se as condições assinaladas pela doutrina para que esta seja tomada? Ocorrerá medida não cortês, rigorosa, prejudicial relevante? Ou não serão represálias, integrando actos ilícitos ainda que pacíficos (e.g., suspensão de aplicação de acordos em vigor)? Há aqui acto contrário ao direito internacional? Basta a invocação de existência de princípios gerais? Estes são resultado de indução ou generalização das regras pertinentes existentes? Tal verifica-se, no caso? Mas, mesmo aceitando-se orientação diversa, concluir-se-ia pela sua existência? Basta, para se ter um princípio geral, regras derivadas de trabalhos sobre certos problemas? São princípios gerais reconhecidos pelas nações civilizadas ou meras políticas que gostariam de se ver reconhecidas? Onde seriam incluídas, seguindo classificação doutrinal, caso constituíssem princípios gerais: ligados à concepção geral de direito (e.g., princípio do abuso de direito)? Seriam de ordem contratual? Do contencioso de responsabilidade (e.g., reparação integral do dano)? Do procedimento judiciário? A resposta negativa é evidente.

Mas será que estas contramedidas podem ser utilizadas ilimitadamente? A força da pressão económica ou política para que a regulação seja feita do modo desejado por quem a exerce, deve ser analisada no quadro do princípio da não intervenção[380], de modo a os Estados poderem decidir livremente a política, incluindo os sistemas económicos, que devem adoptar.

---

[380] Não intervenção destinada a preservar a soberania dos Estados e pilar do direito internacional.

Daí a questão parecer envolver, para além dos aspectos já mencionados, a questão de o trabalho da OCDE não ter sido feito numa base multilateral global, o que conduz, pelo menos, à suspeição se a deliberação sobre critérios e contramedidas, mas também a execução do que for estabelecido, serem ditados pelos interesses dos Estados envolvidos.

c. Reflexão sobre os trabalhos da OCDE

Apesar de, desde 1998, ter corrido muita água debaixo da ponte, afigura-se útil esta reflexão. O recomendado pela OCDE resulta, como se escreveu atrás, de uma visão ampla relativa ao problema das chamadas práticas prejudiciais que deveriam ser sujeitas a revisão, remoção e refreamento de criação de outras ou do fortalecimento das existentes. Isto é, ao que pode ser chamada regras dos três RRR.

A coordenação pareceu necessária, daí a criação do Fórum sobre as Práticas Fiscais Prejudiciais, que permite continuar a supervisão do que ocorre neste domínio: análise do existente, do que pode surgir e medidas a tomar de modo efectivo, quando necessário.

O relatório base desta matéria, o de 1998, oferece, desde logo, uma fraqueza: as suposições de que parte[381] nunca terem sido discutidas num plano acima de interesses, podendo apresentar-se, pelo menos, a dúvida se a "rigidez" na tributação do capital não conduziria a uma restrição do investimento, com consequências indesejáveis. De qualquer modo, mais uma vez a eficiência entra em conflito com a justiça, porque, no caso de se aliviar o rendimento do capital para que este não flua para locais menos tributados, poderia conduzir-se à tributação mais pesada do trabalho não móvel, dos prédios e do consumo. O que parece poder suceder, se não se estabelecer um justo equilíbrio.

A OCDE não distingue também, ao menos claramente, entre fraude, evasão e planeamento. No mercado, a concorrência é benéfica porque evita que os agentes dominantes fixem preços acima dos níveis economicamente certos. Assim sucederá, em paralelo, com os Estados, evitando-se preservação das suas posições quando forem nocivas. Todavia, não se pode também entender que os regimes fiscais favoráveis propiciam o desenvolvimento da economia dos Estados em questão, nomeadamente pela possibilidade de captar capitais no exterior, dada a sua mobilidade? A perspectiva da

---

[381] Fugas de capitais, necessidade de estes serem tributados de modo a que não se verifique a erosão da base tributável.

OCDE parece centrar-se não numa visão de melhoria de reafectação de recursos, mas de uma preocupação com a receita fiscal, sublinhando o perigo da "corrida para o abismo" (*race to the bottom*).

E na apreciação dos valores resultantes da cooperação, a solidariedade entre os povos não deveria ter lugar?[382]

Existe outro aspecto que se afigura assaz importante. O efeito prejudicial resulta da conjugação dos elementos referidos da inexistência ou diminuta tributação, falta de troca de informações e de transparência. Mas, se inexistir tributação ou esta for muito baixa e verificar-se a possibilidade de troca de informação, bem como a transparência, já se pode aceitar, sem mais, esse mais baixo nível de tributação ou a ausência desse nível? Devem ser visadas, pois, actividades particularmente fraudulentas, importando não se prejudicar o regime da jurisdição de aplicação, se não existir potencial fraude no Estado da origem dos capitais. Aliás, como se compreende, na perspectiva da OCDE, a não consideração posterior do requisito de inexistência de actividade substancial, quanto aos paraísos fiscais, e se exija o *ring fencing* quanto aos regimes fiscais preferenciais?

De qualquer modo, importa ter em consideração que a aplicação de contramedidas só atingirá os objectivos pretendidos se for empreendida uma acção colectiva, porque bastará uma jurisdição não as aplicar para que muitos dos negócios feitos anteriormente de modo plurilocalizado sejam canalizados para o Estado não participante nessas medidas.

O poder de tributar está incluído no poder soberano, a própria reciprocidade impõe que os Estados tenham o poder de gizar a sua política fiscal. Todas as recomendações congelando a legislação ou a modificação da legislação, que a OCDE considera como provocando concorrência prejudicial, podem ser subjectivas e arbitrárias, o que significa violação do princípio da não intervenção, estabelecido na Resolução sobre Princípios do Direito Internacional relativa às relações e cooperação amigável entre os Estados, de acordo com a Carta das Nações Unidas.

A criação de "padrões internacionalmente aceites", referidos no relatório de 1998, deveria ter sido realizada através da contribuição de todos os Estados envolvidos ou/e interessados e não apenas por alguns e só depois surgirem sanções. Pode ter-se atenuado a deficiência, com a junção posterior de

---

[382] Neste domínio de auxílio aos países em via de desenvolvimento pelas medidas fiscais, cfr. o último capítulo da presente obra.

outros, mas a falta original, embora até mudar, mantém-se. Como foi apresentado pela OCDE, trata-se de um documento sem base no direito internacional e não expresso em termos jurídicos. Assim os índices do que tem vindo a ser referido devem ser sujeitos à prova em contrário e mesmo que existentes podem ser justificados, nomeadamente se atendermos às necessidades de desenvolvimento e ao grau de consagração dos direitos individuais.

Um dos critérios indicados para determinar o carácter prejudicial é o incentivo conferido pelo Estado conduzir a não se calcular o rendimento de acordo com princípios internacionalmente aceites, com interesse, nomeadamente, para as sociedades multinacionais, tendo-se em vista os acordados no quadro da OCDE. Mas a OCDE produz *hard law* internacional? Foram seguidos os requisitos para que algo possa ser considerado fonte de direito internacional integrado nos seus denominados princípios?

Estas são algumas críticas que podem ser feitas à construção evolutiva da OCDE neste domínio. Contudo, não devem ser interpretadas como defesa das práticas fiscais prejudiciais. Pelo contrário. São críticas sobretudo quanto à forma e formato da construção. No cerne do pensamento continua a condenação das práticas conducentes à concorrência fiscal prejudicial e à necessidade de encontrar meios de as combater e eliminar, por forma a edificar um espaço internacional fiscal estável e cooperante.

Em 1998, o Conselho da OCDE instruiu o Comité dos Assuntos Fiscais para que fosse estabelecido um Fórum sobre Práticas Fiscais Prejudiciais. Este assume-se como órgão subsidiário do Comité dos Assuntos Fiscais, tendo como fim terminar com as práticas fiscais prejudiciais. Para tal, o Fórum concentrou as suas atenções nas práticas fiscais dos Estados-Membros, nos paraísos fiscais e no envolvimento das economias não OCDE. Publicou diverso relatórios, tendo ainda produzido, em união com os paraísos fiscais cooperantes, um Modelo de Protocolo Fiscal sobre Intercâmbio de Informações em Matéria Fiscal.

d. *Relatórios do BEPS*

Uma nova janela se abriu quase passados vinte anos. No quadro do Projecto BEPS, e como se viu, os relatórios finais das acções n°s 2 e 5 ocupam-se dos acordos híbridos assimétricos (acção 2), da transparência dos acordos prévios (acção 5) e da protecção das bases de tributação (acção 5). Para além do já escrito a esse propósito, enfatiza-se a medida de apostar como necessária a substância da actividade, para que o contribuinte possa beneficiar de regime preferencial. Invoca-se ainda a referência à melhoria da transparência, através da obrigatoriedade da troca espontânea de informações por acordos prévios (*tax rulings*) e da troca monitorizada. A considerar também o proposto pelo BEPS a propósito do regime dos rendimentos das patentes e outros direitos da propriedade industrial (*patent box*). Estes, para beneficiarem de regime preferencial, devem satisfazer a conexão já atrás mencionada (*nexus approach*), no caso, a realização da despesa directa, relativa ao desenvolvimento da actividade que conduziu à gestação da patente.

Frisa-se ainda a atenção que é igualmente dirigida a outros rendimentos com mobilidade, como de serviços, nomeadamente financeiros. Aqui, procura-se, no geral, eliminar as lacunas que possibilitam o desaparecimento do rendimento ou a sua transferência, de modo a não serem tributados ou a serem minimamente tributados. Para tal evitar, propõem-se a melhoria das regras do direito, concernente a situações transfronteiras e a aplicação das medidas estabelecidas no BEPS de que resultaria a final naquela melhoria.

A última referência é feita para o modelo de revisão pelos pares (*peer review*), implementado em 2016, no âmbito do Quadro Inclusivo do BEPS (*Inclusive Framework*). Este, abrangendo os terceiros países fora da OCDE e não associados ao BEPS, constitui uma via importante para se contrariar a existência das regras que corporizam a prática fiscal prejudicial. "*The process included peer reviews of 164 tax incentives ("preferential tax regimes") that apply to mobile business income, such as financial and services income and income from intellectual property, which multinationals can shift with relative ease. About 100 of these regimes required action to conform to the new BEPS standards, and countries have already changed or begun changing almost 95% of these.*" Esta prática foi desenvolvida no seguimento da Acção 5 do BEPS, precisamente sobre as práticas fiscais prejudiciais, que focalizou a atenção nos regimes fiscais preferenciais dos rendimentos móveis empresariais (serviços financeiros e outros ou de propriedade intelectual).

2. Iniciativas face aos primeiros trabalhos da OCDE

Para além do quadro da OCDE, mas provocadas pelos respectivos trabalhos, outras iniciativas tiveram lugar quanto ao mesmo tópico e na mesma ocasião.[383] Em resposta à construção da OCDE, ocorreu a "Jersey, Maio

---

[383] Para esta matéria, cfr. *International Tax Competition – Globalization and Financial Sovereignty*, ed. Rajiv Biswas, London, Commonwealth Secretariat, 2002, donde se retiraram muitas

2000" (Conferência dos Ministros da Justiça e dos Procuradores – Gerais das Pequenas Jurisdições da Comunidade) que considerou o que se passava com "profunda inquietação", apelando ao diálogo e ao compromisso. Ainda relativamente a trabalhos da OCDE e resultante da 21ª reunião da Conferência dos Chefes do Governo da Comunidade Caraíba (CARICON), em Julho 2000, foi escrito, com base em relatórios de organizações criadas pelo G7 e no relatório da OCDE de 2000: *"Heads of Government took note that each of the reports was prepared by bodies in which the Caribbean has no representation and was based on incomplete information and on standards set unilaterally by these bodies. They deplored the fact that the lists were published with the objective of tainting jurisdictions in the eyes of the investment community and the international financial market. They condemned the actions of the OECD in particular as contrary to the tenets of a global market economy promoted by G7 countries. They reiterated that the proposed OECD actions have no basis in international law and are alien to the practice of inter-state relations. Heads of Government remain convinced that international rules and practices must evolve from genuine consultative processes and in international forums in which all interests are represented. They affirmed that international rules must be made and applied democratically based on accepted principles and norms. In this regard, Heads of Government again expressed their readiness to address any concerns of the OECD in the appropriate multilateral forum, based on such accepted principles and norms. Heads of Government reaffirmed their commitment to fight money laundering and all other forms of financial crime and drew attention to the fact that they have called upon all their Member States to accelerate their programmes of introducing international best practices in their regulating of the financial sector and their strengthening of legislation and enforcement machinery."*

Numa reunião de Setembro, também de 2000, mas dos Ministros das Finanças da Commonwealth, apelava-se ao diálogo amplo no sentido de se obter aproximações multilaterais que considerassem todos os aspectos gerais globais. E nesta sequência foi realizada uma conferência em Barbados, em Janeiro de 2001, com a colaboração do Secretariado da Commonwealth e da OCDE, com a participação dos *Offshore Financial Centers (OFCs)* e, para além dos membros da Commonwealth, da Comunidade das Caraíbas, do Fórum das Ilhas do Pacífico, do Banco Inter-americano de Desenvolvimento, do Banco Mundial e do Fundo Monetário Interna-

referências apresentadas.

cional, e da qual resultou um grupo de trabalho misto, visando definir os critérios classificativos dos paraísos fiscais não cooperantes. Procurava-se, com a constituição desse Grupo de Trabalho, co-presidido pela Austrália e Barbados, a substituição do processo da OCDE, por um processo em que se aceitaria tornar vinculativos os princípios da transparência, não discriminação e troca de informações. Essa visão geral, e não dos países predominantemente ricos – escreve-se em termos pessoais –, reflectir-se-ia no Fórum Global de Tributação do quadro da OCDE, podendo esse transformar-se num efectivo Fórum Global, local de cooperação em questões fiscais. Após duas reuniões em 2001, não se chegou ao processo ampliado. Apesar das iniciativas, a OCDE continuou a pressionar bilateralmente os Estados.

Outras posições se seguiram no quadro da Commonwealth. Assim, sem intuito exaustivo, em 2002, o Conselho dos Chefes de Governo, reunido em Coolum,[384] reafirmou o direito de soberania para as nações determinarem as suas políticas fiscais e financeiras, saudou as modificações feitas na iniciativa da Concorrência Fiscal Prejudicial da OCDE e manifestou esperança para o futuro. Ainda reiterou não deverem os poderes e prazos para os não membros ser mais onerosos do que para os membros da OCDE. Por último, solicitou-se ao Secretariado a assistência às jurisdições afectadas. De referir que, num documento do Secretariado do mesmo ano, para além de aspectos acima referidos, mencionou-se ter sido relevada a necessidade de distinguir claramente entre lavagem de dinheiro e concorrência fiscal.

E os trabalhos continuaram. Assim, por exemplo, em 2005, no Conselho dos Chefes de Governo (Malta), mencionou-se o assunto, dando boas vindas aos desenvolvimentos da recente reunião do Fórum Global da OCDE e à assistência dada pelo Secretariado da Commonwealth. E numa nota do mesmo Secretariado, de 2008, informava-se sobre os encontros com o subgrupo da OCDE *Level Playing Field,* encorajando a revisão (*review*) do Relatório sobre o mesmo *Level Playing Field*.

3. União Europeia
Em 1 de Dezembro de 1997, os representantes dos Governos dos Estados Membros reunidos no Conselho ECOFIN adoptaram um Código de Con-

---

[384] The Commonwealth at the Summit. Vol. III: Communiqués of Commonwealth Heads of Government Meeting. 1997-2003, London, pág. 75-76.

duta no domínio da fiscalidade das empresas, código resultante da *"necessidade de uma acção coordenada a nível europeu para lutar contra a concorrência fiscal prejudicial em matéria fiscal, a fim de contribuir para a realização de determinados objectivos, como sejam reduzir as distorções ainda [1996-1997] existentes no mercado único, evitar perdas demasiado importantes de receitas fiscais ou orientar as estruturas fiscais num sentido mais favorável ao emprego"*[385]. Eram reconhecidos *"os efeitos positivos de uma concorrência leal e a necessidade de consolidar a competitividade internacional da União Europeia e dos Estados-membros, embora constatando que a concorrência fiscal pode também dar origem a medidas fiscais com efeitos prejudiciais"*, reconhecendo-se ainda e *"por conseguinte, a necessidade de um código de conduta no domínio da fiscalidade das empresas destinado a eliminar as medidas fiscais prejudiciais"*.

Na Resolução e seu Anexo I, que temos vindo a seguir, sublinha-se *"que o código de conduta é um compromisso político e que, portanto, não afecta os direitos e as obrigações dos Estados-membros nem as competências respectivas dos Estados-membros e da Comunidade tal como decorrem do Tratado»*, repetindo-se, no início do Código, «*sem prejuízo das competências respectiva dos Estados-membros e da Comunidade.*"[386] Integra, pois, sem dúvidas, o *soft law* comunitário.

Inclui-se ainda o compromisso dos Estados-Membros em *"promover a sua [dos princípios destinados a eliminar as medidas fiscais prejudiciais] adopção nos países terceiros"* e *"nos territórios a que não se aplica o Tratado"*, bem como em *"assegurar a aplicação destes princípios"* nos territórios dependentes ou associados ou que têm responsabilidades especiais ou prorrogativas fiscais.[387]

O Código de Conduta da UE *"abrange o domínio da fiscalidade das empresas e visa as medidas que tenham ou sejam susceptíveis de ter uma incidência sensível na localização das actividades económicas na Comunidade"*. Compreende a indústria, para além dos serviços e a comunicação de informações pertinentes sobre as medidas que possam ser abrangidas pelo Código. Foi presente na denominada directiva da poupança e teve em consideração

---

[385] Conclusões do Conselho ECOFIN, de 1 de Dezembro de 1997 (europa.eu/rapid/press-release_PRES-97-365_pt.pdf) Consultado em 4 de Janeiro de 2018.

[386] Resolução do Conselho e dos Representantes dos Governos dos Estados Membros, reunidos no Conselho ECOFIN, de 1 de Dezembro de 1997 (europa.eu/rapid/press-release_PRES-97-365_pt.pdf) Consultado em 4 de Janeiro de 2018.

[387] Resolução do Conselho e dos Representantes dos Governos dos Estados Membros, reunidos no Conselho ECOFIN, de 1 de Dezembro de 1997 (europa.eu/rapid/press-release_PRES-97-365_pt.pdf). Consultado em 4 de Janeiro de 2018 e M do respectivo anexo 1.

não só disposições legislativas ou regulamentares, mas também as práticas administrativas. Enumera as medidas prejudiciais (B da Resolução) e o compromisso de não estabelecer novas medidas – *standstill* (C do Código). Ainda estabelece o compromisso de modificação das regras vigentes de modo a eliminar a sua prejudicialidade – *rollback* (D do Código), a troca de informações pertinentes no domínio (E do Código), a possibilidade de debater sobre medidas fiscais de Estados, grupo de avaliação e do seu carácter prejudicial (F do Código), a apreciação nesse debate do respectivo efeito, fazendo-se referência especial às medidas de apoio ao desenvolvimento (G do Código), e a criação de um Grupo de Trabalho (anexo H), bem como respectivo apoio pela Comissão (I do Código).

Como critérios de avaliação do carácter prejudicial (letra B) são enumerados: *"Na avaliação do carácter prejudicial dessas medidas, deverá nomeadamente ter-se em conta: 1. Se as vantagens são concedidas exclusivamente a não residentes ou para transacções realizadas com não residentes; ou 2. Se as vantagens são totalmente isoladas da economia interna, sem incidência na base fiscal nacional; ou 3. Se as vantagens são concedidas mesmo que não exista qualquer actividade económica real nem qualquer presença económica substancial no Estado-membro que proporciona essas vantagens fiscais; ou 4. Se o método de determinação dos lucros resultantes das actividades internas de um grupo multinacional se afasta dos princípios geralmente aceites a nível internacional, nomeadamente das regras aprovadas pela Organização de Cooperação e Desenvolvimento Económico (OCDE); ou 5. Se as medidas fiscais carecem de transparência, nomeadamente quando as disposições legais sejam aplicadas de forma menos rigorosa e não transparente a nível administrativo."*

Comparando o Código de Conduta com o relatório da OCDE de 1998, verificam-se diferenças não despiciendas. De entre elas, no referente:

- à natureza jurídica: recomendação (OCDE) *vs.* compromisso político/resolução (UE);
- âmbito geográfico: países da OCDE e compromisso de incentivar Estados não membros a seguirem os princípios do Relatório *vs.* Estados-Membros da UE, territórios dependentes ou associados, bem como compromisso de promover os princípios a nível de países terceiros;
- âmbito material: apenas as actividades de maior mobilidade geográfica, i.e., actividades financeiras e outras actividades de prestação de serviços incluindo o fornecimento de intangíveis (OCDE) *vs.* fiscalidade das empresas (tributação directa) – UE;

- medidas adequadas: leis, regulamentos, práticas administrativas, ainda que de natureza não fiscal (OCDE) *vs.* leis, regulamentos e práticas administrativas (UE);
- o processo de revisão (*review*) reflecte o diferente quadro internacional.

Também existem diferenças quanto a outros factores a ter em consideração na avaliação. Assim, a OCDE atende à definição artificial das bases de tributação, à determinação dos lucros sem ser com base nos princípios da OCDE relativos aos preços de transferência, à isenção dos rendimentos estrangeiros, à negocialidade da base ou da taxa e à existência de disposições relativas à confidencialidade, etc. A União Europeia atende, para considerar medidas potencialmente prejudiciais, ao *"nível de tributação efectiva, incluindo a taxa 0, significativamente inferior ao normalmente aplicado ao Estado-Membro em causa"*, à limitação das vantagens aos não residentes, sem incidência na base fiscal nacional, ao carácter não substancial da actividade, ao afastamento na determinação do lucro das actividades internas de um grupo multinacional de empresas, dos princípios geralmente aceites a nível internacional, nomeadamente das regras aprovadas pela OCDE, ou carência de transparência das medidas. Em comum, foi incluída uma cláusula *standstill* e o compromisso de rever e abolir o que fosse desconforme com o estabelecido.

Em 9 de Março de 1998, nas conclusões do Conselho ECOFIN, foi confirmada a criação de um Grupo do Código de Conduta (Fiscalidade das Empresas), *"inserido no âmbito do Conselho, para avaliar as medidas fiscais que poderão ser abrangidas pelo Código de Conduta no domínio da fiscalidade das empresas e para supervisionar a prestação de informações sobre essas medidas"*, acrescentando-se, *"sem prejuízo das competências respectivas dos Estados-Membros e da Comunidade nas matérias abrangidas pelos trabalhos do Grupo."* Esse Grupo apresentou diversos relatórios ao Conselho ECOFIN, relevando o apresentado para a reunião de tal Conselho em 24 de Novembro de 1999. Nesse relatório constavam as medidas que poderiam estar abrangidas pelo Código, isto é, medidas fiscais potencialmente prejudiciais (anexo A). Relativamente a Portugal foram as seguintes:

- Sociedades holding (SGPs) – AAMII4;
- Zonas francas da Madeira e Santa Maria (Açores) – B 006;

- Sociedades de resseguros – BAM 118, com respeito à consideração como prejudiciais das medidas aplicáveis às actividades de transporte marítimo (cfr. nº 62 do Relatório);
- Regime aplicável aos navios – C008 (verificaram-se divergências quanto a esta rubrica em geral);
- Despesas de investigação e desenvolvimento – C016;
- Zonas francas industriais – DAM 115;
- Micro – empresas e pequenas empresas – E012;
- Incentivos fiscais a favor dos investimentos contratuais – E019;
- Crédito de imposto a favor dos investimentos – E020;
- Reinvestimento de mais-valias – E023;
- Sociedades Sociedades de Gestão e Investimento Imobiliário (SGII) – E037;
- Sociedades Capitais de Risco (SCR), de Desenvolvimento Regional (SDR) e de Fomento Empresarial (SFE) – E038;
- Amortização acelerada – EAM112.

Quanto às Zonas Francas da Madeira e dos Açores, o Grupo reconheceu que a avaliação positiva, isto é, de ser potencialmente prejudicial, de que foi objecto, *"apenas dizia respeito aos serviços financeiros autorizados na Madeira, tendo notado, além disso, que a medida não se aplicava aos Açores. Os benefícios, limitados no tempo, são aplicáveis até 2011"*. Por outro lado, a delegação portuguesa tornou claro que não houve avaliação dessa medida segundo os termos relativos ao desenvolvimento económico de regiões específicas (proporcionalidade e orientação para os objectivos pretendidos).

Posteriormente, nas medidas com aspecto nocivo, foi repetida a inclusão das Zonas Francas da Madeira e de Santa Maria (Açores) – B006, sendo os benefícios em causa incluídos no tipo "Serviços Financeiros", com a nota de "medida limitada no tempo ou em desactivação."[388]

---

[388] Posteriormente, nas medidas com aspecto nocivo, foi repetida a inclusão das Zonas Francas da Madeira e de Santa Maria (Açores) – B006, sendo os benefícios em causa incluídos no tipo "Serviços Financeiros", com a nota de "medida limitada no tempo ou em desactivação." Actualmente a matéria está regulada no artigo 33º (Zona Franca da Madeira e Zona Franca de Santa Maria), 36º (regime especial aplicável às entidades licenciadas na Zona Franca da Madeira a partir de 1 de Janeiro de 2007) e 36º-A (regime aplicável às entidades licenciadas na Zona Franca da Madeira a partir de 1 de Janeiro de 2015), todos do Estatuto dos Benefícios Fiscais.

Na contribuição para a reunião dos Ministros e dos Governadores dos Bancos Centrais do G20, de 14 de Março de 2009, os Ministros das Finanças da UE sublinharam a *"necessidade de se proteger o sistema financeiro contra jurisdições pouco transparentes, não cooperantes e dotadas de legislação pouco rigorosa, nomeadamente os centros off-shore, solicitaram a instituição de um "conjunto de sanções"* e sublinharam a necessidade de intensificar as *"acções destinadas a alcançar uma boa governação internacional na área fiscal (transparência, intercâmbio de informações e concorrência leal em matéria fiscal)"*. O Conselho Europeu de 19 e 20 de Março confirmou esta linha de acção. Na cimeira do G20 de Londres (2 de Abril de 2009), os líderes comprometeram-se a *"tomar medidas contra as jurisdições não cooperantes, incluindo os paraísos fiscais"* e manifestaram-se *"prontos a aplicar sanções para proteger as (suas) finanças públicas e os (seus) sistemas financeiros"*, declarando que *"a era do sigilo bancário tinha terminado". Nas vésperas da reunião do G20, muitas jurisdições reagiram, expressando a sua vontade em aplicarem as normas internacionais em matéria de transparência e de intercâmbio de informações a partir desse momento."*[389] E mais adiante no que se refere à: *"Concorrência fiscal prejudicial – Os instrumentos jurídicos em matéria cooperação administrativa são complementados por um acordo político entre os Estados-Membros que tem por objectivo combater a concorrência fiscal prejudicial na área da fiscalidade das empresas através de um procedimento de revisão inter pares. O "código de conduta relativo à fiscalidade das empresas" [...] define as medidas fiscais prejudiciais como medidas (incluindo as práticas administrativas) que afectam ou podem afectar de forma significativa a localização da actividade empresarial na Comunidade e que estabelecem um nível de tributação significativamente inferior ao que, regra geral, é aplicado no Estado-Membro em causa. Nos termos deste código, cujos destinatários são os Estados-Membros e os seus territórios dependentes ou associados, foram avaliadas mais de 400 medidas relativas à fiscalidade das empresas, tendo 100 delas sido revogadas ou alteradas, por terem sido consideradas prejudiciais".* E ainda mais adiante: *"Deveria prosseguir-se o trabalho de congelamento e de desmantelamento das medidas fiscais prejudiciais para as empresas nos Estados-Membros da UE, nos termos do código conduta relativo à fiscalidade das empresas".* E nas conclusões: *"se for melhorada a governação na área fiscal na UE, tal permitirá, por um lado, benefícios ao nível dos Estados-Membros e, por outro, carrear argumentos para convencer mais facilmente as outras jurisdições a estabelecerem uma cooperação administrativa eficaz e efectiva com a UE. Por esta*

---

[389] COM (2009) 201 final, *Promover a boa governação em questões fiscais*, de 28.4.2009.

razão, os Estados-Membros deveriam adoptar o mais rapidamente possível as propostas apresentadas pela Comissão sobre as directivas relativas à cooperação administrativa, à assistência mútua em matéria de cobrança de créditos respeitantes a impostos e à tributação dos rendimentos da poupança, bem como continuar a dar a prioridade adequada ao desmantelamento dos regimes fiscais prejudiciais no domínio da fiscalidade das empresas".

Posteriormente e na sequência de medidas relativas à transparência e troca de informações,[390] bem como do Código de Conduta já mencionado e ainda considerando que *"uma série de medidas potencialmente abrangidas pelo código de conduta são objecto de exame a título das regras relativas aos auxílios estatais estabelecido no tratado sobre o Funcionamento da União Europeia (TFUE)"*, a UE considerou as práticas fiscais prejudiciais na Recomendação da Comissão 2012/772/UE, de 6 de Dezembro de 2012, *(1) no que se refere a medidas destinadas a encorajar os países terceiros a aplicar normas mínimas de boa governação fiscal*, começando por se escrever *"Num contexto internacional, a vigência de diferentes legislações fiscais é geralmente aceite como uma consequência da soberania fiscal. Neste contexto, alguns países terceiros, regra geral de pequena dimensão e com necessidades financeiras limitadas, têm optado pela tributação dos rendimentos através de taxas reduzidas, aplicáveis tanto aos particulares como às empresas, ou, mesmo, por não tributarem o rendimento. Estas políticas fiscais não são necessariamente indesejáveis enquanto tais, desde que o Estado participe na cooperação nacional, de uma forma que permita que os outros Estados possam aplicar a respetiva política fiscal. (2) Todavia, nas políticas em que o rendimento seja tributado através de taxas reduzidas ou em que se permita a sua não tributação, muitas vezes também a transparência ou a troca de informações com outros Estados é inexistente. Os Estados envolvidos atraem os investimentos proporcionando aos não residentes um abrigo para certos tipos de rendimentos ou de capitais móveis e permitindo-lhes ocultar a existência desses rendimentos ou capitais da administração fiscal do Estado de residência."*

Depois de se referirem as iniciativas existentes, tais como as tomadas no âmbito da OCDE e do G20, e de mencionar a acção de convencimento dos países terceiros a subscrevem os princípios da União em matéria de transparência e de troca de informações e a suprimirem as medidas fiscais prejudiciais, assim como a reacção dos contribuintes face à correcção des-

---

[390] Directiva nº 2011/16/UE do Conselho, de 15 de Fevereiro de 2011, *relativa à cooperação administrativa no domínio da fiscalidade* e que revogou a directiva nº 77/799/CE.

sas medidas, e os inconvenientes delas resultantes (movimentos artificiais de fluxos de capital e movimentos dos contribuintes), afirma-se *"Por conseguinte, é necessário definir claramente não só as normas mínimas da boa governação no domínio fiscal relativas à transparência e à troca de informações e ainda às medidas fiscais prejudiciais, bem como um conjunto de medidas a tomar em relação aos países terceiros, tendo por finalidade encorajar os países a cumprir as referidas normas."* Concluindo os considerandos estabelece-se ainda que *"as medidas indicadas na presente recomendação e aplicadas pelos Estados-Membros devem ser compatíveis com o direito da União, nomeadamente com as liberdades fundamentais inscritas no TFUE."*

Segundo a Recomendação os países terceiros, face a normas estabelecidas, podem ser classificados segundo uma trilogia:

- não cumpridores, devendo estes ser incluídos em lista negra e, se existir convenção de dupla tributação, deve procurar-se renegociá-la, suspendê-la ou denunciá-la, *"em função do que considere mais adequado para melhorar o respeito dessas normas"* pelo país terceiro em causa (nº 4);
- cumpridores, devem ser suprimidos da lista negra e ponderar-se a possibilidade de início de negociações bilaterais visando a celebração de convenções de dupla tributação (nº 5);
- aqueles que prometem cumprir, com *"possibilidades de uma cooperação mais estreita e de assistências, especialmente os países em desenvolvimento, a fim de os ajudarem" "a combater eficazmente a evasão fiscal e o planeamento fiscal agressivo"*, podendo destacar peritos de apoio por um tempo limitado. Neste caso e, se o país *"realiza os progressos esperados no sentido da conformidade com as normas mínimas estabelecidas"*, não devem ser-lhes aplicadas as medidas punitivas, podendo existir renegociação das convenções de dupla tributação (nº 6).

Além da trilogia, apresentam-se ainda as normas mínimas de boa governação em matéria fiscal. O elenco, segundo o nº 3 da Recomendação, é o seguinte:

- Adopção das medidas legislativas, regulamentares e administrativas destinadas a cumprir as normas de transparência e de troca de informações nos termos do anexo [disponibilidade, acesso e troca de informações] e aplicação efectiva dessas medidas;
- Não aplicação de medidas fiscais prejudiciais em matéria de fiscalidade das empresas.

As medidas fiscais prejudiciais, são *"as medidas fiscais que prevejam níveis efetivos de tributação consideravelmente inferiores aos geralmente aplicados no país terceiro em causa, nomeadamente uma tributação à taxa zero, devem ser consideradas potencialmente prejudiciais. Um tal nível de tributação pode resultar da taxa nominal de imposto, da matéria coletável ou de qualquer outro fator pertinente. Na avaliação do caráter prejudicial dessas medidas, há que, designadamente, ter em conta:*

- Se as vantagens são concedidas exclusivamente a não residentes ou para transações realizadas com não residentes; ou
- Se as vantagens são totalmente isoladas da economia interna, não tendo incidência na matéria coletável nacional; ou
- Se as vantagens são concedidas mesmo que não exista qualquer atividade económica real nem qualquer presença económica substancial no país terceiro que proporciona essas vantagens fiscais; ou
- Se o método de determinação dos lucros resultantes das atividades internas de um grupo multinacional se afasta dos princípios geralmente aceites a nível internacional, nomeadamente das regras aprovadas pela Organização de Cooperação e de Desenvolvimento Económicos; ou
- Se as medidas fiscais carecem de transparência, mormente quando as disposições sejam aplicadas de forma menos rigorosa e não transparente a nível administrativo.

Na aplicação destes critérios, os Estados-Membros devem ter em conta as conclusões do grupo "Código de Conduta" (fiscalidade das empresas) no que respeita às medidas fiscais consideradas prejudiciais (citado nº 3)."

As consequências da não aplicação de tais normas mínimas, como se mencionou, são a inclusão em listas negras e, no caso de existir convenção de dupla tributação, deve procurar-se renegociá-la, suspendê-la ou denunciá-la (nº 4), diferentemente, no caso de cumprimento, em que os Estados cumpridores devem ser excluídos das listas, podendo com eles ser celebradas convenções de dupla tributação (nº 5). Finalmente, face aos Estados que se comprometem a cumprir as normas relativa à transparência e à troca de informações, bem como a não aplicar medidas fiscais prejudicais, deve ser considerada a possibilidade de uma cooperação mais estreita e de assistência, especialmente no caso de países em desenvolvimento *"Para esse efeito, poderão destacar peritos fiscais nesses países por um período limitado"*. Mais *"Ao avaliarem o compromisso que os países terceiros assumiram para o cumprimento dessas normas mínimas, os Estados-Membros devem ter em consideração todas as indicações concretas para este efeito, nomeadamente os passos que já foram dados no sentido da conformidade pelo país terceiro em causa"* (nº 6). Por último, *"Enquanto um país terceiro beneficiar de apoio"* referido *"e realizar os progressos esperados no sentido da conformidade com as referidas normas mínimas, os Estados-Membros deverão abster-se de aplicar as medidas referidas"* para o caso de não cumprimento *"sem prejuízo de renegociar as convenções em matéria de dupla tributação"* (nº 6).

No sentido do combate das práticas fiscais prejudiciais, a Comissão, em 2015, indicava que estava a ser analisado *"se uma maior transparência fiscal poderá [...] melhorar a capacidade dos Estados-Membros"* para aquele combate [COM (2015) 136 final, 18.3.1015, *sobre a transparência fiscal para combater a evasão e a elisão fiscais*]. Nessa mesma comunicação, a Comissão informa que apresentaria, até ao verão de 2015, um plano de acção sobre a fiscalidade das empresas, medidas adicionais a combater a elisão fiscal e a concorrência fiscal prejudicial, propondo-se melhorar *"o Código de Conduta no domínio da Fiscalidade das Empresas e tornar o respectivo Grupo mais eficaz"*. Esse documento foi o já analisado no capítulo da evasão, Plano de Acção 2015. Afirmava-se ainda que igualmente seria analisado *"se uma maior transparência poderá também melhorar a capacidade dos Estados-Membros para combaterem as práticas fiscais prejudiciais"*, designadamente, a *"transferência de lucros para fora da UE e as medidas que poderão ser desenvolvidas nesse sentido"*. Considera-se mesmo que as medidas compreendidas no documento *"poderão contribuir significativamente"* para *"garantir uma concorrência fiscal mais justa entre os Estados-Membros"*. O escrito é consequência de se entender que os regimes fiscais prejudiciais, como o planeamento fiscal agressivo e a fraude fiscal, *"dependem de um âmbito complexo e não cooperante para poderem prosperar"*.

Em Comunicação posterior – *Um sistema de tributação das sociedades justo e eficaz na União Europeia: cinco domínios de acção prioritários* [COM (2015) 302 final, de 17.6.2015] –, dá-se nota que, em virtude de o Código de Conduta no domínio da Fiscalidade das Empresas, não ser vinculativo, face à maior sofisticação do planeamento fiscal e à intensificação das forças de concorrência entre os Estados -Membros, *"os instrumentos para assegurar uma concorrência leal em matéria fiscal na UE atingiram os seus limites"*. Isto mesmo que *"durante muitos anos"* ter sido *"considerado como um instrumento eficaz para combater a concorrência fiscal no Mercado Único"*. Sustenta-se, em seguida, que a matéria colectável comum reduziria a *"margem de concorrência fiscal"*, dado conduzir *"a uma total transparência no que se refere à taxa de imposto efectiva de cada jurisdição"*.

Na COM (2016) 23 final, de 28.1.2016 – *Pacote Antielisão Fiscal: Próximas etapas para uma tributação eficaz e maior transparência fiscal na UE* –, assinala-se dever a legislação da UE *"ajudar a criar condições de concorrência eqitativas em matéria fiscal para os Estados-Membros e limitar as distorções que prejudicam o mercado único"*. Para além das convenções fiscais, *"poderá ser útil recorrer a outros instrumentos disponíveis na UE"*, mencionando-se o Código de Conduta no domínio da Fiscalidade das Empresas, a par do Fórum Conjunto em matéria de Preços de Transferência ou o Grupo para a Plataforma para a Boa Governação Fiscal[391]. Incluindo o pacote de medidas contra a elisão fiscal, refere-se que *"estas iniciativas reflectem um amplo e construtivo debate no âmbito do Conselho e dos Grupos sobre o Código de Conduta no domínio da Fiscalidade das Empresas e a plataforma para a boa governação fiscal, bem como os relatórios recentemente publicado do G20 e da OCDE sobre a BEPS"*.

A Concorrência fiscal mais justa foi objecto, de entre outras matéria, da COM(2016) 24 final – *Sobre uma estratégia externa para uma tributação efectiva* –, relevando-se ser fundamental colocar a concorrência fiscal desleal, a par da luta contra a elisão fiscal, no *"topo das [...] prioridades políticas"* da Comissão". Escreve-se: *"o outro critério da UE para a boa governação – concorrência leal em matéria fiscal – também precisa de ser revisto à luz dos progressos positivos que ocorreram neste domínio"*, assinalando-se, que ainda que a questão de tal concorrência não fosse, em 2012, uma prioridade da agenda internacional, a situação económica e financeira alterada com o BEPS e compromissos dele decorrentes, envolverem *"estarem em curso trabalhos com vista a analisar e reforçar"* o Código de Conduta, *"de modo [a] que este reflicta a nova agenda da UE para a tributação das sociedades"*. E não se esquece o impacto na rela-

---

[391] Como já referido, em 2015 foi criada a Plataforma para a Boa Governação Fiscal, Planeamento Fiscal Agressivo e Dupla Tributação com o objectivo de acompanhar, em particular, o progresso relativo às duas recomendações de 2012 (relativas ao planeamento fiscal agressivo e medidas destinadas a encorajar os países terceiros a aplicar normas mínimas de boa governação em matéria fiscal) ligadas ao Plano de Acção do mesmo ano, o trabalho sobre o planeamento fiscal agressivo, a boa governação fiscal e a dupla tributação [Decisão C(2015) 4095 final, de 17 de Junho, substituindo a Decisão C(2013) 2236].

ção com países terceiros: "*a nova abordagem da UE em matéria de assuntos fiscais relativamente aos países terceiros deve também ter em conta os compromissos assumidos pelos Estados-Membros no que diz respeito à aplicação de medidas mais rigorosas para a concorrência leal em matéria fiscal*". Assim, a cláusula de boa governação fiscal a incluir "*em todos os acordos pertinentes celebrados entre a UE e países ou regiões terceiros*", e decidida em 2008 pelo Conselho ECOFIN, carece de actualização, face, designadamente, às novas circunstâncias. Por exemplo, "*as novas medidas de concorrência leal em matéria fiscal estabelecidas na BEPS do OCDE, que foram acordadas pelo G20*". A preocupação com a desconstrução de um espaço favorecedor à concorrência fiscal projudicial é ainda visível no domínio do reforço do "*elo de ligação entre os fundos da UE e a boa governação fiscal*". A Comissão considera que "*as relativas disposições poderão ter um alcance ainda mais vasto que os requisitos vigentes em matéria de transparência, a fim de englobarem igualmente os princípios da UE para uma concorrência leal em matéria fiscal*", evitando bloqueamentos a certos projectos. Em consequência previa-se propostas de normas apropriadas a serem integradas no Regulamento Financeiro.

Posteriormente, na COM (2016) 451 final – *Comunicação sobre medidas futuras destinadas a reforçar a transparência e a combater a elisão e a evasão fiscais* – escreve-se serem as medidas anti elisão e evasão fiscais essenciais para, de entre outras realidades, "*promover um ambiente mais competitivo no mercado único*" e que "*as práticas evidenciadas pelas recentes revelações nos meios de comunicação social compeliram a UE a aprofundar a sua coordenação interna contra as práticas fiscais abusivas*".

No preâmbulo da Directiva (UE) 2016/881 (DAC 4), alterando a Directiva 2011/16/UE, pode ler-se da necessidade de as autoridades fiscais disporem "*de informações completas e relevantes sobre os Grupos de empresas multinacionais no que daí respeita a uma estrutura política de preços de transferência e transacções internas dentro e fora da União. Graças a essas informações as administrações fiscais poderão reagir às práticas fiscais prejudiciais através de alterações da legislação ou da realização de avaliações de risco e auditorias fiscais adequadas e verificar se as empresas recorreram a práticas que tenham por efeito transferir artificialmente montantes substanciais de rendimentos para zonas de fiscalidade favorável*". Sempre sem intuito de esgotar transcrições, a ideia é repetida na Proposta de Directiva relativa à informação pelos intermediários: "*Esta informação propiciará essas autoridades [fiscais] a poderem prontamente reagir contra as práticas fiscais prejudiciais, de entre outros efeitos*" [COM (2017) 335 final, de 21.6.2017, *Proposta de Directiva do Conselho que altera a Directiva 2011/16/UE no que respeita à troca automática de informações obrigatórias no domínio da fiscalidade em relação aos mecanismos transfronteiras a comunicar*].

Importa notar que, no espaço da UE, tem vindo a tentar-se o afastamento da concorrência fiscal prejudicial através das regras sobre auxílios do Estado, embora tal signifique a aplicação de *hard law* pela Comissão, contrariamente às medidas que constituem *soft law* estabelecido pelo Conselho. Exemplos destes casos são encontrados nos processos iniciados pela Comissão Europeia, desde Junho de 2013. Em 2015 foi concluído que o Luxemburgo e a Holanda tinham concedido à Fiat e à Starbucks, respectivamente, auxílios de Estado indevidos por via de regras fiscais mais vantajosas. Em 2016 foi a vez da Bélgica ser indicada como tendo fornecido a cerca de 35 multinacionais, auxílio estatal através de regime fiscal para lucros excedentários, bem como a Irlanda em relação à Apple.

III. JUÍZO CRÍTICO SOBRE AS PRÁTICAS FISCAIS PREJUDICIAIS

A concorrência fiscal, sem mais, não tem sido criticada. Aquela que tem sido objecto de reprovação é a concorrência fiscal prejudicial, tendo a OCDE e a UE indicado os requisitos da prejudicialidade, como já foi analisado.

Como se viu, segundo a corrente negativa, as práticas fiscais prejudiciais contribuem para produzir fraude e evasão da tributação sobre o rendimento de investimento, seja directo ou não, com consequências da denominada erosão das bases de tributação e transferência de lucros, com a consequente diminuição de receitas, por seu turno, produzindo dificuldades, nomeadamente, na área social da actuação do Estado. Para os Estados em desenvolvimento, as práticas também podem não ser favoráveis, visto diminuírem a respectiva receita, situação agravada dadas as suas carências. De qualquer modo, deverá ter-se em atenção a soberania dos Estados de estabelecerem a dimensão do sector público respectivo e, bem assim, as compensações que, no domínio das receitas, podem ser obtidas. Para a apreciação das situações, não deve atender-se apenas às taxas nominais, mas também à base da tributação e, bem assim, aos benefícios fiscais e outros elementos da tributação, como já se escreveu, o que significa dever atender-se não apenas aos elementos que estruturam um sistema mas também às especificidades nele contidas. Não basta afirmar-se não deverem existir medidas específicas que afectem o mercado, é indispensável que se precisem essas medidas, a respectiva quantificação e efeitos específicos.

Contudo, como Milton Friedman escrevia, em Maio de 2001: *"Competing among national government, in the public services they provide and <u>in taxes they impose</u> is every bit as productive as competition among individuals or enterprises in the goods and services they offer for sale and the price at which they offer them. Both lead to variety and innovation; to improvement in the quality of the goods and services and a reduction in their cost. A governmental cartel is no less damaging than a private cartel"*[392]. Diz-se que a concorrência afecta a eficiência económica visto afectar a neutralidade. No entanto, para além de os incentivos poderem ser necessários, há ainda a mencionar a contribuição para a eficiência dos Estados, resultante da limitação do nível de fiscalidade e da aplicação mais eficiente dos recursos. É um índice óptimo do excesso ou não de tributação, assumindo-se como um indicativo que deve ser exigida maior eficiência por parte dos governos, resultante, como se escreveu, da diminuição da tributação. E importa atender que, na sociedade actual, se considera sã a concorrência entre empresas. Mais. Os contribuintes que integram a população, um dos elementos do Estado, beneficiam, pelo menos imediatamente, da baixa dos impostos. Não obstante, há aqui a atender que, mesmo em clima de concorrência das empresas, não se aceitam certas práticas (e.g., *dumping*) e que, quanto aos contribuintes, se é verdade que imediatamente beneficiam da redução de impostos, mediatamente poderá não ser assim, pela redução de receitas disponíveis para cumprimento das funções do Estado, sobre o que já se discorreu.

E enfatize-se. Não se deve apreciar a existência de práticas prejudiciais em abstracto, nem aplicar os critérios distintivos de modo uniforme. Isto é, sem atender às circunstâncias de cada espaço fiscal. Pois, uma zona periférica utilizará incentivos de um modo diferente de uma zona central.

De igual forma, existem ainda muitas perguntas a serem respondidas, sobretudo por existir uma escassa análise jurídica da problemática, uma vez que tem prevalecido a perspectiva política e seus argumentos.

Sendo uma certeza que as medidas fiscais internas tendem a afectar sempre outro Estado, então o critério distintivo para a prejudicialidade será a relevância ou o grau do afectar, nomeadamente, da decisão da localização do investimento? Parece não ser possível criar uma situação em que todos

---

[392] Rajiv Biswas, *Introduction: Globalization, Tax Competition and Economic Develepment*, International Tax Competition, London. Commonwealth Secretariat, ed. Rajiv Biswas, 2002, pág. 3.

ganhem. Mas nesse caso qual a objectividade? E não pode deixar de ser fundamental questionar sobre se a concorrência fiscal é considerada aceitável pelos próprios Estados? E, no caso negativo, se não está a contender com o exercício em liberdade da actividade estatal? Mas não serão a eficiência e o bem-estar produto da concorrência? E não são estes objectivos procurados pelo Estado? Os Estados são legítimos quando legislam sobre o imposto e a legitimidade abrange, pois, as práticas fiscais concorrenciais, desde que subordinadas aos princípios da comunidade internacional.

Contra a concorrência fiscal pode ser invocada ainda a moralidade internacional, na medida em que o confronto de regras diferentes tendem a afectar as receitas de outros Estados (externalidades fiscais), dificultando-os ou impedindo-os de prosseguirem os seus objectivos, nomeadamente o Estado Social. Porém, urge perguntar: a moralidade internacional existe ou, no caso afirmativo, é acatada? E em caso afirmativo, não é despiciendo ter em atenção que, se através da concorrência fiscal se pretender aumentar o nível de desenvolvimento, apostando numa política de coerência *low-tax, low-spend*, se, ainda assim, estar-se-á perante uma imoralidade. Aliás, o qualificativo "prejudicial" não significa muito, visto qualquer medida, ainda que legítima e ainda que ética e legal, poder criar dificuldade a alguém e ser prejudicial a esse alguém. Não tendem a existir medidas completamente neutrais. Por outro lado, mesmo que existam sujeitos passivos autóctones de um território a que se apliquem impostos diminutos e que actuem com actividades substanciais (rendimentos activos), isto é, estando excluídos desde logo o *ring fencing* e a inexistência de actividade substancial, poderíamos ainda assim dizer que a concorrência fiscal é prejudicial desde que acompanhada pela troca de informações?

E acima de tudo, não pode ser olvidado, que as práticas fiscais concorrenciais – sem outro qualificativo – têm uma vantagem inegável: impulsionam os Governos a aplicarem, de maneira mais equilibrada, os princípios da política fiscal, de aplicarem o saber-fazer na gestão das suas finanças públicas, impondo-se-lhes limite à bulimia fiscal, impondo-se-lhes a necessidade de serem mais sábios na aplicação das suas receitas, tornando, assim, tendencialmente possível o fornecimento de serviços públicos a menor preço.

Perante a errada concepção de serem práticas fiscais preferenciais medidas que, a final, visam apenas o desenvolvimento dos respectivos países, pode colocar-se a interrogação: O aproveitamento de espaços fiscais com menor tributação, não significa necessariamente fraude fiscal, desde acompanhada pela troca referida? Por outro lado, nesta problemática, há a atender ao que deverá ser feito para compensar a reestruturação necessária dos paraísos fiscais, e já é considerado no relatório de 2000, mas sem precisão: *"The OECD will work with other interested international and national organisations to examine how best to assist cooperative jurisdictions in reconstructing their economies."*[393].

Do exposto compreende-se não ser fácil a distinção entre concorrência fiscal prejudicial ou injusta e concorrência fiscal não prejudicial ou justa. O que dificulta a tomada de posição geral e abstracta sobre o tema, devendo antes ser analisado todo o contexto inerente às medidas em causa e aos objectivos com essas pretendidos, tendo-se em atenção a justiça, a equidade e a solidariedade.

---

[393] OCDE, *2000 Progress Report: Towards Global Tax Co-operation: Progress in Identifying and Eliminating Harmful Tax Practices*, nº 27.

Capítulo V
Harmonização Fiscal Internacional

I. ASPECTOS CONCEPTUAIS
1. Conceptualização e figuras afins

Harmonização implica ordenação de realidades. Passa pela eliminação das fontes das colisões e respectivas distorções ou discriminações. No caso de organizações de integração, seja esta económica, financeira ou/e política, a existência de confrontos envolve maiores dificuldades ou impossibilidade de se atingir o apropriado funcionamento, por isso a necessidade de proceder-se a harmonização, para se conseguir atingir objectivos de são funcionamento e desenvolvimento. As distorções são "modificações no equilíbrio resultante do normativo ou de medidas administrativas, afectando sensivelmente condições de comércio e influindo, deste modo, no tráfego mercantil, financeiro, etc."[394]

Para designar a harmonização fala-se também de *aproximação*, figura que pode ser entendida como sinónimo, mas também em sentido diverso, "ligando-se a aproximação às linhas gerais da actividade normativa e conexionando-se a harmonização com regulamentos e acção sobre normas individualmente consideradas."[395] Contudo, mais figuras podem ainda ser distinguidas da harmonização, permitindo uma sua melhor concep-

---

[394] Manuel Pires, *Harmonização Fiscal face à Internacionalização da Economia, experiência recente* in A internacionalização da Economia e a Fiscalidade, pág. 10. Lisboa Ministério das Finanças, 1983.

[395] Manuel Pires, *Harmonização Fiscal face à Internacionalização da Economia, experiência recente* in A internacionalização da Economia e a Fiscalidade, pág. 21. Lisboa Ministério das Finanças, 1983.

tualização. Em termos latos, urge distingui-la de três outras realidades: coexistência, coordenação e uniformização.

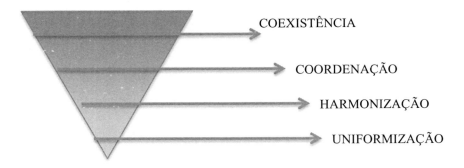

Face a diversas ordens jurídicas, várias posições podem ser tomadas. Em primeira linha pode encontrar-se uma inacção, ou seja pode deixar-se a ordem jurídica intocada em face de outras ordens jurídicas, assumindo que dessa não acção possam resultar distorções ou discriminações. Estamos aqui perante a figura da coexistência. Em segunda linha, pode haver a preocupação de se relacionar os ordenamentos jurídicos de modo não profundo, assumindo a sua coordenação, ou seja, não se modificam os dispositivos legais em presença, apenas se indica o espaço deixado a cada um, sendo algo através do qual se operaria uma adequação coerente das políticas fiscais. Os tratados destinados a prevenir ou/e eliminar as duplas tributações são exemplo de coordenação. Contudo, pode ir-se mais longe. Podem ser indentificadas as colisões existentes e procurar eliminá-las, introduzindo alterações aos dispositivos que as provocam. Ou seja, procedendo à respectiva harmonização, aproximando disposições em âmbitos considerados importantes, posição esta que deve atender à substância, à tributação efectiva e não à nominal ou legal. Por último, pode ir-se mais longe, tornando os dispositivos iguais, isto é, uniformizando-os.

A escolha destas diversas posições depende do que se pretende e da vontade política dos Estados. Normalmente é alvo de evolução, o que se verifica se atendermos aos diversos graus de integração. Do ponto de vista económico, podemos encontrar a primeira fase na criação de zonas de comércio livre, em que se pretende apenas eliminar as diferenças de tratamento fiscal entre os produtos idênticos ou, em certas circunstâncias, sucedâneos dos diversos Estados envolvidos. Numa segunda etapa, construir-se uma união aduaneira em que existe a característica anterior e uma pauta aduaneira comum, sendo que este formato pode evoluir para o modelo de mercado comum, em que se estabelece, além do caracterizado anteriormente, a livre circulação das pessoas, capital e serviços. Em último estádio pode avançar-se para uma união económica, com política económica comum e a união económica e monetária, ainda mais com moeda única. É óbvio ser a posição das diversas ordens jurídicas diferente numa zona de comércio livre – fundamentalmente preocupada com a circulação dos bens ou, consequentemente, com a tributação sobre a despesa – ou dum mercado comum, em que surgem as preocupações da circulação de pessoas, capital e serviços, portanto, envolvendo a tributação do rendimento ou do património.

A autarcia e o isolamento não constituem ambiente favorável à harmonização ou mesmo à coordenação. Porém, tal não é a característica da sociedade contemporânea. Pelo contrário, é crescente a internacionalização fruto da globalização, resultante, por seu turno, dos processos técnicos que geram actividade gradual das sociedades, apoiadas na livre circulação dos factores de produção. Tem-se, portanto, um bom ambiente para as relações entre os Estados e os agentes, o que faz despertar o caminho para a articulação das respectivas legislações, eliminando-se as distorções e as discriminações que assumem importância nunca vista, gerando possibilidades de dupla tributação e fuga ao imposto. Ao se pretender evitar estes efeitos nefastos é normal a harmonização surgir como via de resposta, a par das outras realidades relacionadas.

A harmonização é importante, mas, será necessária? Normalmente os temas da harmonização estão ligados à integração, mas não se afigura ser a perspectiva correcta, visto operar-se a harmonização fora do quadro da integração. O mimetismo fiscal e a defesa da competitividade podem conduzir à harmonização, sem que se esteja face ao fenómeno da integração. Não é a harmonização um fim em si mesmo, ela visa objectivos, como evitar as práticas fiscais chamadas prejudiciais ou, mais amplamente, a construção de um mercado integrado. E não se esqueça o elemento fiscal ser apenas um dos elementos a ser considerado nas decisões de investir e de actuar.

Depois de decidir que se opera a harmonização – o "se" –, tem de se decidir sobre qual o seu âmbito, isto é, o que vai ser objecto da aceitação – o "quê" –, o aspecto temporal ou o "quando" e, por último, qual o instrumento a utilizar – o "como". No entanto, existe ainda outro aspecto e bem importante a considerar: a praticabilidade da solução encontrada.

2. Espécies

Importa distinguir a harmonização dirigista da espontânea. A dirigista é resultado de regras estabelecidas institucionalmente, ou seja de concertação expressa entre Estados. Já a espontânea é resultante, em primeira linha, do mimetismo fiscal, que pode conduzir, às vezes, a dificuldades profundas, por se imitar algo não adaptável à realidade em que se introduz as modificações, nomeadamente pela diversidade de graus de evolução, e em segunda linha, pode a harmonização espontânea ser derivada da concorrência, que pode conduzir à já mencionada *race to the bottom*, agitada como perigo por alguns e negada por outros. O que se escreveu mostra que a harmonização pode não ser estabelecida se e na medida do adequado, tendo em atenção o objectivo, conduzindo a dificuldades. Sendo a harmonização dirigista, tal condiciona fortemente o seu âmbito, os níveis de desenvolvimento dos Estados envolvidos e as condições em que é prosseguida.

A harmonização pode ainda ser positiva, de subtipo político, resultante de instrumentos políticos, como serão as normas de conduta, integrando o *soft law*, ou de subtipo jurídico, legislativo, através de instrumentos legislativos, ou negativa, mercê de arestos jurídicos, como sucede com a jurisprudência do Tribunal de Justiça da União Europeia.

Pode ainda designar-se de positiva, quando se introduzem modificações na legislação, ou de negativa, quando se pretende atingir o objectivo através da eliminação de normas. Esta última classificação também pode ser chamada, respectivamente, ampla ou estrita ou de 1º grau ou de 2º grau. Neste domínio, ainda se encontra referência a harmonização reflectindo a perspectiva igualitária (*equalisation approach*) ou reflectindo a perspectiva de diferenciação (*differential approach*).

Segundo outro critério, a harmonização pode variar segundo o seu conteúdo. Assim, pode abranger a totalidade do regime de um imposto (por exemplo, o IVA) ou apenas as situações transfronteiriças (e.g., o IVA sobre as transacções intracomunitárias). Pode ainda variar conforme vise a base do imposto ou ainda a taxa, o que pode não atingir o objectivo, visto o imposto depender da respectiva base e taxa, não esquecendo ainda as deduções à colecta.

Quanto às entidades que enunciam as normas objecto de harmonização, esta pode ser horizontal (entidades ao mesmo nível), vertical (entidades de diferente nível, mas na mesma linha hierárquica) e oblíqua (entidades de diverso nível, mas não da mesma linha hierárquica), não se vendo que esta última suceda.

Também a harmonização pode ser total – regulando o nível de fiscalidade e a estrutura dos sistemas fiscais – e parcial, atendendo apenas a parte do sistema fiscal.

Ainda a harmonização pode ser vinculativa ou opcional, consoante o tipo de obrigação por parte dos Estados envolvidos.

3. Âmbito

A harmonização fiscal tem-se desenvolvido diferentemente no âmbito dos impostos sobre o rendimento e do património. Igualmente sucede relativamente à tributação da despesa. Quais as dificuldades que têm conduzido a essa desigualdade? Como se viu, a diversidade do âmbito está dependente – no caso de harmonização institucional – dos graus de integração. Essa evolução dirige-se da tributação sobre a despesa, já que a livre circulação de bens foi inicial, para a harmonização da tributação sobre o rendimento, quando se atinge fases mais avançadas da integração. A razão assenta na posição da tributação sobre a despesa ser diversa da tributação sobre o rendimento (a tributação do património mantém-se afastada), visto a tributação do rendimento ser mais importante do que aquela na prossecução das políticas económica e social, o que é assaz importante no quadro da actuação estadual.

4. Objectivos

A harmonização prossegue a neutralidade, neutralidade essa que significa livre circulação dos factores de produção, sem que as discriminações ou as distorções possam prejudicá-la, devendo as decisões ser tomadas sem excessiva influência do elemento fiscal. Prossegue, pois, a harmonização, a eliminação dessas discriminações ou distorções e, mercê dessa eliminação, atinge-se a maximização dos recursos económicos. Sendo esse o objectivo, tal não significa que não possa subsistir uma certa concorrência, basta que a harmonização não seja total, e apenas limitada às taxas nominais. De qualquer modo, não pode essa concorrência permitir a diminuição ou falha dos princípios consagrados com a liberdade de circulação de factores de produção. Mas, para além destes objectivos, importa ainda assinalar a luta contra as práticas fiscais prejudiciais.

Esta preocupação de neutralidade tem como finalidade última a satisfação das razões que conduziram ao estabelecimento da harmonização: mimetismo, eliminação da concorrência e funcionamento de um conjunto integrado, consoante os casos.

A harmonização pode ainda visar outros aspectos, embora com o objectivo final de eliminar obstáculos às actividades transfronteiriças ou também eliminar a concorrência injusta. Assim, pode considerar-se objecto da harmonização medidas destinadas a evitar a fuga à tributação no Estado da residência através, nomeadamente, do suprimir do segredo bancário.

5. Condições

A harmonização, atenta a sua natureza internacional, prossegue um objectivo, como acima assinalado. Portanto, torna-se necessário, desde o início, a fixação desse objectivo: seja evitar a concorrência, seja mais amplamente construir o Mercado Único, eliminando distorções e discriminações. Ainda deverá atender se os níveis de desenvolvimento, nomeadamente económico, são apropriados à harmonização, atento que a diferença de níveis de desenvolvimento não tende a possibilitar a justiça de normas que podem ser estabelecidas. Tal será conveniente para países com grau de desenvolvimento relevante e não favorável aos países com maior grau de desenvolvimento e vice-versa. Mas do ponto de vista jurídico, uma condição é exigida desde logo: a possibilidade institucional de regras de harmonização prevalecerem sobre outras regras, nomeadamente, as internas. De outro modo seria em vão o trabalho da harmonização, sempre possível de ser contrariada por medidas fixadas unilateralmente.

Todas estas condições implicam que, se através de medidas internas puder atingir-se o pretendido, deverá ser esse o caminho escolhido, o que significa dever ter a harmonização carácter subsidiário ou de *second best*.

6. Obstáculos

Derivando da harmonização a limitação do poder estatal de emitir unilateralmente normas fiscais, tal significa que a limitação da soberania e da formulação das políticas, nomeadamente económica e social, políticas que o Estado tem poder de formular, constitui um primeiro obstáculo. Mas como *prius* deste obstáculo, surge um outro: a já aludida diversidade de níveis de desenvolvimento e, se se entender que a harmonização desejada tem carácter universal, a regionalização. Isto porque se as normas dos diversos âmbitos não coincidem, tal significa que as regionais – "especiais" – não podem ser afastadas pelas "gerais".[396]

Importa ainda atender às situações económica e social e à função da tributação dos Estados envolvidos, porque a diversidade conduz a dificuldades, se não a impossibilidades. Aliás, as modificações derivadas da harmonização, que podem ocorrer, implicam ainda inconvenientes pela adaptação que poderá ser necessária por parte quer da Administração quer do contribuinte. E também não podem deixar de ser consideradas – o que não é menos importante – as eventuais perdas de receita que dela podem resultar. Se é certo que a harmonização pode avançar gradualmente e, portanto, as suas consequências não surgiriam, na sua totalidade, de uma só vez, também se afigura certo que elas, embora progressivas, não deixam de se verificar. Há uma anestesia e não a inexistência dos efeitos.

Como a harmonização pode conflituar com aspectos meramente nacionais – financeiro, social e fiscal e até culturais e idiossincráticos –, as modificações dela decorrentes podem suscitar dificuldades e constituir obstáculos, para além dos obstáculos que podem surgir na fase de execução.

Convém ainda realçar que estes obstáculos são agravados em época de crise, pois aí as pretensões individualistas assumem maior relevo, por forma a tentar equilibrar as contas públicas e reagir às externalidades económico-sociais ocorridas.

7. Consequências

A harmonização fiscal internacional pode ser um motor de desenvolvimento da economia, com implicações na justiça mercê de uma mais adequada redistribuição do rendimento. Pode ter consequências favoráveis à integração, como seja a eliminação das distorções e das discriminações e, bem assim, a eliminação das práticas fiscais prejudiciais e, daí, maior desenvolvimento.

No entanto, não existirão apenas aspectos a favor.

---

[396] Manuel Pires, *Harmonização Fiscal face à Internacionalização da Economia. Experiência recentes* in Colóquio A internacionalização da Economia e a Fiscalidade. Lisboa: Ministério das Finanças, 1993.

Da harmonização resulta necessariamente limitação da soberania fiscal. Por tal, é normal que os Estados a releguem para *second best*. E neste domínio pode perguntar-se se a cedência de soberania que é efectuada é uma delegação revogável ou uma transferência definitiva, ou se, pelo contrário é apenas um exercício em comum.[397-398] E esta questão não é apenas importante – e já seria relevante – por limitar um dos aspectos fundamentais do Estado, envolvendo, nomeadamente, poderes do Parlamento, mas sobretudo porque os sistemas fiscais não conseguem ser verdadeiramente uniformes, visto dependerem de múltiplos factores não controláveis na totalidade. Assim, se a situação dos Estados envolvidos for desigual e como já foi escrito, a harmonização pode prejudicar uns e beneficiar outros. O que significa consequências orçamentais desajustadas e efeitos nos agentes económicos e nos contribuintes, com resultados também quanto aos benefícios fiscais, que poderão ter de ser eliminados.

E quais as suas consequências no respeitante a outros fenómenos internacionais, como a dupla tributação, a fraude e a evasão fiscais? E quanto à justiça, os critérios que a ditam podem ser os que a ditariam ou ditam no quadro meramente estadual? A harmonização assentando na fonte ou no destino prejudicaria indubitavelmente os Estados mais desenvolvidos e, se fundada na residência ou origem, prejudicaria os Estados em desenvolvimento. A justiça na repartição interestadual de receitas não seria, pois, em princípio, consagrada. E não só a soberania com a limitação nomeadamente dos poderes dos Parlamentos, poderia ser afectada pela harmonização, também poderiam sê-lo as especificidades económicas e financeiras, económicas, sociais e culturais, podendo a perda de receitas não ser despicienda, afectando-se assim um eventual equilíbrio.

E todos estes fenómenos são agravados, com a intensidade normativa dos instrumentos que estabelecem a harmonização e consequente maior limitação da actuação por parte dos Estados. De qualquer modo, a harmonização deve conduzir a resultado justo, justo na repartição dos poderes tributários e de receitas entre os Estados, justo na carga fiscal que delas resulta para os contribuintes.

---

[397] Manuel Pires, *Harmonização Fiscal face à Internacionalização da Economia. Experiência recentes* in Colóquio A internacionalização da Economia e a Fiscalidade. Lisboa: Ministério das Finanças, 1993, pág. 22.

[398] A concretização do *Brexit* poderá ser um caso de estudo para compreender como a harmonização é cessada e qual o impacto deste movimento jurídico e político.

De referir ainda não dever limitar-se a decisão de participar no processo da harmonização a uma perspectiva eminentemente fiscal. Os prós e os contras correspondem a diversos aspectos que devem ser vistos de forma integrada. Referem-se os interesses políticos, os aspectos sociais e até mesmo civilizacionais.

8. Instrumentos jurídicos

Os instrumentos jurídicos utilizados para operar a harmonização fiscal dependem do seu tipo.

No caso de a harmonização ser espontânea, o instrumento jurídico interno será o adequado. No caso português, no caso de se tratar de elementos essenciais do imposto – como sucederá em muitos casos –, será a lei ou o decreto-lei autorizado pela Assembleia da República (artigo 165º nº 1, alínea i) da Constituição), mas já poderá ser apenas o decreto-lei no caso de se tratar de elementos não essenciais, como a cobrança.

No caso de harmonização institucional, esta vai depender do que for instituído pela organização donde ela derive. No caso da União Europeia, tem-se adoptado a directiva, embora às vezes com forte intensidade normativa (no caso do IVA), porque o regulamento será instrumento apropriado para a uniformização (caso do direito aduaneiro – Regulamento nº 95/2013, do Parlamento Europeu e do Conselho, de 9 de Outubro de 2013, que estabelece o Código Aduaneiro da União). E isto porque, como sabido, o regulamento tem carácter geral e é obrigatório em todos os seus elementos, sendo directamente aplicável em todos os Estados-Membros, diferentemente da directiva, que vincula o Estado-Membro destinatário quanto ao resultado a alcançar, deixando, no entanto, às instâncias nacionais a competência quanto à forma e aos meios (artigo 288º do Tratado de Funcionamento da União Europeia).

9. Síntese

Do que se escreveu, resulta que diversos aspectos devem ser considerados.

Deve a harmonização fiscal ser a via a adoptar? Porque nem sempre o "se" tem resposta afirmativa, basta atender à diferença de níveis de desenvolvimento. Se a resposta for afirmativa, coloca-se a questão do conteúdo, o que tenderá a ocorrer numa perspectiva gradual. E daqui passa-se imediatamente à questão do "quando", podendo ser aconselhável passar do *soft law* para o *hard law*. A harmonização e o seu formato, em todo o caso, dependerão sempre do objectivo a atingir, pois há diversidade de âmbito no caso de se desejar apenas a livre circulação de bens ou a livre circulação de todos os factores de produção. Por último, quanto aos instrumentos a utilizar, estes serão diversos, conforme se esteja perante harmonização espontânea ou harmonização institucional, porque naquele caso é substancialmente diferente do segundo em que deverão ser adoptados os instrumentos institucionais.

Qual o futuro para a harmonização? A favor da sua intensificação existem, pelo menos, dois factores: o progressivo número das integrações regionais que, à medida que se desenvolvem, caminham para a necessidade da harmonização, e ainda um segundo factor, a eliminação das fugas aos impostos e das práticas fiscais prejudiciais.

No entanto, terão de ser resolvidos aspectos fundamentais: tributação na residência ou/e na fonte? CLEN ou CLIN? Qual o papel da subsidiariedade? Qual o grau de praticabilidade das soluções encontradas, esta intimamente ligada ao grau de cooperação já atingido entre os Estados envolvidos, nas suas mais diversas formas possíveis?

De qualquer modo, a harmonização no domínio da tributação directa afigura-se difícil. Dependerá do interesse de cada Estado, podendo este entender que basta o grau anterior – a coordenação. Aliás, mesmo no quadro da UE, o caminho não tem sido fácil.[399]

II. OS TRABALHOS NA UE [400]

A estratégia da política fiscal da Comissão da UE assenta, conforme documento antigo da Comissão,[401] na convicção da não necessidade de uma harmonização dos sistemas fiscais através das fronteiras (*an across the board*

---

[399] Ainda que retratando situação de há algum tempo, cfr. Tom O'Shea, *Tax Harmonization vs. Tax Coordination in Europa: Different Views*, in Tax Notes International, May, 21, 2007, pág. 811.

[400] Atenta a importância do trabalho realizado no âmbito da harmonização, faz-se referência à UE numa obra sobre o direito internacional fiscal, apesar de o direito comunitário apresentar características próprias que o distinguem e o autonomizam do direito dos Estados que integram e do direito internacional, gerando-se um interesse próprio distinto dos interesses dos Estados Membros e a eles superior, daí falar-se de supranacionalidade e da respectiva prevalência até sobre disposições das constituições nacionais. Refira-se ainda que não se pretende uma abordagem nem intensiva nem extensiva do fenómeno que deve ser tratado em sede própria.

[401] COM (260) 2001 final, *A política fiscal da União Europeia - prioridades para os próximos anos*, 23.5.2001.

harmonisation). Tal é justificado pela liberdade dos Estados escolherem o modelo dos seus sistemas fiscais, desde que respeitem as regras da União Europeia (ver, por exemplo acórdãos do TJUE Processos C-196/04 *Cadbury – Scheweppes* e C-396/04 *Centro de Musicologia Stauffer*). Para esses problemas, basta uma melhor coordenação, só se recorrendo a acções de nível comunitário quando as actuações individuais dos Estados não constituíssem a correspondente solução efectiva – princípios da subsidiariedade e da proporcionalidade.

Ainda assim, são várias as disposições presents no Tratado sobre o Funcionamento da União Europeia (TFUE) quanto ao tema. Encontra-se a referência a aproximação (e.g., artigo 114º) e harmonização (e.g., artigo 113º), cuja distinção ou sinonímia, como se escreveu, tem sido objecto de vasta literatura, parecendo ambos referirem-se conceito de harmonização aqui apresentado. O certo é que surgem os vocábulos no âmbito da construção de um ambiente que permita a plena concretização das liberdades de circulação estabelecidas na legislação comunitária.

No quadro da UE, a harmonização dos impostos indirectos está prevista no já citado artigo 113º do TFUE, normativo que estabelece: "*O Conselho, deliberando por unanimidade, de acordo com um processo legislativo especial, e após consulta do Parlamento Europeu e do Comité Económico e Social, adopta as disposições relacionadas com a harmonização das legislações relativas aos impostos sobre o volume de negócios, aos impostos especiais de consumo e a outros impostos indirectos, na medida em que essa harmonização seja necessária para assegurar o estabelecimento e o funcionamento do mercado interno e para evitar as distorções de concorrência.*" Com base neste dispositivo, foram publicadas directivas sobre o IVA (Directiva nº 2006/112, relativa ao sistema comum do imposto sobre o valor acrescentado, na sua versão actual) e os IECs (Directiva nº 2008/118/CE, relativa ao regime geral dos impostos especiais de consumo e que revoga a Directiva 92/12/CEE, na sua versão actual), bem como tributações indirectas relativas às reuniões de capitais (Directiva nº 2008/7/CE, relativa aos impostos indirectos que incidem sobre as reuniões de capitais, na sua versão actual).

O mesmo carácter expresso e específico não existe em relação aos impostos directos, visto tal harmonização se enquadrar no capítulo genérico do TFUE, capítulo 3, que inclui o artigo 115º, disposição especial em relação ao artigo 114º. Dispõe este artigo: "*1. Salvo disposição em contrário dos Tratados, aplicam-se as disposições seguintes à realização dos objectivos enunciados* no artigo 26º *[medidas destinadas ao estabelecimento do mercado interno ou assegurar o seu funcionamento]*. *O Parlamento Europeu e o Conselho, deliberando de acordo com o processo legislativo ordinário, e após consulta do Comité Económico e Social, adoptam as medidas relativas à aproximação das disposições legislativas, regulamentares e administrativas dos Estados-Membros, que tenham por objecto o estabelecimento e o funcionamento do mercado interno. 2. O n.º 1 não se aplica às disposições fiscais, às relativas à livre circulação das pessoas e às relativas aos direitos e interesses dos trabalhadores assalariados.*"

Excluem-se, pois, do seu conteúdo as disposições fiscais, a elas se aplicando o artigo 115º que estabelece: "*Sem prejuízo do disposto no artigo 114.º [relativo à aproximação das disposições tendo por objecto o estabelecimento e o funcionamento do mercado interno], o Conselho, deliberando por unanimidade, de acordo com um processo legislativo especial, e após consulta do Parlamento Europeu e do Comité Económico e Social, adopta directivas para a aproximação das disposições legislativas, regulamentares e administrativas dos Estados-Membros que tenham incidência directa no estabelecimento ou no funcionamento do mercado interno.*"

Ainda neste domínio, é relevante o artigo 116º TFUE, que dispõe: "*Se a Comissão verificar que a existência de uma disparidade entre as disposições legislativas, regulamentares ou administrativas dos Estados-Membros falseia as condições de concorrência no mercado interno, provocando assim uma distorção que deve ser eliminada, consultará os Estados-Membros em causa. Se desta consulta não resultar um acordo que elimine a distorção em causa, o Parlamento Europeu e o Conselho, deliberando de acordo com o processo legislativo ordinário, adoptam as directivas necessárias para o efeito. Podem ser adoptadas quaisquer outras medidas adequadas previstas nos Tratados.*"

Ainda, neste quadro da harmonização, pode ter interesse, o artigo 351º TFUE, já antes transcrito, que estabelece "*As disposições dos Tratados não prejudicam os direitos e obrigações decorrentes de convenções concluídas antes de 1 de Janeiro de 1958 ou, em relação aos Estados que aderem à União, anteriormente à data da respectiva adesão, entre um ou mais Estados-Membros, por um lado, e um ou mais Estados terceiros, por outro. Na medida em que tais convenções não sejam compatíveis com os Tratados, o Estado ou os Estados-Membros em causa recorrerão a todos os meios adequados para eliminar as incompatibilidades verificadas. Caso seja necessário, os Estados-Membros auxiliar-se-ão mutuamente para atingir essa finalidade, adoptando, se for caso disso, uma atitude comum. Ao aplicar as convenções referidas no primeiro parágrafo, os Estados-Membros terão em conta o facto de que as vantagens concedidas nos Tratados por cada um dos Estados-Membros fazem parte integrante do estabelecimento da União, estando, por conseguinte, inseparavelmente ligadas à criação de instituições comuns, à atribuição de competências em seu favor e à concessão das mesmas vantagens por todos os outros Estados-Membros."*

De interesse notar ainda que o artigo 220º do anterior tratado estabelecia *"Os Estados – Membros entabulam entre si, sempre que necessário, negociações destinadas a garantir, em benefício dos seus nacionais:*

- ....
- *a eliminação da dupla tributação no interior da Comunidade*
- ......
- ......",

visando ao menos, a coordenação. Tal referência foi suprimida pelo Tratado de Lisboa.

Contrariamente ao desenvolvimento relevante da harmonização da tributação indirecta, no domínio da tributação directa têm-se verificado importantes dificuldades, de modo que as directivas publicadas nesse domínio reflectem mais uma perspectiva de coordenação associada a um desejo de supressão de obstáculos fiscais. Porém, vários relatórios foram elaborados e publicados neste domínio, promovendo a harmonização, podendo indicar-se designadamente, o Relatório *Neumark* (1962), os Relatórios *Van Tempel* e *Werner* (1970), com ênfase sobre a harmonização dos impostos que influenciam os movimentos de capitais, e o Relatório *Ruding* (1992).

Neste domínio da tributação directa foram publicadas, inicialmente e depois de longa discussão, directivas sobre a tributação dos dividendos de sociedades-mães e subsidiárias (1990, hoje Directiva 2011/96/UE, de 30 de Novembro), bem como sobre fusões e cisões (1990, hoje Directiva 2009/133/CE, de 19 de Outubro), e ainda celebrada uma convenção sobre arbitragem em matéria de lucros entre empresas associadas (Convenção 90/436/CE, versão consolidada a 14 de Dezembro de 2014). Seguiram-se as directivas sobre a fiscalidade da poupança (2003), hoje revogada pela Directiva 2015/2060/UE, de 10 de Novembro, e a directiva dos juros e royalties entre empresas associadas (Directiva 2003/49/CE, de 3 de Junho).

As dificuldades têm sido relevantes no domínio da tributação das sociedades como resulta da evolução dos relativos trabalhos, por exemplo, quanto à fixação de regras sobre o reporte de prejuízos e à não adopção pela Comissão da via preconizada pelo Relatório *Ruding* relativo aos sistemas de tributação das sociedades, até se chegar à actualidade, nas tentativas de uniformização da respectiva base de tributação. Ultimamente (2016) a Comissão apresentou via para rever a proposta de directiva (COM (2011) 121 final, de 16.3.2011), com duas fases e duas propostas, embora conexas: matéria colectável comum do imposto sobre sociedades (MCCIS) e matéria colectável comum consolidada do imposto de sociedades (MCCCIS) – COM (2016) 685 final, no seguimento da COM (2016) 683 final, ambas de 25.10.2016.

Hoje discute-se a base de tributação comum e fraccionada entre os diversos Estados interessados que aplicariam as respectivas taxas. A procura de um sistema de tributação empresarial capaz de garantir que essa ocorre onde efectivamente os lucros são gerados, através de regras simplificadas, que afastem, e.g., a complexidade da aplicação e cumprimento das regras dos preços de transferência, é objectivo actual da Comissão Europeia e, desde 15 de Março de 2018, do Parlamento Europeu.

Em primeira linha, o objectivo é aprovar um regime que consensualize os elementos a serem considerados relevantes no apuramento da matéria colectável, gerando regras unas para uma matéria colectável comum (MCCIS). Uma vez acordados os elementos de cálculo relevantes, então o segundo passo assenta na consolidação e fracionamento da unidade para atribuição a cada jurisdição fiscal envolvida na medida da sua participação. Surge então a MCCCIS e a fórmula de repartição que envolve. Este modelo de tributação una dos grupos de sociedades dá espaço para simplificação – será no Estado da sociedade-mãe que o esforço administrativo se processará, lógica do balcão único. Contudo, é igualmente símbolo de uma mudança de paradigma na tributação, ao afastar-se do princípio do *arm's length*. Deixa de se ficcionar a lógica da entidade independente e aposta-se no reconhecimento efectivo da unidade comercial e financeira dos grupos empresariais. É uma proposta que aprofunda a integração de soberanias tributárias que passarão a reconhecer-se como inevitáveis aliadas na conquista da Fair Share e a aceitarem o alargamento do princípio da territorialidade através de um método de cooperação intensa.[402]

As dificuldades resultam, nomeadamente, de uma perspectiva nacional face às exigências do funcionamento de um mercado único e inexistência

---

[402] A OCDE não concorda com tal "revolução", como é revelado pelos § 1.14 e seguintes do *OECD Transfer Pricing Guidelines for Multinationals Enterprises and Tax Administrations 2017*.

de distorções e exercício sem constrangimentos do exercício das liberdades fundamentais. Sendo a legislação reflexo da soberania e dos interesses dos Estados, tendo aquela e estes sido assaz limitados no campo da tributação sobre a despesa, sendo a tributação sobre o rendimento instrumento importante na política económica e social e sendo ainda requerida a unanimidade para aprovação das medidas fiscais, explica-se o difícil da caminhada.

Capítulo VI
Tributação Internacional do Comércio Electrónico

1. Conceito de Comércio Electrónico[403]

Por forma a ser identificado o âmbito do problema colocado, é fundamental delimitar o que se entende por comércio electrónico. Actualmente é comum encontrar-se não a referência a comércio electrónico, mas antes a economia digital ou economia 4.0, incluindo-se aqui muitos mais elementos que devem ter tratamento fiscal específico (*e-bussiness* e *e-business infrastructure*). Contudo, aquilo que interessa mais do ponto de vista da tributação é o domínio do comércio electrónico.

Recorrendo ao quadro definidor apresentado pela Autoridade Nacional de Comunicações (de seguida denominada ANACOM)[404], o conceito de comércio electrónico parte dos dados fornecidos pela *International Data Corporation* (IDC) e pelo *Eurostat*. De acordo com a primeira entidade, o comércio electrónico é "todo o processo pelo qual uma encomenda é colocada ou aceite através da Internet, ou de outro qualquer meio electrónico, representando, como consequência, um compromisso para uma futura transferência de fundos em troca de produtos ou serviços."[405] Na configuração dada pelo *Eurostat*, o comércio electrónico assume-se como "a transacção de bens e serviços entre computadores mediados por redes informáticas, sendo que o pagamento ou entrega dos produ-

---

[403] O presente texto é reprodução da obra Rita Calçada Pires, *Tributação internacional do rendimento empresarial gerado através do comércio electrónico. Desvendar mitos e construir realidades.* Almedina.
[404] ANACOM, *O comércio electrónico em Portugal – O quadro legal e o negócio*.
[405] ANACOM, *O comércio electrónico em...*, p. 15.

tos transaccionados não terá de ser, necessariamente, feito através dessas redes."[406] Das definições apresentadas pela ANACOM, como as definições a serem entendidas como válidas e completas, faz-se ressaltar uma ideia fundamental que permite bastante aproximação ao núcleo duro do conceito de comércio electrónico: o traço distintivo deste tipo de comércio assenta no facto de o compromisso comercial ser efectuado por via electrónica.[407]

Na procura de uma noção para o comércio electrónico, não pode deixar de se atender ao facto de o universo virtual em que se processa o comércio electrónico ser um universo complexo, um espaço paralelo ao espaço ocupado pelo comércio tradicional, não surgindo como um espaço de sobreposição a este último, mas antes como um espaço diferenciado. As transacções operadas no ambiente electrónico compõem uma cadeia de produção tal como no comércio tradicional, porém, apresentam a especificidade da virtualidade, da comunicação não física/intangível e, em muitos casos, da não necessidade em recorrer a canais físicos de distribuição. O comércio electrónico apresenta-se como um tipo comercial próprio. O ambiente que o envolve é marcado pela crescente dispensabilidade da presença física, bem como da intervenção humana presencial. As transacções electrónicas assumem crescente importância no quadro mundial, pois o comércio internacional baseia-se cada vez mais em transacções envolvendo bens e serviços intangíveis, incorpóreos, que deixam de necessitar dos canais de distribuição tradicionais para chegarem ao seu destino. Tudo isso faz com que as transacções realizadas num sistema de novas tecnologias envolvam uma rede própria de operatividade, construída de forma a ser utilizada livremente, rompendo as barreiras de espaço e de tempo anteriormente tomadas como obstáculos para as operações comerciais tradicionais. Recorrer ao comércio electrónico significa recorrer a uma nova forma de comerciar, a uma forma assente na liberdade dos sistemas, na intangibilidade, na ausência de "fisicalidade", na digitalização e na virtualidade. Por tudo isso, o comércio electrónico deve ser definido como uma nova forma de transaccionar, comerciando com base em redes virtuais de oferta e procura. Quanto à transmissão de bens e serviços, de igual modo essa transmissão pode estar associada à rede virtual, porém, tal, a meu

---

[406] ANACOM, *O comércio electrónico em...*, p. 15.
[407] ANACOM, *O comércio electrónico em...*, p. 16.

ver, não deve ser assumido como elemento essencial para se estar perante comércio electrónico.[408]

Conceito ainda importante é a diferenciação entre comércio electrónico *on-line* e comércio electrónico *off-line*. Enquanto o comércio electrónico directo surge como uma forma de comerciar electronicamente, independente da forma física tradicional de comércio, o comércio electrónico indirecto ou *off-line* apresenta-se com contornos mistos, uma vez que utiliza as novas tecnologias para facilitar a procura e a aquisição de bens e serviços, bens e serviços esses que são posteriormente entregues ou prestados pelos canais comerciais tradicionais. Neste tipo de comércio electrónico há uma utilização dos meios tradicionais de entrega, embora com recurso às novas tecnologias para efeitos de apresentação publicitária e para formulação dos pedidos. Assemelha-se, à primeira vista, à venda por catálogo de bens móveis corpóreos.[409] Por utilizar os meios clássicos de distribuição, poder-se-ia pensar que não divergiria muito do comércio tradicional e, assim, não se enquadraria no conceito de comércio electrónico. Pelo contrário, o comércio electrónico indirecto constitui um verdadeiro tipo de comércio electrónico, não devendo ser afastado apenas porque utiliza os meios tradicionais para entregar os bens ou prestar os serviços resultantes de um compromisso electrónico. Ainda que os canais de distribuição sejam os tradicionais, não se pode por isso negar a sua inclusão nesta nova forma de comerciar, pois apenas a finalização da transacção utiliza os mesmos canais que o comércio tradicional, sendo que todo o restante processo se encontra imiscuído na virtualidade e na intangibilidade. Aliás, no mesmo sentido, encontra-se a definição do *Eurostat*, apresentada pela ANACOM[410], segundo a qual não é relevante para a qualificação de uma operação como uma operação de comércio electrónico o facto de o método de distribuição do bem ou serviço ser o canal de distribuição do comércio tradicional, mas antes, como conclui a entidade reguladora portuguesa, o facto de o compromisso negocial ser feito por via electrónica. Desta forma

---

[408] A justificação vem em seguida, ao mencionar a diferenciação entre comércio electrónico directo e indirecto.
[409] Cazorla Prieto e Chico de la Câmara, *Los impuestos en el comercio electrónico*, p. 31, nota 32
[410] "A transacção de bens e serviços entre computadores mediados por redes informáticas, sendo que o pagamento ou entrega dos produtos transaccionados não terá de ser, necessariamente, feito através dessas redes." ANACOM – *O comércio electrónico em Portugal – O quadro legal e o negócio*, p. 15.

a sua inclusão no conceito de comércio electrónico está salvaguardada. E ainda que se recuse, porque a distância do modo de comerciar tradicional é inegável, ter-se-ia, nestes casos de comércio electrónico indirecto, de recorrer a uma noção mista, com clara predominância do elemento electrónico, pois uma etapa do processo não deve dominar todas as restantes.

2. Problemas Fiscais suscitados pelo Comércio Electrónico à Administração Fiscal[411]

No campo das características do comércio electrónico, a desmaterialização provoca graves ameaças para a Administração Fiscal.[412] Sendo a desmaterialização marcada pela digitalização e pela natureza intangível do processo comercial, bem como por uma reduzida necessidade de presença física, e sendo a fiscalidade dependente, até à data, e na maioria dos casos, da existência de "fisicalidade" e de fiscalizações *in loco*, compreende-se que a desmaterialização propicie uma menor capacidade de conhecimento dos factos e de controlo (ou mesmo insusceptível de controlo) por parte do Fisco. Nas transacções electrónicas, o suporte físico das operações e do contacto com os clientes é praticamente inexistente, senão mesmo inexistente, e a invisibilidade que decorre dessa ausência de "fisicalidade" gera graves problemas. Tal não pode augurar bons resultados para uma Administração Fiscal vincadamente dependente do mundo físico. A desmaterialização provoca ainda a crescente irrelevância dos elementos geográficos, o que dificulta a determinação da competência fiscal e o respectivo modo de proceder a essa determinação, uma vez actuarem as administrações fiscais nos termos da soberania do seu Estado e relacionarem-se entre si,

---

[411] O presente texto é reprodução da obra Rita Calçada Pires, *Tributação internacional do rendimento empresarial gerado através do comércio electrónico. Desvendar mitos e construir realidades*. Almedina.

[412] As dificuldades suscitadas, para as administrações fiscais, pela ausência de "fisicalidade" não são originadas pelo fenómeno do comércio electrónico. De facto, já anteriormente, com o aparecimento dos bens intangíveis tradicionais (e.g. patentes e marcas), as dificuldades associadas à determinação da conexão geográfica tinham sido iniciadas. As regras fiscais foram tentando adaptar-se a essas inovações e às transacções transfronteiriças dessas mesmas inovações. Contudo, com o comércio electrónico, a situação complica-se. O alcance da Internet e das tecnologias de suporte do comércio digital, bem como o facto de os custos de reprodução e distribuição atingirem valores praticamente nulos, tornam crescentemente inadequadas as regras fiscais assentes, essencialmente, em suportes físicos. Cfr. Arthur Cockfield, *The law and the economics of digital taxation: challenges to traditional tax laws and principles*, p. 608.

com base em fronteiras geográficas. O facto de o comércio electrónico poder comportar uma multilocalização suscita problemas de repartição e afectação de competências fiscais.

A "desintermediação" dos intermediários tradicionais, como outra das características do comércio electrónico, vem igualmente gerar desequilíbrios para o Fisco. Porém, aqui, do meu ponto de vista, o resultado não se apresenta já tanto como uma ameaça, mas antes, e acima de tudo, como um desafio. Na perspectiva da Administração Fiscal, este processo de "desintermediação" dificulta, à partida, o conhecimento das realidades a tributar, bem como acarreta dificuldades acrescidas na cobrança dos tributos. Tal acontece mercê de a Administração Fiscal depender do auxílio destas entidades intermediárias tradicionais para tomar conhecimento dos factos impositivos e para conseguir efectivar a cobrança dos tributos devidos (através da retenção na fonte). O desaparecimento da maioria dos intermediários tradicionais no universo do comércio electrónico vem desestabilizar a situação fiscal enraizada. A relação directa digital estabelecida entre o ente originário e o consumidor, assim como a cooperação virtual entre as empresas, trazem, é certo, dificuldades para a tributação, pois a ausência de quem reporte informações ou, pelo menos, permita a existência desse reporte de informações produz, à partida, a ausência de dados para as administrações fiscais, aumentando o fosso de desconhecimento e anonimato dos agentes e das operações em sede de comércio electrónico. Apenas pela observação destes dados dir-se-ia estarmos perante uma verdadeira ameaça para a Administração Fiscal. Porém, tal não parece inevitável. Como foi já apontado, ainda que haja um desaparecimento da maioria dos intermediários tradicionais, não pode ser esquecido trazer o comércio electrónico, por um lado, a reformulação do papel de alguns intermediários tradicionais que permanecem como intermediários necessários (e.g., as instituições financeiras, à conta da necessidade de sistemas de pagamento electrónicos seguros e fáceis de utilizar) e, por outro lado, o nascimento dos intermediários tecnológicos. Não há um total desaparecimento de terceiras entidades envolvidas nas transacções electrónicas que possam surgir em posição capaz de cooperarem com a Administração Fiscal, quer no conhecimento dos factos impositivos quer na cobrança efectiva dos tributos devidos. Tal lança a questão de saber se não haverá possibilidade de detecção das operações de efectiva identificação das partes e dos rendimentos envolvidos nas transacções electrónicas. Com estas novas entidades e com a reformulação do papel das entidades tradicionalmente coadjuvantes, mais do que uma ameaça, parece antes gerar-se um importante desafio para a Administração Fiscal: a capacidade de renovar e rejuvenescer a forma como se relaciona com os novos e antigos intermediários. É um factor que impele a actualização, a modernização, a requalificação e a reestruturação da Administração Fiscal mais do que inviabiliza a tributação efectiva.

Porém, ainda mais difícil é o anonimato conseguido com a utilização do comércio electrónico. O anonimato surge como uma ameaça com implicações profundas na Administração Fiscal, pois inviabiliza efectivamente o conhecimento das partes, sendo que, em consequência, impossibilita a identificação do sujeito passivo e, as mais das vezes, da operação efectuada. Com isto gera-se a impossibilidade de accionar a relação jurídica fiscal, pois não se sabe o *Quem*, nem o *Quê*. A arrecadação de receita fiscal fica claramente impossibilitada.

Grande parte das preocupações tidas com o comércio electrónico prendem-se com os problemas suscitados pelo comércio electrónico directo, pois nenhuma relação tangível e física é encontrada na operação, apenas os suportes informáticos o são e aí o controlo é muitíssimo complexo, pois da incapacidade de apontar e determinar uma tangibilidade nasce o anonimato. E o anonimato traz riscos de não identificação fiscal e natural fuga aos impostos, assim como revela a potencialidade extrema da mobilidade desses mesmos agentes, capaz de exercitar uma nova espécie de *tax shopping*, um *tax shopping* virtual, capaz de permitir a escolha da jurisdição mais favorável pela manipulação dos dados informáticos. A facilidade dos sistemas de pagamento electrónico alimenta mais ainda essa possibilidade de anonimato, dado não serem, à partida, identificadas as transacções, apenas se apresentando valores. Também a utilização de dinheiro digital potencia, em larga medida, os inconvenientes. Ambos dificultam em muito, o acesso à informação por parte das autoridades fiscais, trazendo obstáculos complexos ao controlo tributário.

As ameaças produzidas pelos factores agora mencionados maximizam-se com a extrema mobilidade alcançada pelo comércio electrónico. Através da mobilidade permite-se a deslocalização de sujeitos, de bens e de serviços, a fraude e a evasão fiscais. Uma vez mais, problemas de jurisdição e de perda de receitas surgem para as administrações fiscais. Quer porque deixam de ser as jurisdições competentes, perdendo as correspondentes receitas, quer porque passam a partilhar a jurisdição com muitas outras administrações fiscais quer ainda porque a problemática de *Quem* é fiscalmente competente para tributar surge por sobreposição de elementos de conexão e sua diferente valoração.

Por outro lado, a mobilidade, além de trazer fortes ameaças, traz também a si agregada desafios para a Administração Fiscal. A mobilidade gera uma nova temporalidade na economia, o que desafia a Administração Fiscal a ser mais dinâmica, a procurar um maior entrosamento com as outras administrações fiscais. A mobilidade provoca um aumento da importância da troca de informações entre administrações fiscais, forçando ao desenvolvimento de redes de interauxílio. Exige, em última análise, uma estratégia global entre as várias administrações fiscais.

Aquilo que se revela como oportunidades do comércio electrónico para os agentes económicos/contribuintes, surge, em grande parte das vezes, como ameaça e risco para a Administração Fiscal. A forma como as características do comércio electrónico são aproveitadas acentua os problemas acima relatados.

A abertura a novos mercados – tanto a extensão a mercados já existentes, mas anteriormente não acessíveis, bem como a criação de novos mercados –, a par da criação de novos produtos e melhoria dos já existentes, tal como a possibilidade de redução de custos fixos, poderia representar um possível aumento das bases de tributação. Contudo, parecem ser os riscos, mais dos que os desafios, aqueles que envolvem este alargamento de mercados e produtos. O risco nasce porque problemas de jurisdição e de partilha de competências fiscais surgem com um enorme potencial de acontecerem. A concorrência fiscal e a problemática na determinação da competência fiscal parecem ter uma maior possibilidade de ocorrer. Facto agravado ainda pela possibilidade de diminuição dos custos, com a tendência de encontrar alternativas que contrariem o aumento da base de tributação. Para tal ou se geram novos custos (o exemplo do *outsourcing* foi já apontado) ou procede-se à divisão de funções, e/ou reconduzem-se funções e actividades para paraísos fiscais ou zonas privilegiadas de tributação também já mencionadas. Em qualquer dos casos, a tendência é para a diminuição da base de tributação e para a pluralidade jurisdicional.

De igual forma, os novos modelos de negócio permitidos pelo comércio electrónico bem como as renovadas técnicas de gestão empresarial associadas – fragmentação da actividade económica, aumento da divisão de tarefas e de funções, descentralização das estruturas hierárquicas e produção ininterrupta – aumentam as ameaças para a Administração Fiscal. Dificulta-se a determinação do sujeito passivo e de possível responsável tal como se dificulta a determinação do local de produção. Estas novas técnicas de negócio e de gestão favorecem a pulverização dos intervenientes e o seu quase, ou total, anonimato, anulam as linhas tradicionais e a subsequente determinação de quem é quem e onde está quem interessa conhecer para efeitos fiscais. A ausência crescente de "fisicalidade" nos processos produtivos empresariais não pode deixar de maximizar as dificuldades em determinar a localização e, daí, a competência fiscal. Os problemas com a especificação da jurisdição e com a possibilidade de arrecadar e de controlar receitas fiscais acentuam-se.

Também o facto de os agentes económicos/contribuintes utilizarem a facilidade de deslocamento de capitais, actividades e sujeitos, permitida pelo comércio electrónico e suas tecnologias envolventes, para transferirem capitais, actividades e sujeitos para paraísos fiscais e zonas de tributação privilegiada, facilita, como já se escreveu, o planeamento, a evasão e a fraude fiscais. As receitas fiscais diminuem porque as bases de tributação estão sujeitas a um movimento de erosão, assim como aumenta a dificuldade em assegurar o cumprimento tributário, pois depende, muitas vezes, do contributo dos paraísos fiscais para o conhecimento dos factos que pode não ser, em princípio, relevante, quando não totalmente inexistente.[413] O comércio electrónico permite a escolha da jurisdição pretendida e consequente deslocalização geográfica. O comércio electrónico permite a manipulação dos elementos de conexão e assume-se como uma arma poderosa e dilacerante contra a Administração Fiscal, lesando-a nas suas competências, na sua capacidade de arrecadar receitas, bem como na sua possibilidade de garantir um sistema fiscal equitativo, íntegro e neutral.

Qual o resultado do apresentado? Que problemas traz o comércio electrónico às administrações fiscais? Do exposto parece ser coerente determinar três grandes problemas suscitados pelo comércio electrónico na esfera das administrações fiscais:

---

[413] Actualmente, com o trabalho da OCDE relativo às práticas fiscais prejudiciais, a maioria dos paraísos fiscais comprometeu-se a transmitir informação. Trata-se dos paraísos fiscais colaborantes.

1º Risco de erosão da base de tributação com a consequente diminuição das receitas fiscais arrecadadas;
2º Dificuldade em determinar a jurisdição fiscal com poder de tributação, e
3º Dificuldades em assegurar o cumprimento tributário.

O primeiro problema – risco de erosão da base de tributação com a consequente diminuição das receitas fiscais – explica a preocupação tida pelas várias administrações fiscais com o comércio electrónico, justifica o respectivo interesse por esta inovadora forma de comerciar. A diminuição das receitas fiscais arrecadadas acarreta importantes consequências orçamentais, económicas e sociais numa época como a que vivemos, onde o investimento público e o suporte de uma série de infra-estruturas do Estado Social cabem ao Estado que se vê numa difícil tarefa de as assegurar, e onde a equidade fiscal, cada vez mais, surge na ordem do dia das sociedades onde a sociedade civil é participativa e exigente.

Já o segundo problema, a dificuldade em determinar a jurisdição fiscal com poder de tributação, consiste no ONDE o comércio electrónico deve ser tributado. A sua presença acentua o risco de erosão das bases de tributação, o que pode ter como consequência respostas agressivas e unilaterais, por parte das administrações fiscais, de forma a compensar a perda de receitas e conseguir maximizar os elementos de conexão com a sua jurisdição, o que naturalmente levaria ao caos internacional e a uma guerra aberta de práticas fiscais agressivas e prejudiciais. Acresce ainda que se da dificuldade em determinar a jurisdição fiscal com poder de tributação resultasse a não determinação dessa jurisdição, com a consequente não tributação do comércio electrónico, a discriminação em face da tributação do comércio tradicional surgiria, facto que minaria toda a construção base da fiscalidade internacional.

O terceiro problema, a dificuldade em assegurar o cumprimento tributário, revela a necessidade de explorar os meios disponíveis para o comércio electrónico ser efectivamente tributado.

Do exposto, compreende-se serem duas as primeiras e principais questões a tratar, no referente à tributação internacional directa do comércio electrónico: saber se deve existir essa tributação e, no caso afirmativo, *onde* deve ser o comércio electrónico tributado com a exploração dos elementos que possibilitam tal tributação. A justificação para prosseguir este objectivo é o impacto devastador que o risco de erosão da base de tributação, com a consequente diminuição das receitas arrecadadas, pode ter nos comportamentos isolados das administrações fiscais, no caos que tal cenário provocaria na fiscalidade internacional e na economia mundial, bem como na neutralidade exigida à fiscalidade internacional, especificamente devida em face da tributação do comércio tradicional.

3. Problemas do Comércio Electrónico para o Direito Internacional Fiscal: a crise dos elementos de conexão tradicionais[414]

A face dogmática dos três problemas resultantes do comércio electrónico para o Estado – risco de erosão das bases de tributação, dificuldade em determinar a jurisdição fiscal competente e a dificuldade em assegurar o cumprimento tributário – surge como a crise dos elementos de conexão tradicionais.

A invocação e a aplicação das regras do Direito Internacional Fiscal dependem da existência de situações fiscais plurilocalizadas. Aquilo que revela a plurilocalização das situações fiscais são os elementos de conexão, isto é, as "relações ou ligações existentes entre as pessoas, os objectos e os factos com os ordenamentos tributários"[415]. A competência de uma jurisdição no quadro internacional fiscal nasce da valoração superior de determinado elemento de conexão em face de outro(s) elemento(s) de conexão.

O que o comércio electrónico vem gerar, em primeira linha, é a possibilidade de existir mais conexões com mais territórios. Daqui emergem dificuldades. Não só se complica a apreciação e a valoração adequadas das diversas conexões, como pode ser permitido o aumento dos casos de dupla tributação e de dupla não tributação, seja porque vários países se consideram competentes para tributar – dupla tributação gerada por valoração comum de vários elementos de conexão presentes com o comércio electrónico – seja porque vários países não se consideram aptos a tributar – dupla não tributação gerada por valoração insuficiente de elementos de conexão presentes com o comércio electrónico nos territórios envolvidos. Tanto a dupla tributação como a dupla não tributação surgem como realidades indesejadas no Direito Internacional Fiscal, por gerarem situações

---

[414] O presente texto é reprodução da obra Rita Calçada Pires, *Tributação internacional do rendimento empresarial gerado através do comércio electrónico. Desvendar mitos e construir realidades.*
[415] Alberto Xavier, *Direito tributário internacional*, p. 224.

incompatíveis com a neutralidade. Sendo esta realidade visível aos agentes económicos e estando ao seu dispor o comércio electrónico e suas tecnologias de suporte, o perigo da manipulação dos elementos de conexão, para alcançar resultados fiscais mais favoráveis, surge como um risco demasiado elevado para o Direito Internacional Fiscal. Com o aumento do risco de dupla tributação e de dupla não tributação, bem como com a abertura desmedida à manipulação dos elementos de conexão, através da utilização do comércio electrónico e tecnologias associadas, verifica-se existir uma incapacidade de os elementos de conexão tradicionais fazerem face às realidades digitais inovadoras preconizadas pelo comércio electrónico. Assiste-se ao nascimento de uma crise relativa aos conceitos presentes nos elementos de conexão tradicionais.

Como é que o comércio electrónico produz este impacto no critério da residência? Tomemos o seguinte exemplo. "Sonhos Virtuais" é uma sociedade que transforma os sonhos dos seus clientes em vídeos animados, digitalmente trabalhados, com base em fotografias e em textos. Momentos já vividos, ou ainda por viver, são transformados em filmes, como forma de perpetuá-los ou imaginá-los. A sociedade apresenta um *website* através do qual os clientes obtêm a informação dos serviços prestados e através do qual a podem contactar, preenchendo um formulário com os seus objectivos, desejos e demais especificações, anexando ficheiros sob o formato digital. O *website* está alojado num servidor externo à sociedade, pertencente a terceiro, um provedor de serviços de Internet. A empresa tem três administradores, cada um localizado num país diferente que comunicam entre si, bem como realizam as reuniões de direcção através de *e-mail* ou vídeo-conferência e tomam as decisões pela mesma forma electrónica, utilizando a técnica da assinatura digital. Os vários trabalhadores agregados à sociedade encontram-se dispersos por vários países, ligados entre si e aos administradores, por uma intranet. Trabalham rotativamente e continuadamente, em função do fuso horário. Não há qualquer hierarquia entre os trabalhadores e não há outra entidade superior, que não os administradores, administradores esses que dividem o trabalho de gestão entre si, não obedecendo a qualquer processo rígido. Os registos e a contabilidade da "Sonhos Virtuais" estão apenas em formato electrónico, na posse de todos os administradores nas suas *hard-drives*. A reunião de accionistas é feita sem deslocação física, uma vez mais, com recurso aos meios electrónicos. Onde está a direcção efectiva da sociedade "Sonhos Virtuais"?

No exemplo, e com base na construção tradicional do conceito de direcção efectiva, não se detecta a existência de um local específico onde se faça a gestão estratégica: os directores não se encontram em local único e os accionistas não se deslocam a nenhum lugar para serem informados/votarem/ deliberarem. Por outro lado, não se consegue detectar a existência de um local específico onde se faça a gestão corrente: a direcção é dispersa e os trabalhadores estão distribuídos por vários países, sem hierarquizações entre si. Acresce que o desconhecimento da residência de qualquer interveniente da sociedade, factor maximizado pela organização empresarial e pelo impacto dos novos métodos de divisão de funções, possibilita o anonimato propiciado pela Internet. Nem mesmo o endereço electrónico é fiável. De facto, a correspondência entre a localização geográfica efectiva e o endereço electrónico não é sempre verdadeira. Tal como a utilização dos servidores espelho (*mirror servers*) aumenta a confusão na busca da localização. As manipulações dos endereços de IP dos computadores auxiliam, igualmente, na dificuldade, porventura até impossibilidade, de identificação geográfica do computador específico. Também os métodos de encriptação e de pagamentos electrónicos dificultam a identificação do *Quem* e do *Onde*. E o trunfo da mobilidade permite a deslocalização constante.

Do exposto resulta uma tendencial incapacidade do conceito direcção efectiva em indicar efectivamente o local da residência das sociedades envolvidas nos negócios electrónicos. Em face desta incapacidade do conceito de direcção efectiva, os defensores do local do registo ou constituição como o critério adequado para a determinação na residência poderiam surgir em sua defesa, demonstrando a sua viabilidade. Mas tal também não é possível. Se o critério da direcção efectiva, em face do comércio electrónico, não está apto a atingir o seu fim, também o critério do local do registo ou constituição da sociedade não o está. De facto, se, independentemente do universo das novas tecnologias, o critério desse local já estava sujeito a um elevado risco de manipulação, com o comércio electrónico esta possibilidade é ainda mais favorecida. Ainda que surja como um critério que proporcione alguma visibilidade jurídica, num "sistema" onde a materialidade prevalece sobre a forma, a sua adopção generalizada teria como consequência a possibilidade do afastamento do realismo da tributação, aproximando-se mais de uma tributação aparente, intencionalmente criada para a tributação conveniente. Porém, não é apenas por esta critica que o critério do local do registo merece, que existe a sua invalidade no campo da tributação dos rendimentos provenientes do comércio electrónico. No caso de não existir acesso aos documentos de registo, confiar nos dados apresentados no *website* pela empresa virtual também não é adequado, pois o local apresentado não é necessariamente o verdadeiro. Uma vez mais a manipulação dos dados apresentados na página virtual, bem como dos dados fornecidos é uma possibilidade real. Por isso, nem mesmo o local do registo ou constituição do negócio surge como algo capaz de garantir a determinação da residência da empresa com negócios envolvidos no comércio electrónico.

Demonstra-se, assim, uma incapacidade generalizada de o critério de residência, na sua formulação tradicional, cumprir com a sua função: determinar a residência societária no âmbito do comércio electrónico.

Porém, a sua insuficiência não se resume apenas ao universo do comércio electrónico e das suas novas tecnologias associadas. De facto, ao longo dos últimos tempos, o critério da residência tem sofrido várias adaptações – e.g. a transparência fiscal, as cláusulas de limitação de benefícios (*Limitation on Benefits* – LOBs). Estes ajustamentos demonstram que o conceito tradicional não tinha capacidade para fazer face a uma série de transformações operadas na vida económica dos sujeitos da relação jurídica, transformações de aproveitamento fiscal. Não é apenas o comércio electrónico que agora rasga a tranquilidade do conceito tradicional de residência, a incapacidade deste conceito já parece vir de antes. O comércio electrónico enfatiza-a e maximiza-a.

A presença das modificações operadas no alcance do conceito de residência e os problemas suscitados pelo comércio electrónico fazem questionar qual o verdadeiro significado do conceito de residência[416]. Pergunta-se se o conceito de residência é um conceito que se basta a si mesmo, apontando qual o nexo fiscal estabelecido, ou se o conceito representa antes o contributo para a ideia do que deve ser tributado. A segunda possibilidade parece ser a correcta. A presença de ajustamentos ao conceito afigura-se demonstrar a necessidade de conformar um conceito técnico com uma intenção/espírito presente num conceito dogmático. Parece identificar--se uma intenção específica sobre o que deve ser tributado no conceito de residência, sendo precisamente com base nessa intenção do que deve ser alcançado com o conceito que o critério é efectivamente construído. Atra-

---

[416] Robert Couzin, *Corporate residence and international taxation*, pág. 263 e ss.

vés desta forma de interpretar o conceito de residência verifica-se que a crise deste conceito não implica necessariamente a crise do princípio da tributação na residência, antes revela que a formulação tradicional (a regra que concretiza o princípio) não se apresenta já eficaz. O importante parece ser procurar o que verdadeiramente sustenta a tributação do rendimento na residência, e não o teste que especificamente deve ser aplicado. Na realidade do comércio electrónico esta afirmação apresenta ainda mais sentido, pois o tipo de realidade subjacente ao que investigamos surge com uma base totalmente diferente da realidade física do comércio tradicional. Em atenção às especificidades, aos desafios e aos problemas já revelados, a busca da residência no âmbito do comércio electrónico é uma tarefa árdua e que deve obedecer, em primeira análise, a uma construção valorativa, mais do que a uma edificação que pretenda apenas remediar as deficiências provocadas pelo ciberespaço.

Mas a crise está também patente no elemento de conexão fonte e, consequentemente, para a conexão através do E.E. A contraposição de um universo marcado pela "fisicalidade" a um outro tendencialmente não ligado a um espaço caracterizado pela presença física surge como a principal dificuldade ao diálogo entre ambos. Apesar de surgir uma economia digital, as regras de tributação na fonte até aqui apresentadas, através do E.E., mantêm a mesma base de organização espacial no que se refere ao tratamento da questão fiscal do comércio electrónico. Este facto gera uma forte dificuldade na comunicação com a nova forma de organização económica digital que não se subsume à unidade territorial. De facto, pode mesmo considerar-se a existência de um profundo impacto na forma como a divisão de rendimentos é operada entre as várias jurisdições fiscais, dando-se o inevitável balanceamento a favor da residência. É que a realidade digital e todas as características a esta inerente favorecem a tributação na residência, caso se procure simplesmente enxertar as regras actuais da fonte no comércio electrónico e tal resultado não pode deixar de ser contestado, em nome do equilíbrio na repartição das receitas entre fonte e residência.

Mas a par desta incompatibilidade genérica de fundamentos, o comércio electrónico suscita, especificamente, a inadequação do conceito do E.E. quando a si mesmo reportado. A desarticulação dos elementos essenciais gera uma incapacidade de aplicação das regras tradicionais ao comércio electrónico, tal como estão construídas no artigo 5º do MC-OCDE. Veja-se.

3.1.1. Dificuldades em relação ao Estabelecimento Estável por natureza

Pelas próprias características do comércio electrónico, em face do E.E. por natureza, observa-se a impossibilidade de concretização dos elementos do nº 1 do artigo 5º. O negócio virtual e a consequente não necessidade de implementação física num outro território para desenvolver a sua actividade minam imediatamente a existência dos critérios base que têm o seu núcleo essencial, como vimos, na ideia de "fisicalidade" e de presença *in loco*.

- Dificuldades na verificação do elemento Instalação

A centralidade deste elemento é a presença física. A sua definição como local, material ou instalação, nas palavras do §10 do comentário, assim o demonstra. No comércio electrónico essa "fisicalidade" é tendencialmente inexistente. Logo, a partir do primeiro momento, a propósito do elemento inicial a ser atendido, há desde já uma dificuldade em fazer cumprir a regra exigida, pois está-se perante uma realidade digital, realidade essa totalmente diferenciada da realidade que subjaz como substrato do conceito de instalação.

- Dificuldades na verificação do elemento Fixidez

Em relação ao segundo elemento exigido – a fixidez –, igualmente se verifica a existência de dificuldades, a propósito do comércio electrónico, quer quanto ao elemento temporal quer quanto ao elemento geográfico.

No referente ao elemento temporal, o problema que se coloca passa pela interrogação sobre se existirá compatibilidade entre o tempo físico/real e o tempo digital/virtual. No comércio electrónico, o tempo assume um diferente significado daquele existente no comércio tradicional. As portas das lojas virtuais estão ao dispor do público 24 horas por dia e em todos os dias. No caso do comércio electrónico directo, a via física de entrega não é sequer utilizada. O imediato e o agora são tónica dominante. Questiono-me sobre se estes exemplos não revelarão uma diferente forma temporal, um tempo distinto do real, onde as limitações inerentes à organização dos dias e das horas não se assumem como obstáculos. A velocidade e o tempo digital marcam um novo conceito de permanência, incompatível com a duração prolongada exigida para o E.E..

A própria questão de saber se o teste dos doze meses na cláusula de construção é um prazo que deve ser tomado, por analogia, para a regra geral do E.E. por natureza demonstra uma durabilidade física vincada não existente, ou, pelo menos, tendencialmente inexistente no espaço virtual onde a evolução e o avanço são diários, permanentes e imediatos. Como coadunar as diferentes bases temporais? Nem mesmo, a tendência para fixar seis meses como o prazo mínimo indicativo da existência de um E.E. (§28 do comentário ao artigo 5º) pode não ser realista, quando contraposto ao universo electrónico, um universo onde a rapidez é a característica dominante. Numa comparação entre as duas realidades e atendendo à substância apontada para o conceito de E.E., vislumbram-se, desde logo, dificuldades quanto à compatibilização do tempo exigido para a existência de um E.E., em face do tempo realmente utilizado e gerido no espaço virtual.

No que diz respeito ao elemento geográfico, novas dificuldades são igualmente assumidas. Desde logo, encontra-se o problema da localização concreta e real. No confronto entre o ciberespaço e o espaço real verifica--se a presença de organizações opostas. Enquanto no espaço real existem várias jurisdições, marcadas por fronteiras bem delimitadas, no ciberespaço existe um espaço unitário, inexistindo fronteiras, posto que virtuais. A unidade do espaço virtual contrapõe-se a uma multiplicidade do espaço real. Esta diferente formatação territorial demonstra diversas linguagens e estruturas que têm implicações na sua adequação. Mas, por outro lado, quase parecendo um contra-senso, verifica-se uma profunda discrepância entre a análise concentrada exigida para determinar a existência de um E.E. e a tendencial pulverização das tarefas inerentes ao comércio electrónico, às quais correspondem várias jurisdições no mundo real. Desenvolvendo. A análise para averiguar a existência de um E.E. pressupõe, como se viu, uma análise concentrada "do todo coerente, quer a nível comercial quer a nível geográfico, relativamente a essas actividades" (§ 22 do comentário ao artigo 5º). Mas pressupõe a concentração de todas essas actividades numa única jurisdição. Caso não haja essa concentração numa só jurisdição, então não se pode chegar à conclusão que exista um E.E.. Ora, no comércio electrónico, em face da tendencial divisão de tarefas da actividade, na tradução para o espaço físico, a sua actividade encontra-se pulverizada por várias divisões reais, não se concentrando, tendencialmente, num só local. A deslocalização operada no comércio electrónico é muito vasta e complexa, dificilmente comportando uma análise adequada de unidade/coerência geográfica e comercial. Há, portanto, uma falha na capacidade de proceder a uma análise concentrada. Com esta discrepância, é notória a maior abertura à manipulação dos dados susceptível de ser feita pelos contribuintes de forma a não encontrar enquadramento no conceito de E.E.. Utilizando o comércio electrónico e a sua virtualidade de fragmentar as tarefas, o contribuinte poderá tentar evadir-se à integração da realidade empresarial na unidade/coerência comercial e geográfica exigida para existir um E.E..

- Dificuldades relativas à lista negativa

Esta tendencial deslocalização e divisão da actividade em várias tarefas fragmentadas, característica do comércio electrónico, provoca, igualmente, outro tipo de problemas.

1. Em face da realidade do comércio electrónico, a exclusão das actividades preparatórias ou auxiliares dificulta fortemente a possibilidade de se gerar um E.E. e de este ser efectivamente tributado. A organização empresarial com as novas tecnologias, em especial com o comércio electrónico, provoca crescentemente, e como se escreveu, uma divisão das tarefas por várias jurisdições, impossibilitando, à luz do artigo 5º, encontrar um E.E.. E mesmo atendendo ao facto de a OCDE reconhecer não deverem ser salvaguardadas posições tendencialmente evasivas ou fraudulentas no âmbito da fragmentação da actividade, de modo a catalogar as várias parcelas como actividades preparatórias ou auxiliares e nunca como actividade nuclear, evitando dessa forma a qualificação como E.E. (§ 74 do comentário ao artigo 5º), a verdade é que a organização internacional referida condiciona essa análise conjugada das várias tarefas fragmentadas ao que se passa NUM Estado, considerando as tarefas preparatórias ou auxiliares como não geradoras de um E.E.. Ora o comércio electrónico, em regra, implica a "presença" em VÁRIOS Estados/jurisdições, logo, jamais se enquadrará no espírito unitário e concentrado do conceito tradicional de E.E.. Ao E.E. tradicional corresponde um país, uma jurisdição. Ao comércio electrónico, a regra poderá ser corresponderem-lhe várias jurisdições. Parece poder encontrar-se várias jurisdições com ligações ao comércio electrónico, mas nenhuma com a concentração de elementos da actividade necessária à qualificação da existência de um E.E.. Tal como se pode argumentar, por outro lado, que muitas das actividades isoladamente exercidas, através do comércio electrónico, tenderão a

constituir actividades preparatórias ou auxiliares. Assim, insistir em manter o conceito de E.E. tradicional para o comércio electrónico significa conduzir a uma tendencial e maioritária não tributação na fonte dos rendimentos empresariais gerados pelo comércio electrónico, algo indesejável e contrário a uma das fundamentais premissas da presente tese – o comércio electrónico deve e tem de ser tributado, com repartição equitativa das receitas fiscais arrecadadas.

3.1.2. Dificuldades em relação ao Estabelecimento Estável Agência

No caso de uma ficção que circunda os critérios base, também há uma tendencial incapacidade de aplicação das regras ao comércio electrónico. No que ora releva, a propósito do E.E. agência, verifica-se, desde logo, um entrave comummente apontado pela doutrina como sendo limitativo da aplicação da regra da agência ao comércio electrónico: o facto de no nº 5 artigo do 5º se referir a "quando uma *pessoa* – que não seja agente independente...", o que limitaria a possibilidade de, no comércio electrónico, existir um agente, dado o universo digital assentar em *software* e, quanto muito, em *hardware*, realidades que não se assumem como uma pessoa no sentido definido pelo artigo 3º, nº 1, alínea a) do MC-OCDE. Porém, não me parece ser este o grande problema, pois, recusando uma interpretação literal e admitindo uma adaptação interpretativa no caso aqui discutido, conseguir-se-ia alargar o escopo do conceito "agente", de forma a abarcar outras realidades. Aquilo que me parece realmente problemático é a questão da exigência de actuação de alguém/algo num outro território, como base para a existência de um E.E. agência. No comércio electrónico não há necessidade de actuação fora da base empresarial que pode, por si só, espraiar-se por todo o mundo.

Aliada a esta questão surge ainda uma outra. É a da impossibilidade de os ISP's constituírem um E.E. agência. De facto, ainda que os ISP's pudessem aparentemente constituir um agente, pois são a entidade que garante o acesso da empresa ao universo digital, em face da distinção entre agente dependente e agente independente traçada pelo MC-OCDE, essa tentativa surgiria frustrada. Um ISP's surge como uma figura com funções autónomas, próprias, que se relacionam com proporcionar acesso à Internet e outros serviços acessórios (como o aluguer de espaço digital).[417] Ora

---

[417] Jinyan Li, *Rethinking Canada's source ...*, pág. 1442 e ss.

este tipo de funções não se enquadrará na actividade desempenhada em sede de comércio electrónico, serão antes funções que coadjuvam a actividade desempenhada no espaço virtual, é aquilo que permite o exercício do comércio electrónico e não o comércio electrónico em si mesmo considerado. E mesmo que o ISP possa desempenhar uma qualquer acção que o faça qualificar como agente, dificilmente ultrapassará o teste da dependência, sendo certamente qualificado como agente independente, o que não constitui um E.E..

A par de todas estas dificuldades surge ainda a questão da contraposição dos interesses dos países. Igualmente presente na avaliação da adequação do conceito de E.E. ao comércio electrónico, esta é uma problemática que deturpa a avaliação correcta dos factos, sobre se o E.E. é um conceito realmente extensível à realidade do comércio electrónico. Exemplo claro disso é a posição norte-americana na luta pela tributação privilegiada do comércio electrónico. Não surge como opção estranha ao se verificar ser este país um dos exportadores de tecnologia e onde se encontram muitas das empresas que funcionam através do comércio electrónico. Não custa compreender que o passo natural, depois dessa posição, seja o de defender a aplicação do conceito do E.E. ao comércio electrónico, como forma de minar a qualificação das realidades nesta figura, garantindo, dessa forma, uma tributação reduzida ou até mesmo uma não tributação na fonte (o mais provável resultado). A presença da luta de interesses nesta temática mais não é do que reflexo da verdadeira natureza do direito internacional fiscal e das escolhas a este subjacentes. O eterno debate dos interesses dos que são importadores líquidos de capital, e agora da tecnologia e das transacções electrónicas, e dos que os exportam surge como o pano de fundo à construção deste ramo de direito e está profundamente enraizado nas opções práticas da realidade internacional fiscal, criando, necessariamente, diferentes políticas fiscais consoante os interesses em jogo.

Tudo somado retorna-se, a meu ver, ao problema central: o E.E. está construído para actividades e formas empresariais que assentam na "fisicalidade", na presença real e física num outro território. Os pressupostos do E.E., em articulação com o comércio electrónico e as suas características, encontram uma clivagem conceptual, não sendo despiciendo relembrar que a actual contextualização económica nada tem de ver com a contextualização da época do nascimento e desenvolvimento do E.E. na prática internacional. Tal como no elemento residência, o elemento conexão fonte entra em crise quando em contacto com a realidade do comércio electrónico, por existir uma profunda inadequação entre o critério E.E., assente na "fisicalidade", e a realidade base do comércio electrónico, desprendida, no seu âmago, de qualquer presença física num outro território. Gera-se aquilo que apelido de erosão na construção fiscal do E.E., resultante das mudanças nas estruturas do comércio e dos negócios internacionais, em especial nas transformações operadas pelo comércio electrónico.

Existe uma crise dos elementos de conexão tradicionais quando avaliados à luz dos parâmetros do comércio electrónico. Mais especificamente, como afirmei, assiste-se ao nascimento de uma crise relativa aos conceitos presentes nos elementos de conexão tradicionais. Como foi já visto, a lógica do Direito Internacional Fiscal assenta na existência de situações fiscais plurilocalizadas. A resolução das múltiplas pretensões tributárias, decorrentes dessa plurilocalização, fundamenta-se na presença de elementos de conexão tomados como valorativamente superiores, capazes de justificar o poder de tributação de determinada jurisdição. A residência e a fonte são esses elementos de conexão tradicionalmente apontados como os relevantes. Estes elementos de conexão – Residência e Fonte – surgem como uma realidade própria e específica do Direito Internacional Fiscal. Decorrem de um princípio e concretizam-se através de regras.

No Direito Internacional Fiscal existem os princípios de tributação na residência e de tributação na fonte. Estes princípios determinam que, no caso de situações plurilocalizadas, são as jurisdições da residência e da fonte que têm o direito de tributar os rendimentos. A justificação para essa escolha advém da ligação que o indivíduo – para a residência – ou com o rendimento – para a fonte – têm com os territórios. O poder de tributação nasce porque existe uma ligação pessoal ou uma ligação económica entre determinado território e determinada pessoa ou rendimento. Destes princípios amplamente aceites e construídos no seio do Direito Internacional Fiscal retira-se a existência dos dois elementos de conexão determinantes para determinar o poder de tributação, a residência e a fonte. Porém, apenas os princípios, com a consequente indicação de quais os elementos de conexão relevantes, não chegam para efectivamente se determinar a jurisdição fiscalmente competente no caso concreto. É necessário individualizar. É aqui que nascem as regras da residência e da fonte. Estas representam a via através da qual os elementos de conexão são especificados e passam a poder ser concretamente identificados num território específico. Ora, os problemas relatados anteriormente acerca da crise dos elementos de conexão encontram-se neste último nível, no patamar das regras, ou seja, no âmbito das normas concretizadoras dos elementos de conexão. A crise dos elementos de conexão está localizada ao nível das regras tradicionalmente estabelecidas para determinar, no caso concreto, a residência e a fonte de uma situação plurilocalizada e não ao nível da concepção dos elementos de conexão, ou seja, ao nível dos princípios.

Os princípios da tributação na residência e na fonte apresentam vitalidade, permanecendo, por tal, activos no quadro das formulações essenciais do Direito Internacional Fiscal. Tanto a residência como a fonte permanecem com legitimidade para tributar os rendimentos, tal como o *dever-ser* e a solidariedade internacional fiscal exigem que ambos os elementos de conexão permaneçam activos e, em virtude deles, se tribute. E não pode ser obviado o facto de tanto a residência com a fonte apresentarem vantagens e desvantagens, quer de um ponto de vista económico como jurídico, o que indicia a necessidade de compatibilização em face da não auto-suficiência individual. Apenas se poderia dizer estar a questão nos princípios, caso os problemas apontados se encontrassem ao nível da concepção dos elementos de conexão, i.e. na identificação dos elementos de conexão e na argumentação para a sua legitimidade e validade. Ora, não é isso que ocorre. Aquilo que oferece legitimidade à residência e à fonte e que surgiu como a razão de ser para a escolha destes dois elementos de conexão como os indicadores aptos a determinar o poder de tributação de uma jurisdição, no caso de situações plurilocalizadas, permanece válido, mesmo no âmbito das actividades desenvolvidas através do comércio electrónico. O que foi encontrado e relatado foram problemas na forma como essa ligação ao território é estabelecida.

Todavia, coloca-se agora uma nova questão. Terá a crise nas regras que definem os elementos de conexão residência e fonte no âmbito do comércio electrónico algum impacto nos princípios que essas regras concretizam? O facto de as regras concretizadoras dos elementos de conexão estarem em crise não implica automaticamente a assunção de que o(s) próprio(s) princípio(s) que essas concretizam esteja(m) igualmente em crise. O princípio e a regra que o concretiza são duas realidades diferenciadas. E ainda que sejam duas realidades que se relacionem interactivamente, estabelecendo uma relação dinâmica e em permanente diálogo, não se podem confundir. Mais ainda quando assentam numa relação hierárquica de superioridade do princípio em face da regra.

Perante o concluído, o que fazer? Como deve ser encarada a crise nas regras definidoras dos elementos de conexão? A consequência imediata da crise nas regras determinativas dos elementos de conexão é a incapacidade de se determinar a residência e a fonte no comércio electrónico, seguindo os parâmetros usualmente adoptados. Gera-se um vazio. A crise nas regras definidoras dos elementos de conexão demonstra a fragilidade de como as realidades fiscais, construídas com base numa actividade económica permanente e fixa no espaço, e tantas vezes no tempo, são desadequadas para serem o elemento de conexão de um tipo de actividade essencialmente flexível, móvel e muitas vezes imediato. Perante esta confrontação, o primeiro passo a ter em consideração será identificar e perceber os problemas que existem nas regras em face do universo que suscita os problemas. Tal foi já abordado e revelado. Aquilo que, como consequência lógica se segue deverá ser determinar e avaliar o objectivo a que as regras se propõem atingir – tributar os rendimentos empresariais derivados da actividade desenvolvida através do comércio electrónico – e os meios mais adequados para o conseguir, tendo por base os princípios e os valores inerentes ao sistema em que se integram e que não estão em crise. Através desta acção tenta-se procurar novas formas de concretizar a residência e a fonte, formas essas que se pretendem capazes de suprir as ineficiências demonstradas pelos critérios tradicionais.

4. Respostas aos problemas suscitados pelo Comércio Electrónico
4.1. Respostas Extremistas

Algo que surge mencionado, em alguma literatura, como uma das possíveis soluções para os problemas suscitados pelo comércio electrónico é o *Bit Tax*. Este surge como um imposto destinado a tributar as comunicações electrónicas. A tributação ocorre sobre os *bits* transmitidos na comunicação electrónica. Assim, quanto maior for o número de *bits* transmitido, maior será a receita arrecada com a tributação. Já por aqui se observa não ser o seu objecto a tributação do comércio electrónico especificamente, mas antes a tributação da realidade digital, globalmente considerada. Por isso parece que não se deve tomar a figura como uma efectiva solução individualizada para o comércio electrónico, mas antes como uma solução global para a tributação da sociedade da informação. Este tributo seria aplicável ao valor-acrescentado gerado pela interactividade dos serviços digitais, sugerindo-se que toda a informação/comunicação digital seja sujeita a tributação, porque a produtividade e o valor acrescentado seriam gerados, na nova economia, pela interactividade existente nas novas tecnologias de informação. Proclama a construção de um sistema automático onde, aproveitando as infra-estruturas, *software* e métodos de segurança já existentes, se acrescentaria um *software* que transferisse as quantias arrecadadas directamente para os cofres governamentais, sendo as entidades tecnológicas responsáveis pela gestão desse sistema – os *carriers* – remuneradas pela prestação desse serviço. Para os autores, o *Bit Tax* surge como a solução preferencial para auxiliar a arrecadar receitas para solucionar os problemas colocados pela globalização, ao mesmo tempo que desempenha o papel de justiça tributária ao ser uma nova forma de tributar uma economia marcada por uma nova forma de gerar riqueza que não está integrada nas actuais bases de tributação, não sendo, pois, efectivamente tributada.

A resposta da União Europeia à proposta do *Bit Tax* foi inicialmente de abertura, assumindo-a como uma solução possível para os problemas da tributação da sociedade de informação. No relatório do grupo de peritos de alto nível, de 1997, "*Construir a sociedade europeia de informação para todos*", apela-se à necessidade de maior investigação quanto à viabilidade dos actuais regimes fiscais em face da sociedade de informação e quanto ao desenvolvimento de sistemas alternativos de tributação mais ajustáveis à natureza global da dita sociedade de informação e ao aumento das trocas de bens intangíveis e serviços. Refere-se mesmo a necessidade de a tributação se adaptar à mudança na estrutura económica mundial provocada pela Sociedade da Informação, apelando à importância de se reconsiderar o caso da tributação da despesa, especialmente o IVA, encontrando soluções alternativas. Toma em consideração o *Bit Tax*, ainda que determinando a necessidade de estudos aprofundados, como parte da recomendação de manter as receitas públicas nacionais num ambiente global. No caso do comércio de serviços de informação intangíveis, onde o valor é difícil de estimar e de monitorizar, afirma-se mesmo a possibilidade de a tributação fundar-se na intensidade da transmissão electrónica. Todavia, no mesmo ano e mês, a Comunicação da Comissão "*Uma iniciativa europeia para o comércio electrónico*"[418] recusa peremptoriamente a adopção do *Bit Tax* uma vez

---

[418] COM (97) 157/final – *Uma iniciativa europeia para o comércio electrónico*. Comunicação ao Parlamento Europeu, ao Conselho, ao Comité Económico e Social e ao Comité das Regiões, 15 de Abril de 1997.

que o IVA resolveria já o assunto, tendo apenas de se efectuar estudos para averiguar qual o impacto do comércio electrónico nas actuais regras de tributação indirecta e quais as adaptações necessárias. E no campo dos impostos directos preconiza-se a manutenção dos conceitos de residência e de fonte, ainda que estando sujeitos igualmente "a examinação à luz da evolução comercial e tecnológica." Ou seja, defende-se a manutenção das actuais regras, ainda que com possibilidade de adaptações. A rejeição do *Bit Tax* acontece também no seio da OCDE. Encontra-se essa rejeição logo na conclusão do encontro de Turku em 1997, como com o Relatório Sacher[419], bem como nos relatórios sucessivos às declarações de Ottawa. Existe uma permanente rejeição da figura, tomada como uma edificação extremista, indesejada e capaz de colocar em causa o desenvolvimento do comércio electrónico e, em geral, das TIC.

Da análise dos documentos da ONU compreende-se que o *Bit Tax* foi encarado como uma das possíveis formas de angariar fundos para assegurar que a revolução da informação conduza ao desenvolvimento humano, designadamente mobilizando receitas para erradicação da pobreza e garantindo o acesso à informação e aos meios digitais por todos e não apenas por alguns. Foram estas as propostas do Relatório sobre Desenvolvimento Humano de 1999. [420] Em 2001[421] nas recomendações do grupo de especialistas sobre o financiamento do desenvolvimento nada foi afirmado sobre a figura aqui em análise. Há um silêncio quanto ao *Bit Tax*, promovendo-se antes a tributação sobre o consumo, em especial a tributação, com um nível mínimo, sobre o consumo de combustíveis fósseis (*carbon tax*), como forma de combater o aquecimento global. A rejeição frontal encontra-se explanada num relatório de 2002[422], onde se afirma não dever o *Bit Tax* ser considerado como solução para financiar o desenvolvimento, pois não seria fácil ser implementado, além de ser extremamente complexo e repleto de dificuldades técnicas.[423]

---

[419] *Electronic commerce: opportunities and challenges for government* (Sacher Report), p. 17.
[420] UNDP, *Human development report 1999*, pág. 10; 13 e 108.
[421] *Recommendations of the high-level panel on financing for development* 2001, pág. 7 e ss.
[422] *Financing for development. A critical global collaboration*, p. 68.
[423] Porém, em 2003, num *background paper* para a "Fifth Session of the Committee for Development Policy" – *Global public goods and potential mechanisms for financing availability* – apresentado por Albert Binger, a figura torna surgir como um dos exemplos de tributação ao serviço do desenvolvimento.

Regra geral, também a maioria da doutrina internacional fiscal tem rejeitado em bloco a implementação do *Bit Tax*.[424] Várias são as razões apontadas para justificar a rejeição. Desde o facto de se assumir como um impedimento às trocas internacionais, passando pela dependência de um difícil consenso internacional e pela impossibilidade de ser implementada unilateralmente por um país, pela criação de dupla tributação, pela desvirtuação da neutralidade fiscal, até a preocupações reveladas com o cumprimento e a execução. Todavia, o argumento que parece essencial para rejeitar a proposta assenta em dois parâmetros: por um lado, o *Bit Tax* não tributaria efectivamente as operações comerciais, mas antes a transmissão de informação em geral, independentemente de esta estar ou não integrada numa actividade comercial, e, por outro, o facto de um tal imposto ir ser, na prática, suportado pelo consumidor final.

Todavia, há quem aponte ser o *Bit Tax* uma primeira tentativa, mesmo que rústica, na direcção de delinear uma criação mais madura e ciente da realidade digital que se pretende tributar.[425] A primeira proposta apresentada passa pela cobrança de um tributo sobre o acto de registo do nome de domínio. Sendo a criação do nome de domínio a chave para a entrada no ciberespaço e, também, no comércio electrónico e contendo ele, a mais das vezes, na sua estrutura a indicação de quem ou, pelo menos, de qual a actividade em causa, bem como podendo apresentar a ligação territorial, defende-se que a criação de um tributo sobre as novas tecnologias, a acontecer, deveria ser no momento em que se procede ao registo do nome de domínio nas entidades responsáveis. Tal acto de registo poderia ser configurado como um serviço público, o que traria a legitimidade para a cobrança de uma taxa, que garantiria a criação do nome de domínio, a sua unicidade, segurança e afins. Propõe-se que tal taxa pudesse ser diferenciada consoante a natureza da actividade desenvolvida através do *website*, bem como dependendo da qualidade do sujeito que se regista (pessoa singular, sociedade de pessoas ou de capital, administração pública, asso-

---

[424] O *Bit Tax* é afirmado como sendo uma tentação – Mauro Meazza, *Fisco e diritto nel cyberspazio*, p. 14 –, um sistema primitivo – Jean-Pierre Le Gall, *Internet: cyber-fiscalité ou ...*, p. 169 – ou até mesmo como um novo monstro de Lochness – Benedicte Vaes, *L'art d'imposer les flux informatiques pour réduire le coût de la main-d'oeuvre di Rupo rêve d'une taxe sur les transferts de bits pour récolter 10 milliard per an*.

[425] Antonio Ulricchio, *Some thoughts for...*, pág. 619 e ss. Na apresentação de cada uma das propostas segue-se o explanado pelo autor.

ciações e outras pessoas colectivas). A segunda possibilidade apresentada passaria pela implementação de uma taxa para a concessão de um endereço IP (*Internet Protocol*).[426] Defende-se que seria uma boa forma, pois, através do IP, contraria-se o anonimato da Internet, devendo ser pensada como uma taxa anual para permitir aceder e trocar informação. A terceira hipótese assenta na tributação da publicidade *on-line*. Uma vez que este tipo de publicidade está difundido e pode ser utilizado tanto para o âmbito do comércio electrónico como para o comércio tradicional, seria uma forma de tributar aquilo que potenciaria a criação de rendimento. E isto porque a despesa publicitária evidencia capacidade contributiva. Propõe-se a criação de um tributo aplicado em função do número de dias presentes no universo electrónico. A última proposta citada é um tributo sobre o acesso – *hit tax*. Tratar-se-ia de um tributo que recaísse sobre o acesso aos *websites* comerciais e profissionais, sendo o sujeito passivo o detentor profissional do *website*, sendo tributado consoante o número de acessos.

Penso não estar nenhuma destas propostas apta a vingar. E todas por uma mesma razão. A tributação do rendimento derivado do comércio electrónico deve pressupor a manutenção dos princípios da residência e da fonte, ainda que com regras de concretização diferentes das actuais. Ora nenhuma destas hipóteses implica ou consagra a manutenção de tais princípios. Aliás, o que estas soluções pretendem é proporcionar alternativas efectivas aos enquadramentos actuais da fiscalidade internacional para o âmbito das TIC. São propostas alternativas sim, mas remetem para a recusa dos actuais princípios de tributação, já que se propõem formas de tributação assentes em outros elementos de conexão que não a residência e a fonte. Remetendo para a argumentação posteriormente expendida para justificar a permanência dos princípios da residência e da fonte, recuso a adopção de qualquer uma das atrás referenciadas soluções.

4.2. Respostas Apaziguadoras: primeiras reflexões

Perante os problemas e os desafios colocados pelo comércio electrónico à fiscalidade internacional, a maioria da doutrina rejeitou, como se viu, respostas extremistas. Não se deu continuidade à posição que advogava a criação de um espaço comercial electrónico não sujeito a tributação ou dela privilegiado, nem se apoiou o desenvolvimento de estudos aprofundados

---

[426] O IP é aquilo que indica o código de identificação do computador na rede.

da proposta do *Bit Tax* ou seus sucedâneos. O que a maioria da doutrina, das organizações internacionais e dos países defendeu foi a manutenção dos actuais princípios de tributação, discutindo, no entanto, a validade das actuais regras de tributação internacional em face do comércio electrónico. Das várias vozes que se foram fazendo ouvir neste sentido, pode dizer-se que se gerou um confronto entre duas correntes: aquela que defende, a todo o custo, a manutenção das actuais regras de tributação e outra que insiste na procura de regras específicas para o comércio electrónico.

A defesa da manutenção das actuais regras apresenta uma longa lista de argumentos que procuram validar a sua defesa. A primeira razão oferecida prende-se com a estabilidade e a longevidade do *modus operandi* do actual espaço internacional fiscal. Se até aqui as regras têm-se adaptado e o "sistema" tem funcionado, nada impede que continue a funcionar, devendo mesmo privilegiar-se a continuidade em vez da ruptura, em nome precisamente da história já longa do espaço internacional fiscal e seus tradicionais conceitos. Porém, a argumentação adquire igualmente outra orientação. Afirma-se que, porque o comércio electrónico tem uma natureza ainda evolutiva e experimental, não sendo uma realidade madura, todas as alterações aos regimes fiscais para atender a uma realidade em desenvolvimento seriam prematuras e para já indesejáveis. O ideal seria deixar a realidade digital atingir um estádio de maturidade elevado, marcado pela maior experiência obtida com o ambiente económico digital e com os problemas gerados pelo comércio electrónico para a fiscalidade, e só aí, quando essa maturidade fosse atingida, poderia ser colocada a necessidade de implementar medidas específicas. Quem defende esta posição insiste na pouca importância do B2C, afirmando que a percentagem significativa de comércio electrónico opera no âmbito do B2B, o que revelaria não serem os problemas suscitados pelo comércio electrónico problemas em larga escala que justifiquem a mudança das actuais regras. A defesa da manutenção das actuais regras apela ainda, por um lado, para a necessidade de não se implementarem impedimentos ao comércio tradicional e ao desenvolvimento do comércio electrónico que impele, assim, à não criação de novas regras ou de novos tributos sobre a realidade digital, defendendo-se a mínima interferência possível por parte dos poderes públicos (utiliza-se a neutralidade como argumento a favor); e, por outro, afirma-se que o comércio electrónico não representa nada de novo para o sistema fiscal e económico, sendo apenas uma evolução – e não uma revolução – das práticas económicas. Porém, a defesa da manutenção das actuais regras para a tributação dos rendimentos empresariais gerados pelo comércio electrónico não significa necessariamente que nada efectivamente seja feito. Ainda que se sustente a manutenção das actuais regras, acções visando o modo como essas regras devem ser aplicadas ao espaço do comércio electrónico são indispensáveis. Aliás, pode mesmo afirmar-se que esta é uma necessidade para que ocorra a manutenção das regras tradicionais, uma vez que os problemas e as interrogações colocadas pelo comércio electrónico são reais e visíveis e não fruto de imaginação. Reconstruir as regras em face da realidade digital é inultrapassável. Por isso, quem defende a manutenção das actuais regras dedica-se precisamente à construção de redes de ligação entre a realidade digital e a realidade internacional fiscal na sua formulação tradicional. Este é o caminho seguido, como veremos, pela OCDE e pela doutrina que adere à posição dessa organização internacional.

Mas, a par daqueles que defendem a todo o custo a manutenção das actuais regras de tributação para o comércio electrónico, existem aqueles que defendem suscitar o comércio electrónico problemas tão profundos e tão intensos que deturpam as regras tradicionais, chegando mesmo a invalidá-las e a incapacitá-las quando aplicadas ao âmbito digital. Para esta corrente doutrinal é necessário buscar novas regras que especificamente se apliquem ao comércio electrónico e a esse se reportem na sua criação, implementação e aplicação. A presença da argumentação a favor da manutenção das regras tradicionais não demove aqueles que defendem a implementação de regras específicas para a tributação do comércio electrónico. Afirmando mesmo que as medidas interpretativas conducentes a manter os actuais critérios de tributação não passam de medidas meramente paliativas que adiam a resolução dos problemas. A razão que preside a estes defensores será aquilo que acabei de afirmar: o reconhecimento de que as regras tradicionais se revelam insuficientes e incapazes em face das características do comércio electrónico. Tal verificação incita a busca de outras formas que possam garantir a tributação efectiva do rendimento resultante desta forma de comerciar, ou seja, na prática, assume a necessidade de procurar elementos de conexão alternativos aos actuais.

5. Encontrar elementos de conexão para a tributação do Comércio Electrónico

5.1. A residência

Em sede de doutrina, várias são as posições apontadas para solucionar os problemas do critério da residência.

Numa posição extrema, poder-se-ia defender a tributação directa dos accionistas pelos rendimentos gerados pela empresa. Através da desconsideração da entidade societária tributar-se-ia directamente os accionistas, qualquer que fosse a jurisdição em que estes residissem. Através desta solução, a mais radical de todas, prescindir-se-ia da residência da sociedade para ligá-la à residência dos detentores do capital da mesma. Haveria uma ficção, construindo uma visão artificial da realidade, pois ignorar-se-ia a realidade corporativa para aceitar apenas a realidade física, sendo a sociedade uma ficção. Através deste critério, uma vez mais, a "fisicalidade" é a nota dominante. Procura-se o que fisicamente pode ser atingível para desconsiderar o que virtualmente foi construído e deveria ser atingido. É uma solução fácil, ainda que extrema. Uma vez que o substrato pessoal está por detrás do substrato empresarial e o comércio electrónico não produz uma desadequação tão profunda dos critérios existentes para determinar a residência individual, aproveita-se esse facto para o adaptar à realidade tecnológica.

Outra solução toma o local de residência dos sujeitos intervenientes na actividade societária como o critério determinante. De acordo com esta possibilidade, a residência da sociedade seria onde fosse a residência dos seus agentes decisores ou de outros nela intervenientes. Ao contrário do que se passa com o conceito de direcção efectiva, onde o local onde são tomadas as decisões globais é a orientação determinante, com este novo critério a tónica não estaria no *onde* são tomadas as decisões, mas antes nos *sujeitos* que as tomam, bem como noutro pessoal. O recurso às regras da residência individual seria a consequência natural. Talvez uma maior consistência fosse alcançada com recurso a essas regras, uma vez que a artificialidade da residência societária seria contornada. Ainda assim, também os riscos de deslocalização da residência para regimes fiscais mais favoráveis, por parte dos agentes intervenientes em causa, seriam uma realidade com que se teria de lidar. Mas talvez menos provável por comparação com a mobilidade da residência societária para esses mesmos espaços fiscalmente mais favorecedores, pois mudar a residência individual e ainda mais de diversas pessoas é diferente de organizar as reuniões do conselho de administração ou outros encontros relevantes em territórios fiscalmente mais favoráveis.

Um critério inovador surge ainda, pela mão de certa doutrina, para os casos de sociedades e negócios que envolvam apenas uma substância electrónica. Considera sociedades ou negócios que envolvam apenas uma substância electrónica aqueles que têm como principal actividade a exploração de um produto intelectual, ideia ou conceito, através de equipamento electrónico. Para estes negócios, quando existisse ainda uma relação forte ou um controlo por parte do autor intelectual, então a residência empresarial seria no local onde o autor intelectual residisse.

As soluções apontadas pela doutrina, determinando a tributação directa dos accionistas, o local dos agentes intervenientes e o local onde o autor intelectual reside, como os critérios identificativos da residência no âmbito do comércio electrónico, partilham uma mesma crítica: recorrem à residência individual contornando e desatendendo a realidade societária, seja de uma forma mais ou menos extrema. A crítica surge do desprestígio da realidade societária que envolve essas soluções.

Para além das anteriores soluções referidas, surge uma última, personificada numa adaptação do método do fraccionamento segundo fórmula (*formulary apportionment/approach*) à determinação da residência. Através desta via, a determinação da residência seria feita mediante uma fórmula que quantificaria um compósito de residências de trabalhadores, directores, administradores e accionistas, ou outros elementos. A sua diferença em face do teste da direcção efectiva seria a imputação de quantificação atribuída a cada um dos elementos que se escolhesse.

A par das soluções apresentadas pela doutrina, a OCDE procurou igualmente oferecer uma solução para o problema da identificação de um critério delimitador da residência societária no comércio electrónico. Em 2001, com a apresentação dos problemas gerados pelo comércio electrónico para o critério da direcção efectiva, apresenta-se uma listagem de soluções possíveis. Do ponto de vista desta organização internacional, para os casos em que a direcção efectiva se encontrasse distribuída por múltiplas jurisdições, ou se substituía o critério da direcção efectiva ou se refinava esse conceito tradicional ou se estabelecia uma hierarquia de testes, à semelhança da residência individual. Defendeu ainda a possível combinação das duas últimas opções.

No referente à primeira solução – a substituição do critério da direcção efectiva – três foram os critérios alternativos apontados: o local do registo da sociedade; o local da residência dos directores, administradores ou accionistas; e o local onde existe o nexo económico mais forte.

A referência ao local de registo ou da lei aplicável à constituição é feita mas é desde logo contrariada. A assunção de um critério formal é fortemente rejeitada, defendendo-se que esse não deve ser o critério decisor efectivo, quer pelo seu carácter meramente formal e pela incapacidade de reflectir as mudanças circunstanciais na organização e funcionamento de uma empresa quer pela possibilidade de manipulação. O mesmo raciocínio surge com a segunda hipótese apontada para a substituição da direcção efectiva: a residência dos directores, administradores ou accionistas. O elevado grau de incerteza resultante da sua aplicação à realidade é apontado, pela OCDE, como a causa para a sua não adequação. Se estes dois anteriores critérios são referidos, mas desde logo recusados, o mesmo não se passa com o seguinte. O local onde se encontra o nexo económico mais forte é apresentado como uma boa possibilidade a ser debatida. Contudo, pouco aprofundamento é-lhe dado. Afirma-se apenas que o critério do nexo económico não surge como um critério apenas direccionado para a fonte, estabelecendo igualmente ligação com a residência, facto visível na residência individual a propósito do critério do centro de interesses vitais. Ainda a propósito do nexo económico mais forte afirma-se depender a sua implementação neste âmbito da busca concreta sobre quais as considerações que revelariam as características económicas que ligam uma realidade empresarial a um Estado. Todavia, a OCDE exige ainda a ponderação acerca da viabilidade prática deste critério em face das comparações subjectivas que o envolveriam.

A segunda escolha para o problema da incapacidade do critério tradicional de residência, proposta pela OCDE, passa pelo refinamento do teste da direcção efectiva. Neste âmbito, o que mudaria seria apenas a estruturação do critério da direcção efectiva. Procurar-se-ia clarificar e identificar concretamente quais os elementos a deverem ser ponderados. A organização internacional fala em factores predominantes, na sequência do modificado pelo antigo § 24 dos comentários ao artigo 4º do MC--OCDE, tais como o local onde as decisões fundamentais comerciais e de gestão são substancialmente tomadas, o local onde o mais sénior ou o grupo mais sénior toma as decisões, bem como o local onde são desempenhadas as funções fundamentais de gestão da empresa. Esta categorização continua a aparecer no § 24.1. Além destes factores predominantes, haveria a necessidade de considerar factores adicionais, como a localização e as funções exercidas na sede da sociedade; informação sobre onde estaria localizada a gestão e o controlo da sociedade nos documentos da própria sociedade; o local de registo; análise da importância das funções exercidas nos Estados que estão em causa, tal como onde está a residência da maioria dos directores/administradores. Sobre qual o valor de cada um destes elementos apontados nada é dito.

Estabelecer uma hierarquia de critérios para determinar a residência societária, à semelhança do que se passa na residência individual, surge como a terceira solução referida pela OCDE. A hierarquia apresentada coloca em primeiro lugar o local da direcção efectiva, seguido do lugar de registo/constituição, em terceiro o nexo económico mais forte e finalmente, no caso de nenhum dos anteriores, alternadamente, funcionar, o acordo entre os Estados envolvidos.

A intenção desta apresentação de soluções possíveis foi suscitar o debate em sede governamental e doutrinal. E de facto, em 2003, surgiu um novo documento, uma vez mais para discussão pública, onde, em consequência das opiniões expendidas anteriormente, se avança com propostas concretas de alterações a efectuar no MC-OCDE[427]. Afirma-se ter sido a maioria das opiniões aquelas que defenderam dever existir apenas um refinamento do conceito de direcção efectiva, conjugado ou não, com o desenvolvimento de uma hierarquia de critérios determinativos da residência. Desprestigiou-se, à partida, a introdução de novos conceitos totalmente substitutivos dos actuais. O refinamento do conceito de direcção efectiva seria feito através da introdução de mais explicações nos comentários acerca de como esse teste deveria ser interpretado. Segundo a proposta, ficaria claro o seguinte: o local da direcção efectiva é aquele onde as decisões nucleares e estratégicas, quer do ponto de vista da gestão quer do ponto de vista comercial, são, em substância, tomadas, devendo todos os factos relevantes serem considerados. Normalmente tal lugar será onde a pessoa ou o grupo de pessoas que exercem as funções mais elevadas se encontram e tomam as decisões. Excepcionalmente, quando houvesse repartição do local onde o poder de

---

[427] OCDE. *Place of effective management concept: suggestions for changes to the OECD model tax convention.*

decisão é exercido, então factores alternativos deveriam ser considerados, tais como o local onde a decisão é tomada em substância e não meramente finalizada; se existe alguém (e.g., empresa associada ou empresa-mãe) com um poder de decisão maior do que a normalidade dos outros associados e que toma efectivamente decisões estratégicas quer do ponto de vista da gestão quer do ponto de vista comercial; bem como indagar qual o local onde os executivos exercem, de facto, as suas funções.

No caso de a solução ser a construção de uma hierarquia de critérios a serem atendidos, à semelhança do que se passa na residência individual, a proposta determinaria uma nova versão do nº 3 do artigo 4º do MC-OCDE, tal como a produção de um novo comentário ao mesmo artigo. A escala hierárquica proposta, diverge já da anteriormente apresentada em 2001. Agora, a direcção efectiva ocupa o primeiro lugar, seguida de uma de três alternativas – ou o Estado com o qual detém a relação económica mais forte, ou o local onde o negócio e a actividade são primariamente desenvolvidos, ou o local onde as decisões são tomadas pelo executivo sénior mais graduado. Em terceiro lugar na hierarquia estaria o Estado de onde surgem as leis que estabelecem o estatuto legal da empresa, finalizando-se com o acordo entre os Estados envolvidos, quando nenhuma das anteriores soluções fosse alcançada.

Ainda que em 2017, não tenha sido essa uma opção na alteração ao nº 3 do artigo 4º, tendo-se avançado para uma mera resolução por mútuo acordo, o facto é que continuo a julgar proveitosa a construção da OCDE com base na hierarquia. Aí, o desenho de uma resposta seria assente numa adaptação da teoria do método do fraccionamento segundo fórmula (*formulary apportionment/approach*). Tal, assume-se, tenderá a preencher os requisitos necessários.

O método do fraccionamento segundo fórmula pode servir de inspiração para a determinação da residência, através da criação de uma fórmula baseada num compósito de residências dos indivíduos ligados à sociedade.[428] A forma que parece ser a mais adequada para articular as opções apresentadas assenta na construção de uma hierarquia, semelhante à hierarquia de elementos na residência individual (regra *tie-breaker*). É uma posição paralela a uma das hipóteses apresentadas pela OCDE em 2001 e em 2003. Terá o condão de tentar, progressiva e sucessivamente, resolver

---

[428] Doernberg, Hinnekens, Hellerstein e Li, *Electronic commerce and...*, pág. 372 e 373.

a identificação da residência societária, não impondo apenas uma única solução que pode não atingir o seu objectivo. Construindo uma hierarquia, com vários elementos, maior será a probabilidade de se conseguir efectivamente determinar a residência. Caso apenas uma hipótese seja oferecida, em face das severas complicações anteriormente referidas, maior será a probabilidade de não se identificar onde é a residência da sociedade com actividade desenvolvida através do comércio electrónico. Assim, na tentativa de construção de um sistema que auxilie o mais possível a tarefa de determinar a residência societária electrónica proponho a organização da seguinte hierarquia:

1º Direcção efectiva;
2º Centro de interesses vitais societário;
3º Elementos residenciais fornecidos *on-line* ao cliente pela sociedade como ponto de partida; e
4º Tributação directa dos accionistas.

Apela-se à direcção efectiva pois, em alguns casos, este critério pode ainda funcionar no âmbito digital e, funcionando, pode e deve ser aproveitado enquanto tal, não havendo necessidade de gerar conflitos e problemas de articulação onde estes não existem. Surge igualmente como uma forma de garantir o apaziguamento no cenário internacional que se apresenta quase sempre hostil a mudanças, mesmo quando essas são necessárias.

No caso do critério tradicional da direcção efectiva não funcionar, não surgiria um vazio, recorrer-se-ia ao centro de interesses vitais societário, na fórmula como foi anteriormente apresentado.

É óbvio que o recurso a esta construção não é totalmente isento de críticas. A primeira autocrítica a ser feita a esta construção assenta na sua complexidade. As hipóteses necessariamente apontadas são várias, o que pode dificultar a aplicação prática. Porém, a crítica mais acentuada encontra-se na necessidade de proceder a um processo de valoração de certos elementos no caso de igualdade, de múltipla localização ou de conhecimento de apenas alguns elementos. Como proceder a essa valoração? Quais os critérios de entre a totalidade dos critérios empresariais apontados que devem ser considerados qualitativamente preferíveis nos casos apontados? E nos casos em que o critério valorativamente mais forte não é conhecido ou não pode ser localizado, como gerar uma hierarquia de elementos valorativamente superiores uns aos outros? Não se poderá cair numa escolha eminentemente formal, deteriorando a prevalência da matéria sobre a forma? E não resultará, no final, depois de escolhido determinado elemento empresarial, nos mesmos problemas revelados já pelo actual critério da direcção efectiva? Na prática, portanto, a concretização do enunciado anteriormente não está isento de dificuldades e de reparos, pois os problemas renovam-se e apresentam-se intensamente ao doutrinador e ao aplicador. Ainda que correspondendo à tentativa de construção dogmática de um conceito de residência para o âmbito do comércio electrónico, na prática, a sua avaliação revela problemas tão difíceis quanto os problemas presentes nas posições anteriormente rejeitadas. Porém, surge como a via mais adequada para satisfazer as exigências para o critério determinativo de residência. Não é uma solução perfeita, todavia, não há soluções irrepreensíveis e, de entre as existentes, parece ser essa solução a que melhor se coaduna com aquilo que se pretende de um critério para identificar a residência societária electrónica.

No caso de impossibilidade de determinar qualquer dos elementos presentes no centro de interesses vitais societário, há um critério residual, que se deixou indicado: o recurso aos elementos fornecidos ao cliente pela sociedade na sua página virtual. Contudo, convém ter em atenção estar o sucesso deste critério dependente do auxílio fornecido pelos intermediários tecnológicos na descodificação dos dados obtidos. E precisamente por isso a reflexão que se propõe passa pela não euforia com o papel a desempenhar pelo intermediário tecnológico. O intermediário tecnológico assumiria um papel de mero adjuvante das administrações fiscais, pois, tal como no plano do comércio tradicional, no comércio electrónico há uma dependência da declaração de existência de negócio. Não se pode onerar um particular com o fardo pesado de fiscalização absoluta dos negócios electrónicos. O intermediário tecnológico pode auxiliar as administrações fiscais na luta contra o anonimato, ajudando a identificar o contribuinte, mas não pode ser o único meio, nem o meio absolutamente nuclear para tal, sempre não olvidando a contribuição possível dos intermediários financeiros. A economia paralela é uma realidade que existe há muito no plano físico e que é também transportada para o plano virtual. A economia paralela existirá sempre em todos os universos humanos, por muito indesejável que seja.

Se esta terceira hipótese não funcionar, não havendo mais espaço para tentativas proporcionando resultado, recorrer-se-ia, como sugeri, ao critério residual último, a tributação directa dos accionistas. Mais uma vez não é a solução óptima, mas não havendo outra e tendo de se garantir a maior probabilidade de sucesso na identificação da residência, então, surge como a solução possível, de forma a não facilitar a criação de um vazio fiscal conducente a uma não tributação. Pode mesmo afirmar-se que, respeitante ao aspecto da valorização suplementar de um dos elementos empresariais, a propósito do centro de interesses vitais, a tendência será para a valorização da entidade/pessoa que está por detrás das transacções e da figura societária, isto porque é o substrato físico aquele que jamais deixará de existir e através do qual se tenderá a conseguir personalizar e tornar físico o elemento digital. Não deixa de ser curioso notar que o método de indagação que se continua a utilizar é precisamente o de buscar no universo electrónico elementos físicos que sustentam esse universo e que possam fazer a fiscalidade física alcançar a realidade não palpável. Ora, se das opções actuais e das opções propostas com base nesse método os problemas se mantêm, não se conseguindo gerar sua eliminação, grandes questões persistem e novas podem ser colocadas a propósito desta metodologia.

Apesar de ter sido esta a hierarquia proposta e de se ter admitido não ser a solução perfeita e isenta de críticas, pode ainda suscitar-se uma reflexão que se prende com o valor dos critérios formais nesta demanda pela residência societária. Até agora recusou-se sempre a implementação desses mesmos, em nome da primazia da substância sobre a forma. Contudo, da tentativa de construção de critérios substanciais resultou a verificação de uma constante possibilidade de manipulação desses mesmos pelos agentes económicos. A ser assim, numa avaliação comparativa entre a possibilidade de manipulação dos critérios formais e a manipulação dos critérios materiais, verifica-se estarem, tendencialmente, os critérios formais sujeitos a um único momento de manipulação – aquando a sua criação –, enquanto os critérios materiais podem ser manipulados ao longo de toda a vida empresarial, consoante os gostos, as vantagens e as vontade fruto da extrema mobilidade tecnológica. Não fará esta tendencial diferença repensar a aplicabilidade da substância sobre a forma num critério determinativo da residência societária no comércio electrónico?

Do exposto compreende-se não existir uma solução definitiva e miraculosa. Problemas mantêm-se. Sem embargo, esta parece ser a construção que mais se aproxima da construção que alberga a solução e deverá ser encarada como um passo na direcção correcta. Surge como uma proposta a ser objecto de reflexão promovendo, se for caso disso, as modificações necessárias. Isto porque não promover a renovação da residência no âmbito do comércio electrónico significará o afastamento desse elemento de conexão, precisamente pela perda de vitalidade que foi demonstrada. E o afastamento da residência como elemento de conexão desequilibraria a organização internacional fiscal, criando espaços de ressentimentos e de injustiças normativas.

5.2. Fonte, em especial o Estabelecimento Estável
5.2.1. A construção da OCDE
Depois de vários estudos efectuados e de propostas apresentadas pelos grupos de trabalho criados para a análise das questões fiscais relacionadas com o comércio electrónico, a OCDE acrescentou ao comentário ao artigo 5º do seu modelo uma zona exclusivamente dedicada ao comércio electrónico e à sua relação com o estabelecimento estável (antigos §42.1 a 42.10, actuais § 122 a §131 do respectivo comentário).

A solução preconizada pela organização internacional passou por enxertar a realidade digital do comércio electrónico na realidade física do E.E.. A tónica da "fisicalidade" foi mantida e enfatizada. Utilizando a construção do E.E. prevista para as realidades físicas, procurou-se encontrar elementos que, no comércio electrónico, revelassem proximidade com as exigências preconizadas no artigo 5º do MC. Para existir um E.E. no seio do comércio electrónico tem de se encontrar algo que preencha todo os requisitos exigidos para esse conceito no âmbito da realidade física.

5.2.1.1. Caso do E.E. por natureza
Sendo mantida a construção tradicional do E.E., a solução encontrada para enxertar o universo do comércio electrónico nessa edificação, fundada primacialmente na "fisicalidade", foi identificar o elo de ligação da realidade digital à realidade física, actuando esse elo como o pólo de avaliação central. No §125 invoca-se o material informático. Este é, efectivamente, o meio através do qual as duas realidades comunicam entre si. É a forma de ligação entre o universo digital e o universo real. Através do material informático permite-se ao utilizador da realidade digital o acesso a essa mesma realidade digital. Porém, de entre o material informático utilizado para realizar transacções de comércio electrónico, nem todo está habilitado, segundo a OCDE, a poder constituir um E.E.. Distingue-se entre

o *hardware* e o *software*, para excluir a possibilidade de este último poder vir a ser um E.E., permitindo-se ao primeiro essa possível qualificação. A razão justificativa para tal prende-se com facto de o *software*[429] – e portanto os *websites* – não constituir um bem corpóreo, não podendo, por isso, preencher a exigência do elemento físico – quer na exigência de uma instalação como na de fixidez geográfica –, ao contrário do que se passa com o *hardware* que pode ser palpável, visível e detectável na realidade física (§ 124 do comentário). Assim, ao olhos da OCDE, aquilo que pode vir a constituir um E.E., no âmbito do comércio electrónico, é um servidor[430] e nunca um *website*[431].

Todavia, não basta existir um servidor para que se apresente um E.E.. Na visão da OCDE, para que possa constituir um E.E., o servidor tem de

---

[429] A expressão utilizada pela OCDE é suportes programacionais, referindo-se a dados e a *software* utilizados pelo equipamento informático físico (*hardware*) ou nele armazenados (§ 124 do comentário).

[430] "Relativamente aos parágrafos 122 a 131, o Reino Unido entende que um servidor utilizado por um e-retalhista ou retalhista na rede (*e-tailer*), quer isoladamente, quer juntamente com *websites*, não pode constituir, enquanto tal, um estabelecimento estável." (§ 176 do comentário ao artigo 5º).

[431] Posição unitária aos membros da OCDE, excepto Portugal e Espanha que, em reserva ao relatório *"Clarification on the application of the permanent establishment definition in e-commerce"* colocaram a hipótese de um *website* poder constituir um E.E.: "However, Spain and Portugal do not consider that physical presence is a requirement for a permanent establishment to exist in the context of e-commerce, and therefore, they also consider that, in some circumstances, an enterprise carrying on business in a State through a website could be treated as having a permanent establishment in that State." (*Clarification on the application of the permanent establishment definition in e-commerce: changes to the commentary on the model tax convention on article 5*, p. 3). Notar que nos actuais § 33 e §34 das *positions on the commentary*, a Índia defende que, o website pode ser um E.E. se dele derivar uma presença económica significativa, afirmando mesmo que "... it is of the view that, depending on the facts, an enterprise can be considered to have acquired a place of business through a website on any equipment, if opening the website on that equipment includes downloading of automated software, such as cookies, which use that equipment to collect data from that equipment, process it in any manner or share it with the enterprise." Para além desta posição, Portugal e o México reservam a possibilidade de não seguir o expresso nos § 122 a 131 dos comentários ao artigo 5º (§ 182 dos comentários) e o Chile e a Grécia não aderem a todas as interpretações dos § 122 a 131 (§ 177 dos comentários). Anteriormente constava que a Espanha e a Grécia, "têm algumas dúvidas quanto à oportunidade da introdução [aos então] parágrafos 42.1 a 42.10 dos comentários neste momento. Uma vez que a OCDE prossegue o estudo da tributação do comércio electrónico, estes Estados não terão necessariamente em consideração os referidos parágrafos até que a OCDE chegue a uma conclusão definitiva." (antigo §45.6 do comentário ao artigo 5º).

preencher todos os requisitos exigidos pelo artigo 5º do MC-OCDE (final do § 125 do comentário). Assim, nos termos do explanado no comentário, entende-se:

> A empresa que exerce a sua actividade através de um *website* tem de ter à sua disposição o servidor onde está alojado esse *website*, não havendo necessidade de o servidor ser sua propriedade. O que releva é a empresa deter o domínio sobre o servidor. Fala-se em possuir e explorar o servidor onde é armazenado o *website*, não bastando, para tal, a existência de um acordo de armazenagem com o proprietário do servidor (§124 do comentário).
> Afirma-se ter o servidor de ser fixo, não importando a possibilidade da sua deslocação. Exige-se sim que o "servidor deverá estar situado num certo local durante um lapso de tempo suficiente" (§125 do comentário).
> No local onde estiver o servidor, a empresa tem de exercer a sua actividade através desse equipamento, não sendo necessária a presença de pessoal (§127 do comentário), à semelhança do que se afirmou para o E.E. por natureza a propósito do desenvolvimento da actividade através de equipamento automático (§41 do comentário) e devendo a verificação desta exigência ser efectuada casuisticamente (§126 do comentário).
> Finalmente aponta-se ainda não poder o servidor desempenhar apenas actividades preparatórias ou auxiliares (§128 do comentário), devendo revelar a utilização do servidor o exercício de actividades essenciais ao labor da empresa, facto apenas verificável caso a caso, consoante a natureza das actividades implicadas no caso concreto (§ 130 e 131 do comentário).

5.2.1.2. Caso do E.E. agência

No referente ao E.E. agência, no caso do comércio electrónico, a OCDE procura encontrar um elemento físico que suporte o elemento pessoal inerente ao conceito. Assim, na óptica da organização internacional, apenas o fornecedor de serviço de Internet/*Internet Service Provider* (FSI/ISP) poderia vir constituir uma possibilidade de existir um E.E. agência, por ser o elemento pessoal central existente na ligação entre a realidade virtual da empresa que exerce a sua actividade através do comércio electrónico e a realidade física, uma vez ser esse agente tecnológico aquele que permite, garante e apoia a empresa no acesso ao universo digital. Todavia, a OCDE acaba por recusar essa possibilidade uma vez, em regra, o FSI/ISP não deter nem actuar com os poderes exigidos no número 5 do artigo 5º do MC para que haja a qualificação de uma pessoa como agente da empresa. O FSI/ISP detém e gere servidores, onde disponibiliza espaço para o armazenamento de informação digital – incluindo *websites* – e isso não cria automaticamente poderes para celebrar contratos que vinculem a empresa. O facto de várias poderem ser as empresas clientes do FSI/ISP, para as quais as mesmas funções de armazenamento, e eventualmente de gestão, são desempenhadas, demonstra que, mesmo que se encontrassem elementos indiciadores de agenciamento, esse agenciamento seria independente, por o FSI/ISP mais não estar a fazer do que operar no âmbito normal da sua actividade (§131 do comentário). Esta posição já seria de esperar depois de conferidos os exemplos das actividades que constituem, no âmbito do comércio electrónico, actividades preparatórias ou auxiliares. No §128 afirma-se que "assegurar uma ligação de comunicação – à semelhança de uma linha telefónica – entre fornecedores e clientes" é uma actividade de carácter auxiliar ou preparatório, logo a função desempenhada pelo FSI/ISP em face da actividade exercida pela empresa jamais seria dotada de essencialidade.

Também no presente âmbito, a OCDE recusa a possibilidade de o *website* gerar um E.E. agência. Se a "fiscalidade" continua a ser a nota dominante, as mesmas razões que conduziram à exclusão do *website* poder vir a constituir um E.E. por natureza valerão para o E.E. agência, acrescentando-se apenas outro argumento: o de que o *website* jamais seria considerado uma "pessoa" nos termos da acepção que esta palavra tem no artigo 3º do MC (§131 do comentário).

Do exposto no comentário ao artigo 5º do MC resulta poder existir, para a OCDE, um E.E., no âmbito do comércio electrónico, do ponto de vista do E.E. construído nos termos do número 1 do artigo 5º do MC, já não acontecendo o mesmo, em regra, do ponto de vista do E.E. agência.

Toda esta construção da OCDE surge também justificada com uma implícita preocupação com a segurança e com a certeza jurídicas. Afirma a organização internacional ser de extrema relevância não se gerar um E.E. sem que o contribuinte tenha efectivamente a noção de que tal vai acontecer. A OCDE defende, assim, a manutenção do E.E. para o caso do comércio electrónico, recusando, à partida, qualquer inovação no conceito, nos elementos ou na busca de outras soluções que não o E.E.. Isto está explícito no relatório *"Are the current treaty rules for taxing business profits appropriate for e-commerce? Final Report"*.[432] Neste documento final, admite-se terem as actuais regras da tributação do lucro muitas falhas quando aplicadas ao universo do comércio electrónico. Porém, não se propôs que sejam alteradas. Reafirma-se, antes, dever a sua aplicação ser feita no âmbito do comércio electrónico. A justificação prende-se com o facto de que a sua alteração seria de extrema dificuldade em face da necessidade de consenso internacional alargado, realidade que levaria muito tempo e encontraria múltiplas dificuldades e implicações negativas, e também porque tal modificação, do ponto de vista da organização internacional, é desnecessária e indesejável, uma vez que não se sabe efectivamente qual o real impacto do comércio electrónico nas receitas fiscais, bem como na distribuição dessas mesmas receita. Em consonância com esta posição base, a OCDE declara desapropriadas as medidas que requeiram uma modificação fundamental das regras existentes, tal como determina não aceitar como prováveis nem desejáveis a maioria de medidas que modificassem as actuais regras, ainda que essas regras não provocassem uma alteração substancial das regras existentes. Neste relatório, denota-se igualmente uma tendência para extrapolar a zona de discussão, mais do que o necessário, avaliando--se a mudança das regras, não apenas para o comércio electrónico, mas para toda a tributação dos lucros.

Da conjugação dos dois documentos citados resulta que a OCDE abraça a manutenção do actual estado das coisas, forçando a integração da realidade digital na construção física das actuais regras da tributação dos lucros empresariais, nada inovando e recusando a criação de regras específicas para o comércio electrónico, mesmo quando as regras tradicionais se revelam problemáticas de serem efectivamente aplicáveis ao universo digital.

5.2.2. Propostas Alternativas

Muitos são os autores que se debruçaram sobre a questão da fonte no comércio electrónico, contudo, de entre a variedade escrita e publicada, releva-se três posições que parecem ser deveras significativas da forma como se analisa a problemática e das vias possíveis a ter em consideração.

---

[432] OCDE, *"Are the current treaty rules for taxing business profits appropriate for e-commerce? Final report"*, 2005.

Por um lado, uma posição que defende a manutenção da aplicação do E.E. no universo digital, ainda que através de uma ficção; por outro, a defesa da manutenção do E.E. como conceito tradicional para as realidades em que funcionar, mas admitindo que na realidade digital a probabilidade de funcionamento da figura tradicional é muito reduzida, impondo-se um mecanismo alternativo de tributação na fonte; e, finalmente, uma posição que rejeita a aplicação do E.E. ao comércio electrónico pelos problemas revelados já anteriormente e que defende a introdução de um novo elemento de conexão para os rendimentos empresariais gerados pelo comércio electrónico.

A primeira solução[433] encontra-se centrada na manutenção da figura do E.E. como a base para a tributação dos rendimentos empresariais, mesmo no âmbito do comércio electrónico. Assume-se, contudo, a necessidade de reconceptualizar a figura por se reconhecer que a manutenção, tal qual actualmente existe, revelar, à luz do comércio electrónico, problemas graves de aplicação. É desta remodelação do conceito tradicional do E.E. que nasce o E.E. virtual. Este não é mais do que uma ficção no universo tributário, tentando manter intacto o *modus operandi* tradicional. A primeira premissa passa pela criação de um limiar (*threshold*) inferior daquele existente para o E.E. tradicional. Na prática significa que se prescinde do elemento "lugar fixo de negócios". Tendo-se abdicado desse elemento nuclear, surge a necessidade de buscar um novo nexo fiscal que demonstre a ligação do negócio ao território da fonte. O segundo aspecto a ser considerado como imprescindível para a existência de um E.E. virtual é a continuidade da actividade económica. Ou seja, recusa-se que as vendas ocasionais sustentem a criação de um E.E. virtual, antes privilegiando-se uma actividade contínua e sistemática. A par desta exigência, determina-se ainda como imprescindível a actividade económica ser substancial. Aqui o que importa é a presença de actividades principais e não de actividades auxiliares ou preparatórias.

Aos olhos dos defensores desta solução, a implementação do E.E. virtual poderá ser efectuada de uma de três formas: ou através de um aditamento ao artigo 5º do MC-OCDE; ou pela criação de um artigo específico para o comércio electrónico, paralelo ao já existente para a tributação dos artistas

---

[433] Luc Hinnekens, *Looking for an appropriate jurisdictional framework for source-state taxation of international electronic commerce in the twenty-first century.*

e desportistas (artigo 17º MC-OCDE); ou, finalmente, nada fazendo, por se defender que a regra do E.E. está dotada, na sua história, de uma interpretação ambulatória que lhe permite uma adaptação muito flexível às novidades que vão surgindo na sua aplicação.

Nos termos da proposta de tributação consoante a existência de erosão na base de tributação (*Base erosion approach*)[434], pretende-se conseguir um compromisso entre as pretensões da residência e as pretensões da fonte, procurando igualmente equilibrar os benefícios para os contribuintes e para as administrações fiscais. A proposta procura responder a duas questões essenciais. Por um lado, a necessidade de atender às preocupações dos países importadores de tecnologia que sentem perder parte da sua base de tributação no caso de se manterem para o comércio electrónico as regras tradicionais de tributação do rendimento e que, se não perdem efectivamente parte da sua base de tributação, sentem que não participam na nova base de tributação gerada pelo comércio electrónico, dado que as actuais regras de tributação internacional do rendimento tendem a favorecer os países exportadores de tecnologia. Caso não se atenda a esta sensibilidade, o mais certo é condensarem-se medidas unilaterais por parte da fonte, procurando contornar as regras que lhe limitam a participação na base de tributação do comércio electrónico. Por outro lado, o autor afirma ser a sua solução uma forma de contrariar os problemas de dupla tributação e de não tributação permitidos pelas regras existentes no âmbito do comércio digital. Qual o conteúdo da proposta?

A primeira premissa da proposta assenta na manutenção da figura do E.E.. Procurando uma aceitação generalizada no plano internacional, de forma a não gerar fracturas desnecessárias, e aproveitando a generalização da figura, propõe-se manter o E.E.. No caso de as regras do E.E. funcionarem, é esse o conceito a ser aplicado. Todavia, como é muito provável, no plano do comércio electrónico, tais regras não funcionarem, e atendendo ao facto de, com as novas tecnologias, não ser necessária a presença física num determinado território para existir actividade económica substancial, propõe-se a retenção na fonte de pagamentos feitos para o Estado da residência, provenientes do Estado da fonte, desde que provoquem erosão

---

[434] A defesa desta posição encontra-se, designadamente, em dois trabalhos de Richard Doernberg: *Electronic commerce and international tax sharing* e *Electronic commerce: changing tax treaty principles bit by bit?*

na base de tributação deste último Estado. A erosão da base de tributação acontece quando o pagamento efectuado à empresa do Estado da residência é dedutível no Estado da fonte por quem o pagou. Por isso, quando o Estado da fonte permitir a dedução de tal pagamento deve garantir-se-lhe um direito a tributar através de uma retenção. Quando a base de tributação da fonte não for objecto de erosão, ou seja, o pagamento não for passível de ser deduzido, então a fonte não retém, i.e., não tributa. Neste esquema há independência total da figura do E.E. A fonte tributa o rendimento independentemente da existência de um E.E. O que importa é a existência de uma erosão da base de tributação. Todavia, algumas precisões são ainda defendidas pelo autor na sua construção.

Como consequência da retenção duas acções têm de surgir. A primeira será a permissão de o imposto pago na fonte poder ser creditado no Estado da residência por parte do contribuinte, de forma a não obter um nível de tributação mais elevado, dissuasor para o comércio electrónico. A segunda, como forma última de conciliar todos os interesses em questão, o contribuinte empresarial que está na residência e está sujeito à retenção no outro Estado teria ainda a opção de declarar na fonte o rendimento líquido aí obtido, como se tivesse um E.E., obtendo o reembolso, se for caso disso, do que a mais teria anteriormente pago. Ou seja, porque a retenção na fonte actua sobre o rendimento bruto e considerando que o contribuinte empresarial pode ter custos superiores ou, pelo menos, custos que devem ser considerados, deve ser dada à empresa a oportunidade de declarar o rendimento por si obtido na fonte como se tal rendimento tivesse sido obtido através de um E.E. existente nesse território, com as consequências fiscais daí inerentes.

Quanto à taxa da retenção na fonte, aponta-se para a importância de ser uma taxa de valor reduzido, de forma a não distorcer o mercado e, sobretudo, não despoletar mais reacções de concorrência fiscal no âmbito do comércio electrónico. Assim, depois de, em 1998, ter defendido uma taxa de 10%, em 2001, vem apresentar como desejável uma taxa de 3%. O certo é serem estes meros valores aproximativos, pois Richard Doernberg defende que a percentagem real a ser aplicada dependerá sempre de informação empírica, do consenso internacional e da negociação das partes em questão.

Uma última referência deve de ser efectuada a propósito da apresentação desta proposta de solução. Precisamente porque o que importa nesta posição é a existência ou não de erosão da base de tributação, prescinde-se da qualificação dos rendimentos. O autor defende que a qualificação de determinado rendimento, à luz das técnicas actualmente utilizadas, é artificial e desnecessária e, se se mantiver, dará espaço para uma maior intensidade dos problemas que já hoje se fazem sentir pelas diversas qualificações possíveis de acordo com o interesse em causa. Por isso, com esta posição prescinde-se da qualificação dos rendimentos, sendo todos tributados, à luz do comércio electrónico, da mesma maneira, não existindo espaço para os conflitos gerados pela qualificação de determinado rendimento como lucro ou como *royalties* ou como outras categorizações eventualmente discutíveis.

Quanto à proposta de retenção na fonte recuperável (*Refundable withholding approach*)[435,] assume-se como proposta híbrida, uma vez que agrega elementos das propostas anteriormente apresentadas e formas tradicionais de determinar o nexo tributário. Assenta na identificação do nexo tributário para a fonte como um limite numérico, i.e., aquilo que demonstra a ligação de um contribuinte a um território é o volume total de vendas (total gross sales) no país da fonte. Afirma-se a necessidade de, no âmbito do comércio electrónico, o nexo de tributação ser independente de uma presença física e, de entre as variadíssimas possibilidades a poderem ser consideradas, defende-se ser o volume total de vendas aquela que melhor determina a ligação da actividade comercial por via digital e o território da fonte. A defesa deste critério quantitativo, em detrimento do qualitativo, é feita apelando a critérios de clareza e certeza para o contribuinte, prevenindo a tributação em qualquer local por transacções diminutas, bem como referindo critérios como a maior praticabilidade e inclusive recorrendo à argumentação aduzida pela teoria da tributação que aborda precisamente a problemática e as vantagens dos critérios numéricos/quantitativos para a tributação de comércio que não necessita da presença física. Nesta solução, todas as transacções internacionais envolvendo bens ou serviços transmitidos através do comércio electrónico – seja *on-line* ou *off-line* – são tratadas da mesma forma, tomadas como sujeitas a retenção na fonte, a uma taxa uniforme, não sendo necessário existir caracterização do rendimento e consequente diferenciação da tributação. Há, portanto, a retenção na fonte e porque a retenção na fonte actua sobre o rendimento bruto, se a empresa sujeita à retenção na fonte determinar, no final do período financeiro consagrado como relevante, ser o seu volume de vendas no território inferior

---

[435] Dale Pinto, *E-commerce and source-based income taxation*, especialmente pág. 207 e ss.

ao limite anteriormente estabelecido pelo Estado da fonte para nele existir tributação do comércio electrónico, então o contribuinte empresarial não está sujeito a tributação e poderá reaver os montantes retidos; já se o volume de vendas for igual ou superior ao determinado legalmente como limite a partir do qual existe poder de tributação, então a empresa estará sujeita a tributação na fonte, não sendo, geralmente, os valores retidos devolvidos. O valor do limite mínimo estabelecido para determinar quem está sujeito ou não a tributação deverá ser um valor elevado. Justificam-no como forma de garantir que os custos de cumprimento sejam acentuadamente menores do que o valor dos negócios existentes no Estado da fonte, de forma a não prejudicar os contribuintes, bem como meio para não sobrecarregar pequenos negócios ou transacções ocasionais. Apela ainda ao facto de, com um limite elevado, se estar a ser coerente com a razão de ser presente na criação do conceito do E.E. como o nexo de tributação: a necessidade de tributar apenas as transacções substanciais num determinado território e não aquelas que não demonstram ligação intrínseca e efectivamente enraizada num determinado território. A taxa de retenção será sempre decidida com base em considerações geopolíticas, contudo, uma certeza é dever ser estabelecida a um nível muito reduzido.

Perante esta proposta, o comércio electrónico deve ser tributado onde o volume das transacções comerciais digitais for superior a um valor previamente estipulado como limite mínimo para a presença relevante num território.

5.2.3. Solução proposta

Se o objectivo é tributar uma determinada realidade e se a tributação incide no rendimento dessa realidade, para responder à interrogação "onde tributar o comércio electrónico?" parece ser a opção mais adequada procurar inicialmente onde se gera o rendimento que dá origem ao facto tributário no âmbito da realidade virtual. E nesse sentido defende-se a aplicação do conceito de cadeia de valor virtual e a identificação dos seus elementos como a base de identificação dos territórios habilitados a tributar enquanto fonte do rendimento.

A justificação:

1. Aquilo que se pretende tributar é o rendimento empresarial resultante do exercício da actividade no âmbito do comércio electrónico;

2. O rendimento empresarial surge como resultado de uma cadeia de valor. Gera-se rendimento como consequência do valor do bem ou serviço criado na cadeia de valor;
3. A tributação do rendimento gerado pelo comércio electrónico, utilizando o esquema da cadeia de valor, só poderá efectivamente acontecer caso se identifiquem os elementos essenciais no funcionamento dessa cadeia de valor, pois são esses elementos que revelam as realidades económicas que devem ser tributadas, por serem os elementos mais representativos do que se pretende tributar. Uma vez identificados esses elementos, encontram-se os elementos de conexão que possibilitam a aplicação do princípio da tributação na fonte.

Genericamente, a cadeia de valor pode ser definida como a representação da sucessão de um conjunto de actividades exercidas por uma empresa para desempenhar a sua função. Essas actividades estão interligadas entre si, sendo desta interligação entre as actividades da empresa que resulta o acrescento de valor ao bem ou serviço em causa. Ou seja, existem vários elos interligados entre si, sendo que cada elo acrescenta valor ao anterior. Da soma dos valores acrescentados por todos os elos resulta o valor final do bem ou serviço. A ideia-chave no conceito de cadeia de valor encontra-se na presença de vários blocos representativos de determinada actividade, blocos esses ligados entre si, dependentes entre si, em que o valor do bem ou do serviço final vai sendo gerado pelo acrescento de valor que o bloco seguinte produz para o valor transitado dos blocos anteriores. Este é o que se pode apelidar de conceito genérico de cadeia de valor. Refere-se conceito genérico porque o conceito de cadeia de valor é um conceito casuístico e individualizado, dependente da especificidade da empresa que estiver em análise ou do sector em causa. A cadeia de valor é uma realidade marcada pela especificidade do caso concreto.

A relação da cadeia de valor com o rendimento encontra-se tanto na cadeia de valor interna como na cadeia de valor externa, o que varia é apenas o âmbito de análise. O rendimento surge como consequência da cadeia de valor. Existirá mais rendimento se se estiver perante cadeias de valor bem elaboradas e potenciadas; ocorrerá menos rendimento, mas ainda assim rendimento, caso se esteja perante cadeias de valor menos eficientes. O certo é resultar rendimento do esquema da cadeia de valor. No caso de cadeias de valor bem geridas e bem potenciadas, se através dessas se cria aumento de produtividade e de competitividade, desse aumento resulta rendimento para a empresa, pois o bem ou o serviço assumem um valor maior no mercado e da aceitação desse valor pelo mercado resulta rendimento. O aumento de produtividade dos factores de produção e o aumento da competitividade implicam riqueza e essa riqueza representa-se no rendimento obtido, como consequência das actividades interligadas efectuadas numa empresa, ou seja, pela cadeia de valor. No caso de cadeias de valor menos eficientes, ainda assim, a cadeia de valor pode ter como consequência a criação de rendimento. Sendo o valor do bem ou do serviço o resultado do valor que é acrescentado em cada elo de ligação das cadeias de valor, no final, do conjunto dos valores acrescidos resulta o valor final, valor esse que representará rendimento empresarial.

Demonstrada a relação da cadeia de valor com o rendimento, estabelecida a ligação entre a cadeia de valor e a criação de rendimento empresarial, fica demonstrado o sentido de recorrer ao conceito de cadeia de valor como meio para uma solução fiscal: sendo o objectivo a tributação do rendimento empresarial, e estando esse rendimento profundamente ligado à cadeia de valor, surgindo como consequência desta, então, a utilização do conceito pelo direito fiscal encontra-se justificada.

Os elementos constitutivos de uma cadeia de valor estão presentes tanto na cadeia de valor do comércio tradicional, tanto quanto na cadeia de valor do comércio electrónico. A realidade da cadeia de valor é una, a substância é comum, tanto no comércio tradicional quanto no comércio virtual. O que varia é a forma como os elementos constitutivos se organizam, o modo como se processam e a importância e a intensidade que esses elementos têm numa ou outra. Isto significa o reconhecimento de que as transformações operadas no mercado não são exclusivas do comércio electrónico e da sua cadeia de valor, essas produzem impacto igualmente no comércio tradicional. Para o que ora releva, o impacto das novas tecnologias fez-se sentir tanto na cadeia de valor do comércio tradicional, que se altera e se adapta, como permitiu a criação do comércio electrónico e de uma cadeia de valor específica, representativa dessa nova forma de comerciar. A digitalização, a expansão do mercado, o aumento da informação disponibilizada, as mudanças na organização empresarial, a reorganização da quantidade, do papel e das funções dos intermediários, a criação de novos meios de distribuição, entre tantas outras realidades, tiveram impacto e foram absorvidas pelos dois tipos de comércio e respectivas cadeias de valor. O que variou e continua a variar é a forma como essas realidades e transformações operam em cada tipo de comércio.

A cadeia de valor virtual tem importância para a fiscalidade, como se escreveu, por poder revelar os elementos fundamentais que intervêm na criação de rendimento no âmbito do comércio electrónico. A cadeia de valor virtual deixa a descoberto alguns factores que se assumem de extrema relevância na existência, na condução e na manutenção do comércio electrónico e na forma como se obtém o rendimento. Por isso é importante tentar localizar quais os elementos que, no comércio electrónico e, mais especificamente, na cadeia de valor virtual, têm um papel fundamental na contribuição para a criação do rendimento, rendimento esse que deve ser tributado.

Tomando a <u>cadeia de valor virtual como uma realidade autónoma</u>, da sua análise integrada surgem cinco elementos fundamentais à sua existência e à sua caracterização: a interactividade, o consumidor, a informação, os intermediários tecnológicos e os intermediários financeiros.

A interactividade surge como um elemento fulcral de organização, de funcionamento e de percepção da cadeia de valor virtual, sendo consequência da importância da interactividade na caracterização da Internet e do comércio electrónico. O universo virtual funciona com base na interacção e não com base em acções *per se*, tão típicas do comércio tradicional e da cadeia de valor a este associada. Existir no âmbito do ciberespaço significa abraçar uma forma de interdependência e de inter-relações. A interactividade refere-se à relação dinâmica que se estabelece no espaço virtual e à sequência de acções dos utilizadores do comércio electrónico. Domina a forma de se fazer negócio e de estar em negócio. Surgindo a interactividade como elemento fulcral na cadeia de valor virtual, daqui resulta a necessidade de reconhecer como elemento determinante o papel que é dado ao consumidor no espaço virtual. É que o consumidor digital, ao contrário do que se passa na cadeia de valor tradicional, é um elemento activo na criação de valor, ele próprio está integrado no sistema de criação de valor e contribui de forma directa e activa para a criação de valor.[436] Se, por um lado, no comércio electrónico o consumidor evita a existência de infra-estruturas físicas, por outro, o consumidor é parte integrante da criação do produto e da satisfação da sua própria necessidade de con-

---

[436] Cfr. e.g., Ulf Essler e Randall Whitaker, *Re-thinking e-commerce business* ..., p. 10; C.K. Prahalad e Venkatram Ramaswamy, *Co-opting customer* ..., pág. 80 e ss.

sumo, fazendo parte da rede de competências da empresa, em paralelo com os fornecedores, parceiros económicos e investidores.[437] No âmbito digital, o consumidor assume um novo papel, sendo muito mais activo e influente do que no mercado físico. A personalização do negócio virtual é uma característica nuclear do comércio electrónico e da cadeia de criação de valor inerente. O facto de não existir uma loja física, não só elimina, ou pelo menos diminui, os custos empresariais a ela associados, sendo vantajoso para o valor potenciado na cadeia de valor, mas também determina uma mudança de paradigma no papel do consumidor: este não está já dependente dos canais de acesso aos bens ou serviços seleccionados pelo vendedor, antes determina/escolhe ele quais as vias de acesso ao vendedor e à informação sobre os bens ou serviços comercializados. O papel do consumidor transforma-se, passando a actuar como elemento integrante da criação de valor do bem ou serviço que estão subjacentes a esse valor. A forma como se encara o consumidor na lógica empresarial modifica-se. Em vez de se procurar as melhores formas de alcançar os potenciais consumidores, são indagadas as melhores formas de ser alcançado por esses potenciais consumidores, implicando uma reavaliação das atitudes, preferências e capacidades dos consumidores. Por isso, pode afirmar-se que na cadeia de valor tradicional gera-se valor quando se fornece um produto ou serviço que o consumidor obtém, enquanto na cadeia de valor virtual o valor é gerado quando se concede a oportunidade para o consumidor eleger e obter. Esta integração do consumidor na espiral da criação de valor de forma activa e incontornável não pode deixar de significar ter este uma importância absolutamente determinante na cadeia de valor virtual, devendo ser reconhecido e destacado.

A par do importante papel desempenhado pelo consumidor, é significativo também salientar a extrema relevância dos intermediários na cadeia de valor virtual. O presente escopo de análise centra-se na cadeia de valor externa. Nesse tipo de cadeia de valor, a integração da cadeia de valor individual da empresa num quadro mais amplo de várias subcadeias, onde se destacam os intermediários, demonstra o papel activo e determinante desses para a edificação e funcionamento da cadeia de valor. Sendo o elemento nuclear da cadeia de valor a eficiência e resultando esta, directamente, também do melhor aproveitamento dos recursos por parte dos interme-

---

[437] C.K. Prahalad e Venkatram Ramaswamy, *Co-opting customer* ..., pág. 81 e ss.

diários envolvidos, não é de estranhar ocuparem esses intermediários um espaço imprescindível e central neste âmbito. Em especial, na cadeia de valor virtual, os intermediários assumem papel assaz relevante, visto surgirem como o sustentáculo de muitas das operações e de muito do necessário para garantir a existência e o funcionamento do comércio electrónico. Como se viu no início da presente tese, apesar de uma natural tendência para a "desintermediação", uma das características do comércio electrónico é a reintermediação e o aparecimento de novos intermediários, com funções múltiplas, renovadas ou inovadoras. E o facto de estes intermediários ocuparem um papel de destaque na caracterização e no funcionamento do comércio electrónico, revelando-se imprescindíveis no âmbito da cadeia de valor virtual, demonstra a necessidade de os considerar como elementos essenciais no que ora importa. A sua importância no âmbito da cadeia de valor virtual decorre da interactividade. E a existência da interactividade torna mais importante o espaço ocupado por cada um dos intervenientes e os intermediários da cadeia de valor virtual no comércio electrónico não podem ser desconsiderados. Mas que tipo de intermediários? Não são certamente todos. De entre os intermediários existentes, destacam-se os intermediários tecnológicos e os intermediários financeiros.

Os intermediários tecnológicos ocupam um espaço nuclear, sendo o seu trabalho de extrema importância para assegurar a existência e o bom funcionamento da cadeia de valor. Os intermediários tecnológicos assumem um papel fundamental quer para o desempenho da actividade do empresário, como para a utilização do comércio electrónico pelo consumidor. Os espaços ocupados pelos intermediários tecnológicos são grandes e cada vez mais necessários. A eles cabe garantir a arrecadação da informação sobre o mercado e os clientes, a propagação de informação, a manutenção dos clientes interessados na informação disponibilizada aos produtos ou serviços, a garantia da segurança, da credibilidade, da autenticidade e da rapidez das transacções, bem como incumbe-lhes tentar criar uma boa ligação do cliente ao produto ou serviço, tanto para futuras compras como para assistências pós-vendas. E no caso do consumidor também não é despiciendo. Para este, o primeiro elo com a cadeia de valor resulta da sua ligação com o *website* e com o conteúdo e com a forma desse *website*, espaço onde o intermediário tecnológico tem um papel determinante.[438]

---

[438] Ganesh D. Bhatt e Ali F. Emdad, *An analysis of the virtual...*, p. 83.

Sendo o espaço virtual um espaço de interacção e dependendo essa interacção da informação disponibilizada, compreende-se que a quem organiza e disponibiliza essa informação não pode deixar de ser reconhecida uma grande importância. A acção dos intermediários tecnológicos assume-se como fulcral, dado serem eles que garantem a simples e eficaz navegabilidade pelo *website*, bem como sendo deles dependente a eficaz comunicação entre os actores económicos, tal como a segurança, confiança e rapidez dessa comunicação e das transacções. Com tantas funções a desempenhar e dependendo a existência do comércio electrónico destas funções digitais, não se pode deixar de destacar o papel dos intermediários tecnológicos.

A par dos indicados, os intermediários financeiros são, a meu ver, fundamentais na manutenção do edifício do comércio electrónico. Assegurar o pagamento digital, através dos meios electrónicos de pagamento, não é apenas o seu papel. Através do desempenho da respectiva função asseguram a veracidade dos dados transmitidos, oferecem segurança no tratamento dos dados financeiros e garantem o fechar do ciclo de consumo. Por este papel de verdadeiro garante no plano do comércio electrónico parece-me ser fundamental destacar a sua importância e a sua necessária contabilização para a identificação dos principais elementos presentes na cadeia de valor potenciadora da criação de rendimento.

Para além do consumidor e dos intermediários, na cadeia de valor virtual também a informação assume um valor extremamente relevante, como foi já mencionado. Não é que na cadeia de valor tradicional essa ligação não exista. De facto existe e é crescente a sua importância. Todavia, a informação na cadeia de valor virtual assume muito mais importância e muito mais significado, como, aliás, foi já exposto. A informação cria valor, por si só, podendo mesmo ser tomada como potencial fonte de rendimento, já que não é um elemento estático sem qualquer poder intrínseco.[439] Do ponto de vista da tributação na fonte, porque a informação é utilizada conforme o consumidor específico a utilizar, esta tem verdadeiro impacto quando conectada com o consumidor e não tanto com a empresa ou com o "infomediário". Assim, não se deve colocar o núcleo naquele que disponibiliza a informação, antes naquele que a utiliza. Por isso, sendo o consumidor

---

[439] Jeffrey F. Rayport e John J. Sviokla, *Exploiting the...*, p. 22.

que a utiliza e beneficiando de quem a torna disponível[440], a ele deverá ser reportada a "personificação" deste valor.

Da apresentação destes elementos e daquilo que a propósito de cada um deles foi afirmado resultam três índices concretos a poderem ser tomados em consideração pelo direito fiscal para determinar a(s) jurisdição(ões) com poder tributário no comércio electrónico, na perspectiva da fonte:

- o consumidor;
- o intermediário tecnológico, e
- o intermediário financeiro,

independentemente de ser óbvio que quem beneficia do rendimento empresarial é que deverá ser o obrigado tributário. O(s) local(is) onde este(s) elementos se encontram(rem) deverá(ão) ser a(s) jurisdição(ões) com poder de tributação, uma vez que todos eles revelam um papel incisivo na criação de rendimento. Eles representam a fonte do rendimento empresarial gerado no comércio electrónico.

5.3. BEPS e a tributação da economia digital[441]

Nos termos do BEPS, especificamente no seu relatório final sobre a acção 1[442], assume a organização internacional que nenhuma acção especifica deve ser tomada neste domínio. Justifica-se por, entre outras razões, ser expectável que medidas desenvolvidas no âmbito das outras acções do BEPS virem a ter impacto substancial na economia digital, dominando problemas existentes. O facto de a economia digital ser vista como realidade ainda em desenvolvimento surge como contenção para um acção específica. Assim, não existem novidades por demais quanto às soluções promovidas pela OCDE nesta matéria. Ainda assim, alguns aspectos do relatório podem e devem ser evidenciados.

---

[440] Donald Marchand, *Building e-commerce capabilities...*, p. 306.
[441] Segue-se de perto os textos publicados em *Pe And Direct Taxation Of Electronic Commerce On Digital Economy: An Unilateral Love Letter Called Beps* in Nueva Fiscalidad: Estudios en Homenajem a Jacques Malherbe, Coordenação: Catalina Hoyos Jiménez, César García Novoa, Julio A. Fernández C., Instituto Columbiano de Derecho Tributario, 2017, pág. 903-913. e *Uncovering A Brave New World On Taxation: Income From Digital Economy* in International Taxation: New Challenges, Braga: University of Minho – School of Law, 2017, pág. 43-60.
[442] OECD (2015), *Addressing the Tax Challenges of the Digital Economy...*

A primeira nota passa por descobrir que o relatório reconhece a existência de problemas na tributação efectiva da economia digital e que esses problemas estão bem identificados.

A segunda nota assenta no facto de várias opções serem discutidas quanto à maneira de lidar com tais problemas, ou desafios, na terminologia utilizada pela OCDE. Nesse domínio, alternativas ao critério do E.E. foram consideradas. Em primeiro lugar explorou-se a possibilidade de encontrar um novo *nexus* baseado no conceito de presença económica significativa (*significant economic presence*). "*This option would create a taxable presence in a country when a non-resident enterprise has a significant economic presence in a country on the basis of factors that evidence a purposeful and sustained interaction with the economy of that country via technology and other automated tools. These factors would be combined with a factor based on the revenue derived from remote transactions into the country, in order to ensure that only cases of significant economic presence are covered, limit compliance costs of the taxpayers, and provide certainty for cross-border activities.*" Os factores apresentados no relatório vão desde factores baseados no receita a factores digitais e factores baseados no utilizador (*user-based factors*). Ainda assim, a referida posição não congregou apoio por causa das dificuldades que tal geraria para determinar o rendimento atribuido à presença económica sigificativa.[443] A segunda alternativa referida é a retenção na fonte sobre certos tipos de transacções digitais, impostas "*on payments by residents and local PEs of a country for goods and services purchased online from non-resident providers [...]. This withholding tax could in theory be imposed as a stand alone gross-basis final withholding tax on certain payments made to non-resident providers of goods and services ordered online or, alternatively, as a primary collection mechanism and enforcement tool to support the application of the nexus option described above, i.e. net-basis taxation.*"[444] Contudo, quando é feita a referência a esta possibilidade, o relatório retira a sua admissibilidade com base em questões técnicas e em desafios colocados pelas normas da União Europeia. Um desses obstáculos é descrito como sendo que, apesar de uma lista de tipos de transacções cobertas pela retenção pudesse ser apropriada, essa lista resultaria em diferenças de tratamento fiscal entre transacções economicamente equivalente e, por tal, não seria uma verdadeira lista adequada, mas antes uma definição geral

---

[443] OECD (2015), *Addressing the Tax Challenges of the Digital Economy...*, page 109 to 113.
[444] OECD (2015), *Addressing the Tax Challenges of the Digital Economy...*, page 113.

das transacções cobertas, o que não seria simples. Quanto aos problemas técnicos apontados, os desafios passariam por criar *"imposing compliance obligations on intermediaries that are situated in third-countries with no connection to the jurisdiction of the customer, thereby creating opportunities for tax avoidance strategies."*[445] Também o facto de *"for some countries UE law imposes comparable obligations – i.e. non-discrimination between resident and non-resident businesses – that would not permit the application to non-resident suppliers of a gross-basis final withholding tax, even if the rate is fixed at a very low amount."*[446] A terceira alternativa passaria pela introdução de uma *"equalisation levy"*, *"intended to serve as a way to tax a non-resident enterprise's significant economic presence in a country. In order to provide clarity, certainty and equity to all stakeholders, and to avoid undue burden on small and medium-sized businesses, therefore, the equalisation levy would be applied only in cases where it is determined that a non-resident enterprise has a significant economic presence."* Esta proposta, é dito, poder gerar questões substanciais tanto quanto aos acordos de comércio quanto às normas da União Europeia.[447]

Apesar de nenhuma das opções identificadas terem sido assumidas como adequadas, foi um grande passo na discussão sobre os reais problemas gerados pelo comércio electrónico, abrindo portas para começar a discutir efectivamente opções, não mantendo a ideia de que a tributação é conseguida e nada carece ser alterado no quadro internacional fiscal. Todavia, note-se que, no relatório, apenas o domínio da fonte é tratado, nada se referindo quanto ao elemento de conexão residência.

No relatório é afirmado especificamente que é de extrema relevância *"ensuring that core activities in the digital economy cannot inappropriately benefit from the exception from permanent establishment (PE) status, and that artificial arrangements relating to sales of goods and services cannot be used to avoid PE status."*[448] Contudo, quanto ao conteúdo da norma e o seu confronto com a realidade digital, das afirmações apresentadas compreende-se que os § 42.1 to 42.10 do comentário ao artigo 5º, introduzidos em 2003, ainda se mantém intacto e congrega o apoio da maioria dos Estados. Ainda assim, nem tudo se mantém inalterado. Para lá de uma mudança meramente for-

---

[445] OECD (2015), *Addressing the Tax Challenges of the Digital Economy...*, page 114.
[446] OECD (2015), *Addressing the Tax Challenges of the Digital Economy...*, page 115.
[447] Rita Pires, *PE And Direct Taxation Of Electronic Commerce On Digital Economy: An Unilateral Love Letter Called Beps*, Hommage to Jacques Malherbe (forthcoming).
[448] OECD (2015), *Addressing the Tax Challenges of the Digital Economy...*, page 144.

mal quanto aos números dos comentários sobre o presente assunto – §122 a 131–, no relatório é reconhecido que a economia digital e as transformações provocadas nos modelos de negócio e no valor criado estão interconectadas com a Acção 7 – *preventing the artificial avoidance of PE status* –, aceitando que a modificação/reconfiguração de algumas das sub-regras do E.E. devem ocorrer, por forma a que a regra possa, de modo pleno, atingir os seus objectivos. Sobre tal é dito:[449]

- *"activities previously considered to be mere preparatory or auxiliary in nature for the purpose of the exceptions usually found in the definition of PE may nowadays correspond to core business activities of an enterprise, particularly in the digital economy. [...] For example, the maintenance of a very large local warehouse in which a significant number of employees work for the purpose of a storing and delivering goods sold online to customers by an online seller of physical products (whose business model relies on the proximity to customer and the need for quick delivery to clients) would constitute a PE for that seller";*
- *"in addition it was agreed to modify the definition of PE contained in Article 5(5) and 5(6) of the OECD Model Tax Convention to address circumstances in which artificial arrangements relating to the sales of goods or services of one company in a multinational group effectively result in the conclusion of contracts, such that sales should be treated as if they had been made by that country. For example, where the sales force of a local subsidiary of an online seller of tangible products or an online provider of advertising services habitually plays the principle role in the conclusion of contracts with prospective large clients for those products or services, and these contracts are routinely concluded without material modification by the parent company, this activity would result in a permanent establishment for the parent company."*

Assim, ainda que as afirmações mantenham a posição de 2003, é com algum contentamento intelectual que se encontra no relatório, finalmente, a discussão sobre as características da economia digital e as regras do E.E.. E foi bom encontrar afirmações que reflectem algum grau de consciencialização sobre as dificuldades e desafios colocados pela economia digital à tributação, em especial às caracteristicas do E.E.. Diz-se que *"the continual increase in the potential of digital technologies and the reduced need in many*

---

[449] OECD (2015), *Addressing the Tax Challenges of the Digital Economy...*, page 145.

cases for extensive physical presence in order to carry on business in a jurisdiction, combined with the increasing role of network effects generated by customer interactions, raise questions as to whether rules that rely on physical presence continue to be appropriate."[450] Pena é que não se tenha levado mais longe e explorado, de forma efectiva as opções potenciais. Ou seja, a história repete-se. Apesar de ser reconhecida a necessidade de começar a procurar uma solução fiscal costumizada, a dificuldade em ultrapassar o *mind-set* tradicional impera, gerando a concretização/manutenção da tendência de prevalência dos *standards* anteriores, mantendo o *status quo* com pequenas adaptações. As principais questões continuam por responder: a realidade digital é muito diferente da realidade física e até agora observamos é a falta de atenção das características específicas da realidade digital e a meta adaptação da realidade física à realidade digital. Mais uma ficção ao E.E. natureza está a ser criada e desenvolvida. E tal parece desvalorizar as características específicas da economia digital e o seu impacto nas regras fiscais tradicionais. Parece que o princípio da substância sobre a forma está envolto em alguma neblina.

Como trabalho maior da OCDE para a tributação no século XXI, seria expectável que o BEPS finalmente pudesse resolver grande parte do problema, em vez de meramente apontar a especificidade das características da economia digital, afirmando que tais características colocam desafios importantes à tributação e aos decisores políticos. A manutenção do quadro normativo continua a ignorar a criação de valor pela cadeia de valor digital. Mas é curioso que o relatório BEPS conceda espaço a essa solução. A cadeia de valor digital é reconhecida no relatório, bem como as suas especificidades.[451] Porém, em mais não se avança. O desafio será tomar o próximo passo e começar a pensar a partir desse conceito e suas especificidades. Obviamente que tal implicará uma mudança do *mind-set* fiscal, trazendo à luz a possibilidade de a forma como o rendimento é alocado entre as várias jurisdições poder ter de ser alterada, passando-se da unidade da residência e unidade da fonte para a pluralidade, o que força um reforço da cooperação entre Administrações Tributárias.

Em Março de 2018, a OCDE publicou o relatório *Tax Challenges Arising from Digitalisation – Interim Report 2018*. Ao contrário do publicado

---

[450] OECD (2015), *Addressing the Tax Challenges of the Digital Economy...*, page 146.
[451] OECD (2015), *Addressing the Tax Challenges of the Digital Economy...*, page 102-106.

em 2015, este relatório tende a apresentar mais profundidade na forma como reconhece os problemas da tributação dos negócios digitais. Talvez por isso, ao longo do texto, em vários momentos, é clara a demonstração da ausência de consenso quanto a uma resposta unitária ao problema. Ausência de consenso quer quanto ao impacto que os elementos caracterizadores dos negócios digitais têm no processo de criação de valor, quer quanto à necessidade de normas que alterem a ordem internacional fiscal estabelecida, para lá do que o BEPS 2015 tratou, quer quanto ao mérito e à necessidade de medidas transitórias para adaptação dos sistemas fiscais ao universo digital, antes de ser alcançado um consenso que permita uma resposta global.

A OCDE parte do reconhecimento de que a digitalização da sociedade contemporânea é um dado adquirido que coloca múltiplos desafios ao poder político, impelindo-o a uma nova forma de decidir e fazer política. O digital presenteia a decisão política com múltiplos novos instrumentos que permitem desenvolver a acção pública de maneira mais adequada, criando, contudo, a necessidade de monitorizar e avaliar a efectividadde dos resultados das políticas públicas desenvolvidas. É afirmado expressamente que, *for tax matters, this means that policy development and implementation must be designed to allow for the changing environment, while being sufficiently clear to provide the certainty and clarity that facilitates sustainable, long-term economic growth*.[452] Nesse sentido, cumpre ao decisor fiscal conhecer como funcionam os negócios digitais nos respectivos mercados digitais, compreender os seus processos e apreender como tais especificidades alteram as bases de tributação e a forma de as tributar efectivamente. Apenas a partir daí se poderá edificar um regime de tributação sobre o digital.

Assim, a OCDE procede, em primeiro momento, a uma análise da criação de valor nos vários modelos de negócios digitais, por forma a encontrar os elementos que produzem nexo fiscal suficientemente forte para justificar a tributação destes negócios nos territórios onde actuam. Para tal, identifica quais as principais características dos mercados digitais que devem ser consideradas para efeitos de apuramento de valor na cadeia de valor do negócio a tributar. Referem-se a *cross-jurisdictional scale without mass*[453],

---

[452] OCDE, Tax Challenges Arising from Digitalisation – Interim Report 2018, n.º 11, pág. 17.
[453] "Digitalisation also allows some highly digitalised enterprises to be heavily involved in the economic life of a jurisdiction without any, or any significant, physical presence, thus achieving

a fundamentação da acção em activos intangíveis, incluindo propriedade intelectual, a importância da informação e da participação dos utilizadores, bem como das sinergias com a citada propriedade intelectual. Estes três elementos presentes e distintivos nos negócios digitais participam na sua cadeia de valor, contribuindo para a criação da base de tributação. Apesar de se afirmar a ausência de consenso quanto ao impacto que estes elementos têm na criação de valor – especialmente a informação e a participação do utilizador (nº 37) –, ou seja, o quanto que cada um desses contribui para o efectivo valor gerado, o estudo avança com a identificação dos também três modelos que determinam valor nos negócios digitais. Tais diferenciam-se pelo tipo desenvolvido de actividade. Assim, será a cadeia de valor já trabalhada na posição defendida neste capítulo; será a rede de valor (*value network*), assente na tecnologia mediata, ou seja, na utilização da tecnologia como plataforma para ligar clientes interessados na transacção; e será a *value shop*, para o caso de negócios interactivos, onde a individualização do produto ou serviço ocorre, através de uso intensivo de tecnologia, para dar resposta personalizada. Nomes de multinacionais são invocados especificamente para exemplificar os casos, e.g. Amazon (retalhista), Spotify Premium, Apple (manufacturação), Siemens, Netflix – cadeia de valor –, Apple's App Store, Airbnb, Facebook, Twitter – rede de valor. O certo é afirmar-se que em todos "*Through the use of remote technology, many digitalised businesses can effectively be heavily involved in the economic life of different jurisdictions without any, or any significant physical presence, thus achieving operational scale without mass. One consequence of this development is that a growing number of businesses may have an economic presence in a jurisdiction without having a physical presence*" (nº 132. Sublinhado pessoal).

Esta afirmação justifica a análise que o relatório procede no seu capítulo 4. São apresentados exemplos de medidas tomadas pelos Estados no pós-BEPS 2015, com o objectivo de responder ao desafio da tributação do digital. Refere os casos nacionais de medidas alternativas ao E.E., como a desenhada pela Eslováquia, em 2017, assente num conceito ampliado de instalação fixa para certas plataformas digitais, ou as aplicadas por Israel em 2016 e a aplicar pela Índia em 2019, assumindo a existência de um critério da presença económica significativa (nºs 350 e ss). Refere ainda a

---

operational local scale without local mass (referred to as "scale without mass," hereafter)." OCDE, *Tax Challenges Arising from Digitalisation – Interim Report 2018*, ponto 33, pág. 24.

regra de um EE virtual de serviços, criada pela Arábia Saudita e por algumas regiões da Índia (nºs 353 e 354).

Ainda na descrição de propostas alternativas às actuais, a OCDE labora sobre a utilização de esquemas de retenções na fonte para categorias de produtos e serviços digitais. Esta ideia, não nova, como se analisou atrás, traz a si agregado o problema da qualificação conceptual e consequente regime fiscal, contribuindo para desdenhar as linhas separadoras entre o que é lucro, *royalty* ou serviços técnicos. Um caso materializado é o do alargamento da retenção na fonte a pagamentos pelo uso ou direito de uso de *software*, de imagens e sons transmitidos por tecnologia, tomados agora como royalties (nºs 356 e 357). São ainda referidos casos de impostos sobre o volume de negócios, hipótese concretizada pela Índia, Itália, Húngria e França (nº 359), que favorece o desprendimento de qualquer localização da sociedade, bem como são invocados os regimes especialmente orientados para as grandes multinacionais e que não impliquem necessariamente uma tributação específica do digital (nº 363).

Este elenco não exaustivo parece pretender chamar a atenção para a crescente necessidade sentida por vários Estados de reagirem à erosão de bases de tributação digitais pela aplicação dos actuais cânones internacionais, uma vez que não existe uma resposta global. E por isso a OCDE reconhece que *Until such time as a global consensus can be achieved on how to address the broader direct tax challenges raised by digitalisation, it is likely that more countries will follow suit and adapt their tax system through a series of uncoordinated measures. In September 2017, a group of European Union (EU) Finance Ministers announced that they consider the adoption of solutions based on the concept of an "equalisation tax" on the turnover generated in Europe by digital companies. These solutions are currently being explored by the EU Commission who is expected to deliver proposed legislation in the course of 2018. While these initiatives are generally taken to increase the level of taxation of digitalised businesses, they are also likely to generate some economic distortions, double taxation, increased uncertainty and complexity, and associated compliance costs for businesses operating cross-border and, in some cases, may potentially conflict with some existing bilateral tax treaties. Further, they have increased the sense of urgency among many countries that common policy options need to be developed to ensure the ongoing relevance and coherence of the existing international income taxation framework.*

A construção de pontes que liguem as divergências é um desafio que o relatório assume, daí que se remeta o desenvolvimento para mais trabalhos e mais medidas, a serem criadas até 2020, data do relatório definitivo que conterá a(s) medida(s) concretas propugnadas pela OCDE na matéria da tributação directa do digital (nºs 398 e ss).

Porém, ainda que não formulando nenhuma recomendação legislativa/normativa global, o relatório não deixa de apresentar um conjunto de sugestões que devem ser seguidas pelos Estados que apostem na criação de medidas transitórias até ao relatório de 2020 (nºs 408 e ss). Dando ênfase aos riscos das opções por impostos especiais sobre o consumo digital, pela tributação da publicidade digital e dos serviços de intermediação digital, a OCDE refere-se como sugestões a serem tidas em consideração no desenho das medidas unilaterais: o cumprimento das obrigações internacionais, designadamente dos ADT, do direito da UE (para os Estados-Membros) e do direito da OMC; o carácter temporário das medidas; o facto de essas serem bem dirigidas a negócios de elevado nível *scale without mass*; a minimização da sobretributação; e a minimização dos custos e da complexidade do cumprimento.

Por ter a consciência de que o impacto do digital é crescente na tributação, para lá das regras de tributação internacional em causa, o relatório ainda tem espaço para apontar um conjunto de desafios fiscais colocados pela progressiva utilização do digital (nº 5.1. e ss).

Esquecendo ser o relatório assumido como não definitivo, quem tivesse a expectativa da apresentação de um sistema internacional de tributação digital teria sempre a sua expectativa gorada. A matéria em causa está, desde o início da discussão, no final do século passado, longe de produzir anuência geral. Contudo, com a passagem do relatório de 2015 para o de 2018, a OCDE parece demonstrar uma crescente convicção em aceitar a inevitabilidade de mudanças nas regras existentes, sob pena do BEPS continuar a marcar presença nas jurisdições fiscais. Não esquecer que a opinião pública em torno da *Fair Share* cresce em atenção e em informação pelos vários tipos de contribuintes, sendo a tendência os Estados terem de reagir aos grandes grupos digitais, facto que tenderá, inevitavelmente, defendo, passar por um abdicar dos parâmetros tradicionais, mesmo que melhorados, e adoptar métodos de tributação que, incidindo sobre o rendimento, o tributem effectivamente, sob pena de a crescente iniquidade crescer em torno dos vários contribuintes, em desfavor dos que sejam de pequena dimensão e de inexistente virtualidade.

5.4. Posição da Comissão Europeia

Em 2014, a *Commission Expert Group on Taxation of the Digital Economy* tornou público um relatório[454], onde a tributação da economia digital foi analisada. Contém a descrição dos factos fundamentais, das tendências e dos desenvolvimentos produzidos pela economia digital, expressando a sua relação intrínseca com a tributação internacional e, de forma especial, com o objectivo da Europa Digital. Para lá das opções políticas sobre o IVA, também as opções para a tributação empresarial são referidas, em paralelo com o relatório BEPS que então estava a ser construído.

Uma das afirmações feitas pelo Grupo de Peritos é de que *"the importance of seeing digitalisation not just as a challenge for the tax systems but also as a solution and an opportunity to create a better tax administration and to develop less burdensome tax compliance rules, both for indirect and for direct taxation. [...] This is particularly relevant for the digital economy whereby many transactions take place without human intervention. [...]"*[455] Mas o Grupo não recomenda um novo conceito de presença digital tributável, afirmando que a obtenção, o processamento e a monitorização da informação não se devem reflectir na definição do nexo tributário. E tal é justificado porque *"there is no valid justification for such a fundamental change specifically for digital activities. There is no convincing argument why the collection of data via electronic means in a country should in itself create a taxable presence in that country"*[456].

Quando trabalha sobre a política fiscal da tributação das empresas, o horizonte de análise proposto é o de pequeno e médio prazos, sendo que o Grupo recomenda que a prioridade seja conferida a três áreas tratadas no projecto BEPS: Combate às práticas fiscais prejudiciais; revisão das regras de preços de transferência e restruturação do nexo de tributação.[457] Reestruturando as normas do nexo de tributação, o Grupo trabalha sobre a manutenção do E.E. como a base e defende uma renovação do conceito. A base de tal revisão é a renovação do artigo 5º do MC-OCDE como a melhor forma de lidar com a contratação remota e com a distinção entre agente dependente e de comissário. Também é acrescen-

---

[454] http://ec.europa.eu/taxation_customs/resources/documents/taxation/gen_info/good_governance_matters/digital/report_digital_economy.pdf.
[455] Report of the Commission Expert Group on Taxation of the Digital Economy (2014), page 29-30.
[456] Report of the Commission Expert Group on Taxation of..., page 47.
[457] Report of the Commission Expert Group on Taxation of..., page 43.

tado que é necessário rever o âmbito das actividades auxiliares ou preparatórias, porque *"the digitalisation of the economy has changed the way businesses are organised. Auxiliary activities have become core activities and vice versa."*[458]

Assim, de forma perfunctória, o Grupo de Peritos espera que o projecto BEPS conceda as respostas necessárias e encoraja a manutenção das posições defendidas pela OCDE até ao momento, esperando-se, no entanto, um relatório preliminar em 2018 e definitivo em 2020.

A 21 de Março de 2018 é tornado público o conjunto de propostas da Comissão Europeia sobre a tributação do digital. Esse conjunto assume o exposto em três anteriores posições.

Em primeiro lugar, surge a COM (2015) 192 final, de 6.5.2015, desenhando a Estratégia para o Mercado Único Digital na Europa. Este, assumido como *"um mercado em que é assegurada a livre circulação de mercadorias, pessoas, serviços e capitais e em que os cidadãos e as empresas podem beneficiar de um acesso sem descontinuidades a actividades em linha e desenvolver essas actividades em condições de concorrência leal e com elevado nível de protecção dos consumidores e dos seus dados pessoais, independentemente da sua nacionalidade ou local de residência"*[459], determina a necessidade de, em ordem a melhorar o acesso em linha para os consumidores e as empresas em toda a Europa, reduzir os encargos relacionados com o IVA e os obstáculos às vendas além-fronteiras. Ainda que com a mira direcionada para a tributação indirecta, ao afirmá-lo, não deixa de mencionar a importância de existir uma acção no âmbito da tributação directa: " (...), *no que diz respeito à fiscalidade directa, a Comissão apresentará em breve um plano de acção sobre uma abordagem renovada em matéria de tributação das sociedades no Mercado Único, ao abrigo do qual os lucros deveriam ser tributados no local onde o valor é gerado, incluindo na economia digital"*[460].

Em segundo lugar, a COM (2017) 547 final, 21.9.2017, *A Fair and Efficient Tax System in the European Union for the Digital Single Market*. Aqui, a tributação directa é o núcleo da análise e afirma-se expressamente estarem as actuais regras de tributação desconectadas com os novos modelos de negócios digitais ao exigirem a presença física em face de negócios que assentam em activos intangíveis, automatização, informação e transmissão de dados.

---

[458] Report of the Commission Expert Group on Taxation of..., page 49.
[459] COM (2015) 192 final, 6.5.2015, pág. 3
[460] COM (2015) 192 final, 6.5.2015, pág. 9

Porque se mantém o *status quo*, *"some businesses are present in some countries where they offer services to consumers and conclude contracts with them, taking full advantage of infrastructure and rule of law institutions available while they are not considered presente for tax purposes. This free rider position tilts the playing field in their favour compared to established businesses"*[461]. Em sequência, e na mesma medida que as propostas de março de 2018 o virão a fazer, demonstra-se que o ritmo de crescimento da receita obtida pelos negócios digitais é exponencialmente superior à dos negócios tradicionais, verificando-se, ainda, uma tributação efectiva média muito inferior (cerca de 9.5% por oposição a cerca de 23.2%).[462] E tal, afirma-se, traz impacto negativo, produzindo mais oportunidades para evasão fiscal, redução das receitas públicas e impacto nefasto na justiça social contributiva, com consequente erosão dos orçamentos sociais e destabilização do adequado ambiente para a concretização de negócios na UE.[463] Por estes motivos, afirma a Comissão a necessidade de intervir e alterar as regras fiscais existentes. Essa mudança deverá ser operacionalizada, diz-se, dando resposta a duas questões fundamentais: *"Where to tax? (nexus) – how to establish and protect taxing rights in a country where businesses can provide services digitally with little or no physical presence despite having a comercial presence; and What to tax? (value creation) – how to atribute profit in new digitalised business models driven by intangible assets, data and knowledge"*[464]. Nesta sequência, compreende-se que se afirme ser necessário gerar mudanças nas regras internacionais que definem o E.E, nas que tratam os preços de transferência e nas que procedem à atribuição de lucros, por forma a orientá-las para o modo de funcionamento dos negócios digitais. Defende-se a resposta global/multilateral, mas assume-se ser a criação do consenso demorado e dependente de vários actores e vontades, pelo que, no entretanto, é necessário agir e gerar uma resposta a este mecanismo que fere a *Fair Share*[465].

Em terceiro lugar, releva ainda invocar as conclusões do Conselho, de Dezembro de 2017, sobre *Responding to the challenges of taxation of profits of the digital economy*[466]. Vários são os compromissos assumidos nas afirmações

---

[461] COM (2017) 547 final, 21.9.2017, pág.2
[462] COM (2017) 547 final, 21.9.2017, págs.4 a 6
[463] COM (2017) 547 final, 21.9.2017, pág.2
[464] COM (2017) 547 final, 21.9.2017, pág. 7
[465] COM (2017) 547 final, 21.9.2017, pág. 7, 9 e 10
[466] FISC 320 ECOFIN 1064

efectuadas, de entre os quais destacam-se dois planos, um formal e um substancial. Do ponto de vista formal, o Conselho demonstra a urgência em medidas concretas capazes de tratar da tributação do digital, *"Whilst stressing its preference for a global solution, [but] look forward to appropriate Commission proposals by early 2018, taking into account relevant developments in ongoing OECD work and following an assessment of the legal and technical feasibility as well as economic impact of the possible responses to the challenges of taxation of profits of the digital economy"*. Do ponto de vista substancial, as linhas apresentadas em Março de 2018, pela Comissão, são aqui reforçadas em face do anteriormente transmitido. Por um lado, afirma *"that an appropriate nexus in the form of a virtual permanent establishment, together with any necessary corresponding amendments to the rules of transfer pricing and profit attribution, which would take into account where value is created in the different business models of the digital economy, should be explored"*, por outro lado, enfatiza *"the importance of various data, including user data, for value creation by the digital economy in generating profits and reiterates the need to consider and assess the role of data in the context of the transfer pricing and profit attribution rules"*.

Com este contexto ganham vida, em Março de 2018, uma Comunicação, uma Recomendação e duas Propostas de Directivas. O elemento central a todas é a necessidade de garantir que em face do elevado crescimento dos rendimentos dos negócios digitais e da ausência ou diminuta tributação destes, é crucial, para a concretização da *Fair Share*, a sua efectiva tributação, com base no processo de criação de valor, processo esse centrado no valor gerado pelos utilizadores. Nas palavras da COM (2018) 146 final, de 21.3.2018, *"We have entered an era where users of digital services are increasingly part of the value creation process, consciously or not. Users are providing data, sharing knowledge and content, and enabling wide and diverse networks. All this generates huge value in today's economy, which is only set to grow in the future"*. Dando corpo a esta nova realidade, a Comissão informa que a solução preferencial é a apresentada pela Proposta de Directiva *laying down rules relating to the corporate taxation of a significant digital presence* (COM (2018) 147 final, de 21.3.2018), proposta a ser integrada no quadro da MCCCIS. Contudo, por se estar consciente da dificuldade do consenso imediato e da necessidade de tempo para o construir, relata a apresentação de uma solução alternativa provisória, vertida na Proposta de Directiva *on the common system of a digital services tax on revenues resulting from the provision of certain digital services* (COM (2018) 148 final, de 21.3.2018).

A primeira proposta de Directiva referida – COM (2018) 147 final, de 21.3.2018, a preferida numa perspectiva de longo prazo – trabalha sobre dois conceitos base: por um lado, a presença digital significativa (*significant digital presence*) e, por outro lado, os princípios de atribuição de lucros aos negócios digitais. A base da proposta assenta numa extensão do conceito internacionalmente aceite de E.E., passando este a ter uma regra específica para o caso de negócios digitais. Essa regra específica é o critério da presença digital significativa, i.e., a *Digital Footprint* de um negócio digital. Existindo presença digital significativa, resulta que, de modo simplificado, ainda que não ocorra presença física num território de um Estado-Membro, caso a oferta de serviços digitais[467] seja feita através de uma interface digital e um de três critérios suplementares ocorra (artigo 4º, nº 3), reconhece-se o poder de tributar do Estado-Membro onde se encontra o utilizador do serviço digital (artigo 4º, nº 4), sendo aferida essa presença pelo endereço de IP (artigo 4º, nº 6). Os critérios suplementares e alternativos mencionados são: "*a) the proportion of total revenues obtained in that tax period and resulting from the supply of those digital services to users located in that Member State in that tax period exceeds EUR 7 000 000; (b) the number of users of one or more of those digital services who are located in that Member State in that tax period exceeds 100 000; (c) the number of business contracts for the supply of any such digital service that are concluded in that tax period by users located in that Member State exceeds 3 000.*" Ou seja, são estabelecidos limites mínimos (*threshold*) para justificar a tributação, procurando retirar do escopo do normativo os pequenos casos em que os lucros atribuídos à presença

---

[467] "*'digital services' means services which are delivered over the internet or an electronic network and the nature of which renders their supply essentially automated and involving minimal human intervention, and impossible to ensure in the absence of information technology, including in particular: (a) the supply of digitised products generally, including software and changes to or upgrades of software; (b) services providing or supporting a business or personal presence on an electronic network such as a website or a webpage; (c) services automatically generated from a computer via the internet or an electronic network, in response to specific data input by the recipient; (d) the transfer for consideration of the right to put goods or services up for sale on an internet site operating as an online market on which potential buyers make their bids by an automated procedure and on which the parties are notified of a sale by electronic mail automatically generated from a computer; (e) Internet Service Packages (ISP) of information in which the telecommunications component forms an ancillary and subordinate part, in other words packages going beyond mere internet access and including other elements such as content pages giving access to news, weather or travel reports, playgrounds, website hosting, access to online debates or any other similar elements; (f) the services listed in Annex II*".

digital não cobririam os custos de cumprimento fiscal[468]. Mas a proposta não seria substantivamente suficiente se, a par da identificação da conexão digital com o território fiscal do Estado-Membro, não apresentasse regra para determinar o lucro atribuível à presença digital significativa. Surge assim o artigo 5º da Proposta de Directiva que, reclamando a aplicação do princípio da plena concorrência (*arm's length*) (nº 2), remete o apuramento do lucro para uma análise funcional, onde *"in order to determine the functions of, and attribute the economic ownership of assets and risks to, the significant digital presence, the economically significant activities performed by such presence through a digital interface shall be taken into account. For this purpose, activities undertaken by the enterprise through a digital interface related to data or users shall be considered economically significant activities of the significant digital presence which attribute risks and the economic ownership of assets to such presence"* (nº 3). Atender que se acrescenta ainda que *"In determining the attributable profits under paragraph 2, due account shall be taken of the economically significant activities performed by the significant digital presence which are relevant to the development, enhancement, maintenance, protection and exploitation of the enterprise's intangible assets"* (nº 4). Valoriza-se, assim, os activos intangíveis, assumidos como parte essencial do negócio digital e da sua criação de valor. Quanto ao que é qualificado como conduzindo a uma actividade económica significativa e, assim, contribuir para o lucro gerado, são apresentados casos como: *"(a) the collection, storage, processing, analysis, deployment and sale of user-level data; (b) the collection, storage, processing and display of user – generated content; (c) the sale of online advertising space; (d) the making available of third – party created content on a digital marketplace; (e) the supply of any digital service not listed in points (a) to (d)"*(nº 5). Em complemento, cumpre ainda fazer referência à norma que determina o como atribuir o lucro em concreto. Para tal, o nº 6 remete, como regra geral, para o método do fracionamento (*profit split method*) no quadro dos preços de transferência. São referidos como elementos de fracionamento, as despesas de investigação, desenvolvimento e marketing, assim como o número de utilizadores e a informação/dados recolhidos pelo Estado-Membro.

Por estar em causa uma extensão do conceito de E.E., a Comissão procede a uma Recomendação – C (2018) 1650 final, de 21.3.2018, *relating to the corporate taxation of a significant digital presence* – para que os Estados-Membros revejam e adaptem os seus ADT com jurisdições terceiras.

---

[468] COM (2018) 147 final, de 21.3.2018, pág. 8

A segunda Proposta de Directiva – COM (2018) 148 final, de 21.3.2018 – apresenta-se como sendo a solução temporária e imediata para ultrapassar as dificuldades e aguardar a obtenção do consenso global: *"In the wait of the comprehensive solution, which may take time to adopt and implement, Member States face pressure to act on this issue, given the risk that their corporate tax bases are significantly eroded over time, and also due to the perceived unfairness of the situation. While unilateral measures are in place or are concretely planned in 10 Member States for addressing this problem in a limited way, the trend has been increasing and the measures adopted are very diverse in terms of scope and their rationale. Such uncoordinated measures taken by Member States individually risk further fragmenting the Single Market and distort competition, hampering the development of new digital solutions and the Union's competitiveness as a whole".*[469] É afirmado, então, a necessidade de uma harmonização, harmonização essa que é estabelecida com a figura do Imposto sobre os Serviços Digitais (*Digital Services Tax*). Este imposto pretende: *"to protect the integrity of the Single Market and to ensure its proper functioning; to make sure that the public finances within the Union are sustainable and that the national tax bases are not eroded; to ensure that social fairness is preserved and that there is a level playing field for all businesses operating in the Union; and to fight against aggressive tax planning and to close the gaps that currently exist in the international rules which makes it possible for some digital companies to escape taxation in countries where they operate and create value"*[470].

Ao contrário do que circulou em antevisão, a opção da Comissão não foi propor uma tributação sobre o volume de negócios (*turnover tax*), mas antes avançar com uma base de tributação sobre o rendimento obtido de um dos seguintes serviços: *"a) the placing on a digital interface of advertising targeted at users of that interface; (b) the making available to users of a multi-sided digital interface which allows users to find other users and to interact with them, and which may also facilitate the provision of underlying supplies of goods or services directly between users; (c) the transmission of data collected about users and generated from users' activities on digital interfaces"* (artigo 3º, nº 1). Notar que os rendimentos referidos incluem o total das receitas brutas, líquidas do IVA ou similar (artigo 3º, nº 2). Para efeitos da incidência subjectiva, apenas será tributado quem cumulativamente tiver: *(a) the total amount of worldwide revenues reported by the entity for the relevant financial year exceeds EUR 750 000 000; (b) the total amount of taxable revenues obtained by the entity within*

---

[469] COM (2018) 148 final, de 21.3.2018, pág. 3
[470] COM (2018) 148 final, de 21.3.2018, pág. 3

the Union during the relevant financial year exceeds EUR 50 000 000" (artigo 4º, nº 1). À semelhança do que acontece na primeira Proposta de Directiva, o local onde se encontra o utilizador é a conexão relevante para efeitos de apuramento do local de tributação, não sendo necessário que os utilizadores tenham contribuindo em dinheiro para a criação das receitas a serem tributadas (artigo 5º, nº 1). Consoante o tipo de rendimento referido atrás a propósito do artigo 3º, nº 2, variará o Estado-Membro competente e a forma como o apuramento da receita é efectuado: "2. *With respect to a taxable service, a user shall be deemed to be located in a Member State in a tax period if: (a) in the case of a service falling within Article 3(1)(a), the advertising in question appears on the user's device at a time when the device is being used in that Member State in that tax period to access a digital interface; (b) in the case of a service falling within Article 3(1)(b): (i) if the service involves a multi-sided digital interface that facilitates the provision of underlying supplies of goods or services directly between users, the user uses a device in that Member State in that tax period to access the digital interface and concludes an underlying transaction on that interface in that tax period; (ii) if the service involves a multi-sided digital interface of a kind not covered by point (i), the user has an account for all or part of that tax per iod allowing the user to access the digital interface and that account was opened using a device in that Member State; (c) in the case of a service falling within Article 3(1)(c), data generated from the user having used a device in that Member State to acces s a digital interface, whether during that tax period or any previous one, is transmitted in that tax period. 3. For each tax period, the proportion of an entity's total taxable revenues that is treated under paragraph 1 as obtained in a Member State shall be determined as follows: (a) as regards taxable revenues resulting from the provision of services falling within Article 3(1)(a), in proportion to the number of times an advertisement has appeared on users' devices in that tax period; (b) as regards taxable revenues resulting from the provision of services falling within Article 3(1)(b): (i) if the service involves a multi-sided digital interface that facilitates the provision of underlying supplies of goods or services directly between users, in proportion to the number of users having concluded underlying transactions on the digital interface in that tax period; (ii) if the service involves a multi – sided digital interface of a kind not covered by point (i), in proportion to the number of users holding an account for all or part of that tax period allowing them to access the digital interface; (c) as regards taxable revenues resulting from the provision of services falling within Article 3(1) (c), in proportion to the number of users from whom data transmitted in that tax period has been generated as a result of users having used a device to access a digital interface, whether in that tax period or a previous one".*

A taxa de imposto é de 3% (artigo 8º), havendo a instituição de um mecanismo de balcão único, pois, caso exista conexão com mais do que um território de Estado-Membro, compete ao sujeito passivo a escolha de qual será o que lhe atribuirá o número específico de identificação e com que respectiva Administração Tributária se irá relacionar após notificação da sua sujeição ao imposto (artigo 10º, nºs 1 e 3). Apresenta-se este imposto sobre os serviços digitais como um imposto de autoliquidação (artigo 15º), contendo uma variedade de obrigações acessórias. Notar ainda o reconhecimento de que a cooperação administrativa entre Administrações Tributárias é imprescindível para a implementação da Proposta, por tal, encontra-se expressamente regulamentada (artigos 20º a 23º).

A data apresentada na proposta para transposição é a de 31 de Dezembro de 2019. Contudo, tal constitui um desafio para a Comissão Europeia, em face de algumas reacções entretanto veiculadas pelos media[471]. O certo é que, atendendo ao quadro evolutivo já desenhado, o bloco União Europeia apresenta propostas concretas de tributação que procuram atingir o rendimento gerado e não as realidades físicas que possam dar suporte aos negócios digitais. Essa é uma boa novidade. E referir que o facto de os dois blocos internacionais – OCDE e UE – estarem de acordo quanto ao caminho base para a tributação ser o da cadeia de valor e seus elementos característicos nos negócios digitais, designadamente o local do acesso aos negócios digitais, é igualmente uma boa notícia. Espera-se que 2020 possa vir a trazer o consenso ou a implementação de uma proposta mais definitiva, como a da presença digital significativa e se consiga, a partir daí, testar as formas como a tributação efectiva dos rendimentos gerados a partir do comércio electrónico pode ocorrer. É muito provável que, por se estar perante uma mudança de paradigma, a técnica da inovação assente na tentativa-erro, possa ter de ser aceite e explorada. Acaso o receio dos efeitos negativos imobilizasse a concretização da intenção, então, tal significaria não promover a tributação do digital, o que traria um acentuar da quebra da equidade entre sistemas fiscais e entre contribuintes.

---

[471] No dia do lançamento do material, o *Financial Times* noticiou a recusa da Irlanda em apoiar a proposta da Comissão e o receio da Alemanha em apoiar a proposta/posição também da França, por ser temido agudizar a tensão existente entre Estados Unidos e Europa, a propósito da ameaça das tarifas proteccionistas norte-americanas, designadamente, sobre o aço. A tensão aumenta em face de uma grande parte dos gigantes tecnológicos – GAFA (Google, Apple, Facebook e Amazon) – atingidos pela tributação serem norte-americanos.

Capítulo VII
Apoio Fiscal ao Desenvolvimento

1. Desenvolvimento e tributação: apoio ao investimento
A OCDE, no tempo em que, no domínio da ajuda fiscal ao investimento privado nos países em vias de desenvolvimento (pvd), se preocupava com a especificidade desse problema – 1965 –, indicava, como regra geral, as seguintes características para esses países:

- necessidade de capitais privados;
- necessidade de receitas públicas, de estradas, portos, escolas e outras estruturas sociais, de trabalhadores especializados, de técnicos, de funcionários qualificados, etc.;
- percentagem relativamente elevada da população ocupada na agricultura em relação com o que acorre nos países economicamente desenvolvidos, considerando-se que o rendimento *"per capita"* não é o único critério de aferição da carência de capitais estrangeiros.[472]

No entanto, a essas características podem aditar-se outras, mais dirigidas para o elemento social, como tem sido enunciado: crescimento rápido da população, mas diminuta esperança de vida; abastecimento insatisfatório de produtos de primeira necessidade para grandes grupos populacionais; mau estado da saúde em vastas camadas populacionais; taxa de analfabetismo elevada; falta de acesso à educação; um baixo padrão de vida amplamente difundido, resultante de distribuição muita vezes extrema-

---

[472] OCDE, *Fiscal Incentives for Private Investment in Developing Countries*, pág. 9.

mente desigual dos bens e serviços existentes, não esquecendo uma elevada taxa de desemprego.

Todavia, há a considerar que, além dos países desenvolvidos (pd) e dos pvd, pode e deve ainda assinalar-se países que, sem neles se encontrarem intensamente os traços assinalados, eles existem, mas que implicam também a necessidade de desenvolvimento, algo que pode lembrar-nos o drama das categorias intermédias (economias emergentes) de uma classificação com dois extremos. Exemplo os BRICS.

Esta categorização está conectada com a temática do desenvolvimento e assume-se como questão determinante numa visão humanista da sociedade, embrenhando também o direito eticizado numa demanda pelos auxílios ao desenvolvimento. Os meios para contribuir para o desenvolvimento dos denominados pvd são vários. Podem assumir o rosto de apoios conferidos por entidades públicas ou entidades privadas, podem corporizar-se num apoio em espécie (e.g., para promoção da educação e nível profissional) ou em dinheiro. O objectivo deverá ser sempre o de criar condições para o desenvolvimento, o que implica mais do que crescimento, mais do que colmatar dificuldades ou carências económicas. Ou seja, apoiar o desenvolvimento significa ser preferível a criação de estruturas duráveis, ainda que não descurando os aspectos conjunturais.

Um dos modos mais usuais para contribuir para o desenvolvimento dos pvd situa-se no quadro do investimento privado. E importa considerar não bastar eliminar aspectos de desprotecção, apenas eliminar obstáculos, tornando-se igualmente vital, se necessário, criar vias de protecção ao investimento. Isto é, não basta a neutralidade, mas antes tender-se-á a promover a acção no sentido de incentivar o referido investimento. Mas de entre as vias desejadas, a fiscal terá lugar? E no caso afirmativo, será a mais apropriada? Que tem lugar não existirá dúvida, mas será a mais adequada? Aqui enxerta-se a questão do "clima farorável ao investimento", já antes referido.

O elemento fiscal, incluindo a respectiva legislação e a sua estabilidade, é apenas um dos factores do investimento e não o mais importante como se tem vindo a afirmar ao longo do texto. Assim, as estabilidades política e social, a estabilidade cambial, o quadro jurídico da actividade económica, a própria caracterização dos diversos sectores da actividade económica e até o perfil dos investidores, a legislação laboral, a estabilidade legislativa em geral, a possibilidade de repatriamento do capital e de transferência de lucros, a existência de infraestruturas apropriadas, a existência de pessoal qualificado, a possibilidade de fornecimento directo de um mercado (horizontal *or market oriented foreign direct investment*) ou custos reduzidos de produção (vertical *or efficiency oriented foreign direct investment*)[473] são alguns de outros factores a considerar. E mais e também como já se afirmou, não é só o momento actual que deve ser considerado, mas igualmente as perspectiva no futuro e até o passado vão ser capazes de influenciar. É certo que alguns destes factores têm vindo a diminuir de importância e, consequentemente, os que vão perdurando assumem maior importância. Contudo, continua a verificar-se que o elemento fiscal não é o único nem, perante outros, o predominante. No entanto, não será elemento despiciendo.

No âmbito da OCDE, a temática assume relevância expressa publicamente na Reunião Conjunta do Comité dos Assuntos Fiscais (CFA) e do Comité de Ajuda ao Desenvolvimento (CAD) sobre a Fiscalidade e o Desenvolvimento, de 27 de Janeiro de 2010. Os copresidentes declararam: *"Sur l'impératif de coopérer étroitement afin de combattre la fraude fiscale et de collaborer avec les pays en développement en vue de tirer parti des possibilités offertes par le nouvel environnement mondial plus transparent. Dans nos efforts pour travailler avec les pays en développement et organiser la réponse internationale dans le domaine fiscal, nous encourageons une démarche cohérente au sein des pouvoirs publics, associant les experts de la fiscalité, des finances et du développement. Nous sommes tous conscients du rôle essentiel de la fiscalité dans le développement et la lutte contre la pauvreté : un système fiscal solide est au coeur de l'indépendance financière d'un pays et les recettes qu'il génère sont vitales pour l'État. Nous reconnaissons également que la fiscalité ne se limite pas au montant des impôts prélevés. La manière dont les recettes sont collectées et dépensées définit la relation symbiotique entre l'État et les citoyens, en renforçant l'État et sa responsabilité à l'égard des citoyens. Nous convenons qu'un dialogue franc et permanent, associant toutes les parties prenantes, peut contribuer positivement à nos efforts pour aider les pays en développement. Nous soutenons toutes les initiatives internationales en faveur du dialogue et de la coopération et nous efforcerons d'établir une division du travail adéquate. Le Dialogue fiscal international pourrait jouer un rôle à cet égard".*

Ao trabalhar-se a temática no quadro da OCDE, procurando os incentivos fiscais que podem promover o investimento privado nos pvd, é peremp-

---

[473] Sobre esta distinção e, em geral, sobre taxas efectivas de impostos determinantes do investimento directo estrangeiro, cfr. Christian Bellak e Markus Leibrecht, *Effective Tax rates as Determinant of Foreign Direct Investment* in Central – and East European Countries. A Panel Analysis, Wien, 2005, págs. 6-7.

tório ter em consideração o Relatório de 1965, do então Comité Fiscal da OCDE, o qual se segue de perto.[474]

A construção fiscal favorável à captação do Investimento Directo Estrangeiro (IDE) deve atender às diferenças que ocorrem nos regimes incentivadores, conforme seja para captação geral do IDE ou para captação do IDE para o Estado pvd. É que os motivos do investimento podem ser vários e diferentes. Assumindo que com o IDE pretende-se, em geral, procurar a produção com menores gastos ou procurar actuar com maior lucro, em ambos os casos, a fiscalidade adequada é diferente. Se estivermos perante a captação geral de IDE, a orientação do sistema fiscal vai ser para a redução dos gastos, e.g., com equipamento e aquisição de matérias-primas. Diferentemente de no segundo, onde a tributação do lucro, em geral, ganha preponderância, podendo conduzir a substituir por exportações a possibilidade de criação de estabelecimentos estáveis (*branches*) ou de sociedades afilhadas/subsidiárias (*subsidiaries*). E a diferença das tributações pode ainda ser determinante para a localização do IDE.[475]

Outro aspecto relevante na consideração da importância do elemento fiscal na decisão do investimento é a comparação entre as possibilidades de investir internamente ou no estrangeiro e, neste, na escolha do Estado em questão. É que a incerteza que este último investimento envolve, dado o desconhecimento que pode acompanhá-lo, mesmo relativamente aos aspectos não fiscais, não existirá ou existirá em grau menor quanto ao investimento interno, o que envolve que o elemento fiscal tenderá a ser muito mais influenciador no investimento externo do que no interno.[476] Ainda a influência variará consoante o investimento seja directo ou de carteira (*portfolio*), o segundo mais sensível à tributação. Mas sendo o objectivo o desenvolvimento, aspecto de grande importância a considerar é que as medidas tomadas não sejam conducentes aos "capitais móveis" ou "voadores", isto é, devem conduzir à estabilidade do investimento.

As medidas de incentivo – tendo-se em atenção o seu papel para atingir o resultado desejado – devem enquadrar-se num sistema racional, com bom *design*, atentando quer na obrigação fiscal material quer nas obrigações for-

---

[474] OCDE, *Fiscal Incentives for Private Investment in Developing Countries*, 1965, pág. 65.
[475] Diferença igualmente coloca-se quanto ao IDE novo ou ao seu reforço, sendo óbvio que, no primeiro, o factor fiscal terá maior importância do que no segundo, nomeadamente porque a perda do mercado poderia significar perda considerável no quadro da empresa.
[476] OCDE, *Fiscal Incentives for Private Investment in Developing Countries*, 1965, pág.10.

mais. Sempre com a ideia de que a carga fiscal efectiva resultará, não apenas das taxas nominais conjugadas com a matéria colectável, mas também das deduções à colecta e até da fixação de importâncias mínimas de tributação. O que significa, como é sabido, que as taxas efectivas são as que devem ser consideradas, não se limitando a um possível sortilégio das taxas nominais.

2. Medidas de incentivo pelos países desenvolvidos
2.1. Medidas Fiscais Directas

No direito internacional fiscal do desenvolvimento, atento que a origem do capital é, predominantemente, dos países desenvolvidos, torna-se relevante a experiência destes nas práticas do investimento externo, incumbindo-lhes formular o respectivo desenho apropriado dos incentivos fiscais ao investimento privado nos pvd. Trata-se, pois, de uma actuação em que se não pode considerar apenas o rendimento do capital investido, mas igualmente o cumprimento de um dever de solidariedade internacional, ainda que esta possa ser considerada, por muitos, como algo a poder ser omitida ou postergada. É que de uma análise perfunctória, verifica-se que as medidas fiscais de auxílio ao investimento privado a adoptar pelos países desenvolvidos, em direcção aos pvd, têm sido objecto de um generalizado desinteresse, sendo curioso notar que, no referido relatório da OCDE de 1965, nas palavras do prefácio se escreveu, *"the attached report annex... should be regarded as an <u>initial effort</u> to study some of the important technical problems raised by fiscal incentives to promote private investment in developing countries"* (sublinhado nosso)[477].

Numa tentativa de esquematização, os incentivos ao investimento privado nos pvd podem visar um de dois objectivos, já acima referenciados: ou a diminuição do capital necessário para o efeito ou a criação de rendimento.

Na taxinomia de incentivos visando a diminuição do capital necessário, podem ser mencionados, o crédito fiscal por investimento[478], o abatimento por investimento[479], bem como a provisão por investimento[480].

Quanto aos tipos de benefícios em relação ao rendimento e procurando o seu acréscimo são indicadas outras tantas medidas fiscais possíveis, como

---

[477] OCDE, *Fiscal Incentives for Private Investment in Developing Countries*, 1965, pág. 5.
[478] Face ao investido, é permitido fazer-se uma dedução à colecta relativa ao investimento.
[479] Face ao investido é permitido deduzir-se à matéria colectável, normalmente, todo o valor, ainda que repartido por vários anos.
[480] Possibilidade de constituição de um "fundo" que salvaguarde perda de investimento.

seja a isenção do rendimento estrangeiro[481], o crédito de imposto estrangeiro, a redução da taxa de impostos em causa ou os benefícios sobre a determinação da matéria colectável[482].

Referência específica muito importante em termos de técnicas potencialmente utilizadas pelos países desenvolvidos no auxílio ao aumento de rendimento por parte dos investidores é o mecanismo do *tax sparing credit*. No caso de adopção do método de crédito, esta figura consiste, como se escreveu atrás, na ficção de pagamento de imposto no pvd, dado na realidade este não ter ocorrido, e consequente dedução do imposto fictício no Estado da residência. Embora tenha sido uma técnica adoptada especialmente de modo bilateral, o *tax sparing credit* tem sidoobjecto de reservas. Não tem sido frequente a concessão unilateral. Tal tem sido explicado por se considerar que envolve o risco de serem estabelecidos benefícios fictícios pelos países em vias de desenvolvimento.[483] Julga-se, no entanto, poder tal perigo ser prevenido, com redacção adequada da respectiva disposição no sentido de necessidade da prova da realidade do benefício.[484]

Outra medida que pode ser tomada pelos países desenvolvidos é o reconhecimento dos prejuízos sofridos por um estabelecimento estável nos pvd, bem como a adopção, relativamente ao investimento nestes países, de qualquer outra medida que seja adoptada relativamente ao investimento interno, designadamente o privilégio *holding/participation exemption*. Em sentido inverso, medida que, a existir, deveria ser eliminada, é a dedução dos impostos estrangeiros na base da tributação, sendo substituída por

---

[481] Nomeadamente através de *participation exemption*.

[482] Quanto aos benefícios sobre a determinação da matéria colectável podem ser invocados, por exemplo, a amortização ou depreciação acelerada e o reporte progressivo ou regressivo dos prejuízos (*carry forward* ou *carry backward*).

[483] OCDE, *Fiscal Incentives for Private Investment in Developing Countries*, 1965, págs. 30 e 44.

[484] Exemplo da cláusula podemos encontrar na Convenção entre Portugal e Cabo Verde, no seu artigo 23º, nº 2: "2 — *Relativamente aos residentes de Portugal, a expressão «imposto sobre o rendimento pago nesse outro Estado» empregue no parágrafo anterior compreende qualquer importância que deveria ter sido paga como imposto cabo-verdiano mas que não o foi em virtude de isenção ou redução de taxa temporária concedida por força da legislação visando o desenvolvimento económico de Cabo Verde, nomeadamente a promoção do investimento estrangeiro. A dedução do imposto pagável em Cabo Verde será efectuada até à concorrência do imposto que deveria ter sido pago, de acordo com o disposto na presente Convenção. Este parágrafo aplicar-se-á durante os primeiros sete anos de vigência da presente Convenção. Posteriormente, as autoridades dos dois Estados Contratantes consultar-se-ão sobre a prorrogação da sua aplicação.*"

método apropriado para evitar a dupla tributação, visto essa dedução não a eliminar, mas apenas atenuá-la.

Atenda-se que, neste quadro do investimento, não deve atender-se apenas à tributação do lucro, mas também à tributação do rendimento de capitais. E aqui suscita-se a questão da dupla tributação económica, dupla tributação económica que deve ser eliminada pelo crédito indirecto (*underlying credit*). Igualmente é de invocar a questão da tributação dual – taxas mais reduzidas no caso de rendimentos de capitais –, com vantagens para a neutralidade e eficiência, embora com prejuízo para a equidade, face aos rendimentos do trabalho.

Aceitando a bondade das medidas fiscais para contribuírem positivamente para o incentivo ao investimento, outra questão se coloca, como decorre de algo que se escreveu anteriormente: a comparação da rendibilidade, líquida de imposto, comparativa no caso de investimento doméstico ou em outros Estados, nomeadamente nos pvd. É que essa comparação é fundamental para a decisão de investir no estrangeiro. Embora possa considerar-se que, em certas circunstâncias, nomeadamente no caso de reforço de investimento ou de circunstâncias que conduziram a uma perda de mercado fundamental para uma empresa, como se escreveu, esta possa não considerar a diferença da rendibilidade aludida como o poderia considerar noutro condicionalismo.

Nesta problemática de apoio fiscal ao desenvolvimento, seria grave erro considerar abstracta e unilateralmente as medidas por parte dos países desenvolvidos, sem atentar no fenómeno da globalização que interliga os diversos países e, mais especificamente, os países desenvolvidos com os pvd. A necessidade de capital *tout court*, por parte destes países, não implica esquecer a necessidade de capital humano e as possibilidades propiciadas pela mobilidade dos factores de produção. A mobilidade não é desprezível e tal tende a impulsionar a estruturação de medidas de atracção capazes de gerar captação dos elementos necessários ao desenvolvimento, implicando também que os países desenvolvidos devem auxiliar, não apenas com investimento material, mas igualmente com a criação de condições para a atracção do elemento humano, aquele que torna possível a rentabilidade acrescida daquele investimento. De tal decorre que, no gizar da política fiscal, não possa deixar de se considerar o que se passa no mundo, nomeadamente o que se passa nos países concorrentes.

2.2. Medidas Fiscais de Assistência

Também o que se escreveu implica que, para a atracção do investimento privado para os pvd, a par de medidas de natureza fiscal directas, se torna útil igualmente que se processe a assistência na política fiscal daqueles países. A assistência fiscal é a fase em que actualmente se encontra o trabalho desenvolvido pela OCDE. Após o relatório de 1965, a óptica de apoio alterou-se e tem vindo a enraizar-se neste âmbito do auxílio fiscal. O que significa que a preocupação é apoiar um bom delineamento da política fiscal e boas práticas e formação das administrações fiscais. Contudo, numa perspectiva pessoal, este apoio indirecto não deveria excluir o auxílio aos pvd através de medidas fiscais directas.

No sentido da assistência indicada, diversas iniciativas têm sido feitas, no domínio da *"good governance"*.[485] No entanto, a preocupação não parece ser meramente altruísta, visto serem patentes as preocupações das transparência e troca de informações (disponibilidade, acesso e troca), assim como da não aplicação de medidas prejudiciais em matéria de fiscalidade de empresas.[486]

Também visando a contribuição para um bom delineamento da política e administração fiscais, no quadro da OCDE, para além de iniciativas de carácter regional – e.g., *International Economic Forum on Latin America and the Caribbean* –, importa mencionar o *Task Force on Global Relations in Taxation*, criado em Janeiro de 2010, *"com o objectivo de ampliar o diálogo global sobre aspectos relevantes de modo a permitir o desenvolvimento global e a implantação de padrões e melhores práticas que actuem para todos"*: países da OCDE, emergentes ou em desenvolvimento. Nele se compreende o *Task Force on Tax and Development*, integrando membros da OCDE, países em desenvolvimento, organizações internacionais, sociedade civil e empresas.

Actualmente,[487] o *Tax and Development Programme*, na sequência dos trabalhos do BEPS, assumiu como crucial a implementação de standards

---

[485] Por exemplo, iniciativas desenvolvidas a partir da UE. Cfr. Capítulo da presente obra sobre a Fraude, Evasão e Planeamento Fiscais.
[486] Recomendação da Comissão da União Europeia 2012/771/UE, de 6 de Dezembro, no que se refere a medidas destinadas a encorajar os países terceiros a aplicar normas mínimas de boa governação em material fiscal. Atender ao explanado sobre esta Recomendação no capítulo sobre Concorrência Fiscal Prejudicial da presente obra.
[487] Em 2012, após as primeiras reuniões da *Task Force on Global Relations in Taxation*, as áreas de preocupação e actuação estavam centradas em quatro áreas-chave:

internacionais e boas práticas, como forma de proteger as bases de tributação, oferecendo, para tal, suporte aos pvd que pretendam a implementação das regras dos preços de transferência e outros assuntos conexionados com o BEPS, através de programas de desenvolvimento de capacitação, com duração de 2 a 3 anos. As áreas-chave para o desenvolvimento deste apoio, através da *Task Force on Tax and Development*, são:

- Visão global sobre questões fiscais e de desenvolvimento e mobilização de recursos domésticos: neste domínio encontra-se a preocupação com, em primeiro lugar, a consolidação do funcionamento do Estado e a *accountability*, onde a educação fiscal e a medição da moralidade fiscal estão em foco, e em segundo lugar, a cooperação para o desenvolvimento na area fiscal através das boas praticas e do suporte entre administrações fiscais;
- Actividades de capacitação: aqui está a desenvolver-se a conjunto de ferramentas para que os pvd possam aplicar os princípios e regras

– consolidação do funcionamento do Estado, *accountability* e desenvolvimento efectivo das capacidades: no qual se incluem o aconselhamento aos prestadores de auxílio internacional sobre a importância da fiscalidade e da governança em apoio ao desenvolvimento, onde se trata da questão da governança e da gestão das iniciativas fiscais ao desenvolvimento e se analisa o "civismo fiscal" ou as percepções e atitudes dos cidadãos face a pagamento do imposto e à tentação de a ele se subtrair. Este estudo deu origem, em 2013, a uma nova iniciativa denominada *Tax Inspectors Without Borders*;
– aplicação mais eficaz das regras de preços de transferência nos pvd;
– melhoria da transparência dos dados financeiros comunicados por empresas multinacionais;
– luta contra a fraude e a evasão fiscais internacionais e melhoria da transparência e da troca de informações para uma contribuição para os trabalhos do Forum Mundial sobre a Transparência e a Troca de Informações.
Também no âmbito da *Task Force on Global Relations in Taxation*, compreende-se ainda o projecto denominado *International Tax Dialogue (ITD)*, integrando o Banco Interamericano de Desenvolvimento, o Banco Mundial, a Comissão Europeia, o Fundo Monetário Internacional, a OCDE e o CIAT, com o objectivo de encorajar e facilitar o exame das questões fiscais entre funcionários das administrações fiscais nacionais, organizações internacionais e todos os outros interessados. Dados retirados da página digital da OCDE sobre Tax and Development http://www.oecd.org/ctp/tax-global/tax-and-development.htm , consultada em 1 de Fevereiro de 2012.
Em Março de 2013, ainda no âmbito das *Global Relations in Taxation*, foi criado ainda o *Task Force Subgroup on Transparency in Financial Reporting*, tendo por objectivo a exploração do valor potencial do registo público de contas oficiais locais de sociedades não cotadas (*local statutory accounts of unlisted companies*) em países em desenvolvimento como um instrumento para promover a transparência.

concluidos do estudos do BEPS, tal como apoio à melhor compreensão das indústrias extractivas e sua captação de investimento. Ainda neste domínio promove-se a capacitação para aplicação das regras dos preços de transferência e para lidar com o BEPS, bem como se mantém a iniciativa conjunta da OCDE e da ONU (*United Nations Developmente Programme*) dos *Tax Inspectors Without Borders*. O *Tax Inspectores Without Borders (TIWB)*, criado em 2013, tem como objectivo possibilitar a transparência do conhecimento e destreza (*skill*) de auditoria fiscal para as administrações fiscais dos países em desenvolvimento através de um tempo real, perspectiva de aprender fazendo;
– Compromisso internacional para expandir o diálogo fiscal e a implementação de standards efectivos e boas práticas com países não pertencentes à OCDE, por forma à implementação do BEPS ser verdadeiramente global.[488]

3. Medidas fiscais de incentivo por parte dos países em vias de desenvolvimento

Vistos os meios fiscais a utilizar pelos países desenvolvidos ou exportadores líquidos de capitais para promover o investimento privados nos pvd, cumpre analisar quais as medidas a adoptar pelos países em vias de desenvolvimento, por forma a estimular a construção de um clima amigo do investimento estrangeiro.

A primeira nota a ser efectuada prende-se com a reciprocidade. O estabelecimento pelos países desenvolvidos das medidas para desenvolver o investimento privado nos pvd tem de ter correspondência nos pvd, dado considerar-se que esta relação é biunívoca, visto a correspondência dever existir entre todas as medidas.

A segunda nota prende-se com a necessidade de o sistema fiscal dos pvd satisfazer as regras smithianas.[489]-[490] Assim, devem ser eliminados os obstáculos fiscais, e.g., taxas efectivas elevadas ou regras inadequadas

---

[488] Dados retirados da página digital da OCDE sobre Tax and Development http://www.oecd.org/ctp/tax-global/tax-and-development.htm , consultada em 31 de Maio de 2017.
[489] Sobre esta material cfr. Nota 183.
[490] Aliás, importa referir ser preferível um sistema modelado dessa forma e com poucos benefícios fiscais do que um sistema com muitos benefícios e não revestido das características mencionadas.

sobre a determinação da matéria colectável conducentes a afastamento da determinação do rendimento real.

A terceira nota prende-se com o ser-se consciente que o investimento adequado deve implicar, como se escreveu, não apenas crescimento económico, mas também o desenvolvimento, e assim com vertente não apenas económica, mas igualmente social. O objectivo é gerar uma mais apropriada repartição dos rendimentos, com reflexo na justiça e no bem-estar.[491] Dito de outro modo, é evidente que o desenvolvimento de um país não resultará apenas do investimento, a política a desenvolver é mais complexa, desde o emprego até à mais justa repartição das riquezas, não só entre os indivíduos, mas igualmente entre regiões, relevando, no entanto, sublinhar que, para estes objectivos, não contribui apenas o sistema fiscal – o lado das receitas –, sendo igualmente importante a política da despesa. E – *the last but not the least* – e como foi reconhecido na Declaração dos Copresidentes da Reunião Conjunta do Comité dos Assuntos Fiscais (CFA) e do Comité de Ajuda ao Desenvolvimento (CAD) sobre a Fiscalidade e o Desenvolvimento, no quadro da OCDE, *"Nous reconnaissons également que la fiscalité ne se limite pas an montant des impôts prélevés. La manière dont les recettes sont collectées et dépensées définit la relation symbiotique entre l'Etat et les citoyens, en renforcement l'Etat et sa responsabilité à l'égard des citoyens".*

O desenho dos sistemas fiscais para promocação da captação de investimento assentará, tendencialmente, na edificação de um conjunto de benefícios, benefícios estes que podem ser selectivos, isto é, aplicáveis apenas a novos investimentos, em certas regiões, a certo tipo de rendimento – e.g., para incentivar a tecnologia, aplicável a *royalties* –, ou a rendimentos que sejam reinvestidos.

Questão a ser colocada neste desenho prende-se com a temporalidade dos benefícios, devem estes ser temporários (visando apenas o impulso inicial) ou antes ter carácter permanente? A resposta não parece ser unívoca e dependerá, certamente, do tipo de investimento pretendido e da necessidade de captação deste. É óbvio não ser aconselhável fixar os montantes desses benefícios, porque tem de se considerar o lugar do sistema fiscal na economia, começando pelo que representa o sector público na despesa

---

[491] OCDE Alan T. Peacock, *Introduction: Le politique fiscale an service du développement e économique, en théorie et pratique*, Les Finances Publiques Instrument de Développement Economique. Paris, 1965, pág. 8 e 13.

nacional, qual a contribuição do sector público na formação do capital fixo, qual a poupança pública, qual a poupança nacional e a qual a importância relativa da administração central e das colectividades sociais na organização e no funcionamento da economia em vias de desenvolvimento.[492]

Os benefícios fiscais[493] estabelecidos poderão ser tipicizados como actuando sobre o lucro em geral ou sobre lucro com certas aplicações: reinvestimento, podendo variar consoante o objecto de reinvestimento; participações noutras empresas ou, ainda, no caso de juros de certos empréstimos. No entanto, no quadro da tributação do rendimento, importa ter em atenção que os incentivos visando o rendimento implicam, como é óbvio, a respectiva existência. O que significa que, nos primeiros anos, tal pode não ocorrer, o que conduz a que nesse período seja nulo o efeito do benefício. Diferentemente já sucederá, existindo outros rendimentos, no caso de crédito ou abatimento pelo investimento com implicação de uma menor exigência de capital.

O tratamento da remuneração dos diversos tipos de financiamento – capitais próprios e alheios – deveria ser objecto de parificação, o que implica a eliminação da dupla tributação económica ou a não consideração dos juros como gastos. Sendo necessários ao desenvolvimento o I&D e a tecnologia, é crucial criar um tratamento favorável destes, bem como é ainda muito relevante o estabelecimento de um regime favorável em caso de reorganização das sociedades que contribuem para o desenvolvimento. Neste último caso, atender ainda que as reorganizações tendem a ser promovidas caso exista ajuda fiscal, no domínio dos impostos sobre a trans-

---

[492] V. Xavier Pintado, *Le régime fiscale et le développement economique du Portugal*, Les Finances Publiques Instrument de Développement Economique. Paris, 1965, pág. 52 e segs.
[493] Sobre benefícios em geral, cfr., de entre outra bibliografia, Manuel J. Lagares Calvo, *Incentivos fiscales a la inversión privada*, Instituto de Estudios Fiscales, Madrid, 1971; Nuno Sá Gomes, Teoria Geral dos Benefícios Fiscais. Cadernos e Ciência Fiscal, nº 165, 1991; Alex Easson, *Tax Incentives for Foreign Direct Investment*, the Haghe/London/New York: Kluwer Law International, 2004; José Carlos Gomes dos Santos, *Incentivos Fiscais em Contexto de Subdesenvolvimento e Competição Regional. O caso moçambicano*, Cadernos de Ciência e Técnica Fiscal nº 196, 2005; *Internacionalização e Tributação*, Coordenação Manuel Pires e Rita Calçada Pires, Universidade Lusíada Editora, 2012. Sobre o caso dos países em vias de desenvolvido, OCDE, *Fiscal Incentives for Private Investment in Developing Countries*, 1965, pág. 25 e segs; World Bank. 2015. *Options for low income countries' effective and efficient use of tax incentives for investment: a report to the G-20 development working group by the IMF, OECD, UN and World Bank*. Platform for Collaboration on Tax. Washington, D.C.: World Bank Group.

missão onerosa de imóveis, no tocante aos gastos necessários à instalação ou ampliação de instalações.

Atentas as dificuldades que pode envolver o investimento, o tratamento fiscal das mais e das menos-valias deverá ser objecto de atenção, podendo igualmente utilizar-se medidas que beneficiem a não distribuição de lucros e favoreçam a constituição de reservas para prejuízos futuros. Bem importante é construir-se um sistema com medidas que procurem evitar o repatriamento do capital ou dos lucros, ainda que não o penalizando, por ser evidente que o reinvestimento é bem-vindo nos pvd.[494]

Actualmente a concessão de benefícios fiscais tem vindo a ser contrariada, nomeadamente por se afirmar afectarem esses a neutralidade. Contudo, neste domínio em especial, ter-se-á de ponderar se esta decisão é meramente técnica ou, pelo contrário, não será uma decisão política de promoção do desenvolvimento, assente numa discriminação positiva. Para tal e como forma de, ainda assim, se garantir a sanidade do sistema fiscal, quer internamente quer na relação com os outros sistemas fiscais, não gerando espaços de concorrência fiscal prejudicial, ao se procurar criar um apropriado clima de investimento, a adopção dos benefícios deve estar subordinada a um conjunto de testes que garantam que os custos da sua adopção sejam inferiores aos ganhos obtidos. Assim, deverá avaliar-se a sua necessidade, a sua adequação qualitativa e quantitativa, bem como a sua proporcionalidade, não esquecendo o teste da inexistência de outro meio extrafiscal para atingir, com real vantagem, o resultado. Contudo, para além dos aspectos particulares, há a atender, pois, aos aspectos gerais do sistema reflectindo o *trade off* entre eficiência e equidade, associado à possível simplicidade, nomeadamente dos procedimentos e, mais, todas essas medidas são necessárias para a segurança e a protecção da confiança legítima do contribuinte serem preservadas e, bem assim, para uma administração amiga do investimento. Mas toda esta problemática pode ser ainda mais complexa no caso de se considerar – e deve ser considerada – a situação das finanças do Estado em questão. Os níveis de *deficit* e da dívida podem suscitar agravamento da carga fiscal com os inconvenientes daí derivados. E, para não suceder que não se atinjam os resultados procurados, é necessário que o sistema seja efectivamente aplicado, evitando-se a desperequação entre os que cumprem e os que não cumprem.

---

[494] OCDE, *Fiscal Incentives for Private Investment in Developing Countries*, 1965, págs. 28 e 29.

Na criação das medidas por parte dos pvd, suscita-se o perigo do que é normalmente denominado por *race to the bottom*, i.e., na ânsia de maior captação do investimento, os Estados crescentemente estabelecem medidas para que o possam atrair de modo competitivo e sempre aumentando os benefícios concedidos até ao limite. O perigo é real, mas não deve ser hipertrofiado, até porque, como foi amplamente demonstrado, existem múltiplos factores integradores do chamado "clima favorável ao investimento".[495]

Porém, não será suficiente a construção de um bom sistema fiscal, torna-se ainda necessária a sua correcta aplicação. Daí que a prevenção da evasão e ou da ou fraude devem constituir preocupação por parte também dos pvd. Por isso a OCDE e a UE enfatizam a necessidade de cooperar com estes países, por forma a conseguirem a sua colaboração e combaterem a erosão das bases de tributação, transferência de lucros, bem como a mudança de residência sem finalidade substantiva – no fundo, o objectivo dos trabalhos do BEPS. Neste quadro de construção de um bom sistema fiscal é ainda fundamental a existência de um bom relacionamento entre a Administração Fiscal e o contribuinte, agora, no quadro da actividade nos países em vias de desenvolvimento, de modo a que o contribuinte se sinta confiante quanto ao não surgimento de conflitos ou, se eles existirem, que a solução encontrada será a ajustada e breve. Mas mais, a existência de uma boa Administração Fiscal é importante no sentido de evitar ou recuperar perda da receita, o que poderia conduzir a diminuição das taxas ou aumento de deduções, sejam específicas sejam à colecta.

4. Conjugação das medidas

Não basta, pois, a adopção, por cada tipo de países, das medidas adequadas, é necessária também a respectiva conjugação. E aqui diversas questões podem ser suscitadas: até onde os Estados desejam ir? E dada a resposta, outra questão se coloca: deve escolher-se a via unilateral ou a bilateral? Quanto à resposta à primeira questão, esta vai depender de qual a meta pretendida pelos Estados e qual a vontade política destes. Quanto à segunda questão, a resposta parece também não oferecer dúvidas: será preferível que a conjugação de medidas seja feita por via convencional, permitindo melhor ajustamento, como já se examinou a propósito da dupla tributação e da vantagem advinda dos tratados.

---

[495] Cfr., também o que se escreveu no capítulo sobre a concorrência fiscal prejudicial.

Já referimos a existência de um direito internacional fiscal para o desenvolvimento e, a propósito da eliminação ou prevenção das duplas tributações, já se referiu não ser necessário ou, algumas vezes, adequado, que soluções apropriadas para países desenvolvidos sejam adoptadas para o caso de pvd. Para o justificar, basta atentar na desigualdade do sentido dos fluxos de rendimentos e no objectivo extrafiscal que os tratados em causa devem assumir: contribuir para o desenvolvimento dos Estados mais carenciados. Aliás, a OCDE reconheceu-o, em 1965, quando referiu que essas convenções, embora partindo do Modelo dessa Organização *but in view of the different economic relations that prevail between them [países industrializados e países em vias de desenvolvimento], modifications that draft may be appropriate. The general principles for modifications will have to be worked out in the course on bilateral negotiations between developing and capital exporting countries and will require further consideration by the Fiscal Committees.*[496]

Estes tratados fiscais com cláusulas de apoio ao desenvolvimento devem assentar numa repartição equitativa da tributação entre os Estados e, assim, alguns aspectos peculiares devem ser resguardados. Em primeira linha, cite-se a ampliação da noção de estabelecimento estável, com adopção, ao menos tendencial, da doutrina da pertença económica, e a inclusão do princípio da força atractiva desse estabelecimento. Já no caso de empresas associadas, poder-se-ia ponderar que o ajustamento subsequente à correcção não se opera automaticamente, dependendo de acordo do país que a ele incumbiria proceder. Para o caso de rendimentos passivos, coloca-se a questão do nível de tributação na fonte, podendo, no entanto, distinguir--se entre investimento directo (no sentido de participação substancial – *holding privilege* – e.g., 25%) e investimento de carteira (*portfolio investment*) e neste com tributação mais elevada do que no primeiro caso. Ainda neste tipo de rendimento (passivos), importará ter em atenção os rendimentos derivados dos novos investimentos financeiros, bem com a definição de *royalties*, de modo a, respectivamente, poder-se iniludivelmente tributar os correspondentes rendimentos na fonte e neles compreender o aluguer de contentores, a cedência do uso de equipamento e, bem assim, a assistência técnica, ao menos conexionada com as fontes de rendimento que dão origem aos *royalties*. Em quarta linha, quanto aos métodos para prevenir a dupla tributação, coloca-se com maior acuidade, a adopção do método de

---

[496] OCDE, *Fiscal Incentives for Private Investment in Developing Countries*, 1965, pág. 69.

isenção nos pd, face ao método do crédito. Ainda neste domínio importa ser adoptado o crédito indirecto (*underlying credit*). Um quinto aspecto pode ainda ser referido quanto aos rendimentos das profissões independentes. Julga-se dever manter-se como base o antigo artigo 14º do MC-OCDE – aliás, conservado pelo Modelo da ONU –, aditando-se outros elementos de conexão: estadia por mais de 183 dias no Estado do exercício da profissão, bem como o pagamento acima de determinado montante. Importaria também que os rendimentos não disciplinados especificamente pela convenção destinada a prevenir as duplas tributações não fossem compreendidos na tributação exclusiva na residência – como, pelo menos, nalguns casos sucede face ao artigo 21º do MC-OCDE.

Ainda no domínio de medidas conjugadas, parece que, no caso de se não aplicar o método de isenção, o acolhimento do *tax sparing credit* parece ser fundamental, apesar dos argumentos aduzidos em contrário na publicação da OCDE sobre essa medida.[497] No entanto atenda-se que a OCDE acaba por afirmar que caso a medida seja assumida, se recomendam restrições à sua adopção: aplicação aos países *dont le niveau de développement économique est très inférieur à celui des pays de l'OCDE* e destinando-se *exclusivement à des investissements authentiques visant à développer les infrastructures intérieurs du pays de la source*.[498] Curioso é comparar esta posição com o contido no relatório de 1965, onde a posição assumida de início era favorável, salvo se criasse condições para o repatriamento dos lucros.[499] E não foram poucas as referências feitas nessa fase anterior.[500] Vê-se, pois, que foram indicadas razões a favor do CIN em vez do CEN.

A antítese método de crédito vs. método de isenção tem sido colocada, em muitos momentos, numa perspectiva maniqueísta. Assenta no confronto da perspectiva do Estado exportador líquido de capitais (CEN) ou do Estado importador líquido de capitais (CIN) ou, de outro modo, estabelecer a igualdade no Estado da residência (o que normalmente ocorre) ou no Estado da fonte. Mas a solução assim colocada merece ser reponderada. Onde ocorre a actividade com estraneidade: no Estado da residên-

---

[497] OCDE, *Les Crédits d'Impôt Fiscale sur réexamen de la question*, Paris, 1998, págs., por exemplo, 13, 23, bem como 45 e 46.
[498] *Les Crédits d'Impôt Fiscale sur réexamen de la question*, Paris, 1998, pág. 47.
[499] OCDE, *Fiscal Incentives for Private Investment in Developing Countries*, 1965, págs. 44 e 50 a 53.
[500] OCDE, *Fiscal Incentives for Private Investment in Developing Countries*, 1965, págs. 12 e 51, 52 e 68 (cfr. pág. 29).

cia ou no Estado da produção do rendimento? Ora a conexão ocorre, em primeira linha, no Estado da actividade, no Estado da produção do rendimento, seja este passivo ou activo, e, se, as condições de concorrência forem falseadas pela tributação no Estado da residência, isto é, da origem do investimento, são empregos e são lucros que se perdem, com possíveis reflexos também na economia e nas finanças do Estado que criou condições adversas. O que significa que o sistema fiscal dos países exportadores líquidos de capitais deve ter em consideração a internacionalização, mais a globalização, hoje crescentes e com acuidade de importância e não apenas o que ocorrerá *intra murus*.

É inegável apresentar o método de isenção a vantagem da simplicidade, derivada de menores exigências e consequente custo para a sua aplicação, sendo eventuais abusos contrariáveis pela informação e/ou através de cláusulas anti-abuso, de preferência especiais, e não geral – dada a insegurança por ela gerada – com respeito, embora, dos direitos e garantias dos contribuintes. E *the last but not the least*, é um bom instrumento de auxílio aos pvd porque, não tributando o rendimento estrangeiro (*outward income*), os Estados desenvolvidos não frustram os benefícios fiscais concedidos no Estado da fonte do rendimento, podendo até, para o auxílio ser total, excluir-se quanto a esses rendimentos a isenção com progressividade, o que se reconhece apresentar maior dificuldade. O método da isenção integra, portanto, o direito internacional fiscal do desenvolvimento. Aliás, se não se deseja considerar os impostos a pagar ou pagos no estrangeiro, a alternativa não existe, visto o crédito do imposto implicar necessariamente essa consideração, e até permite o «efeito de recuperação» (no caso de este imposto ser mais elevado no Estado da residência e tributar-se a diferença). De qualquer modo, torna-se sempre necessário prevenir a fraude e a evasão fiscais, mas não o planeamento fiscal *tout court*.

No caso do método de isenção, os gastos relativos aos rendimentos do estrangeiro não são considerados no Estado da residência. De outro modo, estar-se-ia a diminuir a tributação correspondente ao rendimento interno (*inward income*). Diferentemente sucederá quanto ao método do crédito, quer no caso de conexão gastos–rendimentos (*tracing approach*) quer optando-se pela proporcionalidade, com base nos rendimentos (brutos) ou no valor dos bens (*apportionment approach*). Aliás, pode ser adoptado o método de isenção, embora com limitação: aplicável a rendimentos activos, excluindo-se, pois, os rendimentos passivos. Mas, mesmo neste caso, deveria ser incluído o rendimento de subsidiárias ou afiliadas (*participation exemption, substantial holding privilege* ou *Schachtel-Privilege*).

Impõe-se, como se disse, a correspondência dos pvd às medidas dos países desenvolvidos. Assim, sendo o método de isenção o escolhido, este não deve corresponder a taxas elevadas nos pvd. Também outra via pode conduzir ao mesmo resultado desaconselhado: regras de que resultem desrazoáveis elevadas matérias colectáveis, embora com taxas a nível aceitável. Sempre se impõe dever a política adoptada corresponder a uma política "genuína" e não de simulação. No entanto, como é assinalado, no Relatório da OCDE de 1965, pode o ajustamento não se tornar fácil perante a diversidade de medidas tomadas pelos países desenvolvidos. Para tentar limitar tal efeito nefasto, poder-se-ia optar por uma de duas vias, por um lado, atender às medidas dos países que oferecem maior interesse para o investimento e, por outro, a celebração de convenções que, atenta a bilateralidade (é o mais frequente), torna menos difícil o ajustamento, como se escreveu.[501]

Para terminar uma última referência. Importa ainda atender que, quanto aos pvd, devem ser tidas em especial consideração as práticas fiscais que, segundo exame menos atento, poderiam ser consideradas prejudiciais, mas que, feita uma análise mais completa, tendo em conta as diversas circunstâncias, importa concluir pela negativa.

5. Indicação da actual posição da OCDE, da UE e da ONU

A propósito dos trabalhos do projecto BEPS, a OCDE pretendeu envolver os pvd na sua elaboração. Essa participação revela-se relevante para eles, dada a importância do imposto das sociedades nas respectivas receitas, imposto a que estão sujeitas as multinacionais que para lá se deslocalizam. Assim, foram publicadas a parte 1 e a parte 2 de um Relatório de um Grupo de Trabalho sobre o Impacto do BEPS nos Países de Baixo Rendimento, no âmbito do G20. Na Parte 1 do citado relatório concluiu-se, de entre outros aspectos:

- que a transferência de lucros para fora dos Estados da sua produção é apenas um dos muitos desafios colocados aos pvd;
- que os interesses e o pensamento dos pvd devem ser considerados quando se desenvolve um novo quadro internacional fiscal;

---

[501] Nesse sentido, cfr. OCDE, *Fiscal Incentives for Private Investment in Developing Countries*, 1965, págs. 54 e 55.

- que, nesses países, a nível político, pode o BEPS não ter a mais elevada prioridade em face das várias preocupações e acções pró-desenvolvimento;
- que os países do G20, quando modificam o desenho dos seus sistemas, deveriam atentar nos efeitos produzidos nos sistemas dos pvd;
- que o projecto BEPS não considerou alguns desafios relativos à erosão da base de tributação existentes nos pvd, e
- que o Acordo Multilateral previsto no BEPS pode revestir-se de importância para os pvd com uma rede de acordos fiscais.

Na Parte 2 do relatório, reconhece-se que os riscos da erosão e da transferência dos lucros e os desafios na respectiva abordagem são de natureza e escala diferentes e, portanto, as medidas assumidas podem não ser iguais às dos países desenvolvidos. De relevar a consideração dos possíveis efeitos das modificações dos sistemas fiscais

Um novo processo de diálogo parece ter surgido através do procedimento BEPS, assente na participação directa dos pvd no Comité dos Assuntos Fiscais e seus grupos de trabalho através do Quadro Inclusivo, já referido a propósito do BEPS. Verificou-se ainda a participação em redes regionais de política fiscal, em parceria com organizações fiscais regionais, de modo a colmatar a ausência de participação dos Estados que não assistam regularmente às reuniões.

Numa tentativa de sistematização, recorda-se o já escrito a propósito da disponibilidade de programas de apoio no âmbito do Imposto & Desenvolvimento (*Tax & Development*) e das Relações Globais (*Global Relations*), bem como o já mencionado programa Inspectores Fiscais sem Fronteiras (*Tax Inspectors Without Borders* (TIWB)). Atenção é dada à assistência técnica para implementação dos padrões da troca automática da informação.

Refira-se novamente o programa da OCDE sobre Tributação e Desenvolvimento, sendo o trabalho apoiado pelo Grupo sobre Imposto e Desenvolvimento (*Task Force on Tax and Development*), dirigido, como resulta da sua designação, às necessidades dos pvd. Actua no âmbito da problemática dos preços de transferência e é efectivado através de programas bilaterais relativos à problemática-chave internacional. Através do programa promove-se ainda a capacitação, esta proporcionada por assistência multilateral, como, por exemplo, através de *tool boxes* práticas relativas aos problemas específicos do BEPS. Inclui-se também nessas *tool boxes* outros aspectos, tais como, a educação e moral, no sentido da captação dos recursos nacionais.

Há há ainda a assinalar a Plataforma para Colaboração Fiscal (*The Platform for Collaboration on Tax*), constituída pelo Grupo do Banco Mundial, Fundo Monetário Internacional (FMI), OCDE e ONU (2016). Esta visa maior cooperação fiscal global e apoio na abordagem das dificuldades enfrentadas, estando previstas *tool boxes* para a implementação do BEPS e outras matérias.

Sobre a actual posição da UE, cfr. o exposto, no capítulo da fraude, evasão e planeamento fiscais, a propósito da Comunicação de 2016, *uma estratégia externa para uma tributação efectiva* [COM (2016) 24 final, de 28.01.2016], sobre a relção com os países terceiros.

O auxílio aos pvd, no domínio fiscal, também é considerado no âmbito da ONU. Presentemente, no quadro amplo da *2030 – Agenda para um Desenvolvimento Sustentável*, a questão é vista como implicando a necessidade de financiamento, propiciando a *Addis Ababa Action Agenda on Financing for Development* a via para aquele financiamento. Ainda são mencionadas as "*melhorias da justiça, transparência, eficiência e eficácia dos sistemas fiscais, inclusive através do alargamento da base fiscal e a luta conta a evasão elisão) e fraude(evasão)*" e daí ser sublinhada a indispensabilidade da cooperação internacional fiscal universal na perspectiva (*approach*) e âmbito (*scope*)[502]. Ainda, a título de exemplo, mencione-se ter a Assembleia-Geral das Nações Unidas reconhecido como condutoras-chave do desenvolvimento sustentável, a mobilização dos recursos nacionais e internacionais e um ambiente nacional e internacional que o possibilite. E, por isso, ter apelado ao "*realce e reforço da mobilização de recursos e espaço fiscal, incluindo, quando apropriado, através de sistemas fiscais modernizados, cobrança fiscal mais eficiente, ampliação da base fiscal e combate efectivo da fraude (evasion) fiscal e fuga de capitais. Enquanto cada país é responsável pelo seu sistema fiscal, é importante apoiar os esforços nacionais nestas áreas mediante o reforço da assistência técnica e o realce da cooperação internacional e participação na abordagem de matérias fiscais internacionais*"[503].

---

[502] United Nations Handbook on Selected Issues in Protecting the Tax Base of Developing Countries, 2nd ed, p.iii.
[503] United Nations Handbook on Selected Issues in Protecting the Tax Base of Developing Countries, 1st ed, p.iii.

Também, o projecto FIDO, referido no quadro da evasão, visa o reforço da capacidade dos pvd no aumento das respectivas receitas, combatendo o BEPS. O mesmo departamento, no âmbito da administração fiscal, ocupa-se, com o Centro Interamericano de Administrações Fiscais, do projecto denominado *Development Account* com o objectivo de reforçar a capacidade de as Administrações da América Latina medirem os custos.

No início de 2018, a ONU publicou um estudo contendo apoios aos decisores políticos e às autoridades tributárias dos pvd para o design e a aprovação de benefícios fiscais que permitam possíveis reformas administrativas e melhoria de procedimentos fiscais. O objectivo passa por promover eficiência fiscal, crescimento económico e equidade.[504] Nesse sentido, é apresentada uma lista de elementos que os pvd devem ter em atenção no desenho do incentivo fiscal, contendo elementos substantivos (e.g., estudo de impacto social e económico, integração e gestão de situações de atribuição de múltiplos benefícios, exigências quanto à criação de emprego, activos utilizados e pagamentos localizados, etc) e elementos formais (e.g., organizações internas responsáveis pela gestão e sua coordenação, meios de resolução alternativa de litígios, incumprimento e suas consequências, etc). Após identificação de todos os factores, é proposta a realização de uma análise custo-benefício como tarefa necessária para determinar a efectividade do incentivo fiscal e, assim, justificar a sua implementação no sistema fiscal como real incentivo ao desenvolvimento. Ou seja, em face do exposto, a ONU continua a promover uma lógica de aconselhamento e acompanhamento dos pvd, deixando que internamente exista a utilização do sistema fiscal como ferramenta de atracção de investimento e, subsequentemente, o seu impacto no desenvolvimento.

---

[504] ONU, *Design and assessment of tax incentives in developing countries*. 2018.

ÍNDICE

PALAVRAS INICIAIS	9
LISTA DE SIGLAS MAIS UTILIZADAS	13

CAPÍTULO I - DIREITO INTERNACIONAL FISCAL — 15
1. A plurilocalização como berço do Direito Internacional Fiscal — 15
   - 1.1. Aproximação ao universo do Direito Internacional Fiscal — 15
   - 1.2. Breve incursão no impacto da globalização na tributação — 19
     - 1.2.1. A fragmentação da soberania fiscal e o fenómeno de limitação da mesma — 21
     - 1.2.2. A degradação das bases de tributação tradicionais e a consequente afectação (diminuição) da receita fiscal — 27
     - 1.2.3. Profunda alteração na relação de forças na relação jurídica fiscal — 36
   - 1.3. Áreas Prioritárias de Acção Fiscal com a Globalização — 43
     - 1.3.1. Ganhar Competitividade Fiscal — 43
     - 1.3.2. Condenação da Concorrência Fiscal Prejudicial — 45
     - 1.3.3. Combate à Fraude e à Evasão Fiscais — 46
     - 1.3.4. Criação e reforço de medidas anti-abuso — 48
     - 1.3.5. Importância da troca de informações e da assistência mútua — 50
     - 1.3.6. A defesa de procedimentos alternativos na resolução de litígios — 51
     - 1.3.7. Limitação da parafiscalidade — 52
2. Os princípios estruturantes do Direito Internacional Fiscal. Brevíssima referência e remissão — 52
3. Os elementos de conexão como a base do Direito Internacional Fiscal — 54
   - 3.1. Elemento de conexão subjectivo: Residência — 54
     - 3.1.1. Residência Individual — 55
     - 3.1.2. Residência Empresarial e a Direcção Efectiva — 57
   - 3.2. Elemento de conexão Objectivo: Fonte — 63

3.2.1. Contextualizar a figura do estabelecimento estável — 65
3.2.2. A construção da tributação na fonte dos lucros empresariais como a tributação dos rendimentos gerados pelo estabelecimento estável — 72
    3.2.2.1. Estabelecimento estável por natureza ou conceito básico — 74
    3.2.2.2. Estabelecimento estável por ficção — 82
3.3. Análise dos parâmetros essenciais do estabelecimento estável — 87
4. A tributação partilhada pelos dois elementos de conexão — 92

CAPÍTULO II – DA DUPLA TRIBUTAÇÃO INTERNACIONAL — 123
I   DOS ASPECTOS ESSENCIAIS DA DUPLA TRIBUTAÇÃO — 123
1. Noção e contexto — 123
2. Causas da Dupla Tributação — 124
3. Consequências da Dupla Tributação — 125
4. Natureza da Dupla Tributação — 125
5. Soluções para a Dupla Tributação — 126
6. Métodos para prevenir ou eliminar a Dupla Tributação — 127
7. Vias de eliminação — 130
   7.1. Abordagem à via convencional: os Tratados para evitar e eliminar a Dupla Tributação — 130
      7.1.1. Conteúdo — 130
      7.1.2. Entrada em vigor e aplicação — 132
      7.1.3. Efeitos dos tratados — 132
      7.1.4. Interpretação — 132
      7.1.5. Tratados *vs.* Direito da UE — 134
      7.1.6. Hierarquia do Direito da UE, dos Tratados e da Lei Nacional — 135
      7.1.7. *Treaty override* — 135
      7.1.8. Abuso dos tratados – remissão — 136
II. OS TRABALHOS DAS ORGANIZAÇÕES INTERNACIONAIS — 137
1. OCDE — 137
2. ONU — 138
3. União Europeia — 139

CAPÍTULO III – FRAUDE, EVASÃO E PLANEAMENTO FISCAIS INTERNACIONAIS — 149
I. DELIMITAÇÃO DO TEMA. NOÇÃO DE FRAUDE, EVASÃO E PLANEAMENTO FISCAIS — 149
1. Natureza da evasão — 154
2. Evasão internacional — 155
3. Causas — 157
4. Âmbito — 158

5. Consequências	158
6. Esquemas de evasão internacional	159
6.1. Aspectos Gerais	159
6.2. Abusos dos tratados	161
6.2.1. Noção	161
6.2.2. *Treaty Shopping*	161
6.2.3. *Rule Shopping*	163
7. Modos de reacção	163
7.1. Vias Nacionais	164
7.2. Via Internacional – Modos de prevenir ou eliminar o abuso das convenções	168
7.3. Reflexões Suplementares	171
II. OS TRABALHOS DE ORGANIZAÇÕES INTERNACIONAIS	174
1. OCDE	174
1.1. PRÉ- BEPS	174
1.2. Relatórios do BEPS	178
1.3. Transparência Fiscal: breve referência	191
2. ONU	192
3. União Europeia	201
3.1. Tratamento Normativo Nuclear	201
3.2. Relação com os trabalhos da OCDE	223
3.3. A quadrilogia conceptual	225
4. Fundo Monetário Internacional	230
CAPÍTULO IV – CONCORRÊNCIA FISCAL PREJUDICIAL	235
I. ASPECTOS INTRODUTÓRIOS	235
1. Noção	235
2. Questão terminológica	237
3. Âmbito	238
4. Espécies	238
5. Instrumentos	240
6. Causas	240
7. Veículos	240
8. Prós e contras	242
9. Meios obstaculantes	247
10. Importância	248
II. OS TRABALHOS DAS ORGANIZAÇÕES INTERNACIONAIS	249
1. OCDE	249
a. PRÉ-BEPS	249
b. Medidas coordenadas contra os paraísos fiscais não cooperantes	262

c. Reflexão sobre os trabalhos da OCDE	264
d. Relatórios do BEPS	266
2. Iniciativas face aos primeiros trabalhos da OCDE	267
3. União Europeia	269
III. JUÍZO CRÍTICO SOBRE AS PRÁTICAS FISCAIS PREJUDICIAIS	281
CAPÍTULO V – HARMONIZAÇÃO FISCAL INTERNACIONAL	**285**
I. ASPECTOS CONCEPTUAIS	285
1.. Conceptualização e figuras afins	285
2. Espécies	288
3. Âmbito	289
4. Objectivos	289
5. Condições	290
6. Obstáculos	290
7. Consequências	291
8. Instrumentos jurídicos	293
9. Síntese	293
II. OS TRABALHOS NA UE	294
CAPÍTULO VI – TRIBUTAÇÃO INTERNACIONAL DO COMÉRCIO ELECTRÓNICO	**301**
1. Conceito de Comércio Electrónico	301
2. Problemas Fiscais suscitados pelo Comércio Electrónico à Administração Fiscal	304
3. Problemas do Comércio Electrónico para o Direito Internacional Fiscal: a crise dos elementos de conexão tradicionais	310
3.1.1. Dificuldades em relação ao Estabelecimento Estável por natureza	315
3.1.2. Dificuldades em relação ao Estabelecimento Estável Agência	318
4. Respostas aos problemas suscitados pelo Comércio Electrónico	322
4.1. Respostas Extremistas	322
4.2. Respostas Apaziguadoras: primeiras reflexões	326
5. Encontrar elementos de conexão para a tributação do Comércio Electrónico	329
5.1. A residência	329
5.2. Fonte, em especial o Estabelecimento Estável	337
5.2.1. A construção da OCDE	337
5.2.1.1. Caso do E.E. por natureza	337
5.2.1.2. Caso do E.E. agência	339
5.2.2. Propostas Alternativas	341
5.2.3. Solução proposta	346

5.3. BEPS e a tributação da economia digital — 353
5.4. Posição da Comissão Europeia — 362

CAPÍTULO VII – APOIO FISCAL AO DESENVOLVIMENTO — 371
1. Desenvolvimento e tributação: apoio ao investimento — 371
2. Medidas de incentivo pelos países desenvolvidos — 375
   2.1. Medidas Fiscais Directas — 375
   2.2. Medidas Fiscais de Assistência — 378
3. Medidas fiscais de incentivo por parte dos países em vias de desenvolvimento — 380
4. Conjugação das medidas — 384
5. Indicação da actual posição da OCDE, da UE e da ONU — 388